JN079097

ジュリー・アンドリュース

ホーム

A MEMOIR
OF
MY EARLY YEARS

五月書房新社

エマへ

ありったけの愛を込めて

大地に広がる白銀の織り物。
太い糸、細い糸
水面で絡まりながら
給水塔のまわりで追いかけっこ。
差し込む陽光はさらさらと
森と草地を照らす。
さらさら織りは、金と銀。
雲がくっきりと影を落とす。
丘と谷の間に、そして
ドーヴァーの高潔な白い崖に。
海と船。軽やかにその間を飛んでいくのは
私の心。飛行機のように舞い上がり
ああ、今、家に帰ろうとしている。

ジュリー・アンドリュース

ホーム

第 1 章

私が最初に話した言葉は「ホーム」だったそうだ。

父が中古のオースティン7の運転席にいて、母は助手席で私を膝に乗せていた。小さな我が家に着くと、父が門の前のハンカチほどの四角いコンクリートの車寄せでブレーキをかけた。そのとき、私は静かな声で、おずおずと言ったそうだ。

「おうち（ホーム）」

母が言うには、語尾のイントネーションを上げ、疑問形というほどではないが、舌の上で言葉を転がして、つながり……その言葉と場所のつながりに気づいて喜んでいるようだったそうだ。両親は聞き違いではないと確認したかったので、再び家のまわりを1周してみたところ、私はまたしてもその言葉を言ったそうだ。

きっと家に着くたびに母が何度もそう言っていたのだろう。満足感から？ 安堵感？ あるいは幼い娘に安らぎと安心感を染みこませるためだったのかもしれない。おかげで、その言葉は私にとって特別な響きを持つものとなった。

「おうち（ホーム）」

テムズ川の水源は、古い文献で「アイシス」として登場するオックスフォードからやや北に行った地域にある。そこから染み出した湧き水は、有名な大学都市に達する頃にはちゃんとした川になり、元気よく流れ、イギリスの田園風景の高地や低地を蛇行しながら、美しい橋脚の間をくぐり抜け、ソニング、ヘンリー、マーロウ、マイダンヘッド、ブレイといった愛らしい名前の古い町を流れていく。

川はさらにウィンザー、イートンへと続く。河畔に広がる絵のような一帯、ラニーミードは、失地王のジョン王がマグナ・カルタに署名した場所だ。

川はさらに田舎町サリーへと流れ、私が生まれたウォルトンを通り過ぎ、ハンプトンコート宮殿の横を流れていく。トマス・モア卿はここでヘンリー8世に謁見したあと、渡し船で川下に帰っていったのだろう。川はキングストン、リッチモンド、キューといった田舎町を通り過ぎる。そしてついにロンドンに到達し、あまたの橋の間を流れ、イギリス政治の中心、ウエストミンスター宮殿を望む。そして旅の最後はグリニッジに向かい、蕩々と河口から北海に注ぐ。

　テムズ川に慣れ親しんだおかげで、私はずっと運河が大好きだ。というより水にまつわるすべて、とりわけ水の音が好きだ。水には音楽が満ちている。小川が軽快に跳ねる音、噴水の水しぶき。堰や滝の水煙や轟音。自分の生まれた場所、ウォルトン・オン・テムズのことを考えるとき、真っ先に思いつくのは、そして最も深いところで訴えかけてくるのは、川だ。川の匂いが好き、歴史が好き、その優しさが好き。記憶の一番最初から川はある。そのどっしりとした存在感が私の拠り所となり、慰めになってきた。「ウォルトン」という地名は恐らく古い言葉の「ウェーラー・タン」（ブリトン語で農奴、囲い込み、村）から来ている。私が小さい頃は、遺跡の壁の一部がときどき見つかっていた。ウォルトンは3つでひとかたまりのような村で、ほかのふたつはハーシャムとウェイブリッジだった。私が生まれた頃は、どの村も、ロンドンからサリー方面に行く列車が止まる駅という以外にほとんど何もない場所だった。ハーシャムは貧しく、モール川のほとりに森がちらほらあるだけだった。もとはケルト民族が住んでいたことは、そこからかなりの遺物のかけらが見つかっていることからも分かる。ローマにも侵略されたようだが、定住したのはアングロサクソン系だった。ハーシャムは最果ての端っこの集落だった。ウォルトンはそれと比べるともう少し栄えていて、大きい村だった。ウェイブリッジと合わせれば、「高級住宅地」と言えた。

　ウォルトンのささやかな自慢といえば、テムズ川にかかる橋だった。ごく初期の橋は18世紀のイタリアの画家、カナレットが絵に残している。改修された橋は、1805年にターナーによって描かれた。改修されたのは大昔

だったので、私が子どもの頃はところどころに穴が開き、渡るたびに骨まで
ガタガタ揺れた。穴の隙間からのぞき込むと、下を流れる川が見えた。
川を渡って村を出るときは、たいてい、家を離れて両親と巡業に出ること
を意味した。川を渡って戻ってくるときは、再び我が家に帰って来たこと
を意味した。川は境界線だった。そこを渡れば、にぎやかな世界をあとに
して、懐かしの玄関まであと少し、と思えた。

　今でも飛行機でイギリスに帰るときは、ヒースロー空港に向けて降り始
めた機内から、私は川の姿を探す。するとそこに川が現れる。悠然とした
流れがきらめき、草地に優雅なカーブを描いて、変わらぬ安らぎと清らか
さを湛えている。

　私の名前は、ジュリアとエリザベスというふたりの祖母にちなんで付け
られた。
　ジュリアは母方の祖母で、ウィリアム・ヘンリー・ウォードの長女だった。
曾祖父のウィリアムは庭師としてストラトフォード・アポン・エイボンの
大きな屋敷で働いているときに、使用人をしていた曾祖母ジュリア・エミ
リー・ヒアモン（エミリーと呼ばれていた）と出会った。曾祖母エミリー
は「トゥイーニー」で、これは他の使用人よりも早く起きて、彼らのため
に火を入れるという不運で気の毒な仕事をする者に与えられた名前だ。使
用人たちはその火で暖まってから、屋敷の仕事に取りかかる。彼女は11歳
で奉公に出され、トゥイーニーになった。
　何年かのち、曾祖母と曾祖父は結婚してハーシャムに引っ越した。1887
年、最初の娘、私の母方の祖母ジュリア・メアリ・ウォードが生まれた。そ
こから９年間の空白ののち、２年おきに子どもが生まれたが、男子はひと
りもいなかった。４人の娘は、皆まとめて「女の子たち」と呼ばれていたが、
それぞれの名前はなかなかに凝っていた。ウィルヘルミナ・ヒアモン、フェ
ネッラ・ヘンリエッタ、ノナ・ドリス、キャスリーン・ラヴィニア。幸いに
もミナ、フェン、ドル、キャスと呼び名は短く縮められた。そして待望の
男児、ウィリアム・ヘンリーが誕生した。彼はまずハリー、それからハッ

ジと呼ばれるようになったが、その頃には長女のジュリアは結婚していて、間もなく私の母、バーバラ・ウォード・モリスを生んだ。1910年の7月のことである。つまり母には、ほんの数歳しか年の違わない叔父がいて、ふたりは遊び友だちになるよう定められていた。

私は、80代になった曾祖母のエミリー・ウォードに会ったことを覚えている。曾祖父は亡くなっており、彼女は娘のキャスと暮らしていた。曾祖母は小さくてまん丸の樽のような人で、肌にはシミひとつなく、銀髪の美しい女性だった。いつもラベンダーの香りがして、私を「かわいい子」と呼んだ。

彼女は素敵な笑顔の持ち主で、優しい声は遠くから聞こえるような響きがあった。カナリアが大好きで、ハーシャムのキャス大叔母さんの家の裏には、鳥小屋があった。おかげで今でも私はカナリアが好きだ。

ミナ大叔母さん、キャス大叔母さん、それ以外の大叔母たちは皆、優れた女性で、それぞれに個性が際立っていた。ハリー大叔父さん、またの名ハッジだけは厄介者で、大酒飲みだった。私はずっと、この人は優しいときもあり、遊び心に溢れたユーモアのセンスの持ち主だが、どこか乱暴なところがあり危ない感じがする、と思っていた。彼は父親同様、土いじりに才能があり、やがて私たちの庭師に落ち着いた。ハッジが仕切り始めると、庭は美しく咲き乱れた。母とは仲が良く、酔っ払っていないときの彼は非常に有能だったので、母は彼をそばに置きたがった。私は彼のイメージを、最初に書いた児童書の『マンディ』に出てくるキャラクターに生かした。

家族史となると、母が多くを語らなかったせいで、私の知っていることは断片的だ。小さいときの話は、しつこく聞けば話してくれることもあったが、自分から進んで話すことはほとんどなかった。しかし母親については例外で、私の名前になった祖母ジュリアのことはいつも愛情たっぷりに語った。毎年、4月19日のプリムローズ・デイ（訳注：19世紀のディズレーリ首相の命日。彼がプリムローズを愛したのでこう呼ばれる）がジュリアの誕生日だったので、その日にはハーシャムにある祖母の墓前にプリムローズを供えて

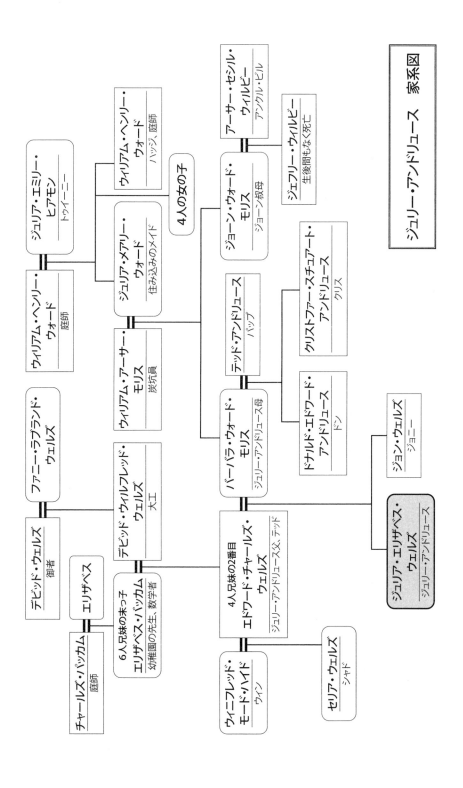

ジュリー・アンドリュース　家系図

いた。母親を亡くして悲しんでいることは、当時の私にもよく伝わってきた。私の最も古い記憶の中に、祖母の死を深く悲しむ母の姿がある。恐らく母はその死からなかなか立ち直れずにいたので、そういう形で私の記憶に残っているのだ。

祖父母についての足りないピースは、父と、母の妹であるジョーン叔母さんに聞くしかなかった。

祖母ジュリアは、おとなしく優しい性格だったようだ。繊細で内気で、引っ込み思案な女性で、音楽が大好きだった。叔母が言うには歌がとてもうまかったそうだ。子どもの世話をして彼らに愛情を注ぐこと以外には、人生に何も望まなかった。私が聞いた話では、この祖母の献身的な愛が祖父アーサーには煩わしく、祖母が彼を喜ばそうとすればするほど、祖父は苛立っていたそうだ。

ジョーン叔母が祖母ジュリアについて語るとき、母とは違って辛辣で、祖母は祖父より学歴も家柄も劣っていた、と評する。これらの断片をつなぎ合わせると、母方の祖母は学はなく、美人で、働き者で、苦しみを抱え込んでいた人物。その夫のアーサー・モリスは、怒りっぽく、才能溢れる、女好きの、横暴で、酒飲みの非嫡出子だったようだ。

アーサー・モリスの母親は、「サー」と呼ばれる人物との間に彼を身ごもったが、アーサーは非嫡出子として育った。180センチ以上の長身でハンサム、頭が良く、どうも傲慢な性格だったようだが、その気になれば非常に魅力的な人物にもなりえた。子ども時代は悲惨で、母親の再婚後、継父が彼を疎んじたのでいつも台所のパントリーに追いやられていた。

アーサーは入隊できる年になると、すぐに軍に入って近衛歩兵連隊の所属になった。そこで楽器の演奏を学び、軍所属のブラスバンドに昇格してトランペットを吹くようになった。ピアノもうまかったらしい。

サリーのケーターハム駐屯地で、祖父は祖母のジュリアに出会った。家族に伝わる話では、アーサーがジュリアを「手籠めにして」彼女は妊娠した。ふたりはきちんと結婚し、ゴッドストンの市役所に1910年2月28日に届けを出した。

母バーバラ・ウォード・モリスは1910年7月25日に生まれた。その5日後、アーサーは考え足らずで無断で隊を離れた。しばらくの間、この小さな家族は地上からかき消えてしまったかのようだった。しかし2年後、アーサーは軍隊の脱走兵リストに載っているとして、警察に逮捕され、裁判にかけられ、職務離脱の罪で軍刑務所での禁固63日間を言い渡された。彼の上官たちが、新妻のジュリアが小さな子どもを抱えて夫を必要としている、という状況を考慮したからだろうか、陳情が通り、アーサーは29日後に軍刑務所から出され、正式に釈放された。

ジュリアとアーサーは再スタートを切った。ケントに引っ越し、アーサーはそこでケント炭鉱組合に加入した。1915年6月30日、もうひとりの娘である私のジョーン叔母さんが生まれた。次女の誕生後、アーサーは再び行方知れずになり、家族を放ってどこかに行ってしまった。彼は鬱病の発作が出ると不意に消える、ということがよくあったようだ。しかしひょっとすると、もっと儲かりそうなヨークシャー南部に行って、新しいことを始めようとしていただけかもしれない。というのも、その後しばらくして、モリス家は再びデナビーに引っ越し、アーサーはそこで炭鉱の監督官となったからだ。

娘たちはふたりとも地元の共学ミス・オールポート・プレパラトリー・スクールに通い、そのあとでオールド・デナビー近くの学校に通った。学校の記録によれば、母は人気者で元気な生徒だった。ジョーン叔母は少し内気でビクビクしたところがあったようだ。彼女は母に頼りっきりだった。ふたりとも抜けるような白い肌と豊かな鳶色の髪が印象的で、目を引く美少女だった。

デナビーにいたこの頃、アーサーは詩作に励み、それを発表するようになった。評判は上々で、「坑夫詩人」という異名をとるようになった。

アーサーはまた、楽器演奏の能力を生かし、クリケット・クラブの集まりや、「スモーキング・コンサート」(女人禁制のパーティ)、寄付金集め、その他多くの村のパーティで演奏した。アーサーは私の母にピアノを教え始めた。性格がよく似ていたふたりは意志が強く、何事も自分流に進める、

というところまでそっくりだった。叔母によれば、ピアノの練習中は怒鳴り声の応酬があり、最高潮に達すると何かを強く叩く音やビンタの音が聞こえてきたらしい。

　母の体験談によれば、うまく弾けないと父に手を定規で叩かれたそうだ。どちらにせよ、アーサーという人物は専制的で乱暴な親だったようだ。そのうち母はミス・ハットンのプライベート・レッスンを受けるようになり、ピアノの技術はかなり上達した。1920年の7月、母は10歳で英国王立音楽院の初級に合格した。そのニュースでは父親についても言及され、「ミスター・アーサー・モリス、かの有名なエンターテイナー」と表現されている。

　何年も後に、叔母は父親をこう評している。「母はよく、"人生を楽しませてくれる男性と結婚して良かったですね"、と言われていたけれど、その人たちは何も分かってないのよ。父が椅子に座ってむっつり何日も黙り込んでいるとき、それでも部屋を通らなきゃいけないときには、私はなるべく近寄らないで済むよう、一番遠くを大回りしていたのよ。しばらくして鬱病の発作が治まると、プイっとどこかに行ってしまって、戻ってくるときには、抱えきれないほどのお土産を持って帰る」

　どうやらアーサーはまだ「脱走癖」が抜けていないようだった。

　1921年の暮れ近く、彼はデナビーの炭坑をあとにして、家族とともに数キロ離れたスウィントンに越した。当時母は11歳で叔母は6歳だった。アーサーが詩作と音楽で忙しくしている間、母はいっそうピアノに打ち込み、1924年、当時14歳だった母は、ピアノレッスンを1日中受けられるよう学校をやめた。そのわずか1年半後、英国王立音楽院の最上級の試験に合格した。

　この頃には母も父親のツアーに同行して地方のコンサートでよく演奏していた。またシェフィールドのラジオ局でも何回か演奏した。16歳になる頃には、ピアノを人に教えていた。生徒の中には叔母もいたが、あまり長続きはしなかった。理由はいくつかあり、そのひとつは、姉妹間の熾烈なライバル意識のせいだった。叔母はピアノがうまかったが、音楽の別の方面、ダンスに強く惹かれていた。叔母は正規の訓練を受けたことはなかっ

たが、小さい頃は暇さえあれば、母親のクローゼットから服を引っ張りだし、即興のダンスを踊っていた。

　これらの話はどれも母から聞いたことではない。叔母の話と調査から分かったことなのだ。母が私に話してくれたのは、かなり若い頃に英国王立音楽院の師範資格とプロ奏者の資格を取った、という事だけだった。母はその時代のことを決して話そうとしなかった。学校の授業の様子がどうだったのか、どうやってテストを受けたのか、謎のままだ。家がかなり貧乏だったことを考えれば、授業料を誰が払ったのか皆目見当もつかない。恐らく奨学金だったのだろうが、それにしても私は母の卒業証書を1度も見たことがない。母はそういうものを飾らなかったし、額装したりもしなかった。

　1926年夏、祖母ジュリアは、母と叔母を連れてハーシャムの自分の母親、つまり心優しい曾祖母のエミリー・ウォードに会いに行った。姉妹にとって、炭坑の灰色の町とは何もかも違う牧歌的な田舎暮らしは新鮮で、幸せを満喫した休暇だったようだ。

　曾祖母エミリーは、村の裕福な住人の洗濯物を引き受けていた。昔ながらの「洗濯日」は、腰を痛める過酷な家事労働で、その頃の女性が強いられた苦難と貧困の象徴だった。天気が良ければ洗濯は庭で行われた。作業台の上に、洗濯板を入れたふたつの巨大なたらいと、棒状の黄色い固形石けんが置かれる。沸かしたお湯の入ったバケツが、家と庭を何往復もする。シーツ、枕カバー、タオル……などなどが地面にうずたかく積まれ、白い物と色物とに分けられて洗濯桶に入れられていく。どれも水に浸けられ、こすられてから洗濯かごに入れられる。たらいの水が空けられ、きれいなお湯で満たされると、すすぎの工程だ。すすぎのあとは、2本のリンゴの木の間に渡されたロープに洗濯バサミで吊られる。シーツは具合の良さそうな茂みの上に広げられる。夕方、石けんの香りをまとった洗濯物が取り込まれ、翌日はアイロンがけとなる。

　叔母は楽しそうに話してくれた。冬の洗濯物は、取り込むときにうっす

らと霜が降り、シャツは腕を広げた格好でカチコチになっているので、それをダンスの相手のように抱きかかえて、凍ったキャベツ畑の切り株の中をクルクルと踊ったそうだ。

翌朝、注意深く皺のないように畳まれたシーツが、キッチン・テーブルに置かれる。当時はアイロン台がなかったので、これがアイロン台の代わりだった。アイロンは馬鹿でかく重い代物で、何度も暖め直す必要があったので、暖炉の上にアイロン用の三脚がぶら下がっていた。

アーサーはといえば、その頃、イングランド北部の様々なクラブで演奏していた。ドラムセットを買い、独学で叩き方を学び、金を取れるくらいうまくなったと思えたところで、地元の教会を借り切って演奏会を開いた。母がピアノを弾き、祖母が入り口で入場料を集めるというスタイルで、興行のようなことを始めた。

こうなると、アーサーは様々な集まりに招かれるようになる。祖母のジュリアはそのような華やかな場でどう振る舞って良いか分からず途方にくれた。次第にアーサーはひとりで出かけるようになった。

アーサーは家に寄りつかなくなっていった。ついにジュリアはある朝、夜明け前に娘たちを連れて、こっそり家を出てアーサーの元を去った。恐らく浮気と酒乱に耐えられなくなったのだろう。3人は始発の列車に乗って、曾祖母エミリー・ウォードの待つハーシャムに帰り、そこでずっと暮らすつもりだった。

祖母ジュリアはほどなく、モーティマー氏の邸宅でメイドの職を見つけ、娘たちも一緒に住み込みが許された。アーサーはスウィントンにいたが、悲劇に見舞われる。享楽的な新しい生活で、女性たちとおおっぴらに付き合うようになった彼は、梅毒に感染したのだ。そしてハーシャムにやって来た。ジュリアは、自分の人生に彼がいた方が幸せだと思ったのか、あるいは病気の看病をしてあげようと思ったのか、とにかく彼を再び家族として受け入れた。しかし看病の甲斐なくアーサーは弱っていき、痩せて無気力になった。1928年11月16日、彼はウォーキンのブルックウッド療養所に

入り、そして翌年の８月に43歳で亡くなった。死因は「麻痺性痴呆」だった。

　この頃の話を母に聞いたとき、母は淡々と事実だけを教えてくれた。叔母のジョーンに、この事について何か書いてほしいと頼むと、身震いして、「悲惨な事をなぜ書くの？　あの場所、あの悪臭、患者……みんな頭がおかしくなって叫んでいるのよ」と言った。叔母が当時13歳だったことを考えれば、当然トラウマになっただろう。しかしその奥には、話題にするのも汚らわしい、恥ずかしい、という気持ちが隠れているようだった。梅毒は全くもって「上品」ではない。痛ましいことに、ジュリアはアーサーから梅毒をうつされ、病に倒れて、そのわずか２年後に死んでしまった。こうしてみると、祖母の死を母が悲しみを隠そうともせず悼んでいた理由がよく分かる。

第 2 章

一夜にして姉妹の子ども時代は終わり、弱肉強食の世界に放り込まれた。両親を早くに失ったことで、母の進む道は大きく歪められた。今や彼女はジョーンの姉であるだけでなく、母親でもあるのだ。家庭を切り盛りする役割を負ったことにより、いつも競い合っていた姉妹の関係性が、完全な共依存の状態に変わっていった。

ふたりはモーティマー家から出て、一間だけの小さな部屋に移った。曾祖母エミリーが、ふたりが少なくとも1日に1度はまともな食事ができるようにと、昼食を食べさせてくれるので、彼女の住んでいる場所の近くに部屋を借りた。部屋探しは、ふたりがピアノとドラムセットを持ち込みたいと言うと難航した。大家をなだめたりすかしたりした挙げ句、大家の娘に母がピアノを教えるという条件で、やっと許された。次に必要なのはお金だった。ふたりは遺された資産と呼べるものを見渡し、ピアノは売らないという結論に達した。しかしドラムは？

母は言った。「いい？　ジョーン。ドラムの叩き方を覚えるのは、あんたしかいないわ。パパがやっているのをよく見ていたでしょう？　試しにやってみて」

ふたりは地元の婦人会館の前で演奏した。15歳の痩せっぽっちの女の子が、ピンクのベルベットのドレスを着て、黒いストッキングを履き、豊かな赤毛を『不思議の国のアリス』のような白いリボンでまとめ、ドラムを叩いている。この光景に村人は驚嘆し、人だかりができて、何が始まったのかと注目した。

叔母がやりづらいと文句を言うと、母は「もっと大きな音を出すの──これ以上できないくらい強く叩きなさい」と教えた。これは効果があった。お金が投げ込まれ始めた。

姉妹は信じられないほどの数のライブをこなすようになった。優雅なア

フタヌーン・パーティや夜会から、はたまた、かつてはマウント・フェリックスと呼ばれた邸宅を改装した怪しげなナイトクラブまで。このクラブの中に空き部屋ができたので、ふたりは借りることにした。しかしすぐに、このようなクラブは夜遅くに違法に酒を売って儲けていることが明らかになり、ある晩、地元警察のガサ入れを受け、そこにいた全員がブラックマリア署の車に詰め込まれてしまった。

　叔母はこの頃まだ学校に通っていた。その女校長は、姉妹がふたりきりで生活していると知り、叔母のために奨学金を用意した。奨学金の支払いには地元の療養施設のチャペルで演奏することも含まれていて、母はそこでハーモニウム（訳注：ペダルで空気を送るオルガン）を演奏し、叔母はペダルを踏む係だったのだが、母に「もっといっぱい踏んで！」とよく言われたらしい。ふたりは、昼間の敬虔で清らかな奉仕と、夜の自堕落なナイトクラブでの演奏のギャップが、たまらなく面白いと思った。

　ふたりをよく知る人物があるとき教えてくれた。「あのふたりの少女がウォルトンとハーシャムに与えた衝撃ときたら、それはもうすごかったのよ！　話し方には耳慣れない北部の訛りがあって、信じられないくらい美人で、生き生きとして、自信に溢れ、あのゴージャスな赤毛。そしてふたりのピアノとドラムは一流だった」

　姉妹の雇い主のうちのひとりが、叔母に正規のダンス教育を受けさせるべきだと言い、ウィンブルドンの良い学校に紹介状を書いてくれた。母はどうにかして妹をオーディション会場に連れて行き、叔母はそこで、何ができるのかと聞かれた。

「ええと、何も特別なことはしません」とジョーンは答えた。「ただ音楽が語りかけてくることを表現するだけです」

「それなら音楽があった方が良いね？」と審査員が言ったので、母が演奏した。

　叔母はダンス、特にクラシックバレエを始めるには遅い年齢だったが、彼女ならできるだろう、そしてどんなジャンルの踊りもできるようになるだろう、と審査員に思わせることに成功した。入学条件が話し合われ、毎

朝10時半に来てスタジオの掃除をして、クッションを整え、ロッカーの整理整頓に責任を持ち、雑巾がけをし、授業の合間に来客があったときにはお茶を入れ、様々な雑用をこなす、という条件で、叔母は学費を免除されて入学できた。母もまた、午後の授業で2コマ、ピアノを弾くことになった。叔母は言われたことを非常にそつなくこなしたので、数週間後には、ロンドン南部のバラムに派遣され、タップダンスを教えることになった。

父親の死ぬ1年前から、姉妹はきちんとした青年たちとお付き合いしていた。ひとりはエドワード・チャールズ（テッド）・ウェルズといい、この人が私の父親になる人だった。もうひとりはアーサー・セシル（ビル）・ウィルビーで、叔母ジョーンの夫となった。父は母より2歳年上なので、出会ったときには互いにまだ19歳と17歳だった。姉妹が親を亡くしてから、青年たちは週に2回はふたりを連れ出してフィッシュ・アンド・チップスをご馳走し、買いすぎたからと、クリームサンドのパイを「あとで食べる用に」くれた。

父もまた母同様に、貧しい境遇で育った。父方の曾祖父デビッド・ウェルズは、サリーのギルフォードに住んでいるレディ・ティルソンの御者をしていて、のちにウェスリアン教会の用務員になった。妻のファニー・ラブランド・ウェルズはミドルエセックスの出身で、サリーとミドルエセックスがふたりの地元だった。

ファニーの親戚はハーシャムに「ラブランド」という店を出して、品物をポニーや荷馬車で届ける仕事をしていた。ファニーとデビッドには息子がひとりいて、デビッド・ウィルフレッド・ウェルズといった。若いデビッド（私の祖父）は大工と建具の両方ができて、町からも組合からも最初に免許をもらったので、建設業者によく仕事を回された。不景気で仕事がなくなると、ハーシャムから16時間も自転車をこいでウェールズに行って仕事を探した。

父の母方の曾祖父はチャールズ・パッカムといって、腕の良い庭師だった。妻エリザベスとの間に6人の子どもがいて、メアリ、スーザン、チャー

ルズ、エレン、キャロライン、そしてエリザベスだった。

末っ子のエリザベスは幼稚園の先生をしているときに、デビッド・ウィルフレッド・ウェルズ、つまり父方の祖父と結婚した。デビッドとエリザベス・ウェルズは4人の子どもを育てた。フランクが長男で、テッドが私の父、ロバート（ボブ叔父さん）、そして長女の名前はまたもエリザベスだったが、ベッティと呼ばれていた。

聞いた話によるとフランクは誠実な人物で一流の職人だったが、30歳のときに髄膜炎で亡くなったため私は会ったことがない。大工だけではなく教師もしていて、私の父はこの長兄の影響を受けて教師になった。3番目のボブは一家の「頭脳派」と呼ばれていて、のちにハーシャムにあるハックブリッジ・エレクトリックという大型輸送機を作っている会社で、マーケティング部のトップになった。

一家の末っ子で唯一の女の子は、生まれたときから精神障害を負っていた。原因は詳しくは分からないが、母親である祖母のエリザベス・ウェルズが堕胎しようとした子どもだったらしい。この子は家族のひどい重荷となっていた。愛らしい少女だったようだが、言葉を発することはできず、てんかん発作を起こし、暴れることがあった。妹が発作を起こすかもしれないので、父は友人を家に連れてくることができなかった。彼女は小さい頃に障害者施設に入れられたが、祖母が様子を見に行くとあまりにもひどい環境だったので、家に連れ帰った。結局ベッティは27歳で亡くなった。私は、このベッティが父に与えた影響はかなり大きかったと思っている。父は、女性は不憫で壊れやすい存在、という考えから終生、脱することができなかった。

1914年から18年まで続いた戦争が終わったあと、住宅を買う若年層には補助金を出すという政策ができた。祖父のデビッドは申請し、70ポンドを手にした。そしてハーシャムのプレザント・プレイスに小さな土地を買い、息子たちや大工仲間と一緒に2階建ての家を建て、それを「デルディーン」と名付けた。最低限の作りで、2階には小さい寝室が3つ、1階にはリビングと洗い場があり、トイレは外だった。リビングにある暖炉が唯一の熱

源で、暖炉の縁にはフックで三脚が吊され、そこにヤカンを置いてお湯を沸かしたり、それを料理に使ったりできるようになっていた。暖炉の隣には鉄でできたオーブンがあって、私の記憶ではそれも火で熱するタイプのものだったと思う。ポンプで1階の銅のタンクから水をくみ上げ、バスタブに溜める風呂のようなものもあったが、どうやってもぬるま湯にしかならなかった。だから父と兄弟たちはモール川、テムズ川、ウェイ川で泳いで体を洗う方が好きだった。石けんで体を洗ってから、川に飛び込んで泡を流すのだ。

父はキングストン近くのティフィン・グラマー・スクールの奨学金を得て、学生生活を楽しんだ。最初の仕事はハックブリッジ・エレクトリック・ファクトリーで、のちに弟のボブが勤めて順調に出世した会社だったが、父はこの工場が大嫌いだった。暑くて汚くてひどい騒音で、外の空気が吸えず、閉じ込められているような気分になった。だから工場を離れて、父親と一緒に町で建具仕事をするようになった。残念ながら、父の父親デビッドは44歳のときに大腸癌で亡くなった。

しばらくの間、不景気で他の雇われ先もなく、建設の仕事はなかったので、父は工場に戻らざるを得なかった。機械工になり、同時に夜間にキングストン・テックに通い、建築士の資格を取った。のちに母親から、長兄フランクのようにもっと堅実にお金を稼ぐようにと言われて、教員資格の試験を受けるとかなりの好成績でパスした。こうして父は、1932年12月26日のボクシング・デー（訳注：クリスマスの翌日）に、24歳で学校の先生になった。

母はいつか私に教えてくれたことがあった。祖母ジュリアが死の床で娘に「何をしても良いけれど、テッド・ウェルズとだけは結婚しないように」と言ったそうだ。きっとそれはテッドがあまりに貧乏だったからだ。それでも母が父と結婚したのは、父が岩のようにどっしりとしていて、彼女を心から愛し、安心感を与えてくれたからだ、と話した。

父は名実ともに「なんでも先生」だった。木工、金工、建築基礎、工学の授業を受け持ち、他にも数学、文学、文法などの教科の穴埋めに入ることもあった。当時、周辺の学校は専門分野の教員を正規雇用できるほど大

きくなかったので、父は毎日、様々な学校に出向いて教えていた。ハーシャムを起点に、サリー州内の様々な村への移動距離が1週間で320キロにもなることもあった。夜間学校でも教えた。バイクを持っていた時期もあったが、母とジョーン叔母の生活を支援するために売ってしまっていた。

　パートタイムや代用教員の給料は時間給だ。1932年の年度末、父は貴重な11ポンドを家に入れたが、それで翌月末まで——つまり2カ月間を過ごさなくてはならなかった。しばらくのち、シェアにある学校で正規の教員として採用された。生徒は14歳から16歳までの男子で、危ない工具も扱える年齢とされていたが、実際には田舎のやんちゃで乱暴な子どもだった。父はそういう子たちの扱いがうまかった。アマチュア・ボクサーでもあった父は、その気になればガツンと殴ることができたし、1度などは本当に実力行使する寸前までいったそうだ。生徒たちと一緒にサッカーをして、彼らを悪さから遠ざける、そんな人気の先生だった。

　母はピアノのレッスン料と演奏料を乏しい収入の足しにしようとした。ジョーン叔母はいつでも母と一緒だったが、このときはウォルトンで、ミス・ルマルカン小学校を借りて、夕方と夜にダンス・スクールを開催していた。両親が小さな家を借りて引っ越すときも、叔母は持って行くべき家財道具のように一緒に来た。この家は「スリーサム」と呼ばれていたが、きっとこのような共同生活ゆえだろう。

　どうやりくりしたのか分からないが、彼らは3人で奇妙な休暇に——たいていはボグナー近辺の海辺に、出かけることがあった。ほとんどの場合、「アンクル・ビル」・ウィルビーもついてきた。中古の車に、テント、調理器具、プリマス・ストーブ（訳注：携帯ストーブ）、折りたたみ椅子、食料、毛布、枕などをギュウギュウに詰め込んで出発する。この旅には面白いエピソードがたくさんあるが、中でも、オースティン7が小さな太鼓橋を猛スピードで渡ろうとした時の話は秀逸だ。橋の真ん中で車体が宙に浮き、着地したときにはすごい衝撃だった。アクセルは壊れ、積み荷が父の肩にのしかかり、父はハンドルに顔を打ちつけたまま動けなくなった。そこはまだ目的地の半分という場所だった。恐らく母がひどく腹を立て、道路脇に積ん

だ荷物の上に腰掛けて文句を言い続けたに違いない。父は、母と叔母、そしてアンクル・ビルを通りがかりの車に乗せ、自分は最寄りの修理工場まで数キロ歩いて助けを求めに行ったそうだ。

　私は1935年10月１日、ウォルトン・オン・テムズのロドニー・ハウス産婦人科で生まれた。
　最も古い記憶は恐らく２歳か３歳くらいの頃のものだ。私は階段の途中で、上るところだったのか、下りるところだったのかは分からないが、途中で立ったまま、母にトイレに行きたいと訴えている。
「じゃあ、下りてらっしゃい」と母が言い、私は「いや」と答える。
「じゃあ、上がりなさい」と母が言う。
　私はやっぱり「いや」と答える。
　母に階段まで来てもらって、連れて行ってほしかったのだ。
「それなら、ずっとそこにいなさい」と母は言った。私はそうした。そしてお漏らしをした。
　そのとき着ていたのは茶色いウールの洋服で、濡れるととてつもなく気持ち悪かった。きっと癇癪を起こしたと思う。結局、自分が嫌な思いをしただけだった。

　私が幼かった頃の母親の記憶は、かなり頻繁に家を空けていたという以外にあまり多くはない。
　しかし父親については、具体的な思い出がいくつもある……素敵なことばかりだ。父は私と弟たちを愛情深く、かつ大人と同等に扱った。決して頭ごなしに叱ったりしなかった。子どもの誰かが駄々をこねても、ただ「いいかい、おまえ──」と困り果てたような、辛抱強い口調で諭そうとする。それを聞くと私たちは、それ以上は強情を張らないでおこう、と思えた。あとで私に教えてくれたのだが、父は１度、弟のジョニーを叩いたことがあった。するとジョニーが必死に「もうやめて、パパ。ごめんなさい」と言ったので、父は自己嫌悪に駆られ、２度とそんなことをしないと誓った

のだそうだ。そして実際にしなかった。

　子ども時代を通じて、父は私たちを自然の素晴らしさに触れさせようとした。一番古い記憶のひとつに、父に呼ばれて、庭で大きな蟻の巣を観察したというものがある。父が庭仕事をしている最中に石の下に見つけた巣だった。

「ねえ、見てごらん。ここからあそこまで、蟻はどうやって物を運ぶかな？すごく忙しそうだね」

　私は蟻が小さなトンネルの中に、彼らにとっては大事な何かを引っ張っていく様を見ていた。私たちはその巣の上で1時間以上はそうしていた。

　またこんなこともあった。寝ているときに父に起こされた。夜の10時か11時を過ぎていたと思う。

「お前に見せたいものがあるんだ」と言って私を抱きかかえて階段を下りた。「玄関にハリネズミが来たよ」

　父は、ハリネズミが敵から身を守るためにどんな風に針を立てるか説明した。そこには、言うとおりツンツンした灰色の丸い塊があった。

　父は「ミルクを置いてあげれば、顔を出して飲むんじゃないかな……」と言った。そして本当にそうなった。朝になるとミルクはなくなっていて、ハリネズミは無事、庭に帰っていったようだった。

　父は信心深くはなかったが、私にこう言ったことがあった。「あるふたつのものが存在しなければ、神を全く信じることはできない。それは木と、人間の良心だ。木がなければこの惑星で我々が生きることはできない。木は私たちに食べ物、衣服、住居を与え、酸素を作る。また、人間に良心がなければ人類は原始的な状態から進化することはなかっただろう」

　父は教会音楽が好きだったので、BBCラジオで流れる日曜のミサをよく聞いていた。父の声は軽やかなバリトンで、自分を「お風呂場歌手」と呼んでいた。賛美歌でも他の歌でも、聞いたそばから最初から最後まで完璧に再現できた。歌詞も音程もきっちり同じように。ヘンデルの「Has Anyone Seen My Lady As She Went Passing By」「あなたがどこを歩くとも」は父の持ち歌で、よく歌っていた。口笛もうまかった。

歌よりももっと好きなのは詩だった。父はいつでも好きなときに思い出せるようにと、人生を通じて詩を暗記していた。父がくれた最初の本のなかには、パルグレイブ（訳注：19世紀イギリスの詩人、フランシス・ターナー・パルグレイブ）の『Golden Treasury of English Poems』がある。

　父も川や湖が大好きで、私が水を好きなのは父譲りだ。父はよく小さなボートを借りて、弟と私を乗せて、テムズ川を下った。岸を離れる前、父は言い含めるように説明した。「いいかい、よく聞きなさい、ふたりとも。このボートはすごくひっくり返りやすいんだ。だからボートに乗るときと下りるときは、体を低くしていなさい。ボートに乗ったら、絶対に立ってはいけないよ」

　父は自分の脇に置いてあるオールを私たちに持たせ、水面の上をかすめる方法を教えてくれた。しかしたいていは、私とジョニーは背もたれが籐で編まれた椅子に並んで座って、舵に巻かれているロープをしっかり握る役目を果たしつつ、父がオールを左右対称に水中にスッと入れ、音もなく軽々と抜き出すのを見ていた。ボート遊びではいつも、父は自然の美しさに触れた。岸の地層の模様、果樹の花、野の花。父はその木に花が咲いていようがいまいが、すべての木の名前を知っていた。

　父はそれ以外にも本当に物知りだった。語学が好きで、文法や数学にも明るかった。勉強に打ち込み、机に向かい、片手で本を目の高さに持ち上げて読みつつ、机に覆い被さるように何か書きつけていた。何かを学ぶということは、父にとって人生に必要不可欠なものだった。
「神から与えられた才能がないのなら」と父は言った。「人生でできる限り、脳に刺激を与え続けることが義務なんだ」

　74歳になったとき、父は地元の大学でドイツ語を学び、試験に臨んだ。

　父の愛情表現は控えめだった。私を抱きしめたり、膝に抱き上げたりすることはほとんどなかった。それでも私は父の愛を疑ったことはない。私に詩を教え、読み聞かせ、私を対等な仲間として扱い、一緒に散歩に行くといった細やかな方法で愛を表現した。
「よく思うんだが」と父はかつて私に言った。「私の人生は何だったんだ

ろう。たくさんの子どもたちが私の前を通り過ぎていったが、私の教育が
彼らにどんな影響を与えたのか、ほとんど分からない。教育というのは終
わりのないものなんだ」

　父は自分の影響などたいしたことはない、と考えているようだった。し
かしたくさんの生徒が、自分の人生は先生のお陰で変わりました、と大人
になってから父に礼を言いに来たものだ。それを聞いて私たち家族は皆、
父のみずみずしい感性と謙虚さを改めて誇らしく思った。父はえこひいき
をしなかった。どんな子どもであれ若い個性には敬意を払われ、育まれる
べきだと考えていたからだ。思い返すと、父が私への愛情をあんなにも揺
るぎなく伝えられたのは驚嘆すべきことだ。

　あるときインタビューで、どちらの親を憎んでいるか、と聞かれたこと
がある。わざと私を挑発するような、同時に面白い質問でもあった。なぜ
ならその時、私がどちらの親を全身全霊で愛していたかはっきりと分かっ
たからだ……それは父だ。母は確かに私の人生で重要な役割を果たし、小
さなときは母がとても恋しかった、しかし心からは信じていなかったよう
に思う。

第 3 章

私が2歳半のとき、弟のジョン（通称ジョニー）が生まれた。母、父、ジョニー、私（もちろん叔母も）は「ケンレイ」と呼ばれる家に引っ越した。テムズ・ディットンという場所で川からそう遠くない場所だった。

ケンレイは「スリーサム」より少しだけ大きな家だった。それなりに大きい前庭があって太い木が立っていた。私はその新居が好きではなかった。蜘蛛が——黒い斑点のある薄茶色の蜘蛛が——やたらたくさんいて、秋になると玄関脇の枯れたアヤメとグラジオラスの間に巣を張った。雨が降ると立ち枯れた花がうなだれ、蜘蛛の巣をかけられた茎の部分が白く縁取られ、まるで霜が降りて冬になってしまったようだった。

ジョニーに関してよく覚えている最初の記憶は、私の4歳の誕生日の出来事だ。私はとてもかわいいお人形をプレゼントにもらった。体は縫いぐるみで、頭の部分は陶器でできていて、目を開けたり閉じたりできた。私がまだ数時間も遊んでいなかったのに、ジョニーがそれを掴んでぶきっちょに投げつけた。次の瞬間、お人形のかわいい顔は粉々に割れてしまった。このときの私の怒りは凄まじく、永遠に私の前から消えてほしい！と弟を呪った。

ジョーン叔母は相変わらずミス・ルマルカンの学校でダンス教室を開いており、私は午前中にその幼稚園に通い、午後は叔母のダンス・スクールに通った。ダンス・スクールは年に1度、地元のウォルトン劇場で発表会をした。父は舞台背景を作り、母は音楽を担当した。叔母は振り付けと衣装デザインをした。彼女の恋人、アンクル・ビル・ウィルビーは父の背景作りを手伝った。

父の作りあげる背景は素晴らしかった。舞台の幅いっぱいの飛行機を作ったときには、片翼に10人ずつ、20人の生徒がその上に立つことができた。ちゃんとパイロットの座れるコックピットもあって、機首のプロペラ

は本当にグルグル回った。あるいは張りぼての船「クイーン・メアリー号」を作ったときは、遠近法をうまく使って、大海原を表現した。そして船は、舷窓から船乗りが顔を出して手を振ることもでき、船長は高い甲板の上に立つこともできる作りになっていた。そしてなんと言っても不朽の名作は、8頭の回転木馬で、それぞれの背中に子どもを乗せて、「Come to the Fair」の音楽に合わせて回った。

　私の人生で初めてのステージは、この発表会だった。3歳半のとき、「Wynken, Blynken, and Nod（訳注：有名な子守歌）」に出演した。ふたりの女の子たちと共演したが、そのうちのひとりはパトリシア（トリッシュ）・ウォーターズで、彼女との友情は今に至るまで続いている。私たちがポルカを踊っている最中、トリッシュの帽子が半分ずり落ちて目を覆ってしまい、私は彼女が転ばないように手を引いて踊り続けた。どうやらこの頃から私は知っていたのだ。ショーは続けられなければならない、Show must go on（ショー・マスト・ゴー・オン）！

　あるとき、叔母が「A Day at the Races」という舞台に出演したことがあり、叔母は馬の前脚、私は後ろ脚の担当だった。突拍子もない振り付けで、私の顔は叔母のお尻に埋まっていたから、全く何も見えないまま踊った。張り子の馬の頭は強烈な臭いの接着剤で貼り合わせられていて、臭いがその狭い空間にこもって逃げ場がなかった。私たちは這々の体でなんとか踊り終えたが、叔母は張り子を脱ぎ捨てた瞬間、失神した。

　母は姑とそりが合わなかった。祖母のエリザベスは優秀な数学者で、良い教師でもあったようだが、優しさや優雅さというものはほとんど持ち合わせていない人だった。ガイコツのように痩せていて、毒舌を振るうときもあった。母に、お前は子どもを産めない女だと言ったことがあったらしい。ふたりの間には最初から温かい感情はなかった。

　祖母は私が訪ねるようになったときには、一人暮らしだった。息子たちが入れ替わり立ち替わり訪れ、父が行くときは私を連れて行くことが多かった。

デルディーン、彼女の夫が息子たちと建てた家は、ネズミと尿とホコリと泥の臭い、そして風呂にあまり入らない人間のすえた臭いがした。祖母のベッドはリビングのカーテンの後ろにあった。1階の1部屋だけを使っていて、2階はうち捨てられていた。トイレは裏口を出たところにあったが、コンクリートの屋根があるだけの、むき出しで不衛生なものだった。

　父はある時点で私を庭に連れ出す。そこは家庭菜園のようになっていて、モロッコインゲンやグリーンピース、ジャガイモの畝が並んでいた。父が私を庭に連れ出すのは鼻をつく臭気から解放するためなのだろうと、幼心に思っていた。

　祖母を訪ねた最初の頃、精神障害を負った父の妹、可哀想なベッティを見かけたことがあった。何が引き金となったかは分からないが、彼女はいきなり大きな発作を起こした。父と祖母と知らない人が、叫び声をあげてよだれを垂らしている哀れな女性を3人がかりで押さえつけ、リビングから2階に引っ張っていき、寝室に押し込んで外から鍵をかけた。全く手に負えなかったのでそれしかできなかった。彼女の絶叫、怒り、言葉にならない苦しみ……それらに私はすっかり怯え、すぐに家に連れ帰られた。

　彼女を見たのはその1回だけだったが、何年ものちまでその光景が目に焼きついていた。

　母は演奏会のために一定期間、よく家を空けるようになった。演奏会といってもボードヴィル（大衆喜劇）のようなもので、海辺の桟橋近くにある屋外劇場で行われるときもあれば、舞台もなしに浜辺でそのまま行われるときもあった。開始時間は砂に立てられた看板に記され「天候と潮が許す限り」となっていた。

　1939年の夏、母はボグナー・レジスという港町で、ダズルカンパニーという楽団のために演奏をした。母がテッド・アンドリュースという、イギリスに着いたばかりの若いカナダ人テノール歌手の伴奏をしたのはこのときだった。

　どうやらこのテノール歌手は愚かにも——からかったのだろうが——母

のピアノは「初々しい」と言った。母は怒り狂った。母は自分の演奏が男性にも引きを取らないと自信を持っていた。どんな曲でも弾けて、変調できて、腕前は一級だった。

その運命の日、リハーサルから帰ってきた母は、叔母にテッド・アンドリュースに言われたことをぶちまけた。

「なんて厚かましい男なの！」母は罵った。「信じられない！」

叔母はのちに私に教えてくれた。その瞬間、鳥肌が立ち、悟ったそうだ。母は単に怒っているのではなく、その歌手に惹かれているのだ、話している以上の大きな何かが起こりつつあると……。

*

その年の9月、第2次世界大戦が始まった。

ヒトラーは持てる力を結集してポーランドに侵攻し、1940年の春にはノルウェーとデンマークも掌握した。この時期はまだ「見せかけの戦争」と呼ばれていて、ドイツ対それ以外のヨーロッパ諸国が互いに開戦を宣言してはいたものの、目立った攻撃はなかった。そんな中、イギリスは防衛の準備をする時間がほとんどなかった。アメリカはまだ参戦しておらず、弱小国のイギリスは本土防衛を自国だけで担うことになると覚悟を決めていた。

国民の士気は高かった。健康な体を持つ者は誰もが防衛のために立ち上がり、市民は協力を惜しまなかった。アンクル・ビルは空軍に入隊したが、父はエンジニアとしての技術を買われ、自国に残る方が国益になるという判断で本土防衛隊に配備された。

「もし本当にドイツ軍が攻めてきたら」と父は言った。「父さんたちは塹壕の中で戦うんだ。国を守る最後の一線として死ぬまで戦う」

父にはヘルメットとカーキ色の制服、ガスマスク、銃、銃弾6発が支給された。本土防衛隊は少人数で、たいがいは年配の男性たちで構成されていた。私はこの人たちが一体どれくらい持ちこたえられるだろうかと、よく心配になった。本当にドイツの大軍がイギリス本土に攻めてきたらどう

なってしまうのだろう。

　ある日、父は家族全員分のガスマスクを持ち帰った。第1次世界大戦の
あとマスタードガスは大きな脅威だった。父はガスマスクの使い方を私た
ちに教え、被らせた。

　ガスマスクは分厚いゴムでできていて、例えようもなく奇妙で醜悪だっ
た。鼻の部分は出っ張っていて、目の部分は宇宙人の目玉のようなゴーグ
ルになっている。マスクは頭からすっぽり被らなくてはいけない。被ると
息が詰まった。ひどい臭いですぐに脱ぎたくなった。こんなものを数秒で
も被っていられる自信がなかった。

　生活のすべてが戦争中心になった。恐怖が大気に漂い、いつもそこにあ
る。ヒトラーがイギリス海峡を越えてしまえば……。イギリスの空軍はド
イツ空軍の「ルフトヴァッフェ」より小さいが、我らがロイヤル・ネイビー
（王立海軍）が今は海岸線を防衛している。しかし海にはドイツの潜水艦
「Uボート」が巡回し、イギリスへの物資補給の船がよく沈められていた。
1940年1月、食料が配給制になった。

「戦争前の生活がどんなだったか、あなたには分からないでしょうね」と
母は言った。「思えばとっても気楽だった」

　空軍の航空機を絶やすわけにはいかなかったので、町のありとあらゆる
建物が工場に変えられた。ヤカンやフライパンが金属回収のために家庭か
ら供出され、ロンドンの有名な公園や広場の手すりやゲートも持って行か
れ、溶かされた。

　当時私たちが住んでいた場所からほど近くに、イーシャー・ガソリンス
タンドという、工場が併設されたガソリンスタンドがあって、戦争が始ま
るとすぐに協力態勢に入った。「スピットファイア」という戦闘機の部品
を作るための機器が運び込まれ、工具や機械の知識があった父は工場長と
して雇われた。

　父は昼夜を問わず働いた。家に帰ってきて1時間だけ死んだように眠る、
あるいは、仕事場の狭いベンチで仮眠をとってすぐにまた仕事に戻る、と
いう毎日だった。とにかく何があっても働き続けなければならなかった。

ごくたまに、父が私をテムズ・ディットンにある川沿いのパブに連れて行ってくれることがあった。私は未成年で店内には入れないので、父が自分のビールと、私にはレモネードとチップスを買い、外で一緒に並んで飲んだ。なぜ大人は集まって飲むのが好きなんだろう、と私は不思議だったが、父にとってそれは束の間の休息なんだ、ということは伝わってきた。

　母はよくテッド・アンドリュースと一緒に演奏旅行に行くようになった。ふたりのポスターは「カナダのトルバドゥール（訳注：抒情詩人）がバーバラのピアノで歌う」だった。ジョニーと私とジョーン叔母は、父と留守番だった。

　1940年の初め、母はENSAと契約した。エンターテイメント・ナショナル・サービス・アソシエーション、冗談で「Every Night Something Awful（毎晩どえらい災難）」と言っていたが、これは戦時中の軍人たちを楽しませる慰問団体を統括する組織の名前だった。母はテッドと一緒にフランスに駐留しているイギリス軍の慰問に行った。家ではふたりの小さな子が母親を必要としていたが、テッドと一緒にいたいという欲望の方が勝ったのだろう。

　母が旅に出る前のことで、記憶に深く刻まれている出来事がある。

　母が私を散歩に連れ出した。母はいつも忙しい人だったので、それ自体が非常に珍しかった。ふたりで手をつないで町を歩き、お店を通り過ぎた。そこで私はショーウィンドウに飾られている子ども服に目が釘付けになった。派手すぎる、フワフワでピンクの服だったが、私はこんなに可愛い服は今まで見たことがないと思った。翌日か、数日後、私が帰宅すると家の中はがらんとしていて、母は行ってしまったのだと分かった。さよならも言わずに。今までも演奏旅行には行っていたが、そのとき、私は子どもの勘で、母はもう戻ってこないだろうと感じた。

　悲しみに打ちひしがれて2階に上がり、自分の部屋に入ると、ベッドの上にあのピンクのドレスが広げられて、そばにメモがあった。特別なことは何も書いていなかった。「愛を込めて、お母さんより」とかそんな内容だった。私は胸がいっぱいになった。ママ、ここにいて、大好き、会いたい。

出て行く瞬間に私のことを考えたんだと思うと涙が止まらなかった。

　今思ったのだが、ふたりで散歩したとき母は内心、私に何か言いたいことがあったのかもしれない。しかし私が有頂天でずっとしゃべり続け、母を独り占めできた喜びでスキップをしていたから、何も言えなくなってしまったのではないか？　その瞬間に私を傷つけることなどできない、と思ったのかもしれない。テッドへの愛情の強さと家族を捨てたことの代償の大きさを、私は推し量ることしかできない。しかし母はこのときの選択を一生、後悔していたと思う。

　そのあとすぐ、私は初めて悪夢にうなされた。怖いゴブリンが私の部屋の開いているドアから入ってきて、私の前に立っている。最初、私は友だちになれるかしら、新しいおもちゃかもしれない、と思う。しかしゴブリンはナイフを手に私を刺そうとしている……。

　私は暗闇で目を開け、怯えきって、ゴブリンがまだいると信じる。父のところに行かなくてはと思い、ありったけの勇気を出して父の部屋に走る。途中で刺されませんように！

　父は大きなベッドで眠っている。隣にはジョニーが丸まって寝ている。父はすぐに私がどんなに怖がっているか分かって、暖かい布団の中に招き入れ、強い腕に抱いてくれる。しかしそうしていても、私は自分に巣くう恐怖の正体が何なのか分からなかった。

第 4 章

1940年5月10日、ウィンストン・チャーチルがイギリスの首相になった日に、ドイツがフランス、ベルギー、オランダに侵攻した、いわゆる「電撃戦」だ。ヒトラーはフランスに侵襲し、途中でレジスタンスを倒しながらついにパリに到達した。6月23日、ヒトラーはシャンゼリゼで戦勝パレードを行い凱旋門をくぐった。ヒトラーはルーブル美術館の財宝を楽しみにしていたが、その直前に収蔵品はすべて持ち去られ、安全なシャトーや貯蔵庫に隠されていた。これらがヒトラーに見つからなかったことは奇跡的だ。

強大なドイツ軍の前にイギリス軍（とフランスの同盟軍の一部）はイギリス海峡のダンケルクまで追いやられ、そこでドイツ空軍の機銃掃射にさらされ多数の死傷者が出た。しかしまた、34万人もの兵士がチャーチルの呼びかけに応じて、イギリス側から総動員された民間の船や、漁船、貨物船、モーターボートに救出されたのも事実である。

何年かあと母から聞いた話では、当時、母とテッドはフランスにいた部隊の慰問をしていたが、国境が閉鎖される寸前の最後のフェリーで辛くもイギリスに帰ることができた。一歩間違えれば捕虜として抑留されていたそうだ。この話を聞いて私は、もし少しでも何かが違っていたら母はこの世にいなかったのだと気づき、母の存在に心から感謝した。

いよいよヒトラーはイギリスに目をやり、侵略の準備を始めた。成功の鍵は制空権にあった。そこで彼はまず、ドイツ空軍にイギリス空軍と海岸線の破壊を命じた。これによってバトル・オブ・ブリテンと呼ばれる、1940年の7月から10月までに及ぶ、史上初の空中戦（ドッグファイト）が繰り広げられた。

ザ・ブリッツ（ロンドン大空襲）がひどくなる前、母が私にロンドンに来て彼女と新しい恋人のテッド・アンドリュースと一緒に暮らさないか、

と言ってきた。私とジョニーの親権は父にあったので、父がこの申し出を断ることはできたはずだ。しかしそうはならなかった。小さな女の子には母親が必要だと思ったのかもしれないし、ふたりを引き取るだけの経済的余裕がなかったのかもしれない。真意は分からないが、結果的に私は母のもとに行き、ジョニーが父と残ることになった。

ロンドンは別世界だった。まるでほんの数日で、子どもから大人になったような気がした。振り返ると、そのときまでは私は半分眠ったような、家と父親のぬくもりに包まれてまどろんでいる状態だった。5歳までの記憶は切れぎれだが、その後はしっかりつながっている。

ロンドンの最初の印象は、どこもかしこもすす煙と黒い色でいっぱいだ、ということだった。木の幹が黒い、葉っぱのない枝も黒い、まるで無慈悲な空に手を伸ばしているようだった。建物が黒い、道も黒い。日の光がまるで射さない。いつも霧がかかっていて、湿っぽく、寒い、骨の髄まで凍えるような寒さだった。冬だったのだろうか、粉雪が小さな広場の茶色い草の上に積もっているのを見て、頭にフケがたまっているようだと思ったものだ。

ロンドンに来るまでの行程は覚えておらず、気がつくと、カムデンタウンにあるモーニングトン・クレセントのアパートの小さな1階の部屋にいた。アパートは道の曲がり角に建っていて、両側を古いタバコ工場に挟まれており、まるでアイロンの先っぽのような形をしていた。工場の入り口にはヒョウのような銅像が建っていて、その名も「ブラック・キャット・ファクトリー」といった。戦争が始まると、工場は弾丸の製造をするようになり、ドイツ軍の爆撃の標的になった。

その頃のカムデンタウンは何も楽しいことはなかった。ユーストン駅から北部のチョーク・ファームをつなぐ大通りが1本あるだけで、車が通ることはほとんどなかった。最近では高級住宅街になりつつあり、タバコ工場はオフィスビルに姿を変えた。しかし1940年代、あのあたりは寂れた一角だった。

アパートの中に色はなく、暗かったように覚えている。キッチンにはホ

コリっぽい窓があって、鉄製の柵の間から小さい中庭の剥き出しの地面が見えた。寝室とリビングルームのようなものがあった。そしてそこにはテッド・アンドリュースがいて、私の人生に新たな影を投げかけていた。

　ロンドンに来る前に彼に会ったことがあったか覚えていない。彼の存在を認めたくなかったし、本当を言えばモーニングトン・クレセントに行った後でさえ、彼のことはぼんやりとしか覚えていない。母との親子の絆さえ大事にしていれば、彼が消えていなくなり自分たちとは関係のない人になる、と思いたかったのかもしれない。私は彼を締め出し、彼に消えてほしかった。しかし、そうはならなかった。

　父と比べると、このテッドという男の人は大柄だった。頭はぎゅっと小さくて力強い、なんだか弾丸のようだった。薄茶の髪はすでに禿げ始めていて、舞台のために部分ウィッグを着け、生え際の地毛が馴染むように染めていた。全体的に明るい色のイメージだったのは、着ているものがたいていピンクや赤で、ときには目まで赤かったせいかもしれない。当時にしてはきちんとした格好をしていた。中折れ帽を被り、ダブルのジャケットを着ていた。ジャケットの背中はサイドベンツで、お尻の上でひらひらしていた。

「こうやってめくると、下が見えるのよ」と母は色っぽい声で、自分はこんなにくだけたジョークも言えるのよ、という調子で言ったものだ。母は立派なお尻が好きだと公言していた。そしてティーポットのように注ぎ口のある物が好きだ、とも言っていた。このジョークはいつでも大いに受けた（実際に母には、おかしな格好のティーポットのコレクションがあった）。

　テッドは家族のなかでも変わり者で、惨めで不遇な子ども時代を送ったようだ。彼の両親のことは何も知らないが、何年も後になって、彼の姉妹のメーベルとその子どもたちに会った。彼は12歳で家出し、カナダからロンドンに来て運試しをした。ギターを弾けて、美しいテノールの声をしていた。

　彼は私の扱いに困っていた。おずおずと私に歩み寄っても、私が恥ずかしがったり、あからさまに嫌がったりするので、うまくいかなかった。父

と母の離婚はまだ成立していなかった――3年かかった。母はすでに妊娠していたが、私は最初、その意味が分かっていなかったと思う。

　誰かが引っ越してきた。恐らくお手伝いさんだったのだろう。皆が眠るには部屋が小さくなってしまい、私はアパートの地下に移った。もともとは洗濯室だったのか、天井にはパイプが走り古い鉄製のボイラーがあった。柵のある窓がふたつあったが、窓のすぐ外には壁が迫っていた。部屋の中は白いペンキで塗り直され、私と「誰かさん」のためにベッドが運び込まれた。最初の24時間を過ごしたあと、私たちは電気を一晩中つけておくことにした。ネズミが出てきてパイプの間を走り回るからだ。

　母とテッドはときどき家を留守にして、様々な演奏会に行った。どれも1泊より長いことはなかったが、私は取り残されたようで、ひどく寂しかった。弟との田舎暮らしが恋しかった、そして父のことを考えると胸が締めつけられた。最初の頃、そういう寂しさをどう紛らわしていたのか覚えていない……あの日を除いて。

　それはクリスマス間近のある日で、母が私を元気づけるために、クリスマスの何かを楽しみにしていてね、と前もって約束したように記憶している。

　誰もいないとき、私は両親のアパートに入って（日中は鍵がかかっていなかった）、隠してあるクリスマスプレゼントを探した。棚の引き出しを探り、誰のものか分からない服の下をのぞいた。サテンでレースの縁取りがしてあるランジェリーは、母のものにしては派手で見栄っ張りのような気がしたが、やはり母のものに違いなかった。私はクローゼットを開けて中を探り、キッチンの戸棚の中まで探した。ドキドキして罪悪感に押しつぶされそうだった。何か素敵なものを見つけたとしても、クリスマスの日の嬉しさが半減してしまうと分かっていた。しかし愛の具体的な証を何でもいいから見つけたいという衝動が勝った。探したことが分からないよう、細心の注意を払って物の配置をもとどおりにしたが結局、何も隠されていなかった。

　戦争というものが、いきなり自分事になった。空襲警報がしょっちゅう、

特に夜になってからよく鳴った。自警団がやって来て「電気を消しなさい！」と、遮光カーテンからわずかに漏れた光の筋にも怒鳴った。

　地下室が私のシェルターになり、上階の母が無事でいますように、と祈った。

　空襲警報が頻繁になるにつれ、私たちは地下鉄の駅に強制的に避難させられ、同じような人たちの流れができた。それまで私は地下鉄の駅に行ったことがなかった。プラットホーム行きの下りのエスカレーターに乗っているとき、土が焦げるような今まで嗅いだことのない空気を吸い込んだ瞬間が忘れられない。暗いくぼみと線路——そこに落っこちたら死ぬほどの高圧電流が流れている——から、なるべく離れたプラットホームの壁側に、ベッドが横一列に並んでいた。

　地下鉄のシェルターには連帯感が溢れていた。一晩一晩を私たちは生き延び、固い結束が生まれた。大人たちはいくつかのグループになって話したり、タバコを吸ったりしている。子どもの世話を焼き、小さい子のオムツを替えたり、おまるに座らせたりしている。小さなブンゼンバーナー（訳注：小型のガスバーナー）で煮炊きをして、暖かい紅茶を飲んだ。疲れきっている者は、ごわごわの毛布にくるまって、列車が通過する轟音にびくともせず眠り続けた。シェルターの様子は、私がのちに大好きになる画家、ヘンリー・ムーアが描いた絵の世界そのものだった。

　空襲が特にひどかった夜のことだった。私たちがエスカレーターから下りた瞬間にテッドがいきなり、「なんてこった、ギターを忘れた！」と叫んだ。彼の何よりも大切な財産で、壊れてしまったらボードヴィルの半分は成り立たなくなってしまう。テッドはギターのために大急ぎでエスカレーターを上り、真っ暗闇に飛び出していったが、下で待っている私たちには永遠のように感じられた。ときおり、どこかの建物が爆撃されて不気味なバリバリという音を立てた。母は死ぬほど心配していた。テッドがついにエスカレーターの上に現れ、高々とギターを掲げたときには、シェルターの皆が拍手喝采した。テッドは素晴らしい歌声でそれに答え、人々は束の間、地上で起きている恐ろしい出来事を忘れることができた。

また別のときには、母とテッドがどこかの演奏会から夜遅くに帰ってきたところに、自警団がアパートの住民全員のドアを叩いて、焼夷弾が近所に投下されたと言った。焼夷弾の厄介なところは、投下されて何時間も経ってから爆発することだ。そのときも爆発していない焼夷弾がどこかにあるから一斉に退避せよ、と言われた。

　しかし母とテッドは疲れ切っていて、その呼びかけに応じないことにした。きっと、アパートで逃げなかったのはあのふたりだけだったと思う。ふたりは音を立てないようにベッドに潜りこんだ。翌朝、母はキッチンでお茶を入れようとして、遮光カーテンを開け、息を飲んだ……中庭のコンクリート上に焼夷弾が鎮座していた。ふたりはその上で一晩寝ていたのだ。

　11月14日、900発の焼夷弾が10時間に渡ってコベントリーに落とされ、町は灰燼と化した。イギリスにとって大打撃で、士気はかなり低下した。

　ジョーン叔母からぶっきらぼうな電報が届いた。「ビルとグレトナ・グリーンで結婚、ジョーン」

　グレトナ・グリーンはスコットランドの可愛らしい町で、駆け落ち婚ができる場所として恋人たちに人気だった。

　このニュースに母は傷ついた。妹と私の父を捨てた母をジョーンが恨んでいて（当然だ）、腹いせにビルと結婚してしまったのだと思った。また私の印象では、母はこの結婚を嘆き、馬鹿げていると思っているようだった。ビルは確かに良い人かもしれないが、ぱっとしない。母は新しい生活の戸迷いと大変さに押しつぶされ、様々な感情が噴き出したに違いない。このとき初めて、自分の行動の因果に思い至ったのではないだろうか。叔母の結婚により、またひとつ扉が閉ざされてしまった。閉じてしまうとは思いもしなかった扉だったはずだ。

　それから40年後、叔母は私に打ち明けた。当時父に、子どもたちのために結婚しようと持ちかけられたそうだ。母が出て行ってしまってから、私とジョニーの面倒を見るのは叔母と父しかいなかった。父は働きながら、叔母はダンスを教えながら、ふたりで私たちの面倒を見るのは本当に大変

だったはずだが、非常にうまくいっていた。父は正直に、叔母を愛しては
いない、単に便宜上の結婚だと言ったらしい。しかし私は、叔母は実のと
ころ、ずっと父の事が好きだったのではないかと思っている。実際、何年
かのち、叔母は父に取りすがるようになり、父は困り果てていた！　言う
までもないが、ふたりは結婚しなかった。

　叔母がビルと結婚したあと、父はジョニーを連れてケンレイからサリー
のイーシャー近くにあるヒンチリー・ウッドという町に引っ越した。

　1941年のいつか、お手伝いさんが私をカムデンタウンのハイストリート
にあるベドフォード劇場に連れて行ってくれた。何を見たのかは覚えてい
ないが、とにかく集中できなくて、不安でいっぱいだったことだけは覚え
ている。数日後、私は頭がひどくかゆくなった。母が髪を調べると、シラ
ミがいた。母は私の頭をヒリヒリするまでこすって、お酢で流したので、
傷ついた頭皮が拷問のように痛かった。私は泣きわめいたが、確かに効き
目はあった。

　またその頃、私の「左右の視線の異なる目」のために専門医に連れて行
かれたことを覚えている。今では「斜視」と呼ばれる症状で、恐らく遺伝
性のものだ。というのも私の娘も、さらに娘の息子も、小さい頃は同じ症
状があった。しかし当時は筋力が弱いせいだと思われていて、鍛えれば目
線が真っ直ぐになるとされていた。そこで母は目のマッサージの専門医を
見つけた。

　私は何度か責め苦のような治療を受けた。横になって、専門医が親指を
私の涙腺に押しつけ、ものすごい圧力をかける間、じっとしていなければ
ならない。とても耐えられる痛みではなかった。瞬く間に涙が溢れたが、
必要な処置だと言われていたので、なんとかじっとしていようとした。あ
の処置にほんのわずかでも効果があったとは到底思えない。

　テッド・アンドリュースはオルダス・ハクスリーの『The Art of Seeing
（アート・オブ・シーイング）』という本を買ってくれた。彼が初めて私に
くれたプレゼントだった。本の中に目の体操の方法が書いてあって、蝶ネ

クタイをピンで肩に留め、寄っている方の目で、いつもそちらを見るようにする、というものがあった。私はその体操を嫌というほど繰り返しさせられ、もしかするとそのお陰で、あるいは単に大きくなって症状がなくなったのか、すっかり治った。ひどく疲れているときは、今でもなる。

　ウィニフレッド・モード・ハイド（通称ウィン）という若い未亡人がイーシャーのガソリンスタンド工場で働き始めた。彼女の夫はパット・バークヘッドという爆弾処理の専門家だった。結婚してまだたった14カ月しか経っていなかったのに、パットは爆弾処理の最中に亡くなった。ウィンは悲しみに浸る間もなく仕事を探さなくてはならなかった。彼女はタレット旋盤のオペレーターとして雇われ、父の工場で１日12時間のシフトに就いた。私は１度そこで働いている彼女に会ったことがある。彼女は髪が汚れたり機械に巻き込まれたりしないように、バンダナでまとめていた。活発な女性で、素敵な目をしており、優しくて誠実そうだった。父はウィンと友だちになり、ふたりで戦時の合間を縫ってロンドンに遊びに来た。
　ガソリンスタンドのラジオはいつもつけっぱなしで、従業員はよく、母とテッドとの「労働者のお楽しみタイム」という番組を聞いていた。ある日、テッド・アンドリュースは歌う前に「私の妻バーバラと、息子ドナルドに捧げます」と言った。これは父には大変なショックだったはずだ。なぜなら、ふたりの離婚はまだ成立していなかったし、赤ん坊が生まれたことすら母は父に話していなかったのだ。
　ドナルド・エドワード・アンドリュースは1942年７月８日に、私やジョニーが生まれたのと同じ、ウォルトン・オン・テムズのロドニー・ハウスという産院で生まれた。
　母の入院中、私はウォルトンで、アンクル・ビルの母親と彼の継父、つまりパウラおばさん（カウラおばさんと呼んでいた）とフレッドおじさんと一緒にいた。ジョーン叔母とアンクル・ビルはベルグレービアのアパートに引っ越してしまったので、アンクル・ビルの両親だけが、私が頼れる

親戚だった。そこからは母の見舞いに行きやすかったので、都合が良かった。

　フレッドおじさんが何の仕事をしていたのかよく知らなかったが、朝早く家を出て、夕食の頃に帰ってきた。カウラおばさんはとても陰気な人だった。1日中、体のどこそこが痛い、苦しい、と文句ばかり言っていた。私には優しかったが、話す言葉のすべてが重苦しく下がり調子だった。フレッドおじさんが家に帰ってくると、家の中が明るくなった。妻とは正反対で、小柄で目がキラキラとして、快活な男の人だった。口笛を吹きながら家に帰ってくる。門を開ける音がする前に、小鳥のさえずりのような口笛が聞こえた。そして前庭の小径を歩きながら「ただいま、お嬢さんたち！」と叫ぶのが聞こえると、私はフレッドおじさんが帰ってきたんだ、と嬉しくなった。

　ふたりの家は塵ひとつなかった。使っているのはキッチンと応接室だけで、リビングは、ビリヤード台も含めすべてがホコリよけの白い布で覆われていた。雑誌『ナショナル・ジオグラフィック』の束があちこちに置かれていて、私は楽しく眺めた。

　私が寝ていたのは2階のゲストルームのベッドだった。天蓋つきの巨大なベッドで、足下には美しい白い磁器のおまるが恭しく置いてあった。パリッと糊のきいたシーツと大きな羽毛布団は最高に気持ち良かったが、同時にこの上なく寂しかった。

　私は母がドナルドの産褥期に入院している間、2週間その家にいた（当時は何の合併症を起こしていなくても、産後はそれくらい入院するのが普通だった）。何度か産院に連れて行ってもらったが、年齢のせいで中には入れてもらえなかった。テッド・アンドリュースが私を建物の裏口に連れて行き、そこは薔薇の花壇になっていたのだが、そこから病室のベッドが見えた。母は赤ちゃんを高く抱き上げ、私に手を振った。母がとても恋しかった。

　のちに知ったのだが、父は母と離婚したくなかったので、もし自分のもとに戻ってきてくれるのならドナルドを養子として受け入れる、と母に

言ったらしい。騎士道精神に溢れた父らしい提案だったが、そうはならなかった。

第 5 章

ドナルドが生まれてすぐに、私たちはカムデンタウンからビクトリアのクラレンドン通りに引っ越した。同じくアパートの1階だったが、前よりほんの少しだけましだった。リビングと寝室は地上にあり、キッチンとトイレは地下だった。地下の窓からは、歩道の下のコンクリートの構造が見えた。窓の反対側の黒い扉は倉庫の入り口だった。倉庫の1室は私たちの空襲シェルターに、もう1室は貯蔵スペースに、もう1室は私の寝室になった。私の寝室は天井がカーブしていて、白いペンキで塗られた洞窟のようで、窓はなかった。夜、ベッドに横になって空襲の音を聞いていると怖くてたまらなかったが、同時に、道路の下にいるんだと思うと不思議と安心できた。しかし今日に至るまで、私は爆発音が怖い。花火、銃声、風船など、いきなり大きな音を立てるものが苦手だ。

母は日中、よく乳母車に乗せたドナルドをアパートの外に出して、外気に触れさせようとした。庭はなかったので、乳母車を南京錠とチェーンで玄関のドアにくくりつけた。ある朝、私が地下のキッチンにいて窓から外を見ると、知らない女性がドナルドを乳母車から抱き上げて歩いて行くところだった。

私は母に慌てて知らせに行き、警察が事情を聞きに来た。女性は遠くには行っていないはずだということになり、近所を捜索した結果、哀れな犯人を発見した。自分の子どもを亡くしたのか、あるいは子どもができないのか、赤ん坊のそばに誰もいなかったので自分のものにしようと思ったのだろう。運良くドナルドはどこにも怪我をしていなかったが、実質、4時間は誘拐されていた。当然だが母は取り乱していた。

1942年9月、ジョニーと私はサリー州のファーンハムにあるレチェルシャム農場に疎開した。アンクル・ビルは空軍に従軍中で留守だったので、ジョーン叔母が私たちに同行した。恐らく私たちの面倒を見るためだった

のだろう。私は6歳、ジョニーは4歳だった。本当なら他の子どもたちのように、もっと西か北に疎開すべきだった。

なぜ母がレチェルシャム農場を選んだのかは分からない。恐らく母とテッドがファーンハムの演奏旅行に行ったとき、ガードナーという家族と知り合い、その農場に泊めてもらったことがあったからだろう。「ガードナーおばさん」はすごい女性で、喧嘩の絶えない家族を女城主という感じで仕切っていた。その夫のウィルフレッド・「パパ」・ガードナーはどっしりした男の人で、息子のフィルは恵まれた体躯の美男子だったが、話す言葉はビックリマーク付きのひとこと以上のものはほとんどなかった。

農家は大きくて、古くて、心地良く、今まで見たこともないような大きい暖炉があった。暖炉の中を歩くことさえできて、火の燃えている両側に座って、煙突を見上げられた。なんて素敵なんだろう、と私はわくわくした。これこそサンタクロースが入るのにふさわしい入り口ではないか。それに家の熱源がこの暖炉だったので、実用的でもあった。そんな素敵なものがあったにもかかわらず、農家はひどく湿っぽかった。

ジョーン叔母と私は大きな寝室をふたりで使っていて、ジョニーは廊下の突き当たりにクローゼットくらいの大きさの部屋をもらっていた。私たちの部屋には電気のヒーターがあり、夜はそこで熱した石を湯たんぽにしてベッドに持って行った。おかげでシーツが湿ってしまい、暖かくなった体が触れると、水蒸気が立ち上るほどだった。臭いもカビ臭かった。

農場の敷地は広大だった。人気のある乗馬スクールがあり、厩舎には馬が何頭かいた。私は革の鞍や頭絡のある馬具置き場の匂いが好きだった。そして動物を世話する新しい体験に夢中になった。ジョニーと私は地元の少女たちが馬具置き場を掃除するのを手伝い、馬の餌を与え、夜には農場から厩舎に連れ帰った。鍛冶屋の装蹄を見守った。そしてもちろん、乗馬を習った。

パパ・ガードナーと遠乗りに出かけるときは何の問題もなかった。しかしフィルと出かけると、彼の癇癪と怒鳴り声にいつもびくびくして、どうやっても落っこちてしまう。トロット（速歩）になると、どういうわけか

体がずり落ちて横に傾く。そこで隣の馬に――たいていはフィルの馬に――手をついて体を立て直そうとするが、押された馬はそっちに行けと指示されたと勘違いして、横に行くので、私は2頭の馬の間でひっくり返る。するとフィルが怒鳴る。

「いい加減にしろ、ジュリア。体を起こせ！」

私の乗っていたポニーのトリクシーは、いきなり頭を下げて草を食べるので、そんなとき私は引っ張られてトリクシーの首を滑り落ち、気づくと鼻の穴をのぞき込んでいる、ということがよくあった。そんなときは自分が馬鹿みたいに思えた……弱々しく、怯えた、愚かな存在に。私は全くの役立たずだった。

納屋には干し草がふんわりと積んであって、ジョニーと私は固められて積み上げられた干し草をよじ登って、そのフワフワに飛び降りる、という遊びをした。それはそれは楽しく、安全で自由な遊びだった。私たちはずいぶん久しぶりに歓声を上げ、心から笑った。しかしフィルが怒鳴り散らし、馬の食料をダメにするな、と言うのでその遊びもできなくなった。

フィルとジョーン叔母はしょっちゅう一緒にいた。ふたりはすぐさま惹かれ合い、よくじゃれ合っていた。あるときなど、フィルが叔母を軽々と抱き上げて、叔母は金切り声で下ろせと言いながら喜んでいたが、フィルがそんな彼女を家畜用の水飲み場に放り投げた。私は心臓が止まるかと思った。

「叔母さんに何するの！」と叫んで拳で殴りかかった。

何年ものちに、叔母はフィルこそ最愛の人だった、彼と結婚すれば良かった、とよく言っていた。

私たちはロンドン大空襲から遠く離れ、町の破壊からは逃れていたものの、ファーンハムも時々は空襲を受けた。空襲警報が鳴ると、私たちは床の隠し戸を開け、地下室に逃げた。

食糧配給は続いていて、レチェルシャム農場でさえ鶏がいて卵がとれるのに、すべてが欠乏していた。バター、ミルク、チーズ、それに甘い物の配給は少なかった。Tボーンステーキに相当する肉で家族全員が1週間、生

きながらえなければならなかった。桃やバナナはとてつもなく貴重だった。おかげで今でも私はそのような果物を贅沢品だと思っている。

　1週間に1、2度、私とジョニーは1個のゆで卵を朝食で分け合うことがあった。あるときは私が黄身を食べ、弟は白身、次のときは弟が黄身で私が白身を食べる。なぜ誰もスクランブルエッグを作ろうとしなかったのか……分からない。恵まれていたのは、農場にはパンとシリアルがたくさんあった点だ。闇市が立ち上がったのもこの頃で、本物のナイロンのストッキングのような貴重品は目玉が飛び出るほど高く、お金のあるときにしか買えなかった。普通のストッキングはライル織りで分厚くて野暮ったかった。

　お昼ご飯は農家では一番大事な食事なのだが、そのときは皆リビングに集まって、楕円形の大きいテーブルを囲んだ。昼食を食べながら、私たちはラジオでお昼のニュースを聞く。誰かが物音を立てようものなら、パパ・ガードナーが雷を落とす。「静かに！」

　ラジオのアナウンサーは、アルバー・リデルやブルース・ベルフレイジといった生真面目な名前で、厳かに、抑揚を効かせ、適切な文節の区切りで、歯切れの良い口調でニュースを読み上げた。私たちはチャーチル首相のスピーチの一言一句に耳を傾けた。

　私は農場での生活が楽しかった。また田舎暮らしができたし、ジョニーとも一緒になれた。しかし父はいなかった。母もいなかった。ときどき、どちらかが農場に会いに来たが、そんなとき私はいつも「泊まれないの？」と聞いた。もちろんふたりとも忙しくて無理だった。父は本土防衛に貢献し、母は兵士の士気を高めるためにテッドと慰問旅行をしていた。ジョーン叔母がいてくれて本当に良かった。叔母は、私の人生のかなりの部分で母親の代わりを務めてくれた。陽気で、面白くて、私とジョニーは完全に彼女に頼り切っていた。幼いジョニーが「叔母さん、僕を連れてかなきゃだめだよ」と言ったのが、家族の中で可愛い言い草となった。

　1943年春、戦争が一瞬だけ小康状態になった。私は母とテッド・アンド

リュースとクラレンドン通りで一緒に暮らすようになり、ジョニーはまた父と暮らすためにヒンチリー・ウッドに戻った。

　この頃、ふたつのことが起きた。私が学校に入学したことと、テッド・アンドリュースが私に歌の稽古をつけるようになったことだった。叔母もまたレチェルシャム農場を離れ、ロンドンにワンルームのアパートを借りた。彼女はコーン・リップマン・スクールという舞台芸術のための学校でダンスを教えていた。この学校では、午前中は普通の学科の勉強を教え、午後はあらゆるジャンルのダンスを教えていた。私はこの学校に入学したが、巨大な建物で途方に暮れてしまった……たったの7歳だったのだ。

　テッドが私に歌の稽古をつけようと思った理由はよく分からない。私の歌声は、防空壕の中で家族に歌っていたときに「見いだされた」ということになっているが、これは宣伝の文句で、継父かマスコミが作り上げたストーリーに過ぎない。より正確には、当時の私は何もすることがなく、ひどく足手まといだったのだ。だから私に歌の稽古をつけて大人しくさせようとしたのではないか。あるいは、継娘が自分になかなか懐かず、いつもビクビクしているので、打ち解けるきっかけを作りたかったのかもしれない。理由が何であれ、彼と母は私の歌声がかなり独特だということに驚いた。音域は信じられないほど広く、力強い声で、7歳という若さではあり得ないほどだった。

　私が歌っているときに声帯を痛めていないか確かめるために、喉の専門医に行くことになった。当時、我が家のお手伝いさんがタバコを吸う人で、両親が仕事でいないときに、彼女が私に、角の雑貨屋でタバコのプレイヤーズ・ウェイツかウッドバインズを買ってきてくれと頼んだことがあった。私はもし吸わせてくれるなら行くと取り引きして、彼女は愚かにも同意した。

　タバコを手に、私はバスルームの裏口のドアを開け、窓を開け、煙がこもらないようにして、ちょっぴりビクビクしながらタバコを吸った。最悪の味だったが、当時は吸うのが当たり前だと考えていた。

　私が喉の専門家医に行くことを知って、若いお手伝いさんはうろたえた。

「なんてこと！」彼女は叫んだ。「お医者さんがあんたの喉を見たら、煙突みたいに真っ黒よ。タバコを吸ってるとバレちゃうじゃない！」

　医者に行く頃には、私は心配でたまらなくなっていたので、医師に口をこじ開けられまいとした。気の毒な医師はほとんど何も見えなかったはずだ。私は喉の奥に器具を突っ込まれてむせて、吐きそうになった。もちろん声帯には何の異常もなかった……しかし２度とタバコを吸わなかった、ありがたいことだ。思い返すとあれは神様のお告げだったのかもしれない。当時は誰もが、父も母もテッド・アンドリュースもタバコを吸っていた。専門家は、私の喉頭が成人並みに成熟していて、歌のレッスンを続けても問題ないと診断した。

*

　クラレンドン通りに引っ越してから、読書に没頭するようになった。父は私が小さい頃に読み書きを教えてくれ、それ以来、本を読むことが私の救いになっていた。椅子の上に縮こまって何時間も本を読んだ。おかしなことに、母はそんな私を「１日にそれだけ読めば十分でしょう！」とか「怠け者ね、時間を無駄にしているわ」などと叱った。恐らく彼女なりの理由はあったのだろう。洗い物を手伝ってほしかった、私の斜視を心配していた、あるいは別の心配事があったのか。しかし私には意地悪に思えて、素敵な時間を邪魔する母を恨んだ。本を全く読まなくなった時期がしばらくあったが、それはあまりにも読書が好きで罪悪感を持ったからだった。何年かのちに家庭教師が私に古典を読むと良いと勧めてくれて、私は再び読書を楽しめるようになった。

　戦争が小康状態の間に、母とテッドはロンドンから引っ越すことにした。ケント州ベッケンハムのクロムウェル通りに家を買い、５年間はそこが我が家となった。

　ケント州は、果樹園があってその他の木々の花も咲き乱れる、「イギリスの庭園」と呼ばれる美しい地域だ。しかし同時にそこはイギリス最南端で

イギリス海峡に面していて、ドイツとロンドンを結ぶ空路の真下だった。ドイツ空軍はロンドンで落とし損ねた爆弾を帰り道に私たちに投下していく。

引っ越しの直前に両親の離婚が成立し、母とテッドはすぐさま市庁舎で結婚した。1943年11月25日のことだった。のちに母は、本当は再婚まで少し間をおきたかったが、テッドがしつこかったのと、それにもちろんドナルドがすでに生まれていたので仕方なかった、と話した。

ふたりの結婚後間もないある日、私が母とベッケンハムの大通りを渡っているときのことだった。母がテッドのちゃんとした呼び方を決めようと言い出した。父を呼ぶように「パパ」ではだめで、そうではなく「2番目のパパ」というような意味合いが良い。そのときまで私はテッドを「テッドおじさん」と呼んでいた。どう呼ぼうがどうでも良いと思っていたが、母が「パップ」はどうかと言った。ちっとも好きになれなかったが、母は気に入っているようだったので、それ以来、テッドは「パップ」になった。

それと同じ頃、私の名前はジュリア・エリザベス・ウェルズから正式にジュリー・アンドリュースに変わった。恐らく母とパップは、私が継子であるという疎外感をなくそうとしたのだろう。「ジュリア」・アンドリュースでは言いづらいので「ジュリー」となった。この件について私は文句を言わなかったし、父もそうだったと思う。しかし本当は傷ついていたのではないだろうか。

新しい家は、家族用のささやかな作りだった。玄関の間とキッチン、リビングがあり、庭につながる小さなロッジア（回廊）のある応接室があった。クラレンドン通りの家にもピアノはあったが——アップライトのスピネットだった——ベッケンハムでは、母は奮発して小ぶりのグランドピアノを買って応接室に置いた。最初の頃、私はドナルドと同じ部屋で寝ていたが、全く眠れないので、廊下の突き当たりの小さなスペースを自室として与えられた。

裏庭の真ん中には四角い小さな池があり、病気の金魚が数匹いたが、すぐに死んでしまった。また芝生の下にはアンダーソン・シェルター（訳注：

鉄の波板を庭に埋め込む家庭用防空壕）があった。側面のコンクリートの階段で防空壕に下りていくことができて、中には棚がふたつあり、椅子やオイルランプその他もろもろが、家族が長くそこで過ごせるように用意されていた。もし直撃を受けたらどれくらい安全だったのかは分からないが、当時アンダーソン・シェルターは必需品だと思われていた。あの家のセールスポイントだったと思う。

ベッケンハムに引っ越して、私は子犬——可愛らしいイングリッシュ・コッカースパニエルをもらった。金色の毛並みがベルベットのようになめらかで、うっとりするような匂いがして、短い足が愛らしかった。しかしこの愛すべき生き物はコレラにかかってしまい、病院で安楽死させることになり、どういうわけか継父は私を連れて行こうと決めた。私は車の座席で愛犬を抱き、膝の上で飛び上がったり痙攣したりするのを、なんとか優しくなでて和らげようとした。パップが犬を車から抱えて出す間、私はそのまま座っていた。悲しくて見ることさえできなかった。

継父は確かに私と仲良くなるために手を差し伸べたことが何度かあった。庭に小さな家を建ててくれた。本物の家のような三角の屋根もついていた。窓枠は明るい色で塗ってあり、小さなステンドグラスがはめてあった。中はすべてミニチュアサイズだった。小さな椅子、小さな机、小さなあれこれ。

プレゼントに感謝はしていたが、どう遊んで良いか正直分からなかった。母が小さなカップとソーサーをくれて、そこで「おうちごっこ」をできるようにしてくれた。私はよくその家に入ってはみたものの、何もできなかった。家族以外との交流はなく、同じ年頃のお友だちはいなかったので、一緒に遊ぶ人がいなかった。私は庭に出て、湿っぽくて寒いなと思いながらひとりで遊んでいた。

振り返ると、あの頃はまわりのすべてが悲しい色に彩られている。母は重圧に押しつぶされそうになっていて、いつも疲れ切っているように見えた。新生児がいて、離婚をし、パップとすぐに再婚し、私と彼の間を取り持ち、新居を整え、自分のクラシック音楽の才能はほとんど役に立たず……。鬱病になるのも当たり前だったろう。

第 6 章

戦争が再び激しくなった。ロンドンの空の向こうには、低空飛行の敵機を弾幕で封じるための飛行船がポツポツ浮かんでいた。夜間はサーチライトが闇夜を照らした。信じられないことに、この危険な状況の中、ジョージ6世と王妃はバッキンガム宮殿に留まり、イギリス国民との連帯を示した。その気になれば安全な田舎に避難することもできたのに、しなかった。イギリス国民が彼らを愛してやまない理由のひとつはこれだ。王と王妃は爆撃の跡地を見舞い、病院を訪問し、彼らの姿は変わらぬ安心感と拠り所の象徴だった。

1944年夏、ドイツ軍は無人の航空兵器、「ブンブン爆弾」として知られる飛行爆弾をイギリスに飛ばすようになった。バタバタというエンジン音が近づいてきて、いきなり静かになるとエンジンが止まった合図だ。次の瞬間、空気を切り裂くようなヒュッという音ともに、爆弾が落ちてくる。飛行機のエンジンが頭上で止まったのなら、安心しても大丈夫だった。無人機はエンジンが止まってから方向を変えたり動いたりするものなのだ。つまりエンジンが自分から少し離れたところで止まったのなら、そちらの方が危険で、直撃されるかもしれなかった。

ある晩の事をよく覚えている。空襲警報が鳴り、階段下の頑丈な食器棚の中か、外の防空壕か、どちらに逃げるか決めかねていた。母は私をできるだけベッドで寝かせていたかったから、「まだ下りてこなくていいのよ、そのときは言うから！」と怒鳴った。

しばらくのち、私が言う。「ママ！　飛行機の来る音が聞こえるよ……」
「そうね、今よ！」

結局いつも私たちは外の防空壕に入ることになるのだが、警報があまりにも頻繁だったので、戦争末期、主婦は洗濯、ケーキを焼く、食事をつくるといった家事をほぼ毎回、中断しなければならなかった。警報が鳴るたび

に家族全員で防空壕に逃げ込み、警報解除のサイレンが鳴るまでじっとしている（私は今でも消防署の正午の時報を聞くと、警報解除のサイレンを思い出す）。

　母は少しでも時間を節約する方法を思いついた。私はイギリス空軍の飛行機とドイツ軍の飛行爆弾の区別ができた。警報が鳴ると私は防空壕のてっぺんに折りたたみ椅子を出し、傘と小さなオペラグラス、そして笛を持って座る。実はオペラグラスは全く役に立たず、私は音の違いを聞いていた。そしてドイツ軍の飛行爆弾のエンジン音だと分かると、すぐに笛を吹く。それで母は少しだけ家事をする時間を確保できる。最後の最後まで粘って、防空壕に駆け込んできて、私たちは防空壕の戸を閉める。爆弾が落ちて、警報解除のサイレンが鳴ると、中断していた家事に戻る。

　困ったことに、近所の人たちも私の笛を頼りにし始めた。ある日、バケツをひっくり返したような雨の降る日、私は傘をさして外に出るのが嫌だったので抵抗した。近くに爆弾が落ち、あとで近所の人々が家に来てドアを叩いた。

「なんであの子は笛を吹かなかったんだ！」と怒った。

　それからは笛を吹くのが私の義務になった。

　ある日、私たちが防空壕の中で座っていると、継父が階段を下りて来ながら言った。「ちょっと外に出てみてごらん！」

　私たちは外に出た。空中で戦闘機が入り乱れて激しい戦いが繰り広げられていた。自分たちの頭上でこんなことが起きているなんて、と怖くなった。

　ときには防空壕で夜を明かさなくてはならないこともあった。中でひそひそと話したり、飛行機が低空に降りてくる音を聞いたりしながら、狭い空間で気が狂いそうになり、今夜こそ爆撃で死ぬんだと思った。爆弾がバリバリと建物を壊す音が聞こえた。終わってから外に出ると、まわりの家はみんな崩れていて自分たちだけが生き残っていると分かり、心から神に感謝した。

　1944年6月3日、父とウィンが結婚した。新婚旅行先は南デボン海岸の

ブリックハムで、ジョニーも連れて1週間そこにいた。3人とも同じ部屋に泊まり、大きなダブルベッドで一緒に寝た。のちにウィンが教えてくれたのだが、彼女はほとんど結婚を取りやめるところだったらしい。なぜならジョニーがあまりに厄介で、ちっとも新婚旅行らしくなかったからだそうだ。とはいえ何とか、ふたりは別れずに帰ってきた。ウィンの父親が遺したささやかな財産でサリーのチェシントンに小さな家を買った。

　私はウィンにはそれまで1度しか会ったことがなかった。彼女がイーシャーのガソリンスタンドで働いていたときだった。チェシントンに父を訪ねた最初の頃、私は父の生活に闖入した新しい女性を憎んでいた。しかし彼女の方は私にとても気を遣ってくれた。料理もとてもうまかった。

　ウィンが家で食事の準備をしている間、父は私とジョニー（当時6歳）を連れて散歩に行った。ジョニーは父の自転車の後ろに乗り、私は自分で自転車をこいだ。皆で動物園に行ったり、あるいはかなり遠くのサービントン・ラグーン——屋外プールがあり、そこの水はいつも死ぬほど冷たい——まで行くこともあった。私はアウトドアに慣れていなかったので、弱々しく運動神経の鈍い子だったと思う。父とウィンとジョニーの生活は私には活動的過ぎたようだ。

　サービントン・ラグーンで、父は私に泳ぎを教えてくれた。父は何度もなんども辛抱強く教えてくれたが、手を離されると私は必ず沈み、息を吸おうとして消毒液の臭いのする水を大量に飲んでしまう。ジョニーはといえば、易々と上手に泳いでいた。練習の最後に父は私とジョニーを浅瀬に座らせ、自分が泳ぐためにプールに入っていき、飛び込み台の端っこに立つ。「パパが飛び込むよ！」と私たちは手を振り、誇らしさで胸がいっぱいになった。父の飛び込みの技は毎回完璧に決まった。スワン型、エビ型、ジャックナイフ。それから父は戻って来て、鳥肌が立って唇が真っ青になっている私たちをゴシゴシこすり、ラグーン・カフェでココアとドーナツを食べさせてくれる。

　これはある種、苦行のような経験だった。泳ぎをなかなか覚えられない、水は冷たくて体の芯までカチコチになってしまう。しかし朝が終わる頃に

は、とにかくやり終えたという達成感があったし、最後にはご褒美ももらえた。家までまた自転車をこいで長い距離を帰らなくてはならなかったが、それでも価値はあると思えた。父との大切な時間だったのだ。

　私は泳げるようになったら、5ポンドをもらえると約束されていた。当時の5ポンド紙幣は、今のお札より大きい白い紙で、ティッシュのように薄く、細く美しい筆記体が印刷されており、全体に波状の黒っぽい透かしが入っていて、光に当てると模様が浮かび上がった。私は自分の足がついにプールの底から浮かび上がった瞬間のことを覚えている。やった、ひとりで泳いでいる！　父は大喜びした。私も大喜びした。私たちは家に帰ってウィンにこのニュースを伝え、昼食はお祝いになった。私は約束どおり5ポンド——ものすごい大金に思えた——をもらい、誰もが私を褒めてくれた。そのときから、泳ぐことが大好きになった。

　チェシントンでもうひとつの辛かった思い出といえば、夜眠るときのことだ。父は私を布団でくるみ、詩かお話を読んでくれる。几帳面な落ち着いた声だった。私は横になって、ベッドサイド・ランプに身を寄せて本を読んでいる父の横顔を見る。父のことが大好きだと心から思った。もうすぐ私が家に帰らなくてはならないので、父が自分の愛情をできる限り私に与えようしていることが分かった。私は心臓が痛くなるほど悲しかった。涙を見せれば父を悲しませる事が分かっていたので、なんとか泣くまいとした。父が読んでいる間に寝入ったふりをして、おやすみのキスやハグに反応しないで済むようにした。父の優しい手に触れられると、涙が溢れてしまいそうだったのだ。

　ベッケンハムにもうすぐ帰るというある日、私はどん底の気分で泣きそうになりながら、家のダイニングにいた。食器棚にガラスでできた分厚いボウルがあって、日の光を反射して眩しく光っていた。私はそのボウルをじっと強く見つめていれば、光の鋭さがどうにかして涙を止めてくれるのではないかと思った。この胸の痛みが悲しみのせいではなく、ボウルの眩しさのせいだと信じられるまで、私は身じろぎもせずボウルをひたすら見続けた。

父は感情を見せなかった。「お前、次にすぐまた会えるよ」とだけ言う。電話で話すことはほとんどなく、私はそれも寂しかった。しかし父は約束を絶対に破らなかった。その日に来ると言えば、必ず会いに来てくれた。父はいつもそうだった。

　秋になり、コーン・リップマン・スクールが本格的に始まったので、私は毎日ロンドンまで通わなくてはならなかった。叔母はまだその学校でダンスを教えていて、アパートの一間の部屋に住んでいた。私はまだ8歳だったので、授業のある平日は叔母のアパートに泊まり、週末だけベッケンハムに帰るということになった。

　アンクル・ビルはまだ空軍にいてどこかの宿舎で寝泊まりしていたので、たいていアパートには叔母と私のふたりきりだった。私は小さな簡易ベッドで眠り、叔母はシングルベッドを使った。時々、アンクル・ビルが帰ってくることがあり、そうなると私の前には衝立が置かれた。叔母とアンクル・ビルはふたりでシングルベッドに潜り、叔母は笑いながら、「ジュリア、壁の方を向いてなさい！」と言う。この文句は私たちの間で何年も笑い草になった。

　アンクル・ビルが帰ってくると叔母はいつも喜んだが、私の目には、叔母がビルを心から愛しているように見えたことは1度もない。見た目はお似合いのカップルだった。彼は背が高くハンサムで、シルバー・グレイの髪が素敵だった。服装は寸分の隙なく整い、ネクタイかクラバット（訳注：スカーフ）を着け、お気に入りのクリケット・セーター（訳注：Vネックの白いセーター）をエレガントに着こなしていた。ズボンは折り目も美しくプレスされていて、靴は古かったがピカピカに磨いてあった。言うまでもなく、空軍の制服を着ているところは颯爽としていた。彼は航空機関士で、航路の決定や、無線連絡も担っていた。戦闘機で飛ぶことも多く、ドイツやフランスに行ったときの話をした。叔母が彼を本当には愛していなかったとしても、ふたりはうまく隠していた。一緒にダンスに出かけることも多く、ユーモアのセンスが同じだった。

叔母のアパートでの食事はごく質素なものだった。叔母はとても料理が
うまかったが、お金も物も不足していた。パンをフォークに刺して、直火
であぶって食べたときのことを覚えている。ガス臭くてひどい味になって
しまったが、古い無味乾燥なパンを少しでも美味しく食べる工夫だった。
それに冬は暖かい食べ物がほしかった。配給品で多かったのはスパムで、
私たちは来る日も来る日もスパムを、たいがいは焼いて、野菜かジャガイ
モを添えて食べた。粉末卵を朝食に食べることもあり、叔母は材料さえあ
ればおいしいスープを作ってくれた。

　私が風邪を引いたときのことだ。叔母は「こうなったらタマネギを茹で
たのが一番効くわ」と言った。私はタマネギが大嫌いだったので抵抗した
が、「頑張って食べてみて！　治るわよ」と言われた。彼女は巨大な白い
タマネギを買ってきて、茹でて、バターと塩胡椒で味付けした。すると、
あら不思議！　とても美味しかった。バターが良かったのか、塩が良かっ
たのか。そして風邪はすっかり治った。

　叔母と私は、コーン・リップマン・スクールで忙しい日々を送っていた。
午前中は学科の授業とバレエとタップのレッスン、そして午後にはキャラ
クター・ダンシング（訳注：民族舞踊を採り入れたダンス）のレッスンがある。ミ
ス・グレイス・コーンはもともとバレエ学校の校長先生で、とても厳しい人
だった。音楽の拍を強調するために、杖で床をドンドン突いた。もうひと
りのミス・マッキーは陰湿な女性で、とても冷酷だった。彼女はタップの
クラスを教えていて、生徒が自信なさそうにしていたり、ビクビクしてい
たりすると、烈火のごとく怒った。彼女の態度から、私は自分には全く才
能がないと思い込んでしまった。どういうわけか彼女は私を嫌っていた。
私はタップがかなりうまく、足はよく動いたが、腕をどう動かして良いの
か分からなかった。レッスン中は後列に並んで見られないように心がけた
が……結局は見つかって容赦なく指導された。

　恐らく、叔母もまたこの学校の先生であることに、あるいは私に責任を
負っていることにプレッシャーを感じていたのだろう。ある日、「学校を
休んで、田舎にピクニックに行かない？　どの日でも良いから」と言った。

私はミス・マッキーのレッスンの日を選んだ。休んだ次の日に学校に行くと、ミス・マッキーになぜ休んだのかと聞かれた。叔母に、「具合が悪かった」と言えと教えられていたのでそう言ったが、ミス・マッキーは「嘘ばっかり！」と言い、私を許さなかった。「本当のことを言いなさい、本当のことを言いなさい、本当のことを言いなさい！」と責めたてられ、私はついに観念して本当の事を話した。話した途端、気分が猛烈に悪くなり、吐いてしまった。校長室に連れて行かれ、横になった。目眩がして冷や汗が出て、ひどい気分だった。そこへミス・マッキーが入ってきた。私の顔のすぐ近くでしゃがみ、「嘘つきは嫌いよ」と怒った。

　春、私が9歳になったばかりの頃、母は私がベッケンハムに住んで、毎日ロンドンまで電車で通えるか試してみようと考えた。朝、叔母がビクトリア駅まで迎えに来て学校に連れて行き、夕方私を帰りの電車に乗せる。たったひとりで30分の電車の旅だったが、すぐに私は疲れ切ってしまった。ロンドンに行くために早起きして、学校で1日中授業をこなし、夜、家に帰って来るというだけではなく、その後宿題もあったし、まだ歌のレッスンも続けていた。

　私がベッケンハムに戻ってから間もなく、叔母が突然、私たちの家に来た。真っ青な顔をしていた。電報を握りしめ、ビルがフランスの上空で撃墜されたと言った。28日間もの間、逃走していたが、ついにドイツ軍に捕まり、捕虜収容所に送られ、終戦までそこにいることになったそうだ。死の収容所として知られている場所ではなく、そしてありがたいことに士官だったために死刑にはならなかった。とはいえ、私たちはみんな彼の身を案じた。

　この間もパップは私に歌の稽古をつけていた。私と打ち解けようと様々な努力をしていたが、私は全く態度を変えなかった。私はひたすら内気で、自意識が強くて、彼の大きな体に圧倒されていた。彼は私の目には巨大で威圧的に映った。背が特に高いというわけではなかったが、彼のすべてが露骨だった。筋肉がモリモリ動き、食べるときには大きな音を立て、鼻か

ら息を吸うだけでも音が聞こえた。父はいつでも静かな人だったので、このパップは奇妙な、見知らぬ、信用ならない生き物に思えた。私は心のどこかで、継父の存在そのものを否定し、彼と母が同じ寝室にいることを考えないようにした。あれは「ママの部屋」なのだ。彼を一時的な同居人と見なしてやりすごしていた。そして彼の歌のレッスンが大嫌いだった、最低最悪だった。彼が教えるのは基本的な発声練習だけだったが、その後で私は30分の自主練習をしなければならなかった。

　そんな状況のすぐ後で、私はパップの声楽の先生のもとに連れて行かれた。彼女の名前はリリアン・スタイルズ＝アレンだったが、いつも「マダム」と呼ばれていた。彼女はパップがカナダからイギリスに来たばかりのときの先生で、今でも時々彼に教えていた。背が低く、どっしりした体型の女性で、足首は太く、お尻は大きく、胸が立派だった。胸を膨らませた鳩を思い起こさせる容貌だった。ベルトがお腹の下で「V」の形に張り出して、真ん中より少し左側で締められている。いつも宝石を着けていて、足首までのロングスカートを履いている。大きな体を支えるには小さすぎるような可愛らしい足には、実用的な紐靴を履いていた。歩くときには杖をつき、ベルベットの美しいコートを着ていたり、ベレー帽を被っていたりした。きれいな顔の下にはあごが何重にもなっていて、とても美しい目をしていた。目は少し飛び出ていて、長い真っ直ぐなまつげが、頬をなでるように揺れた。縁が優雅な曲線の帽子、あるいは羽根飾りのある帽子など、流行の最先端の帽子をよく被っていた。堂々としていて、同時に穏やかで優しく、何よりも話し声が今まで聞いたこともないくらい愛らしく、甘美だった。

　最初にマダムの前で何を歌ったのか覚えていないが、継父が同じ部屋にいて、母がピアノの伴奏をした。歌い終えると、マダムは低く笑い声を立て、それから改まって「すごく良かったわ」と言った。彼女は両親と話をし、私がまだ小さすぎるので、あと数年は普通に子ども時代を楽しませてやり、12歳から14歳までの間にもう1度連れてきてはどうか、と言った。それからでも彼女と本気で声楽を勉強するのに十分時間はある。その頃には私の声も成熟し、本格的な訓練ができる。

しかし私の声は急激に成熟し、9歳半になると、私が歌い始めることは
ほぼ確定となり、しかも歌がかなりうまいと分かった。パップはマダムの
ところに行って、なんとか私にレッスンをつけられないか頼み、彼女は
やっと納得した。その後、歌の練習は私とマダムの間でしか行われなくな
り、ずいぶん気持ちが楽になった。こうして私の声楽の正式な訓練が始
まった。

第 7 章

マダムとのレッスンは当初、週に1回だった。彼女はリーズに住んでいたが、ハノーヴァー・スクエアのウィーキーズ・スタジオで教えていたので、定期的にロンドンに来た。

スタジオには圧倒された。廊下を歩いてマダムの教室に行く間、他の部屋のあちこちから歌声と楽器の音が混ざって聞こえてくる。私の歌のレッスンは合唱のついでのようで、たいしたことをしているとは思えなかった。ひとたび教室のドアが閉まると、外界から切り離されたような、同時に特別なコミュニティの一員になったような気がした。

マダムは爪を長くきれいに伸ばしていたので、ピアノの鍵盤の上でカチカチと滑り、うまく弾けなかった。いつも大きな指輪をしていて、長いレッスンの間はそこに視線を落としていることがよくあった。伴奏は「最初の1音」くらいで、生徒は音の隙間を頭の中で埋めながら歌った。しかしそんなことはどうでも良いくらい、彼女は素晴らしい先生だった。

マダムは優れたソプラノ歌手で、ロイヤル・アルバート・ホールで上演されたサミュエル・コールリッジ・テイラーの「ハイアワサの婚礼」でオールド・ノコミスを演じて、かなり有名だった。他にもオラトリオ（訳注：宗教音楽）、コンサート、ラジオ番組などで素晴らしい歌声を披露していた。特に高い音域ではフルートのような響きがあり、喉の奥から出ているのではなく、鼻から抜けるような声だった。この発声法はキルステン・フラグスタッド（ノルウェー人）というソプラノ歌手によく似ていて、マダムはこの歌手を敬愛していた。

レッスンのときマダムはピアノの前に座る。私は隣に座ったり、立ったりしながら、長い時間、技術的なことを学んだ。彼女は「音の置き方を、絵にして思い描く訓練をたくさんしましょう。その絵が完成すれば、自分の発声法をものにしたことになるんです」と説明した。

レッスンはいつも呼吸の練習で始まり、次に易しい音階練習になる。これは「5音、9音、13音」発声と呼ばれており、どの音からでも良いのだが、その音から半音階ずつ上って下る、を繰り返す。最初は5音の上がり下がり、次に9音、最後にオクターブ全体の13音。歌うときの発音はランダムな子音で、たいがいは強いB（ビー）だったが、「バー」のときは声が前の方に引っ張られ、あとに長いE（イー）が出る。この練習のおかげで、声が強くなり、音を飲み込まないように、歯の奥にとどめて、喉の奥からぐっと押し出す方法が身についた。「ベイ」や「ビー」、「ミー」や「ディー」をよく練習した。「オー」や「オウ」は長く伸ばすのが難しかった。

　マダムは「美しい真珠のネックレスを思い描くのです。ひとつひとつの粒は、形も大きさも全く同じ。高い音の真珠を低い音の真珠の場所まで下ろして。逆に低い音の真珠は高い音の真珠まで引き上げて。音程を上げるときには、声量を下げるイメージで。音程を下げるときには声量を上げるイメージで」と言った。私はこの発声法で、安定して長い音を出し続けることができるようになり、後年、息継ぎなしに2、3オクターブのグリッサンドを歌えるようになったのもこのおかげだと信じている。

　当時はまだ小さく子どもの声だったので、喉の筋肉がよく痛くなったが、マダムのレッスンと慎重な指導で、少しずつ私は上達して、さらにもう一歩、と上の段階に進むことができた。レッスンが終わるたびに、喉が強くなったと実感できた。

　音階練習のあとは、簡単なバラードなどを歌ったが、レッスンが進むにつれ、もう少し難しい曲になった。特にオペラのコロラトゥーラ・アリアはよく練習した（12歳になる頃には、技術的に最も難しいとされる箇所でも、私は臆することなく、ばっちり決めることができた）。

　よく練習したのはヘンデルで、最初は母音だけで練習し、次に歌詞を乗せて歌う。『メサイア』の「わたしをあがなう者は生きておられる」や「シオンの娘よ、大いに喜べ」や、『ヨシュア』の「わたしにユバルの竪琴があれば」などを練習した。マダムはいつも、「自分のやっていることが正しいか迷ったら、ヘンデルに戻りなさい。ヘンデルの発声法はあなたを裏切

りません。いつでもヘンデルを練習なさい」と言った。マダムはこれらの曲を、歌いやすい歌詞で喉を痛めることなく発声を強化できると信じていた。ヘンデルの曲はひとつの区切りが長く、長い呼吸が必要になるので練習にはもってこいだった。

マダムはまた、歌い終わりの音を非常に大事にした。私が歌い終えるときになると、最後の音のところで、「音を追って、追って……、音があなたの前の道のずっと遠くまで伸びていきますよ。遠くに消えるまで見届けて。さあ、口を閉じて音を終えて良いですよ」と言った。

ヘンデルの「シオンの娘よ、大いに喜べ」や「Behold, thy King cometh unto Thee（あなたの王があなたの元へ来られる）」の最後の音のとき、私は「ズィーイーイー」と伸ばして、伸ばして、伸ばし続けて、しかし気を抜くと「ズィーーーッァ」となってしまう。呼吸が切れて声が口の中に戻ってきてしまう。するとマダムは「息が切れる前に音を終わらせるんです」と言った。そのとおりにすると、本当に歌詞も音も終わり方がきれいになった。

誰でも中低音から高音になると音質が変わる。私はそれを「ギアチェンジ」と呼んでいたが、マダムはギアチェンジを絶対に認めず、音の高低にかかわらず、1本のなめらかな線で、音質を変えずに歌えなければだめだと信じていた。これはオペラ歌手の発声法で、ミュージカルやポップスでは「本格的」過ぎると見なされ、堅苦しいと思われがちだ。最初マダムは腹式呼吸の発声法しか認めず、それが若かった私には何物にも代えがたい訓練となった。しかし後年、ミュージカルの舞台で歌うことが増えると、胸式呼吸がときにはどうしても必要になった。すると彼女は胸式発声とソプラノ発声がスムーズにつながるように、実践的、理論的に新しい発声法を教えてくれた。

マダムは私をオペラ歌手に育てたかったようだが、私はいつも自分には荷が重いと思っていた。確かに私は子どもの頃から並外れたソプラノで、その高音は澄んで透明感があったが、私の声にはオペラに必要な胆力と重厚さがなかった。クラシックの歌い手は決してマイクを使わない。彼らの

声はオーケストラの上を高く舞い上がる。あんなことがどうやったらできるのか、私には分からない。いわゆる全開の歌い方で、たいていのオペラではそのようなフォルテッシモの瞬間は20分程度だが、それにしても強靱な肺と肉体、驚異的な声量が必要になる。

　私はマダムの体型が彼女の素晴らしい声に強さを与えているわけが分かった。良い声というのは体全体で作るものなのだ。しっかり大地を踏みしめる足、その足の上に真っ直ぐ胴体をのせて、横隔膜のコントロールと音程の調整を行う。あとは頭脳と筋肉を使って、訓練された耳と絶対音感を駆使し、声帯にどう空気を通すのか調整する。

　マダムは可能な限りすべての技術を私に教えてくれたが、私をオペラ界に入れて、彼女と肩を並べるほどの歌手にするというマダムの夢を、私は実現できないと考えるようになった。彼女の言う「自分向きの発声法」は、どれだけ頑張っても見つからなかった。何度やっても首を絞められたような鼻声しか出ない。マダムのメソッドは正しく安全——彼女にとっては間違いのない正攻法——だったが、私には実現不可能に思える部分もあった。私はそれが必須だと言われていたとおり、声を頭のなかで「持ち上げ」たが、鼻腔共鳴を自分のものにはできなかった。私はもう少し開いた、解放音の方がしっくりきた。のちに私はやっと自分の発声法を見つけるのだが、それはマダムに教えられた全てを自分流に翻案したものだった。レッスンをするようになって15年が経った頃、正しい発声法とそうでないものの区別はついていたが、それでも学び続けること、考え続けること、感じ続けること、最も安全な発声法を探り続けること、これらはいつになってもやめてはいけない。声のケアを続け、ときには「新しい練習法」を試すことも必要になる。

　歌手はボイス・レッスンを他の生徒と一緒にすることがほとんどないので、他人と比べるという機会に恵まれない。バレエのレッスンで鏡を見ながら自分のポーズを確かめるように、自分の姿を眺めることはできない。できるのは、感じ取って、聞いて、微調整し、うまくいかない原因を探り、問題を解決することだけだ。それらの練習過程を経ると声が持ちこたえら

れるようになり、意識せず力強い声を出せるようになる。そうやって初めてメロディ、フレージング、歌詞、それを観客に届けるという喜びに集中できる。

　この作業はとても孤独だとも言える。作家に近いかもしれない。しかしその努力が報われると、思わず神に感謝したくなるほどだ。

　マダムのレッスンは発声法に終始していた。歌詞は声の添え物に過ぎなかった。歌詞の意味を私に教えることはほとんどなく、私はずっとのちになってそれを学んだ。よく彼女は私に「正しい」発音をさせた。たとえば、「美しい」なら、その美しさを言葉に乗せなさい、と言う。むしろ何度も繰り返し私に教え込んだのは、しっかり子音を発音すれば——例えば「Behold（見よ）」という歌詞のときは「B」をはっきりと、「King cometh unto Thee（あなたの王があなたの元へ来られる）」のときは「K と Th」を強調する——そうすれば子音が私の声を引っ張って、母音もはっきり聞こえるようになる、ということだった。マダムにとってそれが基本的な技術であり最も大切な部分だった。

　レッスンを初めて受けたときから、毎日練習することは当然のように求められていたし、もちろんそのとおりにしなくてはならなかった。マダムは紙の楽譜を見せてくれたことは1度もなかったので、私は彼女に言われるたびに、注意点をいちいちメモに取った。まだ小さかった頃は、母がそのメモを見て、マダムの意図を解読して教えてくれることが多かった。自主練習はひとりでやったが、母もよく様子を見に来て、特定の曲などは一緒に練習した。

　母は素晴らしい伴奏者だった。母の伴奏で歌うのはとても気持ちが良かった。マダムのひどい伴奏と比べれば母のピアノはフルオーケストラと言っても良かった。私はいつも技術的なことばかり気にして歌っていたので、その曲がきちんと演奏されているのを聞くだけで、気がかりから解放され良い気分になった。

　しかし私がなぜかうまく歌えない曲というのもあった。短調の曲や、情

緒的な曲、例えば「我が母の教え給いし歌」やプッチーニの「私のお父さん」などがそうだった。甘美なメロディと悲しい歌詞の組み合わせに、私は感極まってしまう。喉が締めつけられ、息が吸えなくなる。母から見えないようにピアノの椅子の後ろに立って、なんとか涙が出ないよう頑張るが感情の嵐の中で突然、声が出なくなる。母が何事かと振り返ると、私はさめざめと泣いている。

「ちょっと、ジュリア、泣いてる場合じゃないでしょ！」と母は叱る。しかし涙は止まらない。泣いてしまうとレッスンにならないので、母とのレッスンは怒られて途中で終わってしまうこともままあった。

　マダムとのレッスンで泣くこともあったが、それは別の理由だった。あまりにも疲れているときや、思いどおりにできない自分への苛立ちのせいだった。胸の中に様々な感情が渦巻いて、ときには泣いて吐き出す必要があったのかもしれない。

　マダムはいつも優しかった。

「音楽で泣いたからといって、それを恥じる必要は全くないんですよ」と慰めた。「あなたが繊細な人間であり、色んな感情を感じ取ることができるということです」

　マダムが私にプッチーニをあまり歌わせてくれなかった理由には、そういう事情もあったのだろう。私は『蝶々夫人』や『ボエーム』など大曲のアリアの美しさに心酔し、是非ともチャレンジしたかったのに、マダムは許してくれなかった。

「だめです。もっと大きくなって、喉が成熟してから歌いましょう。今歌っても、あなたの声がズタズタになってしまうだけです。とても情感に満ちていて、美しく悲しい曲ですから、喉が締めつけられるんです。大切な楽器を痛めて良いのですか」

　彼女の言うことがもちろん正しかった。

　コーン・リップマンの学校の学期が終わる頃、私はバレエの４級の試験になかなか良い成績で受かった。それからさらに頑張って５級の試験に進

んだ。そのとき、魔法のような出来事を体験した。

　学校の廊下に並んで自分の試験の順番を待っていたときのことだ。とても疲れていた。自分の前の生徒のためのピアノ伴奏が聞こえてきた。私は緊張して、準備不足だと落ち込み、疲労のあまり試験を最後までやり遂げる自信すら失っていた。いつも体のどこかが疲れていて、他の生徒たちがとても元気で、何でも自分よりうまくできるように感じていた。

　私の名前が呼ばれたので、おずおずと部屋に入った。日の光がスタジオの高い窓から差し込み、フロアを明るく照らしていた。

「こちらにいらっしゃい」と試験官が優しく言った。「こんにちは、お嬢さん。はじめまして」

　彼女は私の緊張を解き、バー・レッスンをやってみせるよう言った。ピアニストが私の曲をとても美しく弾き始めた。そのとき、いきなり、私は天啓を受けた。すべてがあるべき姿になった。私の体は何者かに支えられ、腕は優雅に伸び、脚は力を入れると高く跳び上がることができる。さっきまで暗い廊下に立って、自信を失い、怯えていたのに、この明るい日差しの部屋に入ってからは、優しく声をかけられ、素晴らしいピアノ伴奏があり、その美しいメロディに私は天にも昇る気分になった……自分を解放して自由に悦びのままに踊れば良いんだ！

　ずいぶん待たされてから試験の結果が出て、学校に迎えに来た母と叔母から、私は「かなりの高得点」で試験をパスしたと聞かされた。人生でとても重要な瞬間だった。何かを本当に上手にやり遂げた、と自覚した初めての出来事だったと思う。

　にもかかわらず、毎日の電車通学、ダンスのレッスン、宿題、夜は声楽のレッスンと続けるうちに、私は青白く、いつも疲れている子どもになってしまった。夏休みが始まると母が「もうコーン・リップマンはやめましょう」と言ったので、私は大いに安心した。新学期からは地元のウッドブルックという女子校に通うことになった。

第 8 章

1945年 5 月 8 日、ヨーロッパの戦争は終わった。母とパップとドン（ドナルド）と私はウォルトン・オン・テムズに行き、友人に会い、祭りに参加したが、どこもかしこもお祝いムードだった。村の草地には焚き火が赤々と燃え、パブから人々が一斉に出てきて国旗を振り回した。これがのちに「ビクトリー・オブ・ヨーロッパ・デイ（ヨーロッパ戦勝記念日）」と呼ばれるようになった日のことである。

その直後に、新聞にドイツの恐ろしい強制収容所の写真が載った。我々の軍隊が到着して収容所を解放し、初めて中の様子が明らかになった。私の見た新聞ではベルゲン・ベルゼンとアウシュビッツと他のどこかの収容所で行われた残虐行為が大見出しで書いてあった。写真は見るにたえなかった。生き残った人の中には衰弱で動けない人もいて、その姿は言葉にならないほど凄惨だった。集団墓地の写真もあった。人間の体が折り重なるように捨てられ、あちこちから骨が突き出している。それはヒエロニムス・ボスの絵のようで、いやさらにひどく、イギリスは、そして世界の他の国々も驚愕した。

私は子ども心に、「こんな酷いことに気づかなかった、なんてあり得るだろうか」と不思議に思った。今でも思う。政府は把握していただろうが、一般市民はなぜ、このような非人道的な行為を知り得なかったのだろう？

日本ではまだ戦争が続いていて、原子爆弾が広島に落とされ、その 3 日後に長崎に落とされた。

1945年 8 月14日、日本が無条件降伏を宣言し、第 2 次世界大戦がありがたいことに、やっと終わった。

*

私はときどき両親の演奏旅行について町から町へ行ったが、恐らくこの

時期に初めてふたりのステージを見た。まず劇場の華やかさに圧倒された。ベルベットのカーテン、眩しい照明、ピアノの前に座る母の肌の輝き、サテンのクリノリン・スタイルのドレス（訳注：固い骨組みで腰の下からスカートが広がっている）を着た母の美しさ。

　私はバルコニー席の一番前に座って、魔法にかけられたように舞台を見ていた。公演が終わると舞台裏に連れて行ってもらい、そこでも驚きっぱなしだった。舞台裏のぽっかりと口を開けた大きな空間に圧倒された。ひどく殺風景なのだ。照明器具がぶら下がっているロフトがあんなにも高いこと、舞台背景のパネルや書き割りは縦も横もなんて大きいこと！　そして匂い……照明のフィルターの匂い、メイクやペイントの匂い、油と汗の匂い、そして何よりも、生暖かいホコリの匂い、カーテンから落ちてくるホコリ、舞台背景のホコリ、薄汚れてシミだらけのステージから立ち上るホコリ、今日に至るまで、この匂いをかぐと私の中でスイッチが入る。

　母とパップの公演はいつもテーマソングで始まる。パップの歌う「I Bring a Love Song」というバラードがそうで、パップはリフレインの部分をたっぷり響かせる。最後の音のところでカーテンが中央から開き、母がグランドピアノの前に座っている。ドレスの裾がきれいに広がり、パップはディナージャケットを着てスタンドマイクの前に立っている。

　始まりは古典的なアリア、例えば『道化師』の道化師が歌うテノールのアリア「衣装をつけろ」や、『ボエーム』のロドルフォが歌う「冷たい手を」などだ。パップは英語で歌った。次にふたりでバラードを何曲か歌い、それからパップは母を紹介し、母がピアノをソロで演奏する。最後はパップがギターを手にステージに戻ってきて、そのとき流行っているポップスを一緒に歌って終演となる。公演にはある程度の品格があった。構成もよく考えられていて、30分ほどの尺だった。

　母のピアノ・ソロは本領発揮で、最後の部分の聞かせどころであるダブル・オクターブ（訳注：左右ともオクターブの鍵盤を押さえて弾く）はいつも決まった。パップは編曲を少し学んだだけだったが、ツアーに同行する10人から12人のオーケストラを必要最低限にうまくアレンジした。

私がツアーに同行するときは、毎晩ステージを見た。正面からライトで照らされるふたりは光り輝いていた。母とパップは「トップクラス」のアーティストではなかったが「2番手」と見なされていて、それはミュージック・ホールではかなり特権的な立場と言えた。母はよく、トップクラスは必ずステージを成功させるという責任も重いから2番手の方がずっと良い、と言った。たいがいは、2番手アーティストが第1幕を締めくくる。コメディアンはどこでも一番人気で重要な出演者なので、最後の最後まで登場しない。

　公演は一晩に2回で、母が「ファースト・ハウス」「セカンド・ハウス」と呼んでいたのを覚えている。実際にふたりの舞台を見るまでその意味が分からなかったので、「どういうこと？　ちがう人の家（ハウス）に行くの？」と聞いたものだ。母は笑って教えてくれた。劇場の観衆は「ハウス」と呼ばれ、最初のステージの客はファースト・ハウス、2回目のステージの客はセカンド・ハウスと呼ばれる。

　あるとき、パップと私は北部へツアーに行くところで母より一足先に着いた。どうしてそうなったのか事情は覚えていないが、とにかく母は後から合流することになっていた。私はそれまで継父とふたりきりになったことは1度もなかった。ふたりで小さな宿にチェックインした。部屋はひとつだけで、ベッドがふたつあった。パップが片方のベッドに横になり、私はもうひとつのベッドに決まり悪く座っていた。気まずい沈黙が続いた後で、いきなりパップが「こっちのベッドに一緒に入ろう、暖まるから」と言った。

　私は「いえ……もう眠いし」と答えた。

「何言ってるんだ、来なさい。来るんだ」と彼はしつこく言った。「抱き合って寝よう」

　私はかなり嫌々ながら彼のベッドによじ登り、中に入って背を向けた。

「ママとどんなふうに抱き合ってるか教えてあげるよ」と彼は言った。「足をこっちに寄こして」

　彼は私の足を自分の脚の間に挟んだ。私の小さな体が、重さで潰れるの

ではないかと思った。捕まえられたようで、閉所恐怖症のパニックを起こす寸前だった。

　私は勇気を振り絞りやっとのことで、暑くなりすぎたから自分のベッドに戻りたい、と言った。驚いたことに、そして本当にホッとしたのだが彼は私を離してくれた。彼にされたことが絶対に何か変だ、と感じていたので、母が次の日に来てくれて心から感謝した。

　10歳になる直前、母に「パップが今夜のステージにお前を上げたいって」と言われた。どうやらふたりは劇場の支配人に掛け合い、支配人は心配しながらも承諾したらしい。

　そのときになると、パップが観衆に呼びかけた。「今日はちょっとしたサプライズがあります。今週は私たちの娘も一緒に来ているので、舞台に上げてデュエットしたいのですが」

　1本しかないマイクスタンドに私の背が届くように、ビールのケースがパップの横に置かれた。オーケストラの伴奏はなく、母の伴奏で「Come to the Fair」を歌った。

　うまくいった。私は怖じ気づかず、音程を外すこともなかった。継父の声が耳のすぐそばでうるさく聞こえるので少し気が散ったのと、母のピアノの音が大きすぎるとは思ったが、観客は楽しんでいるようだった。私が物珍しかったのだろう。その後は少しずつふたりのステージに、毎晩ではないが、都合がつけば上がるようになった。そして、フットライトの後ろに立ってスポットライトに照らされると、観客席は真っ暗な空間にしか見えないことを学んだ。その感覚を私は楽しんだ。

　私は計画どおり、秋からウッドブルックに通い始めた。この学校は、ミス・ミードとミス・エヴァンスというふたりの上流階級の女性、恐らくプライベートでもパートナーであるふたりが経営する女子校だった。私にとっては初めて本当の学校に通う体験となり、とても楽しかった。しばらくは規則正しい生活を送ることができるようになり、自分と同じ年頃の友人も

できた。学校の演劇に出ることになり面白かった。私は勇猛果敢なロビン
フッドの役で、男らしい仕草（私が思うところの）をたくさんやった。太
ももを叩いたり、見得を切ったり、仁王立ちになったり……。そして腰に
手を当てて、「皆のもの、続け！」と叫ぶ。

　朝礼では生徒たちはメイン・ホールに集まって点呼を済ませ、賛美歌を
歌う。これは素晴らしい体験だった。上級生の歌声が聞こえてくると、私
の頭の中は美しい和音でいっぱいになる。それまで誰かと一緒に合唱する
という機会がほとんどなかったのだ。

　ウッドブルックでは普通の生徒と同じように扱われた。スポーツを奨励
され——これは絶望的に下手だった——、ガールスカウトに入った。しか
し困ったことに、自分は何が得意なのか分からなかった。毎週、放課後に
ガールスカウトの集まりがあり、そこでテストを受けた。縄結び（さほど
ひどくなかったはず）、2本の木の枝で火を起こす（絶望的）、それ以外の
テストも私は下手だった。仕立て部なら自分にも入れるのではないかと思
い、ベストドレッサー賞に立候補した。登校のときに身なりを完璧に整え、
きっと高得点で入賞すると思っていたが、私のネクタイに卵の黄身のシミ
があるのをリーダーが見つけてしまった。私の夢は潰えた！

　一番の苦行はスポーツだった。他の皆はさながら「体育会系スポーツ少
女」で、私は葦のように細くてO脚だった。ネットボール（訳注：バスケット
ボール）では、私は巨大で強靱な敵のガードを任されるのだが、彼らの前で
両手を広げても、弾けんばかりに健康的な女の子たちは私を軽々と超えて
ボールを奪い、吹き飛ばされた私は何が起きたのか一瞬分からず、ぽかん
と口を開けて、彼らの背中を見るしかない。

　ある日、とても大事な試合があって家族が応援に来た。私は何かひとつ
でもまともに見えることがしたくて、泣きそうになっていた。そのとき、
まわりの皆が私のかかとを指さして、大笑いしていることに気づいた。
「ジュリーのポテトを見て！」
　私の靴下には大きな穴が開いていて、かかとが丸見えだったのだ。走る
たびに靴の上に裸のかかとが見え隠れし、さらに困ったことに靴擦れに

なった。試合の間じゅう、私はその恥を隠すことだけに集中し、チームはボロ負けした。

　1年に1度の運動会は悪夢だった。障害物競走で這いつくばってビニールシートの下をくぐったり、綱渡りで落っこちるところを皆に見られるのは屈辱的だった。私はいつも最下位だった。二人三脚でもパートナーを巻きこんで負けてしまう。ダンスはかなりうまいし、歌だってうまいのに、スポーツだけが苦手だなんて、なぜだったのだろう？

　ミス・ミードは放課後の教室で私にピアノの稽古をつけるようになった。とても楽しかったが長続きはしなかった。母はピアノの基礎を教えてくれはしたものの、それ以上は教えてくれなかった。思うにふたつの理由があって、ひとつには、子育てに忙しかったからで、根気強く教える余裕はなかった。ふたつ目には、自分はいい先生ではない、といつも言っていたからだ。私の歌の伴奏をいつもしてくれたが、音楽の基礎は他の誰かから学んでほしいと思っていたようだった。

　私は母と同じ分野で争いたくなかったのか、あるいはビギナーとして光るものがなかったせいか、伴奏ならいつでも母に頼めるという状況のせいか、ピアノのレッスンを続ける気にならなかった。あるいは単に忙しすぎただけかもしれない。何にせよ、母が私にあまり勧めなかったので、私はピアノをやめてしまった。そのことは今に至るまで後悔している。

*

　私は立派な自転車を持っていたので自転車で通学していた。ときには昼休みにいったん家まで自転車で戻ってくることさえできた。自転車には前かごがついていて、学校の鞄をそこに入れて、肩紐をハンドルに通した。その紐を手綱のように両手で握って、自転車ではなく馬に乗っているふりをした。キャンター（駆歩）での通学は楽しかった。冬は穴の開いた毛糸の手袋の先を折り曲げるようにして、刺すような冷たさから手を守った。

　地元の映画館では土曜の朝、アニメ、短編、西部劇など、子ども向けの作品が上映された。いつもごった返していたが、私は状況が許せば必ず見に

行った。ハリウッドの夢のような世界に没入している間は、心から自由に
なれた。歓声やまわりの興奮の渦をよそに、私は『ローン・レンジャー』
やロイ・ロジャース、ジーン・オートリー、ホパロング・キャシディ、『ジャ
ングル・ブック』『ターザン』に夢中になった。

　この頃ドナルドはよちよち歩きを始め、母がお手伝いさんを雇った。母
が継父と演奏旅行に出かけるときは、この北部出身の若い女性が私たちの
世話をした。私はこのお手伝いさんが好きではなかったので、けっこうな
嫌がらせをした。ある日、ついに堪忍袋の緒が切れた彼女が私の頭の近く
を叩いた。強烈な１発で私は目眩がした。それを母に言うと、お手伝いさ
んはクビになった。彼女に嫌がらせをしたのは良くなかったと思うが、本
当に、彼女に世話をされるのが耐えられなかった。

　母が次に雇ったのは、なかなかいかめしい様子の女性で、その人にはハ
ワードという、鼻の頭に大きなホクロのある息子がいた。彼は私より何歳
か年上だった。しばらくの間、私たちは階段下の戸棚に隠れてキスの練習
をした。私が誘ったことは間違いない。彼のホクロをなんとか見ないよう
に最大限の努力をした。彼が私のファースト・キスの相手だったが、私は
その間じゅうずっと、「この人と結婚なんてしないで済みますように」と
願っていた。自分の人生に彼以降の男性が現れるとは想像もできなかった
ので結婚することになったらどうしよう、と心配していた。幸運にもお手
伝いさんとハワードは我が家に長くは居なかった。

　ある日、ウッドブルックでミス・ミードが私を探しに来た。
「お母様が、あなたを早退させたいそうです」と息せき切って言った。
　私は母の身に何かあったのか心配になった。
「何かあったんですか？」
「いいえ、そうではありません。あなたが今夜ロンドンで歌うことになっ
たから、早く帰って来てほしいんですって」
　私は少し唐突だな、と思ったが早退できるのは嬉しかった。
　母に言われて、お風呂に入って急いで着替え、私たちはロンドンに向け

て出発した。出演予定の劇場に着いたのは夕闇が迫る頃だった。継父が車を止めようとしたとき、制服姿の警備員がやって来て、「すみません、ここには駐車しないで下さい。王妃の車が停まるので」と言った。

パップは「申し訳ありません、すぐどきます」と言った。

移動する車の中で私は「今、王妃（クイーン）の車と言った……？」と聞いた。

母は言った。「違うわ、緑（グリーン）の車と言ったのよ。一体、どんな人なのかしらね！」

私はそれ以上気にしなかった。

私たちが劇場に入り、他の出演者とともに楽屋で待っていると、王室関係者のような男の人が入ってきた。「王妃が舞台裏にいらしたときに守って頂きたいルールがあります」と言って、説明し始めた。「話しかけられるまでは、声を出してはいけません。王妃のことは常に“マーム（王妃）”とお呼びしてください。舞台でパフォーマンスを終えたときは、まず最初に王妃にお辞儀をしてから、他の観客に向き直ってください」

ことここに至って初めて私は、自分が「ステージ・ドア・キャンティーン」に出て、国王ジョージ6世の奥方エリザベス王妃の前で歌うのだと気づいた。

ステージ・ドア・キャンティーンは楽しい場で、軍の兵士たちがきちんとした食事を摂れ、ダンスをして、催しを楽しめるというものだった。恐らく両親はENSAとつながっていたので、この夜の出演者として呼ばれ、私も連れて行くと決めたのだろう。そうした方が両親の出演がより印象深いものになり、私にとっても得がたい体験になるだろうと思ったのだ。そしてそうなった。

両親は最初に何曲か歌ったり演奏したりして、それから私がパップとアリアを歌った。終演後、美しいビーズのドレスを纏い、まばゆいティアラを被った王妃が楽屋に来た。出演者たちは一列に並んでお言葉をかけられるのを待っていた。王妃は優しそうなきれいな顔をしていて、その立ち振る舞いには愛嬌があり、親しみを感じた。私が王妃の前で膝を曲げると、王妃は「今夜はとてもお上手でしたね」と言って、母と継父にも話しかけた。

翌日、学校ではミス・ミードとミス・エヴァンス、そして生徒たちが一斉に集まってきた（知りたくてうずうずしていた）。皆が、特に他の女の子たちがこんなにも喜んでいることに私は驚いてしまった。私が味わった初めての名声だった。学校一の不器用さんが、注目の的になったのだ。今や私の両親が「ショービズ界」にいることを誰もが知っていて、私はやっと皆に認められた、という気持ちを噛みしめた。

　両親は演奏旅行のときに安宿に泊まる生活に疲れてしまい、小さなトレーラーと、それを引っ張るパッカード社の車を買った。パップはいつも良い中古車を見つけてきた。母はそういう車を親しい友人のように名前を付けて呼ぶ——ときにはナンバープレートのアルファベットも名前仕立てにして、おかしな事になっていた——が、このパッカードの車は「ザ・パック」という名前になった。ネイビーブルーで大きく、中は広々としていて、ボンネットの先っぽは出っ張っていて、タイヤは白、すごい馬力があって、引っ張りバーは後ろについている。

　トレーラーの方は6メートルほどの長さだった。私の眠る場所はダイニングテーブルの脇の長い座席で、両親は後ろの方にあるダブルベッドで寝た。演奏先の町に着くと、パップは農場かパブの駐車場に車を止め、駐車代を払うので水を使わせて下さい、と頼む。両親はパブの駐車場が気に入っていた。公演のあとでおいしい食事とビールにありつけるからだ。ときには母がトレーラーの中の小さなコンロで料理をした。トレーラーには小さなトイレとシャワーもあったが、タンクが小さかったのでトイレは臭うし、シャワーは体がちょっぴり濡れる程度だったので、たいがいシャワーはパブか農場で使わせてもらった。

　私は夜中に、この小さな家の外で風がゴーゴー吹いたり、雨がものすごい音を立てて屋根に打ちつけるのを聞いたりするのが好きだった。中で暖かくして家族と一緒にいられるのなら、そんなことも冒険だった。

　演奏旅行に行く、あるいはそこから帰る旅はいつも楽しかった。母とパップは車の後ろにベッドを作ってくれて、私はその中で羽毛布団にくる

まって、イングランド北部までの行程をずっと本を読んで過ごす。そして土曜日のセカンド・ハウスの公演が終わるとすぐに家路に就くのだが、ときには夜中じゅう運転して帰ってくることもあった。

　ときには、母と私はまだ舞台メイクをしたまま車に乗り込む。パップは大急ぎで何でもかんでも荷物を車に投げ込むように積み込み、劇場と町から一刻も早く出ようと車を走らせる。だいたい夜中の１時半頃に、イギリス全土をつなぐ高速道路のサービスエリアのカフェに入り、長距離の大型トラックやコンテナ車が停まっている薄汚れた駐車場に車を寄せる。

　カフェには大きな石炭ストーブが置いてあって、むっとした暖かい煙が充満していた。料理の匂いと暖かいストーブの火のある場所は、寒い夜を過ごすにはもってこいだった。トラックの運転手たちは皆人なつっこく、カフェの中はいつも賑やかな話し声で溢れかえっている。私たちはベーコンエッグ・サンドイッチを食べ、熱々の紅茶をフウフウと飲んでから、旅を続けた。

　雨でも雪でもツアーに出たので、そんなときはワイパーが忙しく左右に動くのだが、その音が心地よかった。当時は霧がひどく、石炭を燃やすせいで「ピースーパー（訳注：豆スープのような黄緑色の霧）」と呼ばれる濃霧が発生し、そうなると一寸先も見えなかった。ある夜など、母がハンドルを握り、パップは車の前を懐中電灯で照らしながら歩いた。私は目を覚まして、フロントシートに身を乗り出し、障害物がないか目をこらして、母を助けようとした。

　母はイングランド北部に行くと喜び、炭坑のある町や、その歴史を少しではあるが話してくれた。巨大な車輪のある炭坑、炭坑のずっと地下深くまで潜るエレベーターのこと、ボタ山という石炭の捨石がうずたかく円錐形に積み上がったもののこと。

　シェフィールドは鉄鋼で有名な町だった。小高い丘の上の道を車で通り過ぎながら、そっくり同じような家が立ち並び、木が１本も生えていない光景が延々と続いていたのを覚えている。個人的には、何でも真っ黒にすすけていて、なんて陰鬱な場所だろうと思った。しかしどの家も玄関の階

段は真っ白なペンキで塗られていて、どの窓にも白いカーテンが掛けられていた。北部の住民は、家の前の道や、正面階段、家の中を完璧に清潔にしていることに誇りを持っていた。

　当時の私には、北部の誇り高さが理解できなかった。単に工業の町、つまらない場所、という印象でしかなかった。しかし母は小さな頃の思い出があり、それを私と分かち合いたい気持ちが強かったようだ。何年かのちに、私も、そのような部分もまたイギリスの良さだと思えるようになった。湿地帯、ヒースとハリエニシダの群生、教会の尖塔、低い石壁、吹きすさぶ風から身を守るように丘や谷間に肩を寄せ合う小さな家々……。

第 9 章

ウィンが1945年の9月に女の赤ん坊を産んだ。私の腹違いの妹、セリア
だ。彼女が生まれた日の記憶はないが、ウィンが妊娠しているということ
は知っていて、父の人生に新しい女の子がやってくることを私は快く思っ
ていなかった。彼女の方も大きくなるにしたがって、私のことをそう思っ
たかもしれない。結果的に私たちはとても仲良くなったが、ほぼ10歳違い
だったので、打ち解けるまでに時間がかかった。

　母とパップと私はアメリカ軍の基地を慰問することになった。戦争は終
わっていたが、イギリス国内に留まっているアメリカ兵はまだかなりいた。
その夜は素晴らしかった。ただし私たちの短めのコンサートはあまりウケ
なかった。恐らく若いアメリカの人たちにとって、ミュージカル風の客間
喜劇（訳注：社会を風刺する劇）は、最高に楽しめる演目とは言えなかったのだ
ろう。むしろ観客は決まり悪そうに見えた。きっと小さな女の子がコロラ
トゥーラを歌うのに戸惑ったのだ。うまくなかったというのではなく、軍
隊の慰問としては不向きな内容だったということだ。舞台の後、私たちは
広大なカフェテリアで豪勢なディナーを食べた。巨大なTボーンステーキ
がそれぞれ皆に1本ずつ、そしてフレンチフライ、野菜、サラダ、パイ・
ア・ラ・モード。そんな食事を私はそれまでしたことがなかった。

　父がジョニーと私を川縁のピクニックに連れて行ってくれた。柳につな
いだボートの上で私たちはサンドイッチとチップスを食べた。そのとき4、
5人のティーンエイジャーの男の子たちが川に来た。ジョニーと私は父と
のゆったりとした時間を邪魔されて迷惑だと思っていた。
　その少年たちは川の真ん中に浮いているバージ（はしけ船）まで泳ごう
と決めたらしいが、ひとりだけグズグズしている少年がいた。他の少年た

ちは、彼を容赦なく責め立て、とうとう彼は一緒に泳ぐしかなくなってしまった。父はすぐにまずいと思ったようだった。その少年は——明らかに全く泳げない——もがいて水面下に沈み、また浮き上がったと思ったら、沈んでしまった。父は「大変だ、お前たち、ボートにいなさい。絶対に動かないで」と言って、服を着たままボートから川に飛び込んだ。そして少年を抱き上げて川岸に引っ張り上げ、手当をした。それから他の少年たちをこっぴどく叱り、溺れた少年を今すぐ家に送っていくよう言った。

　一連の行動の最後の頃には、父はパンツを履いていなかった。水の中で重いから脱ぎ捨ててしまったのだ。だからバスで家に帰る最中、腰にずっとタオルを巻いていなければならなかった。私たちも気まずかったが、本人も相当恥ずかしかっただろう。しかしそれでも私たちは、父が少年の命を救ったのだからヒーローだと誇らしかった。

　別の日、父は私たち全員、ジョニー、私、セリアをイーストボーンに連れて行った。海岸に着くと、父は岩陰で着替えた。それからジョニーと小さなセリアをぴったりと後ろに従えて、海の中に入って行った。私は父をがっかりさせたくなかったので、勇気をふり絞って海に入った。風の強い日で、刺すような寒さだった。海から上がる頃には歯がガタガタ鳴っていたが、私は満面の笑みを浮かべて「パパ、最高だね！　人生こうでなくっちゃ」と言った。なぜそんなことを言ったのか分からない。父が喜びそうな事だったから、あるいは、本当に少しはそう思ったのかもしれない、はたまた肌を切り裂く冷たい風に打ち克ったという勝利宣言だったのか。父はその言葉を生涯忘れなかった。私のその台詞をよく思い出し、私がアウトドアが大好きだと信じていた。まあ、好きではあったが、どちらかといえば私は家でまったりしている方が性に合っていた。

　1946年5月12日、母が一番下の弟、クリストファー・スチュアート・アンドリュースを生んだ。そしてまたウォルトンにある産院のロドニー・ハウスに入院した。

　今回、私はマッジとアーサー・ウォーターズという家族の友人と一緒に

町に留まった。アーサーは地元の銀行の頭取だった。その妻のマッジは強そうながっしりとした体格の人で、地元の赤十字の一員だった。ふたりの娘、ヴァージニア（ジニー）とパトリシア（トリーシャ）のうち、トリーシャはジョーン叔母の演出した舞台「Wynken, Blynken, and Nod」で一緒に踊った子で、今でも仲良しの友人だ。

嬉しいことに、私はやっと産院のお見舞いを許される年齢になっていた。初めて行ったとき、クリスを膝の上にそっと乗せられ、抱いた。その瞬間、赤ん坊はおしっこをした……信頼の証だったのかもしれない。

母と赤ん坊が家に帰ってきて、ベッケンハムの家が小さすぎる、ということになった。

母とパップはウォルトン・オン・テムズで新しい家を探し始めた。母のウォルトン・オン・テムズへの愛は変わらなかった。そこは、安心、拠り所、彼女の望むすべてのものの象徴だった。また両親はボードヴィルでまとまったお金ができたので、人生の新しいステップに踏み出そうとしていた。

ふたりは家探しに行くとその近辺の友人を訪ね、食事をしてお茶をするということを繰り返していた。その間、私はトリーシャ・ウォーターズの家族か、グラディスとウィリアム・バーカー夫妻の家に預けられた。

グラディスは母の親友だった。頭が良くて親切で、ウィリアムという人と結婚していた。ウィリアムの家は代々農家で、リバーヌック・ファームという小規模な素晴らしい農場を経営していた。ふたりは先祖がそうしてきたように、土地に根ざして実直な生活を送っていた。ウィリアム叔父さんはホラ吹きで大物感を漂わせ、鷹揚に構えているように見えて、実は奥さんに頭が上がらないのだった。

ふたりには私より1歳年下の娘スーザンとジョンという息子がいた。バーカー夫妻は子どもが大好きだったので、子ども用の衣装箱を持っていて、中には古い服やアクセサリー、模造ダイヤモンド、紙でできた帽子、クリスマスの王冠などが入っていた。さらに素敵なことに、庭にサマーハウスがあった。小さな小屋だったが屋根の下に張り出した可愛らしいベランダがあり、私たちの小さな劇場にうってつけだった。

こうして私たち女の子——トリーシャ、スーザン、私——の創作の季節が始まった。私たちの観客は家族や親戚だけではなく、そのとき近くにいる人なら誰でもよくて、農家の人が見ることもあった。

　私は張り切って脚本、演出、出演をすべてこなした。だいたいが、さすらいの民やお姫様が出てきて、剣を振り回す活劇だった。彼らの家に行くと、まず最初の1時間かそれくらいで、ものすごい勢いで脚本を書き上げる。それからもう時間がないので、スーとトリッシュと私は演じながら先を作っていく。観客は前庭の芝生に置かれたガーデン・チェアに座ることになっている。私たちはメイクをして、衣装箱から出した衣装と宝石を身に着け、夢中で舞台を駆け回った。私たちの努力は、観客の大きな拍手で報われる。近くにあったドイツ軍の捕虜になった人のためのリハビリ施設に靴下の寄付をしようと、チケットを作って1ペニーの入場料を取った。集まったお金では片方すら買えなかったが……。

　バーカー家の農場は川とロンドンにつながっている大きな道の間にあったので、通り過ぎるときにはいつも大きなキャベツが真っ直ぐに並んだ畑、緑のレタスがどこまでも続く畝が見えた。一画は必ず花畑になっていて、時にはチューリップだけのこともあって、畑の中でそこだけ鮮やかに燃えているようだった。また別の時にはラッパ水仙や水仙の刈り取られた切り株だけが残っていた。

　ウィリアムは大きな緑色のトラックを持っていて、車体には「Wm・バーカー・アンド・サン」と金の文字で書いてあった。真夜中、荷台に箱詰めの野菜や花を注意深く積み込み、朝5時か6時までにコベントガーデンに着いて売れるように、ロンドンに向かう。可哀想にビルはきっと睡眠不足だったろうが、私は真夜中に起きて荷物を積み、商隊になってロンドンに向かうなんて面白そうだ、と思った。

　ある日、母がとても興奮した様子で言った。「新しい家を買ったわ。あなたも気に入ると思う。庭の広さは2500坪もあって、フクロウだっているのよ」

　夜中にフクロウが鳴いているところを想像すると怖かったが、母が新し

い家に大喜びしているのは明らかだった。その家が、私の子ども時代において「おうち（ホーム）」と呼べる場所になった。

第10章

「オールド・ムーズ」というのが家の呼び名で、ウェスト・グローブの1丁目、ウォルトンとハーシャムの境に位置していた。道沿いにはくたびれた家々が並んでいて、片方にはチャールズ・ディケンズ的な救貧院があり、反対側の道をもう少し行ったところに、私たちの家につながる長い私道があった。私たちのお隣さんはベルグレイブ・リカバリー・ホーム（ベルグレイブ小児病院の回復施設）で、かつては立派な荘園の邸宅だった。オールド・ムーズはその荘園に仕えた使用人たちの住宅で、母がたいそう喜んだことには、祖母ジュリアが住み込みの使用人として一時期住んでいた場所でもあった。

ここが母の夢の家だということは明らかだった。今まで住んだどの家よりもちろん大きく、当時はかなりの高級住宅だった。11,000ポンド（現在の22,000ドルくらいだが、当時と比べると地価が跳ね上がったので今なら何百万ドルもするだろう）で買ったと聞いている。母と継父にとってこの値段は完全に予算オーバーだった。多額のローンを抱えることになり、のちに私は、この購入が相当な無理を押したものであると知った。

およそ2700坪ほどの土地の真ん中に家があった。もとは使用人の住処だったこともあり、裏庭には野菜畑や果樹園、古びたテニスコート、ちょっとした林、離れが何軒かあった。

家の左側にはポルトコシェレ（訳注：フランス語で駐車スペース）があって、中庭につながっていて、そこから3つのかなり大きな車庫に分かれていた。ひとつは1台用で、もうひとつは天袋の収納スペースがある3台用、もうひとつはやはり1台用だった。中庭には石壁でできた園芸小屋があり、脇戸は裏庭に続いていた。

もみの木と大きなシャクナゲの木が道沿いに生えていて、前庭と裏庭の境にはライラックの生け垣があった。家のすぐ横に立っている銀色の美し

いカバノキには、本当にフクロウが毎晩やってきて枝に止まった。最初の
うち、私はフクロウの鳴き声が聞こえると怖くて掛け布団を頭から被って
いたが、そのうちその声が心地良く、いつもそこにいる夜の守り神だと思
えて、大好きになった。

　家には4つの寝室があった。ひとつは母とパップの寝室、もうひとつは
男の子たちふたりが使い、もうひとつはお客様用、そしてもうひとつが私
の寝室だった。家具など持っていなかったので、継父は大工仕事に励み、
ダイニングテーブルとそれに合うコーヒーテーブル、そして収納スペース
のある窓際の長椅子、本棚、コート掛けを作った。このとき母が買った籘
編みの椅子は、今でも私の家で使われている。また、クローゼットや洋服
ダンスがなかったので、母はシンガー製のミシンでカーテンを縫い、それ
に紐を通して寝室の隅にかけた。継父がその後ろにポールを渡して、洋服
を吊せるようにした。

　寝室には洗面台がついていたが、私の部屋だけは、バスルームの向かい
にあったので洗面台はなしだった。2階と1階に洗面台のあるトイレがあ
り、外にも車庫の近くにトイレがあった。どの部屋にも小さな暖炉があっ
たが、それ以外の暖房設備はなかった。

　メインの客間はとても広く、出窓がついていて、縦長の部屋だったので、
パーティに使われることが多く、母のピアノもそこに置いた。私たち家族
が普段使ったのは、その大きな客間と玄関を挟んで反対側にあるやや小さ
めの居間だった。継父はそこに、フットレスト付きの本物のバーカウン
ターを作った。キッチンは正方形の広々とした空間で、年代物のガスオー
ブンと古いシンクがあり、隣の小さなカウンターで朝食を食べることがで
きた。窓は昔ながらの格子柄で美しく、床はすべて木張りだった。

　母とパップは家じゅうの壁をペンキで塗り変えた。客間の壁はもともと
寒色系の漆喰だったが、上から白いペンキを塗り、そこにワインレッドの
水玉模様を垂らし、最後にツヤ出しのコーティング材を塗った。おしゃれ
のつもりだったのだろうが、壁がてかり、人が集まったときの熱気や、暖
炉の火で結露とともに溶け出してしまうことがあった。

母が私に見つけてくれたベッドは最高だった。マットレスの下の木の
ベッドフレームに大きなドアがついていて、開けると中は収納スペースに
なっている。私の部屋は小さかったが、窓際に座ることができて、暖炉も
あった。私は暖炉の上のマントルピースに小物をたくさん並べた。パップ
が壁に鏡と棚を取り付け、母が下半分を光沢のある布で覆って椅子を置く
と、そこは私の化粧台になった。

　ふたりはプレハブの小屋を買って庭に置き、ハッジ大叔父さんと奥さん
のキットを庭師兼雑用係としてそこに住まわせた。

　ハッジが本気で造園するには温室が必要だと言ったので、中庭の裏口近
くの壁にガラスの温室が作られた。暖房が入って温室ができあがり、外か
らはハッジが剪定する様子や、植木鉢の花が咲きこぼれているのが見えた。
中に入ってなんとも言えない土の匂いを嗅ぐと、この上ない幸福感がこみ
上げてくる。今日に至るまで、暖かい湿った土の匂い以上にうっとりする
香水はないと私は思う。

　数カ月後、ハッジの手で魔法をかけられた庭は生まれ変わった。薔薇は
刈り込まれて高木の上から顔をのぞかせた。剪定された果樹は再び花を咲
かせるようになった。ラズベリー、黒スグリ、サクランボの低木、そして
コックス・オレンジ・ピピンという種類のリンゴ、プラムの木。ハッジはま
たテニスコートの雑草を取って芝を整え、ラインを引き直して、ネットを
張った。そして畑には愛らしスイートピーを何列も植え、インゲン豆を育
てた。庭のすべてが本来あるべき形に整い、そこは私の喜びの場所に、王
国に、夢の国になった。人生がにわかにずっと良くなったように思えた。
私たちはついに「おうち（ホーム）」と呼べる場所を手に入れたのだ！

　私はテニスコートの先にある低木の中に秘密の場所を見つけた。レン
ギョウが空をすっぽり覆うアーチのように生えている、天然の隠れ家だっ
た。私は土の上に仰向けになって黄色い小枝を眺めながら、物思いにふけ
り、大きくなったら何になろうと考えた。自分には特に得意なものはない
と思っていたし、そのときは歌声の価値にまるで気づいていなかった。し
かし何をするにしても、全力でやろう、そのことで1番になろう、と自分

に誓った。もし誰かの秘書になるのなら世界一の秘書に、お花屋さんになるのなら世界一の花屋さんに。その仕事を一生懸命して、かけがえのない、必要とされる存在になろう。

ハッジとキットは悲しいことに、あまり長くは私たちの家にいなかった。ハッジは良いときは素晴らしい仕事をするが、悪いときは何日も居なくなり、酔い潰れていた。母とパップはふたりを追い出すしかなかった。この決断は、幼少期にハッジととても親しかった母には辛かったはずだ。

ふたりが居なくなってから間もなく、家の後ろにあるガレージのスペースをジョーン叔母のダンススクールにしたらどうか、という話が持ち上がった。叔母とアンクル・ビルはバンガロー——私たちは「バング」と呼んでいた——に越してきた。叔母は小屋を「トゥイグ（小枝）」と命名し、アンクル・ビルは名前にふさわしくなるよう、庭で拾ってきた小枝を入り口に飾った。小屋は基礎すらない2部屋のプレハブで、叔母はキャラー製の卓上コンロで料理をしていた。最も大きい3台用のガレージに鏡とバレエ・バーが運び込まれた。1台用のガレージは更衣室になり、外にあるトイレは生徒たちが使えるようにした。こうして叔母はダンス・スクールを開いた。

叔母はバンガローにも新しい命を吹き込んだ。外壁に沿って花壇を作り、小屋の中に洒落たアレンジの花を飾った。そして私たちの家の中の花瓶も花で満たした。母とパップが不在のときには、叔母とアンクル・ビルが私とドナルド、クリスの面倒を見てくれるので寂しくなかった。何より素晴らしかったのは、ムーズには1日中、音楽とダンスが溢れているということだった。

最初のうち、母がダンス・スクールのピアノを担当していたので、その音楽と、ダンスの拍をカウントする叔母の手拍子が、風に乗って庭に響き渡った。私はよく家の2階のバスルームの窓から中庭を見下ろして、スタジオで生徒たちの頭がぴょこぴょこ上下に動くのを眺めたり、叔母の玉を転がすような笑い声や、彼女が生徒の親と月謝のやり取りをしながらおしゃべりしている様子を聞いたりしていた。楽しそうな空気が外から立ち

上ってきても、家の中は静かで寒々しく、暗いことが多かった。

　叔母は子ども教室からキャラクター・ダンシング、社交ダンスまで何でも教えられ、しかもとても良い先生だったので、ムーズの私道は生徒や送迎の車が引っ切りなしに行き交った。

　特に可愛いのは幼児クラスで、彼らが妖精になったつもりでスキップしたり、走ったり飛んだりしているところを見るのが私は好きだった。叔母は彼らにとても優しく教え、小さな足やお腹に手を添えて姿勢をそっと直した。私も勉強や仕事がないときはスタジオに行って、高学年の子どもクラスに参加したり、見学したりした。叔母は時間が許す限り私にバレエの個人レッスンをつけてくれた。教室には私より8歳から10歳ほど年上の社交ダンスのクラスがあり、彼らは皆素晴らしいダンサーで、のちに「ギャング」と呼ばれるようになった。そのうちの何人かとは特に仲良くなった。キース・オールドハムという目元の涼やかなハンサムがいて、マーガレットという可愛いガールフレンドと結婚した。それからテッド・オーウェンがいた。痩せた人で、いつもバイクのタペットが壊れるので「タペッツ」というニックネームをつけられていた。

　夜のクラスが終わると、彼らは叔母の小屋に行った。小さなだるまストーブが焚かれ、ビールや紅茶、ビスケットが振る舞われる。みんなタバコを吸ってカナスタ（訳注：セブンブリッジのようなトランプのゲーム）をした。私は空っぽの家を抜け出し、暖かな小さい小屋に行ってただ一緒に座っているだけで幸せだった。そうこうしているうちに私もカードゲームを覚え、かなりうまくなった。

　アンクル・ビルはこの頃、自分で生活できていた。昼間は牛乳販売委員会という機関で働く公務員で、夜は社交に精を出した。賭け事も好きで、特に競馬に夢中だった。私もときどき地元のサンダウン・パークという競馬場に連れて行ってもらい、大好きになった。アンクル・ビルは良い馬の見分け方を教えてくれ、勝ちそうな馬を予想した。叔父さんは馬券売り場に行って、私たちふたり分の馬券を買う。座るのは一番安い席か手すりの近くに立ったままのときもあり、馬たちがコーナーを曲がって、地面を轟

かせて最後の直線に入ってくる瞬間はワクワクした。自然と騎手の名前は全部覚え、勝ち馬を当てるのもうまくなった。

　私は地元の映画館で、『マイ・フレンド・フリッカ』という男の子と美しい馬の映画を見て以来、主人公の男の子役のロディ・マクダウェルに夢中になった。映画の中で彼が演じた少年はケン・マクラーリンといって、グース・バー農場で暮らしている設定だった。その映画の虜になっていた私は、ケンと結婚して大きな農場でたくさんの馬と暮らすという空想のストーリーを作り上げた。アンクル・ビルと競馬に行った日は、出馬表を取っておいて、自分のノートに几帳面にすべての馬の名前、その馬の母馬と父馬、系統図を書き写したので、私のグース・バー農場の妄想はかなり具体的で、しばらくはそれ以外のことを考えられないほどだった。土地の権利証を作り、蝋で封をして赤い紐を巻いた。権利証には「ここに、マクラーリン夫妻が"どこどこ（農場の名前）"を有し、およびアメリカとカナダにも農場を有していると証明する」と書いた。ハッジが昔使っていた豆の添え木を馬に見立て、端にロープを結んで手綱を握り、庭中をギャロップした。想像の世界ではそれは世界一美しく、健康な馬だった。

　母は「良い暮らし」という人生で初めての感覚を経験しているようだった。夢の家を手に入れ、パップの望んでいたふたりの息子を産み、ボードヴィルもそこそこうまくいっていた。パップは地元のゴルフ同好会の会員になり、そこで人脈作りと社交に努めた。彼は左打ちのプレーヤーでかなりうまかった。母はよく自分を「ゴルフ・ウィドウ（ゴルフやもめ）」と言っていた。継父の最大の野望は全英アマチュアゴルフ選手権で優勝することだった思う。残念ながら実現しなかったが。

　母はクラシック・ピアノの演奏者だった若い頃のように、再び練習を始めたが、私の記憶の中では初めてのことだった。

　私は大きい方の居間から流れてくる素敵な音にうっとりした。そっと部屋に入り、隅の目立たないところにこっそり座って、母が部屋の反対側で、ショパンやラフマニノフ、ファリャの美しい旋律に完全に没頭して、鍵盤に覆い被さるように弾いているのを見ていた。母はピアノの方に体をかが

めたり、のけぞって目をつぶって天井を仰いだりする。これが母の歓びの源だということが伝わってきて、私も一緒に打ち震えた。

　ムーズの最初の1年は生活の階段を1段上がったような感じがした。思い出すと可愛らしい思い出がたくさんある。小さなクリスが家のまわりで三輪車をこいでいるところ、口笛を吹こうと一生懸命になっているところ。あの子は「アンクル・ビル」とどうしても言えなくて、「ディングル・ベル」となってしまい、私たち皆が真似して「ディングル」、それから「ディング」に縮まった。

　大叔母のミナが母の手伝いに来て、家の掃除や私たちの世話をすることになった。彼女は面白い人で大柄で赤ら顔だった。天井の照明を掃除するために梯子に登り、叫ぶ。「バーバラー！　ランプの上のホコリがとんでもないことになってるじゃない！」

　あるいは電話に出て母に取り次ぐときには、片手で受話器を掴んだまま、2階に声を張り上げる。「バーバラー！　ミセス・誰々さんから電話よ……いないの？　じゃあそう言っとくわ！」

　父がはるばるチェシントンから自転車でムーズに来る週末もあった。帰りは私も自分の自転車で父と一緒に行く。イーシャー・ヒルの登り坂はきつくて、足がひどく痛くなった。そんなとき父は私の背中に手を当て、後ろから力強く押してくれる。すると私は羽のように軽くなって父の前を飛んでいく……が数回ペダルをこぐともう自転車は進まない。私たちはいつも途中でパブに寄り、レモネードやスナックを頼んだ。父が車なしでどうやって私に会いに来ていたのか、今でも分からない。

　地元の映画館ではフレッド・アステアとジンジャー・ロジャース共演の映画をよく上映していた。そんなときはいつでも叔母が私のチケットを買ってくれ、一緒に見に行った。きっと映画のふたりのような気分になりたかったのだ。楽しい時間だった。叔母は上映中ずっとジンジャーと衣装の美しさ、そしてフレッドの見事なダンスを褒めちぎっている。私も同じくらい熱狂していたが、マーズバー（訳注：ヌガーの駄菓子）を食べているので声は出せない。叔母はできる限りダンスのステップを記憶して、帰り道は

それを再現しながら歩道で踊り、あっという間に自分流にアレンジして新しい振り付けにした。

　私たちは必死に力を合わせて困難を乗り越え、人生がついに良いものになるかに思えた。離婚は苦しく母は大きな罪悪感を抱えていた、貧困にもへこたれそうになった、しかしやっとのことで、少しずつ、母とパップは実績を積み上げ、生活が上向きになったのだ。振り返ると、このときが母とパップの成功と幸せの絶頂だった。なぜなら……ここからは全てが下り坂になるのだから。

第11章

オールド・ムーズに引っ越す直前に、私の初めてのBBCラジオ出演が決まり、ロンドンのボンド・ストリートにあるエオリアン・ホールというところで収録することになった。もともと両親が出演する予定の番組だった。私はなぜ自分も歌うことになったのか事情が分からなかったが、とにかくアンブロワーズ・トマのオペラ『ミニョン』から「ポロネーズ」を歌った。リハーサルでは音響係に、声が音割れしてしまうのでマイクから離れなさい、と何度も注意されたが、本番ではうまくいった。そしてこれが次の出来事につながったのだろうと思う。

それから間もなく継父が、全国展開する劇場「モス・エンパイア」の有名なヴァル・パーネルというプロデューサーを自宅に連れてきた。パップはこの人とゴルフで知り合い、売り込み上手の彼は、是非家に来て、「まだ小さいのにすごい声で歌う奇跡の継娘」の歌を聞いてほしいと説得したらしい。私はそのとき庭にいたが、家に呼び戻され、この重要人物の前で歌うようにと言われたことを覚えている。母がピアノの伴奏をしてくれた。

気づくと私は、パーネル氏がロンドンで上演する予定の『スターライト・ルーフ』というミュージカル・レビューの新作に出演することになっていた。上演予定の劇場は、レスター・スクエアとチャリング・クロス・ロードの角にあるロンドン・ヒッポドロームという場所だった。私はショーが成功したらという条件で1年契約を結んだ。

母とパップのマネージャーはそれまでルー・アンド・レスリー・グレイド（ルーはのちにナイトに、さらに子爵に叙せられたテレビと映画界の大物）という事務所だった。しかしこのときちょうど、アメリカ人のチャールズ・L・タッカーという人物に変えたところだったので、私のマネージャーもこの人になった。チャールズはコネチカットのハートフォード出身だった。彼はまあまあ大きい男性で、洒落た服を着ている、明るいお月様のような

顔で、グレーの巻き毛、感じの良いクスクス笑いをする人物だった。アメリカではボードヴィルでバイオリンを弾いていたそうだが、ロンドンに来て芸能人のマネージャーになり、客の中には大物もいた。

　題名のとおり、『スターライト・ルーフ』は寸劇、歌、踊り、喜劇などの様々な演劇的要素が入った豪華なショーだった。楽しいひとときを過ごすのにもってこいの演目で、明るく、ウィットに富んでいて、品があり、有名な大作と言われる曲の演奏もあった。公演は夜に２回あり、６時スタートの回と８時35分スタートの回があった。

　豪華出演陣の中には、ヴィック・オリバーという洒脱なミュージシャン兼コメディアンがいて、ヴァイオリンを弾いたり、オーケストラの指揮をしたりした。美しいパット・カークウッドはその美貌で舞台を圧倒する。それにフレッド・エムニーとウォリー・ボーグというお笑いコンビ、マリリン・ハイタワーという可憐なバレリーナ、そして期待の新人マイケル・ベンティン……。演出家はロバート・ネズビットという艶やかな黒髪をぴったりなでつけた上品な紳士だった。彼の手にかかればどんな舞台も格調高い、他とは一線を画すものになるともっぱらの評判で、彼が姿を現すだけで、皆が静かになった。

　リハーサルの間、私は客席に座って、照明のセッティングや楽曲の練習を見ていた。才能ある人たちが自分のやるべきことをこなす姿に、私は多くを学んだ。正真正銘のきらびやかな世界の洗礼——舞台芸術の薫陶——を受けたのだ。

　最初、私はウェーバーのたいして難しくもなく印象の薄い「スケーターズ・ワルツ」を歌う予定だった。設定では、観客の中から飛び込みで舞台に上がることになっていた。

　ウォリー・ボーグは手足がブラブラに動く面白いアメリカ人で、お話をしながら脚を変な方向に蹴り上げる滑稽なダンスをして、手で風船を器用にひねって動物を作る。しまいにはキリン、象、犬が何匹かと想像上の動物ができあがっている。ヴィック・オリバーがステージに現れ、動物を観

客に差し上げるようウォリーに言う。

ウォリーが「これほしい人？」と聞いて、人々が舞台に集まり始めると、劇場ホール出入り口のカーテンの裏に隠れていた私は、客席後方から「私もほしい！」と言いながら舞台に駆け寄る。

私の着ていた衣装はシルクでできた淡い青色のワンピースで、スカート部分は白いレイヤーの入ったプリーツになっていた。上に羽織る青いジャケットは、前にポケットがふたつついているシンプルなものだった。足には靴下の上にバレーシューズを履いた——観客という設定にしてはおかしな靴だ——。

ウォリーとヴィック・オリバーはわざと私を最後までステージに残す。私に風船を渡しながら、ウォリーが「君はいくつなの？」と聞く。

「12歳よ」と私は答える。「あなたは何歳？」

「質問するのは僕だけということで！」とウォリーは笑いながら言う。「学校に行く以外は、何をしているの？」

「歌よ！」

「ここで歌ってみる？」

「ええ、もちろん！」

「何を歌いたい？」

「スケーターズ・ワルツ」

「いいね！」彼はいたずらっぽく目を輝かせる。「僕の好きなやつだ！」

そう言って私のためにオーケストラを指揮する。

オーケストラ・ピットには大人数の楽団が控えているが、舞台上にもジョージ・メラクリノズ・スターライト・オーケストラという楽団がいた。この楽団は管弦楽で構成され、白いジャケットでエレガントに正装している。ヴィック・オリバーは指揮がうまく、実際、『スターライト・ルーフ』の契約が終わると様々な楽団の指揮者としてイギリス全土を巡業した。

ついに明日は本番という日のリハーサルで、プロデューサーが私を幼すぎて品格ある今回のステージには不向きだと判断した。私の出演シーンは他と比べると浮いていて、不適切に見えるとさえ言い、私の出番は無くな

るかに見えた。すると母とパップとチャールズ・タッカーがすごい剣幕で
ヴァル・パーネルとアシスタントのシシー・ウィリアムズに食ってかかっ
た。私は少し離れたところで、大人たちが長い白熱した議論をしているの
を見ていた。

「子どもにこんな仕打ちをするなんて！」と彼らは抗議した。「第1に、こ
れは彼女にとって大きなチャンスなんです。第2に、あの子がどんなに傷
つくか。第3に、あの子にもっとうまく歌わせることができます」

　私は母とパップに『ミニョン』の「ポロネーズ」を歌うように言われ、
歌った。ポロネーズはスケーターズ・ワルツの100倍は難しい。離れ業の
コロラトゥーラで、最高オクターブ「C」のさらに上の「F」の音で締め
くくらなければならない。もとのフランス語を英訳した歌詞は信じられな
いくらい滅茶苦茶だったが、とにかく私は歌った。オクターブを一気に上
がりカデンツァと変調を、怖いもの知らずで果敢に歌い上げた。歌い終え
ると、しばらくみんな黙りこくっていた。私の出演に反対する人はもう誰
もいなかった。

　初演日は1947年10月23日だった。母が私に付き添って列車でロンドンま
で行った。駅から劇場まで歩く間、レスター・スクエアの角でスミレの入っ
たバスケットを広げている花売りに出会った。

「幸運のお守りにお花を買いましょう」と母が言った。

「この子にどんな幸運が必要なんさ？」と花売りが強いコックニー（訳注：
ロンドン下町の方言）で聞いてきた。

「あのポスターの下の方に名前が書いてあるでしょう？」と母が指さした。
「娘の名前なの。今から初日で、この子はそこで歌うのよ」

「それなら買う必要はないよ」花売りの女性は言った。「幸運のお守りに
あげるから」

　その夜、いよいよそのときが来て、私は勢いよく客席を駆け抜け、ステー
ジに上がった。そして『ミニョン』のポロネーズを、最後はCよりもさら
に高いFの音で歌いきった。客席は静まりかえった。それから熱狂した。

みんな総立ちになり拍手がいつまでも鳴り止まなかった。私の歌で実際、ショーが一時中断した。あのアリアは本当に難易度が高く、私はやっと12歳になったばかりで見た目は妖精のようなのに、ものすごい声の持ち主、ということで一大センセーションを巻き起こした。私のキャリアの中で3つの大きな転換点があったが、最初の一歩があの舞台だった。

　その夜、新聞記者が私たちを家まで追ってきた。私が自分のベッドでテディベアと一緒にいるところの写真を撮り、質問攻めにした。

　翌朝、新聞では『スターライト・ルーフ』の劇評はとても良く、私は特に褒められていた。「お下げ髪の天才」「主役はお小遣いをもらっている子役！」などと書かれた。

　花売りからもらった花は本当に幸運のお守りだったのだ。このときから私の人生でスミレは特別な意味を持つようになった。

第１２章

🌸

　私たちはマチネ（訳注：昼の公演）は一切せず、日曜以外は毎晩２回の公演、つまり１週間で12回の公演をした。分かりきっていたことだが、学校に毎日は行けなくなったので、家庭教師が雇われることになった。またロンドン州議会の定めるところにより、16歳未満の劇場労働者を守るために、私には劇場と家を移動する間の付き添い人と、個室の楽屋が必要だということになった。それに、私は夜の10時以降は舞台に上がってはいけないと定められていたので、２回目の公演の最後に仲間とカーテンコールには出ることはできなかった。それまで劇場での児童労働の実態が悲惨だったので、政府が児童労働法のもとに、厳しい規制を作ったのだ。

　最初の家庭教師は若くて可愛らしいだけの女性で名前も覚えていない。私はその家庭教師につかつかと歩み寄り、自分は忙しくて宿題なんてしている暇は全くない、と告げた。２カ月も経たないうちに彼女はいなくなり、新しいもっと年上のミス・グラディス・ナイトという人がやって来て、この人には言い訳は一切通用しなかった。規律を重視する人で、愛すべき良い教師だった。毎日４時間一緒に勉強した結果、私はそれまで受けているべきだった基礎教育をやっと与えられた。

　母は、毎晩私に付き添ってロンドンまで来るのがどんどん難しくなっていったので、アンクル・ビルや、あるいはジョーン叔母が付き添い人になってくれた。そして契約期間が経過するにつれ、ついにミッキー・スミスさんという女性と契約して、彼女が正式に私の付き添い人となった。

「ミッキー叔母さん」と私は呼んでいたが、彼女は貴族階級の独身女性だった。彼女の妹さんはルパート・ネビル卿の子どもの乳母だと、秘密と言いつつ得意げに教えてくれた。彼女は実直な女性で、前歯の間に大きな隙間があり、分厚い眼鏡の奥でせわしなく瞬きをする。そしてちゃんとした格好については、とても厳しかった。

「ジュリー、あなたの爪はおぞましいわ。マニキュアをしてあげるから、まず塗る前にその汚れを完璧に落としなさい」と彼女は言った。彼女が納得できるまで、私は何度か洗面所に戻り、手を洗わなければならなかった。

どうやら私は爪の中が汚れたまま、靴下に穴が開いたまま、とにかくみすぼらしい格好で一晩に2回もアリアを歌っていたようなのだ。公演の合間に勉強が終わると、彼女は私の指のささくれをカットし、爪にマニキュアを塗り、足の爪も手入れしてくれた。髪をとかしてお下げにして、洋服を清潔でアイロンのかかった状態に保ってくれたおかげで、全体的に私の見た目はとても良くなった。そんな風に気遣ってもらえて嬉しかった。

ミッキー叔母さんはサービトンに住んでいて、ウォルトンの3つ手前の駅で降りる。夜の公演が終わると私たちはロンドンから列車に乗って、彼女が先に降り、私はその先ひとりで列車に乗り、自分の駅で降りる。そこで家族が待っていて、皆で歩いて家に帰る。

私は毎晩自分の歌がどうだったか、何段階かに分けて、例えば「X」は「最高」の意味で、「かなり良い」「ひどい」というように評価するようになった。Cより高いFの音を一晩に2回出さなくてはいけなかったので、ちゃんと出るか、何度もその音を出してみるという、拷問のような習慣ができてしまった。カンパニーの仲間はこれには参ってしまったようで、間もなく舞台監督に苦情が寄せられた。それでも私は、疲れているときには特に、音程を外さずに声が出ると確認せずにはいられなかった。

声が持ちこたえられない公演というのも確かにあった。そう頻繁ではなかったが、ときどき、ひどい疲労かストレスのせいで一番高い音を飲み込んでしまったり、音が喉の奥で引っかかってしまうときがあった。本当を言えば、12歳になったばかりの子どもが、一晩に2回もアリアを歌うということを1年も続けるなどすべきではなかったのだろう。私には自分の楽屋があったが、それでも劇場がタバコの煙でモクモクになって（あの頃は誰もがタバコを吸っていた）声帯が乾ききってしまうときなど、かの有名な「F」が十分に出せないということもあった。かと思えば、楽々と出せるときもあった。

私の出番は公演の前半だったので、1回目公演の後半と2回目公演まで
の休憩の間に少なくとも2時間の空きがあった。宿題が終わると付き添い
人と私はよくレスター・スクエアに食事をしに行った。だいたいが「クオ
リティ」や「フォルテ」といったチェーン系列のレストランだった。レス
ター・スクエアは色んな匂いとネオンが混ざり合い、怪しげな繁華街だっ
たが、私にとってはそこに行けることはいつもご褒美だった。

　アンクル・ビル——「ディングル」——はよくこの休憩時間に映画館に
連れて行ってくれるので、私のお気に入りの付き添い人だった。チャリン
グ・クロス通りのすぐ近くにアニメーションばかりやっている映画館が
あって、1時間枠で上映しているミッキーマウスやバッグス・バニーといっ
たアメリカのドタバタ・アニメが私は何よりも好きだった。この最高の息
抜きのあと再び劇場に戻ってアリアを歌い、それから付き添われて家に帰る。

　両親がロンドンで私の付き添いをするときは、皆で空き時間に「バック
ステージ・クラブ」へ行った。劇場関係者がお酒を飲んだり人脈を作った
りできる場所だったが、未成年の私は中には入れず、ロビーで待っていな
ければならない。そこからは中のバーが見え、お酒やタバコの匂いが漂っ
てきて、グラスの触れ合う響きが聞こえた。

　バックステージ・クラブには、レバーハンドルで操作する、鳥かごのよ
うな形のエレベーターがあった。オペレーターは、お客さんの選んだ階に
エレベーターが到着する瞬間ぴったりにエレベーターを止めなければなら
ない。オペレーターはくたびれた制服を着たおじいさんで、私は仲良く
なって、レバーハンドルの操作を教えてもらった。そのうち、お客さんの
乗り降りに合わせてエレベーターを動かすのがうまくなった。

　夜、両親と一緒に家に帰るとき、優雅な女性たちが劇場の入り口付近に
立っていたり、メイフェア通りを歩いていたりするのに気づいた。ロンド
ンが豆スープのような濃い霧に包まれる晩には、彼女たちの姿がいきなり
通りに現れたり、曲がり角のところに立っていたりする。
「あの人たちは娼婦よ」と母は言った。
　彼らがどういう人なのか分かったところで、私は母に聞いた。「だけどあ

の人たちはどこに行くの？　どこに住んでるの？」

「きっとどこかに小さなアパートでも借りているのではないかしら。ある
いはホテルに連れて行かれるとか」と母は答えた。あの一画、とくにシェ
パード・マーケットとパーク・レーンは悪名高かった。私の目には、彼女た
ちが悲しそうで、どこか謎めいているように映り、いつも心惹かれた。

　ショーの公演期間中、私はカンパニーの大スター、ヴィック・オリバー
に叶わぬ恋をした。彼は髪が丸く禿げているところがあったので見た目よ
り年を取っていたのだろうが、それでもこの上なく洗練されていて、真っ
白なイブニング・ジャケットで正装している姿は品格があり、なんて格好
いいんだろう、と私は夢中になった。彼はウィンストン・チャーチルの娘、
セアラと結婚していて、上流階級の仲間に囲まれており、いつも公演が終
わるとたくさんの友人とディナーに繰り出した。気づくと私は彼の追っか
けのようになっていて、劇場の楽屋口付近で待ち伏せして、お休みなさい、
と声をかけるチャンスを狙った。パット・カークウッドとはあまり親しく
ならなかったが、彼女の代役であるジーニー・カーソンとは仲良くなった。
ジーニーはコーラスのひとりで、美人で小柄だった。パットの代わりを何
回か務め、カンパニーの皆から愛されていた。のちに私は彼女と共演する
ことになるのだが、彼女はやがてイギリスのミュージカル界でかなり名の
知れた存在になった。

　それとマイケル・ベンティン。マイケルは魅力に溢れた素晴らしいコメ
ディアンで、美しい黒髪と歯がこぼれるような素敵な笑顔を持っていた。
舞台では２回出番があり、２回とも大真面目なセールスマンを滑稽に演じ
た。１回目はトイレのスッポン（訳注：詰まりを取るラバーカップ）を売ろうと、
様々な使い道を見せてくれる。義足、帽子、路面電車の電線から車体をつ
なぐ電線管……。次の出番では椅子の上半分だけを売ろうと、その格子柄
の背もたれの使い道をあれこれ実演してみせる。

　『スターライト・ルーフ』の公演中にマイケルは、コーラスの中のひとり
でマリリン・ハイタワーの代役だったクレメンティーナという若いきれい

なバレリーナと恋に落ちた。のちにマイケルとクレメンティーナは結婚し、私は彼らの子どものひとり、リチャードの名付け親になった。マイケルはその後、スパイク・ミリガン、ハリー・シーカム、ピーター・セラーズと一緒に「ザ・グーンズ」という最高のお笑い集団を作り、のちのモンティ・パイソンに影響を与えた。マイケルは風変わりで冒険心に溢れ、情熱的だった。誰もが彼を愛さずにはいられない。そして私の生涯の友となった。

　公演が始まって間もなく、レコード会社が私に興味を示し、78回転のレコードをいくつか作った。収録したのは、もちろん「ポロネーズ」、そして『ロミオとジュリエット』のラブソング、「ミソサザイ」、パップと歌った「Come to the Fair」などだった。中でもモーツァルトの「きらきら星変奏曲」を元にした曲は、長いカデンツァと難しいコロラトゥーラがあった。

　またジョー・パステルナークというアメリカの映画プロデューサーにオーディションに呼ばれたことがあったが、この人は手がける作品すべてにディアナ・ダービンを出演させていた。ディアナはハリウッドで有名な若いソプラノ歌手で、私はよく彼女と比べられた。

　オーディションはエルスツリーにあるMGMのスタジオで行われた。ポートレイトを撮り始めるとすぐに、私があまりにも地味なので変身させなければならないということになった。そこでヘアメイクが私の髪をくるくるにカールさせたが、不気味なシャーリー・テンプルのようになっただけだった。それでもとにかくオーディションを受けた。

　スクリーンテストでは歌を歌って、パステルナークさんにカメラの前から話しかけ、簡単なシーンを演じた。設定では、私はベッドで母親に寝かしつけられているところだった。父親が家を出てから何年も帰ってきていないことをふたりで語り合っている（この設定ですでに涙目になってしまい恥ずかしかった）。私が眠りかけたところで寝室のドアが開き、男性が入ってくると……私は飛び起きて両手を広げ「パパ！」と叫ぶ。

　言うまでもないが結果は最悪で、万が一このような機会が再びあったとしても、私は2度とやらないと誓った。スタジオ側の最終判断は、「この子

はカメラ写りが良くない」というもので、やはり縁はなかった。

　このオーディションの大失敗を受け、母は私に演技のレッスンを受けさせると決め、地元の演技の先生がムーズに教えに来ることになった。シェークスピアの『ロミオとジュリエット』のジュリエットのシーンを演じたときのことを覚えている。
「ばあや？　いいえ、ばあやに頼ってはいけないわ」私は大げさにうめく。「これは私ひとりで演じなくてはいけない舞台。さあ、ガラスの瓶よ！」
　私の演技はとにかくひどかった。頭には何も浮かんでこないし、涙も出ない。演技指導の先生が、ひどい素人芝居に呆れているのが分かった。だが先生も「ここに来て、こうして、心をこめて台詞を言って」というような指示を出すだけで、大して身になるアドバイスはくれなかった。やはり望みはなかったようだ。
　母は再び私にピアノレッスンを受けさせることにした。今回の先生は、母のかつての生徒だった人で、同じ村に住んでいた。
　その先生は確かに、シャープやフラットなどの音階や運指を教えることに関しては熟練していた。しかし皮肉にも、困ったことに、私は耳がとても良かった。ピアノの音はすべて耳で聞いて覚えるので、楽譜を見るより早く、楽譜なしで頭の中で記憶していた。今日に至るまで、恥ずかしながら、私はあまり楽譜が読めない。
　私のピアノは初級のテストに受かるくらいには、うまかったのだろう。楽譜が読めないので絶対に落とされると思っていたが、クレメンティの曲を情緒たっぷりに弾き、審査員がそれにずいぶんと感動したようだった。心底驚いてしまったのだが、その試験の結果、私はサリー州で1番の成績だった。どういうわけか私は「かなりの高評価」で、州から表彰され、シューベルトの伝記本をもらった。
　もちろん母は有頂天になったが、私は「やっぱり楽譜が読めないままなのに」と惨めな気分になったことを覚えている。

第１３章

`スターライト・ルーフ』の公演中にジョーン叔母が妊娠した。ダンサー
だった彼女はいつもほっそりしていた。妊娠期間中もずっと細くて、着る
物にも気を遣い、可愛らしいままだった。

　私は、叔母が妊娠をさほど喜んではいない、むしろひどく神経質になっ
ていると感じた。彼女は妊娠中もダンスのレッスンを続けていた。

　1948年４月21日にジェフリー・ウィルビーは生まれた。苦しみ抜いたか
なりの難産で、不幸なことに赤ん坊の頭は鉗子でひどく傷つけられた。そ
して８日後に亡くなってしまった。

　しばらく家の中は重苦しい沈黙に包まれた。叔母は退院して家に帰って
きたが、抜け殻のようになっていた。母は彼女の世話をして、私と弟たち
は気を遣ってそばに寄らないようにした。叔母は外の世界をまるごと拒ん
だ。それはもちろん叔母とアンクル・ビルの結婚生活の助けにはならなかっ
た。叔母はその後、２度と妊娠しようとしなかっただろうと思う。その後
何年もずっと、叔母は亡くなった息子のことを悲しみ続けていた。

　あるとき母が私に、これに関してひどく冷淡なことを言い、私は姉と妹
の愛憎を垣間見た気がした。

「ジョーンはそもそも妊娠なんてしちゃいけなかったのよ」と母は言った。
「子どもを産める腰をしてないもの」

　州法の規定で、私は『スターライト・ルーフ』に１年しか出演できない
ことになっており、その時間は飛ぶように過ぎた。公演の最終日、私は悲
しくて喉が詰まり、ほとんど歌えなかった。カンパニーの仲間が舞台の袖
に集まり、私に声援を送って励ましているのが見えた。私が客席に下り、
そこから舞台裏に帰ってくると皆が口々に褒めてくれた。

「よくやったよ、ジュリー！」

「寂しくなるね！」

　私は涙でぐしょぐしょの顔のまま皆をかき分けて自分の楽屋に駆け込み、わんわん泣いた。これが自分のキャリアの終わりなんだ、楽しいことは全部終わってしまった、もう仕事をすることはないんだ、と思った。ずいぶん冷静に、自分は一発屋に違いないと分析していた。確かに歌がうまいから難しい曲を歌えた、つまりやれと言われたことをやっただけだ。こんな出来事が人生で２度も起こるはずがないではないか？　「これでおしまい。明日から私は普通の女の子の生活に戻るんだ」と覚悟した。

　母は私がファンレターを読むのを許さなかった。公演中は、劇場のドアマンが私宛てのお客さんからの手紙やプレゼントを渡してくれて、私は家に帰るとそれをそっくりそのまま母に預けた。母は、悪意のある人の手紙や、万が一不適切な内容だったら、と心配していた。また私の出演料についても、「自分の稼ぎがいくらかなんて、人に話すものではありません。ましてや人の稼ぎを聞くことは絶対にだめですよ」と言って、話をさせてくれなかった。出演料は私の口座に貯めてあると言っていたが、いくらかは生活費に使われているのだろう、と分かっていた。私のお小遣いは１週間２シリング６ペンスだったが、切れ間なく仕事をするようになってからは、１ポンドに値上げされた。

　公演が終わって１週間か２週間が経った頃、私は母に言った。「あれ？ママに渡し忘れていた手紙があった、電報だわ」

　母は封を開けた。「なんてこと！」と言って胸に手をやった。

　それはロイヤル・バラエティ・ショーに出演するようにという招待状――召喚状――だった。私のポケットに２週間も入ったままで、返信期限はまさに翌日だった。

「ロイヤル・コマンド・ショー（それが正式名称）」は、毎年行われる一夜限りのショーで、最高峰のアーティストが共演し、多額の募金が集まる。王室も必ず出席するので、その舞台に立つことは最高の栄誉だった。その年は、ロンドン・パラディウム劇場でも歌ったダニー・ケイが出演者の目玉

だった。「ポロネーズ」をメラクリノズ・スターライト・オーケストラの伴奏で歌い、しかもフィナーレで国歌「国王陛下万歳」を歌う際のリード・シンガーズになってほしい、という依頼だったので、私はすっかり舞い上がった。

　本番前日のリハーサルで私が着ていたのは、清潔でまあまあちゃんとして見えるであろうブラウスとジャケット、それに乗馬ズボンだった。
　宣伝用の写真を撮るので、ダニー・ケイの膝に座るよう言われ、私はそのおかしな格好で彼と一緒に座った。カメラのフラッシュがボンッと鳴る中で、ダニー・ケイが「君は何を歌うんだい？」と聞いてきた。
「きっとご存じないと思いますが……」と私は控えめに答えた。「アリアで『ミニョン』のポロネーズです」
「それってこういう歌？」と彼はハミングしたが、完璧だった。
　国王陛下ジョージ６世は体調が優れなかったので、王妃がひとりで出席した。若きエリザベス王女ともうすぐ結婚予定のフィリップ王子もロイヤルボックスにいた。
　その夜に撮影された写真を私は今でも大事にしている。私はステージの中央に立っていて、エリザベス王妃とエリザベス王女、フィリップ王子が他の観客と一緒に舞台を見ている。プロセニアム（訳注：舞台の額縁型の壁面）の右に見える「９」という数字は、私の出番がプログラムの９番目だという意味だ。新聞社のカメラマンが送ってくれたその写真は、何年か経つうちにどこかにいってしまい、私も忘れていた。しかし何かの折りにしわくちゃになって出てきて、それをもう１度見たとき、改めてすごい出来事だったと思い直し、きれいに修復した。写真は今も私の仕事部屋にかかっている。

　母はパーティを開くのが大好きだった。最低でも１年に２回は母とパップがムーズで盛大なパーティを開くのだが、私が10代の頃は、間違いなくあの小さな村で最高のパーティだったと思う。

パーティの夜は、パップと母が小さい方の客間のバーでお客様を迎える
ところから始まる。ひとまずお客さんが何か飲んだところで、大きい客間
に移る。皆が待っているのは母がピアノの前に座る瞬間だ。絨毯は前もっ
て脇によけて巻いてあり、母はだんだんと演奏にのめり込んでいく。今で
も母の姿が目に浮かぶ。ピアノに身をかがめ、時には歌い、音を大きく出
したいときには肘を横に広げ、スカートは膝の上までたくし上げられてい
る。そのエネルギーだけでパーティの雰囲気が生きいきとしたものにさっ
と変わる。例の塗り直した壁は湿っぽくなり、水滴が水玉模様を流して落
ちていく。茶色の裾板、濃い茶色の木張りの床、出窓にかけられた鮮やか
な花柄のカーテン、滲んで見える照明、ろうそくの火、そういう光景を今
でもはっきり思い出すことができる。

　叔母も生徒をお客さんの前で踊らせてパーティに参加した。当時、皆が
大好きだったのは言うまでもなくジルバだった。タペッツが一番うまい踊
り手で、汗をあちこちに飛び散らしながら踊った。スー・バーカーとその
両親も加わり、トリーシャ・ウォーターズやその他、私の両親の舞台生活
に関わる人たちなら誰でも一緒になって踊った。

　クライマックスはパップの歌だった。お客さんは客間の床に三々五々座
り、パップはピアノを弾く母の横に立つ。素晴らしいパフォーマンスのと
きもあれば、飲み過ぎで、あるいは練習不足のせいで、息が切れてしまう
こともあった。当時の私は「良い声なのにもったいない」と思っていた。

　私も毎回歌ったが、本当は歌いたくなかった。大きな劇場で歌うときに
は、観客はずっと離れたところにいてスポットライトのせいで見えないが、
知っている顔がすぐそこにあって私をじっと見つめていると……恥ずかし
くて気まずかった。だから私は、心から楽しんでくれている母の親友グラ
ディス・バーカーのためだけに歌うと決めていた。彼女なら、私が品位を
保って歌うためにどれだけ頑張っているか分かってくれると信じていた。

　パーティが一段落して、慎ましい人々が帰ったあと、そこからが本番だっ
た。まず、食事をするために、しばし静かになる。たいがいはジャガイモ
をふかしたものやシチューなどだった。ピンクのブラマンジェ（訳注：バ

ロワ）と紅茶もあった。母はいつもお酒を飲むのだが、たいていスコッチだった。人々はおしゃべりしてタバコを吸い、パーティの前半がもう1度繰り返される。

そんなことをしている真っ最中に、ピアノを弾いている母がいきなり叫ぶ。「ジュリア！　もう寝なさい！」

まるで注意するのをすっかり忘れていて、それを良いことに私が夜更かしをしている、とでも言いたげな調子だった。確かに私はできるかぎり皆と一緒にいたくてパーティに留まっていた。実際には母だって本当は気にはしていなかったと思うが、他の大人の手前、なんとなくそう言うことが正しいと思っていたのだろう。

パーティは夜更けまで続く。お客さんはソファで酔い潰れ、翌朝、ビールとお酒とタバコの残り香の中、ベーコンエッグが二日酔いの客に振る舞われる。キッチンは大惨事で、片付けは永遠に終わらないように思えた。

母は私の13歳の誕生日を口実に、盛大なパーティを開くことにした。母は相棒のミシンで私の普段着を縫うのがうまく、いつも布切れを縫い合わせて裾をバイアステープでまとめたスカートなどを作ってくれた。そうやってできた洋服はどれも可愛くて、安上がりだった。このパーティのために、母はピンクのコットンで、ウエストにギャザーを寄せた大人っぽいイブニング・ドレスに取りかかり、パーティの前日に仕上げた。

その頃私たちは小さなコーギー犬を飼い始めたところだった。血統書の名前は「ウィスパー・オブ・ホエイ（生乳のささやき）」だったが、叔母が何事にもぴったりの名前をつける天性の感覚で、「ハッシュという名前にしましょう」と言った。ハッシュは可哀想なことに、まだ幼くて生き物の扱いを知らない弟たちにおもちゃにされていたので、臆病で人に噛みつく子になってしまった。

大事なパーティの日の朝、ハッシュはキッチンのドアにかかっているピンクのドレスを見つけて飛びかかり、ビリビリにしてしまった。私は途方に暮れたが、母は――本当にすごい人だ――さっとミシンの前に行ってパーティが始まるぎりぎりまでねばって、ドレスを直した。

「こういうことはね、試練だと思えばいいのよ」彼女は言った。そういうときの母は、人生の様々な問題に打ち負かされそうになったときに見せる、独特の表情をしていた。

　夕方、母が階下で準備が完璧に整っているか確かめるために忙しく駆け回っている間、私は自分の部屋のベッドにドレスを広げ、ドレッサーの前でそっとお化粧をしていた。

　このとき頭に浮かんでいたことを今でもはっきり思い出すことができる。「この瞬間、私はすっかり自由だ。この先、こんなことはもう２度とないだろう」

　このとき、自分がまだ無垢で自由なままだという自覚があった。自分のキャリアは両親が管理してくれるし、税金を払わなくて良い、大きな責任もない。私は母の抱えている問題に気づいていた、継父の問題にも気づいていた。一方、自分はまだ大人になっていないので、厄介事を抱え込む必要はない。しかしそのうちに、男の子やら、大人になることの面倒が自分に降りかかってくることは知っていた。だからはっきりと、この瞬間が人生で比較的に自由でいられる最後の瞬間なんだと分かっていた。

　髪はその前に母が、ぎゅっとつり上がったポニーテールにリボンというスタイルに結んでくれていて、私としてはちょっと堅い感じだな、と思っていた。

　私が階段を下りていくと、母が私を見上げて、手を止め、しばらく何も言わなかった。

「まあ、ジュリア」母は言った。「あなたいつかすごい美人さんになるわ」

　私は答えた。「大きくなっても今より賢くなることなんてないと思うわ」

「確かに賢いお答えね」と母は言った。

第１４章

❀

『スターライト・ルーフ』の公演を終えて数週間後、両親は私の出演依頼を受けた。ロンドン・カジノという劇場で上演されるパントマイム『ハンプティ・ダンプティ』の卵の役だった。やったー！ また仕事がもらえた。

イギリスのパントマイムはクリスマス・シーズンに上演される喜劇で、たいがいは子ども向けだが大人も楽しむ。内容は『シンデレラ』『赤ずきんちゃん』『アラジン』『ジャックと豆の木』『マザーグース』『ウィッティントンと猫』などのおとぎ話を土台にしていることがほとんどだった。初演がロンドンの場合、次の年は同じ演目をやや簡素にして、地方公演となる。

『ハンプティ・ダンプティ』の脚本、制作、演出を務めたのはエミール・リトラーだった。エミールとプリンス・リトラー兄弟はロンドンのウェストエンドや地方で有力な興行師で、実質的にイギリス国内すべてのミュージカルやパントマイム制作を仕切っていると言っても過言ではなかった。プリンス・リトラーは1947年に全国最大規模の系列を誇る劇場「モス・エンパイア」の会長に就任したのでかなり有名だった。この頃のショービズ界では、モス・エンパイア系列の劇場に出演すると「Aクラス」のアーティストと見なされた。

パントマイムは「マイム」という言葉の印象とは違い、無言劇ではない。それとは程遠い。私が小さい頃のパントマイムは、もちろん音楽的な要素はあったものの、今のように公演のために作られた音楽はなかった。流行の歌が使われるので、古いおとぎ話と新しい歌が滑稽に絡み合う。例えば王子様がお姫様に言う。「ああ、愛しの姫よ。そなたを愛している……（ここでピアノの１音が入り）……スロウ・ボートで中国に行きましょう（訳注：当時のジャズ・スタンダード『On a slow boat to China』をもじったもの）」

普通、パントマイムには女性の主役と男性の主役がいて、そのふたりは真面目な役柄だった。当時は男性役を女優が演じるのが常で、男装した女

優はとても魅力的だった。例えば『ハンプティ・ダンプティ』の「ド田舎のルパート王子」はパット・カークウッドが演じ、彼女は美脚を余すところなく披露していた。

　男優は全員お笑い担当だった。例えば母親、女性郵便局長などは女装した男優が演じる。ドタバタ喜劇のシーンが必ずあり、キッチンの場合が多く、とんでもない誤解からパイが空中を飛び交う、あるいは洗濯室が泡だらけになるという具合だった。楽しい演目が続いた後、前半の最後は夢のようなバレエで締めくくられ、そしてもちろん舞台の最後は結婚式や「末永く幸せに暮らしました」というハッピーエンドのシーンで幕を閉じる。「パント」に出演する喜劇役者は、ギャングの子分であろうと、間抜けな農夫であろうとどんな役であれ、自分のお決まりのオチを披露しなくてはいけない。持ちネタにもよるが、それが脚本に組み込まれるので、舞台はその瞬間流れを止めて、不条理な寸劇になったり、何かが恐ろしく間違っている新兵訓練といった滑稽な展開になる。どういうわけか、これが最高の効果を生み出す。流行の歌、喜劇、ドタバタ、笑い、そういうものがゴチャ混ぜになって、これぞパントマイムというものになる。

　ヴィック・オリバーは「タマゴ村の黄身大王」を演じ、テレビで子どもたちに大人気のおっちょこちょいキャラ「ミスター・ペストリー」として知られる素晴らしいコメディアンのリチャード・ハーネは「モス・ホール村の郵便局長アガサ・アップルピップ」を演じた。

　リハーサルが本番と同じ会場のロンドン・カジノで始まった。練習初日の昼休憩のとき、マネージャーのチャーリー・タッカーが私と母を、劇場近くの高級レストラン「イソラベッラ」に連れて行ってくれた。彼は常連だったらしく私たちは心づくしのサービスを受けた。

　翌日からの数日は付き添いがいなかったので、私はひとりでロンドンに行き、練習もひとりでこなした。これで何か食べなさい、とお小遣いをもらっていたので、2日目に、あのイソラベッラなら安心だ、と軽い気持ちでまた行った。

席に座りたいと言うと、ウェイターは私をじろじろ見て「おひとりですか？」と聞いた。

「ええ、そうです。先日もここに来ましたよ……」

　彼は渋々私をテーブルに案内した。メニューを見て初めて、何もかも驚くほど高いことに気づいた。私はサラダだけ注文したが、恥ずかしくて顔から火が出るかと思った。次の日からは、昼休憩には、家から持ってきたサンドイッチを劇場のロビーで食べるようになった。

　品のある『スターライト・ルーフ』と比べると（そして他のパントマイムと比べても）、『ハンプティ・ダンプティ』は相当変わっていた。役名も「酔っ払いのウィンク」や「馬のペネロピー」それに……「ウッフェンプーフ」！　最後の役名は、細長くて青い、羽根のような物体につけられた名前だった。パントマイムは観客参加型なので、この舞台では、観客はその青い物体を見たら役者たちに知らせるよう最初に説明される。ウッフェンプーフはどのシーンに出てくるか分からない。舞台背景をサーっと横切るときもあれば、誰かの頭の上のプロセニアムにくっついていることもあった。そんなとき、観客は、特に子どもは大喜びで叫ぶ。「うしろにいるよ！」（だいたいのパントマイムには同じような仕掛けがあり、「うしろにいる！」は今でもこのジャンルのでは欠かせないかけ声になっている）

　私の出番では、まぶしい稲妻が光り、一瞬のちに舞台が真っ暗になるという設定だった。舞台装置の大きなタマゴが後ろにひっくり返り、私はそのとき仰向けになって寝ているのだが、急いで飛び起きて、停電の間に現れた壁の隠し扉から飛び出し、扉のところで脚を組んで座り込み、目をぱちくりさせている。

　衣装は、短いズボンをサスペンダーで吊って上からジャケットを羽織っている男の子の格好だった。役のことは細かくは覚えていない。どこかのタイミングでお決まりの「I Heard a Robin Singing」を歌うのだが、話の筋とは全く関係ない歌だった。初日の舞台で歌ったとき、再び幸運にも観客が拍手喝采してくれて、翌日の新聞には「若きジュリー・アンドリュースがまたもや舞台で大活躍」という見出しが載った。

劇場と家の往復には結構な時間がかかった。不思議なことに、このとき
も付き添い人がいたはずなのに、どんな人だったのか思い出せない。覚え
ているのは、脚にオレンジ色のメイクをしたまま、ひとりで列車に乗ってい
る自分の姿だ。私の脚は何もしないと青白くて棒のように細く、自転車の
タイヤが両脚の間を通り抜けることができるほどだった。当時考えていた
自分のイメージは、「斜視で出っ歯のO脚」だった。舞台でもっと健康的
に見えるよう、脚に色を塗りなさいと言われていた。夕方、脚をオレンジ
色に塗って舞台が終わると、疲れていて落とす気力もなく家に帰った。翌
日にマチネがあるなら——実際よくあったのだが——なおさらで、またす
ぐに塗り直さなければならないのだから、わざわざお風呂で落とす必要が
全く感じられなかった。だから私は脚のメイクを落とさないまま、ところ
どころ剥げていても、そのまま列車に乗った！ 一体、当時の私のベッド
のシーツはどういう状態になっていたのだろう。覚えているのは、列車の
中でときどき変な目で見られたということだけだ。

公演の間、私はおたふく風邪にかかってしまった。母に耳の下が腫れて
いるみたいだとずっと訴えていて、やっと診断されたときには感染力のあ
る時期を過ぎていた。母は言った。「このことは絶対誰にも言っちゃだめ
よ」

その年のクリスマスのことはよく覚えている。ドナルドはサンタさんか
らおもちゃのトランペットをもらった。ラッパの音は朝5時半に始まり、
朝食までずっと止まないので、その頃には家族全員が彼を絞め殺したく
なっていた。朝だいぶ遅くなって、メインのプレゼントが全部開けられた
あとで、私は無邪気を装って言う。「なぜかしら、今年はなんだかクリスマ
スという感じがしないわ」

そして母に睨まれて、口をつぐむ。

母にはちょっとしたクリスマスのやり方があって、それは私が受け継い
で今でも続けている。小さな男の子ふたりは、プレゼントをそれぞれよく
見もしないで全部一気に開けてしまうので、小さなプレゼントをひとつだ

け、クリスマスツリーの中に夜まで隠しておくという賢い方法だ。母はそれを「ツリー・ギフト」と呼んでいて、家族みんなが、ツリーの枝に隠されていた小さな包みをひとつずつもらう。これは楽しい気分を夜まで長持ちさせて、家族が1日が終わる前にもう1度集まることができる素晴らしい方法だった。素敵な一体感があった。温かい飲み物と軽食を暖炉のそばで食べてから、それぞれのベッドで幸せと満足感でいっぱいになって布団にくるまる。

　ある夜の『ハンプティ・ダンプティ』の公演中、客席の最前列で大騒ぎしている3人の男の子たちに気づいた。ティーンエイジャーで、ひとときもじっとしていなくてお互いに肘をつつき合い、大声で笑い、心から楽しんでいるようだった。

　私は「ほんと、男の子ってしょうがない」と思った。

　その夜、家に帰るとき、その少年たちが私の乗っていた列車の車両に現れた。

「君、『ハンプティ・ダンプティ』に出てたよね！」とその中のひとりが言った。

　私もすぐに分かった。

「ええ、そうよ。最前列に座っていた人たちね」とちょっと意地悪く答えた。

　彼らは相変わらず、クスクス笑ったり馬鹿な事をしていて、私は早く下りてくれないかな、と思っていた。しかし驚いたことに、彼らもウォルトン・オン・テムズ駅で降りたのだ。皆で駅の階段を下りながら、その中のひとりが「君もウォルトンに住んでるの？　家はどこ？」と聞いてきた。

　私はさっと考えを巡らせ、「橋の反対側よ」と澄まして答えて、それ以上は言わないようにした。そして車で迎えに来ていた母のところに大急ぎで走って行って、「まいてやったわ！」と思っていたのだが……。

　翌朝、ムーズの扉をノックした者がいた。

「あなたに会いたいという男の子がふたり来てるけど」と母が面白そうに

言った。

　どうやら彼らは私のサインをもらうために、電話帳に載っている「橋の反対側」のアンドリュース家を片っ端から訪ねて、私のいる家がどこなのか探し出す大冒険をしてきたらしい。

　ふたりは、トニーとリチャード・ウォルトンという元気いっぱいの陽気な兄弟だということが分かった。リチャードは一番年下で、トニーは私より1歳年上だった。

　母はあれこれと私たちの世話を焼き、ふたりがどこの学校に行っているのか尋ねた。

　トニーは「僕はラドリー・カレッジに行っています」と言った。オックスフォードシャーのアビンドンにある寄宿学校だ。リチャードはパングボーン海軍兵学校に入る準備をしていた。ふたりともクリスマス休暇で家に帰ってきたところだった。

　1週間後、母から「この前来た男の子から素敵なお手紙が届いたわよ」と言われた。それは小さなノートの紙にびっしり書かれた8枚の手紙だった。

「僕は先週君の家を訪ねた男の子のうちのひとりです（14歳で太っていた方の）」とトニーは書いていた。「……君の家を訪ねて話ができたのはすごく楽しかったよ。あまり長居しすぎて君を退屈させなかったなら良いけれど。月曜に君のレコードを買いました、とても“ジョリー・ディー！”だね。僕は子ども向けの本みたいなものを書こうとしていて、ウィギンというウサギが出てくる話です。僕は絵を描くのが好きなので……」

　その本に出てくる登場人物たちの可愛らしいペン画と色彩画が5、6点同封されていて、「心からの感謝を込めて（つまり愛を込めて）トニー・ウォルトン」というサインと、『ハンプティ・ダンプティ』の面白いイラストが添えられていた。

「なんて素敵！」母は言った。「あなたのためにすごく頑張ってくれたのよ。お返事を書いたら？」

「ちょっと、ママ！」私は言った。「まだほんの男の子よ。返事なんていい

わ。書きたくないもの。彼のこと好きなわけでもないのに……」

　母は譲らなかった。「ジュリー、返事を書くのよ。書きなさい。お友だちができるって良いものよ」

　私はあまり気乗りしなかったが、母に手伝ってもらって何とか返事を書き、そうやって文通が始まった。そして驚いたことに、すぐにこの文通は私の何物にも代えがたい楽しみになった。

　トニーは次の休暇で家に帰ったときにも、我が家に現れた。こうして気さくな楽しい付き合いが始まった。その時は、このまだ学生の男の子が自分の人生にどんな影響をもたらすのか、知る由もなかった。

　ある日トニーに「僕のうちにお茶しに来ない？」と言われた。私はものすごく恥ずかしがり屋だったので絶対に行きたくないと思ったが、結局行った。

　トニーのお母さんとお父さんはとても魅力的な人たちだった。ドクター・ランス・ウォルトンと妻のドーン、そして家族は「ネザークリフ」と呼ばれる大きなお屋敷に住んでいた。白黒の建物は木骨造のテューダー様式で、裏手に面した出窓からは広大な果樹園が見えた。

　お姉さんのジェニファーは楽しいことが大好きで、とても優しくしてくれた。そして可愛い妹のキャロルと、私が以前会ったことのある威勢の良い弟のリチャードもいた。ミセス・ウォルトンは信じられないくらい美人で快活、お客のもてなしも得意で、医者の妻の鑑のような人だった。ドクター・ウォルトンは角張った、でもハンサムな人で、整形外科医としてロンドンのハーレイ・ストリートの診療所と自宅診療を同時にやっていて、とても忙しくしていた。

　彼らは私をすぐに家族の友人として受け入れてくれた。彼らの生活のすべてが上品で温かく、美しかった。新鮮な花が生けてあり、果物皿にはフルーツが山盛りになっている。キャンドルや雑誌が部屋の中に丁度よく配置され、ストーブでは暖かな火が燃えていた。最高級の銀食器はしまい込まれず、飾ってあった。お茶の時間には、美味しそうなものをいっぱい載せた銀色のワゴンが客間に入ってくる。あの家の全てが落ち着いていて気

持ち良く、これこそ本当の家だという感じがした。我が家のもの悲しくて無秩序な状況とは正反対だった。

　トニーがちゃんとした少年で、私とも打ち解けたと分かると、母は一緒に散歩に行くよう促した。私がミス・ナイトとの勉強を終える頃、トニーは自転車に乗って、あるいは押してやってくる。私も自転車に乗って一緒に行くか、ふたりで一緒に歩くときもあった。行く場所はいつも決まっていて、駅まで行って、そこからさらにハーフウェイ・ハウス（地元のパブ）まで行ってからウェスト・グローブに帰ってくる。この散歩の間、私たちは何でも話せた。

　ふたりが好きなもの、彼が学校でやっていること、次から次へと話題は尽きることがなかった。彼は創作が得意で、学校の演劇の背景を作ったり、『魔笛』の人形劇の製作、演出、出演（人形遣い）までしていた。私は隙間の時間でお話を作るのが好きだと打ち明けて、今考えているオーケストラについてのお話、『うぬぼれ屋のミスター・コンチェルト』と『ピーター・ピッコロの大発明』の話をした。トニーはその話にイラストを描こうと言ってくれて、私と寄宿学校にいる彼との間で手紙が何度も行き交った。トニーの手紙には『ピーター・ピッコロ』と『ミスター・コンチェルト』の挿絵が添えられていた。

　そんなある日、トニーの両親に、トニーの高校で毎年行われる「ゴーディ」と呼ばれるサマー・ピクニックに一緒に行かないかと誘われた。私はちょっぴり不安だったが行くことにした。本当は、そういう場でどう振る舞えば良いのか、果たしてそんなところに自分が行って良いのかも分からなかった。

　母は、戦後しばらくイギリスに駐留していたアメリカ人パイロットとその妻と付き合いがあった。私たちは着る物やその他の物資が足りなくてずいぶん困っていたので、その友人夫婦が時々、アメリカから何かのお古を送ってくれて、とても助かっていた。

　その年、友人は3着のドレスを送ってくれたのだが、どれもサイズが合わなかった。私の体は色んな方向に膨らみ始めていて、もらった服はどれ

もきつかった。それでもタフタ生地で格子柄の、少しハイネックになっているドレスを選んでピクニックに着ていくことにした。

　まず立派な校内を案内してもらい、それから皆で木陰の芝生に座ると、ママ・ウォルトンが楽しそうにお弁当を広げた。おいしいキュウリのサンドイッチ、ゆで卵、今まで食べたこともないほど新鮮なトマト、クッキー、ケーキ、バナナ……。暖かな日差しと爽やかな風の中で、それまでの人生最高の食事だった。

　すべてが完璧だった……私のタフタのドレスを除いては。とにかくきつかったので脇の下に食い込み、こすれて痛かったのと、困ったことに汗をかいてしまった。もともとお下がりだったことを考えれば仕方ないかもしれないが、その日の終わりには、私は絶対に体臭を放っていたと思う。誰もがくつろいで幸せそうにピクニックを楽しんでいた。そして私は恥ずかしくてたまらない午後を過ごした。

　母はウォルトン家に感心していた。きっとドーンに嫉妬していたのだろう。1度、ドーンは夫のおかげで良い暮らしができてなんて幸運なんでしょう、と言ったことがあった。ドーンを妬んでいたわけではなく、その生活を羨んでいた。私も母も、あの素敵な家族と比べると自分たちは一段低い暮らしをしていると思っていた。

　ドクター・ウォルトンとウォルトン夫人はときどき仕事でアメリカに行っていたが、それはドーンの関節炎のための日光浴も兼ねていた。ある年、娘のキャロルが置いて行かれることを嫌がったので、荷物と一緒に娘も詰め込んで連れてアメリカに行った。

　毎夏、彼らは家族全員で南海岸のボーンマスのすぐ近くのホテルに滞在する。そうなると、こちらはがらんとしてしまって、トニーにも会えないので私はつまらなかった。

　クリスマスになると、彼らの家は見事な装飾を施され、玄関には宿り木のオーナメントが吊される。トニーがその下で私にキスをしたがっているのを知っていたが、私はひどく恥ずかしがり屋だったし、まだそういう事

はしたくなかった。確か頬のキスだけ許したように覚えている。

　戦争が終わって多くの人が驚いたのは、第2次世界大戦でリーダー的存在だったウィンストン・チャーチルが再選されなかったことだった。労働党が与党になり、クレメント・アトリーが首相になった。

　国民保険というものができて、ドクター・ウォルトンの生活はいきなり根本から変えられてしまった。個人開業医だった彼は、医療費を払えない人々の治療や診療に半分の時間をあてなければならなくなった。

　自分の診療所の患者もまだいるにはいたが、新しい法律のせいでドクター・ウォルトンの収入は半分ほどに減ったと思う。彼は地元ウォルトンだけではなくロンドンでも尊敬されていて、個人診療の稼ぎがかなり多かったのだ。

　今やウォルトン家は出費を抑えなければいけなくなり、ドーンはひどく取り乱しているようだった。彼女が「節約できるものは何でもしなくちゃ」と雑誌や新聞の購読を取りやめていた姿を覚えている。

　その頃アメリカとイギリスではポリオが静かに広がりつつあった。ドクター・ウォルトンは、小児麻痺、脳性麻痺、ポリオ治療の先駆者であるアメリカのシスター・ケニーという看護師に感銘を受け、彼女の治療法をイギリスでも広めようとしていた。筋膜マッサージと温熱療法で、麻痺したように見える部分に血流をよみがえらせる方法だ。私はのちにドクター・ウォルトンが創設したポリオ患者のための施設「シルバーウッド」の名付け親になり、開館のお手伝いをした。ドクター・ウォルトンはとても先見の明のある人物だった。

第１５章

❀❀❀

　1949年の夏は、母とパップと私は北西海岸にあるイギリス随一のリゾート地、ブラックプールで過ごした。

　町自体は美しくはなかったが、とてもきれいな南、中央、北の３つの桟橋が有名で、どの桟橋にも劇場があり、夏の観光シーズンは大賑わいだった。劇場同士で激しいライバル意識があり、どこの劇場が最高のショーをやっているか互いに目を光らせていた。製作の規模という点ではロンドンと同じだったが、ブラックプールで夏の興行をするということは、３カ月の仕事が確約されたことを意味した。

　私はブラックプールという名前が町にぴったりだと思った。路面電車が網の目のように張り巡らされ、海岸は人で埋め尽くされている。会社員や炭坑員がスーツや仕事着のまま海岸に下り、デッキチェアでくつろいでいる姿を初めて見たときは驚いた。中にはシルクハットを被ったままの人もいた。シャツやズボンの裾をまくって、顔は日焼けしないよう新聞を広げて被せて寝ている人もいた。ほとんど誰も水着を着ていなかった。だから海岸は文字どおりスーツを着た人たちで真っ黒だった。

　ブラックプールは「イルミネーション」でも有名だった。北部の人たちは単に「明かり」と呼んでいたが、巨大な電飾で、海岸沿いにずっと電球が並んでいる。光が追いかけっこしているように点滅したり、ただずっと点灯しているだけのときもあった。また大きな観覧車も人気だった。こういうバカンスの楽しみを求めている人々で町は賑わう。道沿いの家はどこもＢ＆Ｂ（訳注：朝食付き素泊まり）を提供していた。

　ブラックプールはネオンの洪水だったが、私には暗くて陰気な場所に思えた。フィッシュ・アンド・チップスやビールの酸っぱい臭い、そして海岸沿いにあるトイレの臭い、桟橋から桟橋の間でごったがえす人並み、せわしなくガタガタと行き交う路面電車もそれらと相まって、なんだか不潔な

ものに思えた。

　２番手のアーティストだった母とパップは、中央桟橋の劇場で、コメディアンのフランキー・ハワード主演の舞台に出演した。

　フランキーは優しい人で、いつもひとりでいた。恥ずかしがり屋なのか、私には寂しそうに見えた。しかしひとたびステージに上がると、がらりと変わって、とんでもなく面白くなる。彼はひょろっと背が高く、部分カツラをずらして、のそのそ歩き回る。そして支離滅裂な雰囲気になり、唾を飛ばして弾丸のようにしゃべりまくる。自分の身に起きたひどい出来事を、今さらのように驚きながら再現して、ゲジゲジ眉を上下させる。かと思えば、声を潜めてぎょっとするような秘密を打ち明ける。全く笑わない伴奏の女性を指さして、「いや、もう笑わないでいいから。可哀想に、ぐうの音も出ないんだ」と言う。それから「３匹の小さな魚」を歌うのだが、「スイム、スワム、ディテム、ダタム、ワッテム、チュー」のリフレインのところでは毎回、大声になって、顔を歪め、体をでたらめに振り回す。

　私はブラックプールの中心にあるヒッポドロム劇場で『スターライト・ルーフ』によく似たバラエティショー『ココナツ・グローブ』という舞台に出演した。目玉のお笑い担当は、ジュエル・アンド・ワリス、ジーニー・カーソン（『スターライト・ルーフ』でパット・カークウッドの代役だった彼女は、その後、自分の名前でキャリアを積んでいた）、ウォリー・ボーグだった。私の演目は「ジュリー・アンドリュース──少女のメロディ──」という題名だった。ここでも私は観客席から舞台に駆け上がり、ウォリーから風船をもらい、同じように一晩に２回アリアを歌った。

　両親は、町から少し離れた郊外のセント・アンにテラスハウス（訳注：長屋のように横につながってる集合住宅）を借りた。最初の数週間、ミス・ナイトが来て、夏休みが始まるまで一緒にいてくれた。

　私は自分の出るショーをじっくり見る機会があまりなかった。というのも、自分の出番が終わるとタクシーがやって来て、両親が出演している劇場のある中央桟橋に連れて行かれるからだ。そこから１時間かそれくらい

は、他の観光客と同じようにドナルドと桟橋を散歩したり、スロットマシーンで遊んだりした。あるいは、母とパップの舞台を見た。それから再びタクシーに乗せられ、ヒッポドロム劇場に戻って2回目公演に出て、終わるとそのタクシーで家まで帰る。

　母とパップの舞台が終わるのは私の舞台よりずっと遅かったので、たいてい私は静かな家に帰り、ミス・ナイトの出してくれるサラダを食べた。

　ミス・ナイトがもうすぐいなくなってしまう、というある晩、彼女が「スクランブル・エッグを食べましょう」と言った。

「私はお料理ができないの」と私は答えた。「やったことがないの」

「私がこの家からいなくなったあとは、あなたが自分で自分の食べるものを用意するんですよ。スクランブル・エッグの作り方を教えてあげます」

　その夜から、私は家に帰ると、毎晩スクランブル・エッグを自分で作って食べてから寝るようになった。

　ときには両親の桟橋に行って、終演を待って一緒に家に帰るということもあったが、母は私の夜更かしに厳しかった。

　このとき初めて、私は継父がずいぶんお酒を飲んでいることに気づいた。

　夏が深まるにつれ、両親の舞台を見るのがどんどんつらくなった。パップが2回目の公演のときに酔っ払っているのは誰の目にも明らかだった。彼のろれつが回らなくなり、歌詞を忘れるのを、私は客席に座ってはらはらして見ていた。母は伴奏でなんとかカバーしながら、継父が最後まで歌いきることができるよう気丈に振る舞っていたが、見ている私は穴があったら入りたかった。パップがステージで醜態をさらしているのが信じられなかった。ブラックプールの前は継父が大酒を飲んでいるのを見た覚えはなかったが、単に私が忙しすぎて気づかなかっただけなのかもしれない。

　彼と母は喧嘩をするようになった。ふたりが家に帰ってくる音がすると、その後すぐに大声と、何かをバチンと叩く音やドサッと鈍い音が聞こえてくる。そして継父がドアを思い切り閉めて客間に行く音が続く。

　私はベッドに横になったまま、母がパップに何かされはしないかと心配しながらじっとしている。どうも母から喧嘩をふっかけることが多いよう

だった。それはもちろん、彼がステージで酔っていることに腹を立てているからなのだが、私はそれだけではない気がしていた。恐らく、母は暴力を振るう父親に育てられたせいで、同じ事を再現したいという抑えられない衝動があったのではないか。継父を責め立て、暴力を振るわれる寸前まで追い詰めることは、母にとって快感だったのではないだろうか。見たわけではないが、母が自分の体を彼に押しつけ、彼に振り払われると、「やめて、テッド！　やめて」と叫ぶ。それはふたりの儀式のようになっていたと思う。

　ときどき、私は部屋から出てふたりの喧嘩を止めようとした。私の部屋は彼らの寝室のすぐ隣だったのだ。実際に止められることもあったが、だいたいの場合、怖くて部屋でじっとしていた。私は寝るときはシャツとパンツしか着ていなくて、羽織るガウンもなかったので、そんな無防備な格好で、怖さに震えながら、パップの前に出るのが恥ずかしかった。ドン（ドナルド）とクリス（クリストファー）は私たちの上の階で寝ていた。あるとき、物音に気づいたドナルドが階段を下りてきたが、私は途中で弟を抱き上げて両親の姿を見せないようにした。

　特に派手な喧嘩があった日、母の泣き声がした。何かを叩く大きな音がして、ドサッと重い物が落ちる嫌な音がしたので、母が倒れたのだと分かった。継父が客間にドカドカと歩いて行くやいなや、私はすぐに母の様子を見に行った。

　母は手をつけられない状態だった。慰めようにもどうして良いのか分からなかった。

「ジョーン叔母さんに電話して」すすり泣きの合間に母が言った。「ここに来られるか聞いて」

「叔母さんの番号を知らないわ」と私は口ごもった。

「この番号よ」と母は紙切れに番号を書いた。「下の電話のところまで行って、ダイヤルして」

　私は下着姿のまま、忍び足で暗い段差を下りた。そして廊下の先の明かりと、昔ながらのダイヤル式の電話を目指した。電話口に叔母が出た瞬間、

私はわっと泣き出した。

「叔母さん！　ママが来てほしいって。来られる？」

　状況を説明している間、上でドアの開く音がした。誰かが上の廊下にいて、私の話を聞いているようなのだ。今日に至るまで、それが両親のどちらだったのか謎のままだ。パップは恐らく飲み過ぎていて、母が私に電話させていることに気づかなかったはずだ。それなら、取り乱していた母が出てきて私が電話で話している内容を聞いていたということになるが、おかしくないだろうか？　そこまで来られるなら、自分で電話をできたはずではないか？

　叔母はできる限り急いで飛んできた。私たち子どものためだったのか、母のためだったのかは分からないが、とにかく家の中に他の大人がいることで、私は少しだけ安心できた。弟たち、家のこと、母の身の安全、ひとりで背負い込んでいたものが、少しだけ軽くなった。

　叔母はそのあとの夏の間、ずっといてくれた。パップは自分を立て直そうといくらか努力はしていたようだし、叔母が家にいると少しは落ち着いているように見えた。叔母はいつでも継父にとげとげしい態度を取るので、彼が叔母の存在を喜んでいないのは私にも感じられた。原因がなんであれ、事態が良くなったと思えたのは一瞬だった。

　この頃、宣伝用に撮られた家族写真があるのだが、写真の中の私たちはブラックプールの通りを楽しそうに歩いている。最近、私と弟たちはこの写真を見て、当時実際に起きていたことと、なんとかけ離れていることかと驚いた。

　パップは泥酔状態を毎回更新しながら、アルコール依存の沼にあっという間にはまった。酔った後は激しい自己嫌悪に駆られて、よく「治療のために」、どこに行くのか知らないが家を留守にした。彼がいなくなると私たちは心の底からホッとした。しかし彼が帰ってくると、その安心感は消えて元通りの張り詰めた苦しい雰囲気になる。半年か1年間は素面を保つということもあったが、根っからの依存症だった彼はいつも最後には同じ

場所に墜ちていく。

　母はパップの状態が今までとは違うレベルで酷くなっていることに気づき、彼がパブから帰るのを苦悶しながら待っていた。

　いつも「いつ帰ってくる？　いつ帰ってくる？」そして「今回はどれくらいひどいのか？」という空気が家の中に漂っていた。

　やっと彼がムーズの長い私道をよたよたと歩いて帰ってくると、そのまま1階のトイレに直行して吐く。悪臭がひどすぎて、私たちはそのあと1日中そのトイレを使えない。彼は失神して、眠り続けた。

　最初のうち、母はパブに通いつめるということはなかった。しかしこれは私の推測だが、彼を止められないのなら自分も一緒に酔っ払ってしまえ、と思ったのだろう、母も最終的にはアルコール依存症になった。当時私は、子どもならではの曇りのない目で母を見て、彼女が依存症になったのは、やり場のない怒りのせいだと思った。今なら分かるが、母にもきっと自分の父親から受け継いだ酒に溺れやすい体質があったのだろう。こうして両親の関係は悲惨なものになっていった。

　ふたりの喧嘩はやまなかったが、継父はブラックプールでしたように、母を投げ飛ばすということは2度としなかった。私が強く感じたのはふたりの断絶で、彼らは別々の部屋を使うようになった。パップは端っこの部屋で眠り、母は私の隣の部屋で眠る。ときどき、母が父を追いかけて端っこの部屋まで行って責め立てることがあり、逆に父が夜遅く、母の部屋に入っていく音が聞こえることもあった。ということは、ふたりの間にはまだ夫婦関係があったのだろう。とはいえほとんどの時間は別々に過ごすようになり、結果的に喧嘩は減った。

　劇場の出演契約を担当する人がパップの飲酒癖に気づいたのか、その後間もなくパップには出演依頼が来なくなり、彼はキャッシュ・レジスターのセールスマンになった。

　スケジュールが許す週末には、私は父の家に行っても良かった。クリスは当時3歳になっていたが、赤ん坊の頃からオムツを替えて世話をしてい

るのは私だった。それでもクリスには必要な養育がなされていないと感じていた。しかし私はドナルドの世話もしなくてはならなかったし、ふたりに昼食を食べさせ、洋服のアイロンがけもして手一杯だった。母はどんどん家にいないようになっていたので、私は弟たちを残して家を空けるのが心配だった。

　（そのうち、私はパップのシャツのアイロンがけまでするようになった。母がそういうことに構わなくなったのか、あるいは罰のつもりだったのか、彼が仕事に行くときに着られるシャツがないという事がしばしば起きた。そんなとき彼は私にどうかアイロンをかけてくれないか、と頼む。私は胸が痛んだ。自分に全く敬意を払わない継娘にそんなことを頼まなければいけないなんて、なんて悲しいんだろう、と思った）

　結局、弟たちも私と一緒に父の家に行くことが多かった。父が私を迎えに来て、ふたつの小さな悲しい顔が私の背中を見送っているのを見ると、放っておけなくなってしまう。そしてダディ・ウェルズ（弟たちは父をそう呼んだ）は母に「この子たちも連れて行って良いかな？」と聞いて、連れて行く。父を独り占めしたい私としては複雑な気分だった。

　パップはお酒を飲めば飲むほど暴力的になった。ドナルドが初めて打たれたのは6歳のときだった。学校から持ち帰った成績表がオールAではなかったという理由で、パップはドナルドを散歩用のステッキでお仕置きした。それ以来、可哀想なドナルドは何か問題を起こしたという理由で、1年に3回か4回は打たれていた。パップの度を超したお仕置きに母が苦しむので、彼はドナルドを気味悪いピンク色の壁の寒い客間に連れて行く。

　私は暗い廊下に立って、ドアの向こう側から聞こえてくる、棒や鞭がヒュッとしなる音と、くぐもった泣き声に、身を強ばらせている。根が生えたようにその場から動けなかった。幼く無防備な魂が恐ろしい仕打ちを受けている、その罪の深さに打ちのめされ、弟がどうやって耐えているんだろうと思った。

　のちにドナルドは、あのお仕置きの間「クソじじいが息切れしてやがる」と歪んだ快感に浸っていたと話したことがあった。しかしそう言いながら

ジュリア、ミナ、フェン、キャス、ドル、ハッ
ジの母である曾祖母エミリー・ウォードと、私
の会ったことのない曾祖父ウィリアム
Julie Andrews Family Collection

母方の祖父母、アーサーとジュリア・モリス、
私の母バーバラと
Julie Andrews Family Collection

母、曇りのない目で世界を見つめている。私
の孫娘のホープと同じ目つき
Julie Andrews Family Collection

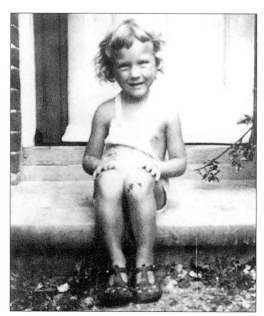

おそらく一番古い私の写真
Julie Andrews Family Collection

ジョニーと私、父のお手製のそりに乗って
Julie Andrews Family Collection

初期の頃の広報写真　Julie Andrews Family Collection

よくやっていた三つ編みの広報写真
Julie Andrews Family Collection

テッドとバーバラ・アンドリュース──母とパップ──の舞台用プロモーション写真
Julie Andrews Family Collection

パップがサイン用に使っていた写真──明らかに同じセットで撮影されたもの

母と、ベッケンハムでピアノの前で

初期の頃のパップと私のステージ。私はビールケースの上
に立っている
© Hulton-Deutsch Collection / CORBIS

私が10歳のとき。ステージ・ドア・キャンティーンの公演後
にエリザベス王妃（のちの女王の母）に会う
Julie Andrews Family Collection

BBC テレビの「ラジオリンピア・ショウタイム」という番組に出演。このワンピースは『スターライト・ルーフ』の青いジャケットの下に着ていたもの

『スターライト・ルーフ』のヴィック・オリバーと
Julie Andrews Family Collection

1948年11月、ロイヤル・バラエティ・ショーのリハーサル
でダニー・ケイと。私は乗馬服を着ている
The Kobal Collection

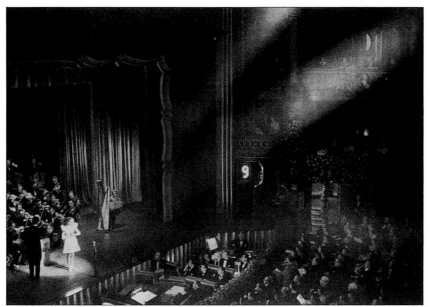

ずっと行方不明になっていたのを見つけて修復した私の宝物の1枚。ロイヤルボックス席に、エリザベス王妃、エリザベス王女（のちのエリザベス女王2世）、他の王室メンバーがいる。舞台後方はジョージ・メラクリノ・オーケストラ

ノッティンガムの『赤ずきん』の舞台。シェリー・リンドが「勇敢な王子」役、トニー・ヒートンが「マザー・ハバード」役

1949年6月、ブラックプールの遊歩道で撮られた広報用の家族写真。左からパップ、
クリス、ドナルド、私、母
Julie Andrews Family Collection

ラジオ番組『エデュケーティング・アーチー』の出演者たち。
上から時計回りに、ロバート・モレトン、ハッティ・ジェイク
ス、ピーター・ブロー、マックス・バイグレイブズ、プロデュー
サーのロイ・スピーア、アーチー、私
Julie Andrews Family Collection

オールド・ムーズの前で。引っ越し直後　Julie Andrews Family Collection

サービントン・ラグーンで弟妹たちと。左から私、ジョニー、ドナルド、セリア、クリス
Julie Andrews Family Collection

ムーズでパップと私が落ち葉掃きをしている広報写真──ひどく希なシチュエーション。
後ろに見える車は「パック」で、建物２階の真ん中の窓が私の部屋。右奥に見えるのは巡業
に使ったトレーラー　Julie Andrews Family Collection

私の15歳の誕生日にて、ジョーン叔母とジョニーと
Julie Andrews Family Collection

オックリーにて。私、父、ウィン、ジョニー、セリア　Julie Andrews Family Collection

ジョニーと私
Julie Andrews Family Collection

ジョーン叔母と私のミニチュア・プードル、シャイ
Julie Andrews Family Collection

パントマイム『シンデレラ』の一場面、ロンドン・パラディウムにて
Julie Andrews Family Collection

シルバーウッドのオープニングにて、トニーと。
ウォルトン氏がポリオ患者のためにサリー州コブハムで創設した施設
Julie Andrews Family Collection

ランスとドーン・ウォルトン、トニーの両親。ネザークリフ（自宅）の前
にて　Julie Andrews Family Collection

も彼の顔は引きつり、警戒した目つきになり、なによりも下唇が震えていた。

お仕置きはずいぶん長く続き、パップが楽しんでいるのではないか、自分でも止められないのではないか、と思うほどだったが、私はそれを止めようとはしなかった。やっとドアが開いてドナルドが出てくる。赤く腫れた頬には涙の跡があり、家族全員に自分がお仕置きされ、尊厳を踏みにじられ、屈辱を受けたことが知られてしまった、という恥ずかしさをにじませていた。それでも私は、弟の味方をしたり助けようとしたりすれば、次は自分が打たれるかもしれないと怖くて、何もしなかった。脳が思考停止していて、「まあ、弟も確かに悪いことをしたんだ」と思うようになっていた。

お仕置きのあと、ドナルドは確かにとても良い子になったが、それも長続きはせず、胸に溜まった怒りが吹き出して、また同じ事の繰り返しになる。弟とパップの関係はどんどん険悪になり、一触即発だった。パップはゴルフに行くとき、ボール拾いとしてドナルドを連れて行くことが多かったのだが、ある日ドナルドは、パップが自分のいるところをめがけてわざと打ってきたと言った。ドナルドは飛んでくるボールをよけながら、ボールを拾い集めなければならなかったそうだ。ドナルドは全部のゴルフボールを、壁越しにベルグレイブ・リカバリーホームの庭の温室に投げ込み、やっぱりお仕置きになった。

ドナルドは16歳で商船艦隊に２年間入るため、ムーズを離れることになった。出発の直前、パップの部屋に行って、天袋にしまってあった杖を全部取り出し、父親の見ている前で片っ端から粉々にしたのだそうだ。弟よ、よくやったわ！

他にもクリスがトイレの便座を濡らしてしまったときも、ひどい目に遭った。まだよちよち歩きだった弟は汚れを掃除することなど思いもつかなかった。それを見つけたパップがクリスの鼻をそこにぎゅうぎゅう押しつけて、悪いことだと教えこもうとした。

母は仰天したが、「でもね、パパはとっても優しいときもあるでしょう。優しいところもあるんだから」と言って慰めただけだった。

ドンは５歳か６歳で、自宅からそう遠くないウォルトン・オン・テムズの

セント・マーティン寄宿学校に入れられた。他の生徒たちは「君の家はすぐ近くなんだろう？　なんで寄宿舎にいるの？」と聞いたそうだ。両親が演奏旅行で留守がちだから、というのがもっともらしい答えだった。

　クリスもその1年か2年後、たった4歳で寄宿学校に入れられた。家が恋しくてたまらず、たくさんおねしょをした。なんて可哀想なことをしたのだろう……。寄宿学校が誰の思いつきだったのか、母がドンとクリスを手放すことをどう感じていたのか、私には分からない。そもそも母が罪悪感を覚えていたかどうかも知らない。もしかすると、家にいない方が安全だと思ったのかもしれない。私は将来自分の子どもができたら、絶対にそんなことはしないと誓い、次は自分が遠くにやられる番かもしれないと怖かった。

　叔母は自分のスタジオで生徒を教えて生計を立てていたので、弟たちの世話はできなかった。「ディングル」は戦時の収容所生活でかかった結核が悪化して、痩せて弱っていた。それでも叔母はときどき最高においしいローストやシチューを作ってくれた。私たちが「バング」に行って食事を楽しむこともあれば、叔母がムーズに料理を持ってきてくれることもあった。しかし私たち同様、叔母もパップを恐れていて、とにかく憎んでいた。あのブラックプールでの夏以降、叔母は母とパップと距離を置くようになった。しかし私の人生にはいつも叔母がいて、すべてにおいて第2の母と呼べる存在だった。

　私が初潮を迎えたときも、母とパップは家にいなかった。私は何となく自分の身に起きたことを理解して、庭を突っ切って叔母のところに行った。「もしかしたら違うかもしれないんだけど……私……」
「まあ、ジュリー！」彼女は言った。「あなた女になったのね」
　私はそんな気がしなかった。難しいアリアを歌いこなす「奇跡の声を持つ少女」だったため、恥ずかしさをこらえ、大きくなりつつある胸が平らに見えるワンピースを着て、くるぶし丈のレース飾りのあるソックスを履いていた。女になることは、私にとって素敵なことではなかった。

第16章

父とウィンはサセックスとサリーの州境のオックリーという村に引っ越した。父が言うには、オックリーは教育に必要な施設が良い塩梅に、学校がひとつ、教会がふたつ、パブが4つ、そろっている。

父とウィンは、かつて大きな荘園の庭師の住宅だった、5棟が続いているテラスハウスのひとつを買った。リース・ヴェイルというその家はとても慎ましかったが、草地の向こうに荘園の屋敷が見える素晴らしい景色が広がっていた。

父が連れて行ってくれるときは、いつも「家に真っ直ぐ行くかい？ それともきれいな方から？」と聞く。時間があるときは、大きい道ではなく小さな道を選び、田舎の風景を楽しみながらドライブする。宝石のような村を通り過ぎながら、父は地形の特徴や歴史的背景を教えてくれた。イギリスの田舎にある生け垣の意義について話し、生け垣の材料となる木や茂みを教えてくれた。ふたりでライラックやミモザ、シャクナゲの美しさにうっとりした。

このドライブでは、オックリーが一望できるリース・ヒルに行くのがクライマックスだった。上から見下ろすと、丘の麓に小さな集落がぴったりと張りついているのが分かる。丘の上の木々は枝を伸ばし、狭い道をアーチで覆っている。向こうにはサウス・ダウンズが見えて、父が、ずっと遠くの木で囲まれて完璧に円形になっている場所を指さす。それはドルイド（訳注：ケルト民族の司祭）の祭祀跡とも言われているチャンクトンベリー・リングだった。父はまた、今やほとんど埋もれている古代ローマ帝国が作った街道の跡を指でたどる。リース・ヒルには塔が建っていて、ちょうど海抜1000フィート（訳注：約300メートル）になる高さに設定されている。現在も晩春のリース・ヒルは、霞がかった光景にキキョウが咲き乱れる、そんな場所だ。

時間があるときは、私たちは「プラウマンズ」という名前のパブで休憩して、チーズとピクルスとおいしいパン、あるいはポークパイとレモネードの昼食を楽しむ。父とのドライブはふたりにとって大切な時間だった。

　初めてオックリーに泊まったときのことを覚えている。今まであんなにたくさんのラッパ水仙を見たことがなかった。どこもかしこもラッパ水仙で溢れている。オックリーはベッケンハムやウォルトンの100倍は田舎だった。大昔からある「オクウッド」という、森の中に佇む美しい教会があり、そこに至るまでの道のりには、カバノキの下にサクラソウが小さなハンカチを広げたように咲いていて、子ウサギが走り回って遊んでいる。教会はイノシシに襲われて助かった男性の感謝の印として建てられたものだった。少しだけ小高くなった場所に建っており、石畳を歩いて小さな門を開けると、苔むした墓石のある中庭に出る。父は、咲き乱れる花でいっぱいになるイースターにこの教会を訪れるのが好きだった。

　リース・ヴェイルは農園に囲まれていた。道を挟んでスタンドン・ファームという農場があり、そこには雄牛がいたのだが、ジョニーが自分の部屋の窓を開けて牛の鳴き真似をすると、その雄牛も鳴き返すので、私はお腹の皮がよじれるほど笑った。ある日の夕方、私とジョニーが散歩から帰ろうとしていたとき、丸い頭の大きな鳥が長い翼を広げ、地面を這うように低空飛行して、私たちの方に飛んできた。メンフクロウだった。触れそうなほど近づくまでフクロウは私たちに気づかず、直前でぱっと向きを変えて木の枝にとまった。私とジョニーは息を止め、次に何が起きるのか見ていた。フクロウは頭を何度か左右にくるくる動かしたあとで、いきなり地面に飛び込んだ。巨大な翼が草を叩き、次の瞬間、フクロウはまた私たちの前を飛んでいった。くちばしに小さなネズミをくわえていた。私たちは大急ぎで父のところに行き、すごい瞬間を見たと話した。

　どこに住もうと父にとって一番大切なのは庭で、オックリーでも日々の食卓に欠かせない野菜のために、インゲン豆の支柱を立て、ジャガイモを何列も植えていた。近くの溝まで荷車を押して行き、腐葉土をたくさん積み込む。それを庭の土に混ぜて栄養たっぷりの土にするのだ。

ウィンは父の家庭菜園から採れる新鮮な豆、ポテト、トマトなどを使って、いつもご馳走を作った。当時、私とウィンの関係は少しぎくしゃくしていた。私が来ることを彼女はあまり嬉しくは思っていなかったはずだが、良い継母だった彼女は、私が冷たい態度を取っても我慢して受け入れてくれた。私が父と一緒の時間を過ごすことが何より大事だと、よく理解していた。

　ある夜の出来事をよく覚えている。父が「連れて行きたい場所がある」と言った。

　劇場から父の家に行く日だったので、月明かりに照らされたリース・ヒルを車で走る頃には、すでに真夜中に近かった。父は5本の横木が渡してある小門の前で車を停めて、外に出た。向こうには草地が広がっていた。
「いいかい」父は言った。「よく耳を澄ませてごらん」

　私はじっと立って静かにしていた。

　するとナイチンゲールの鳴き声があたりに満ちていることに気づいた。丘を下り、こだまになって戻ってきたナイチンゲールの声が、私たちを包み込んでいる。
「素敵じゃないかい？」父は言った。

　それはふたりだけの特別な時間だった。私の人生のつらいことや、ウォルトンで起きている大変なことを少しでも和らげる薬になればいい、と父が考えているのだと分かった。こういう瞬間のあと、ムーズに帰るのは本当につらかった。

　あの呪われたブラックプールの夏以降、母と私がパップと一緒に演奏旅行に行くことは減っていった。もとは「テッド＆バーバラ・アンドリュース——そしてジュリー（ここは小さい字で下の段に書いてある）」という売り文句だったが、今は「ジュリー・アンドリュース——そしてテッド＆バーバラ」に変わった。これは継父にとって腹立たしく屈辱的だったはずだ。私に歌を勧めたのは彼だったが、14歳の継娘に取って代わられるとは、傷ついただろうと思う。

母とパップはムーズを買うのに全財産をはたき、そのため生活が立ち行かなくなっているらしい、と私にも分かってきた。母はこのことをいつも口に出していたので、私は心の中で、自分が働き続けなければ家を失うかもしれない、と常に心配だった。本当にそうなってもおかしくなかった。私は何が何でもこの家を手放してはいけないと思った。モーニングトン・クレセントのような場所に戻るなんて耐えられなかった。だから仕事が来れば、パップはオファーされていなくても、母と私だけでどこへでも行った。その空き時間にミス・ナイトとの勉強は続けていた。

　私の歌は、母との演奏旅行を重ねるほどに上達した。舞台では最初に私が母の伴奏でアリアを数曲とバラードを歌い、その後は母のピアノソロになり、最後に再び私が舞台に戻って有名曲を歌い、お別れの曲で幕を閉じる。母とパップが何年もやってきた構成とほとんど同じだった。

　演奏旅行中でも私は毎日歌の練習をしなければならなかった。グランドピアノを舞台奥の端に移動させ、そのピアノの前に座って音階練習をしなさい、と母に言われる。

　防火カーテンはたいてい上がっていて、空っぽの客席が見えるのだが、そこにはいつも舞台係や掃除係がたくさん立ち働いている。その人たちが手を止めて私の練習を聞いているのが分かった。ある音を決めて「5音、9音、13音」発声をやるときには、皆の見ている前で練習しなくてはいけないことが恥ずかしかった。

　私たちはたいてい列車で移動した。私は持てる限りの雑誌、『ガールズ・クリスタル』『ガールズ・オウン・ペーパー』や、イーニド・ブライトンの本を荷物に詰め込んだ。私が大好きな読書で暇をつぶしている間、母は数時間、ただ座って窓の外を黙って眺めている。新聞を読んだり、本を買ったりもしなかったし、車内の時間を楽しもうという気は全くないようだった。当時の私は理解に苦しんだ。ずっとあとになって、母はあの列車の中で、自分の人生をもう1度立て直そうとしていたのだと思うようになった。たくさんの考え事や、対処しなければいけない厄介事に悩み、相当なストレスを抱えていたはずだ。ただそこに座って外を眺めることがセラピーに

なっていたのではないだろうか。車窓の美しい田園風景を楽しんでいたわけではなかったのだ。

よく覚えているのはスコットランドのアバディーンに1週間行ったときのことだ。それまで母とパップのひどい喧嘩は続いていた。そして北部に向かう列車の中で、母はずっと泣いていた。正気を失う寸前だったろうと思う。お金のこと、弟たちのこと、結婚のこと、それらの心配がすべて肩にのしかかっていた。私はなんとか明るい気持ちになってもらおうと、母を元気づけた。母をぎゅっと抱いて慰めて、1週間、静かで平和な時間を過ごせると言った。

「……何とかなるように私も協力するし、もっと一生懸命働くから」と私は言った。「きっと乗り越えられるわ」

私はその瞬間、家族を全身全霊で守らなくてはいけないと悟った。いま家族をつなぎとめるのは自分しかいない、他には誰もいないのだ、と。

そんな中でも笑える瞬間はあって、特に同じ舞台に別の演目で出るアーティストとの出会いが楽しかった。アルバート・モドリーという北部出身のコメディアンがいて、イギリス南部で出演したことはないが、北部ではとても人気のある喜劇役者だった。小柄で、いたずらっ子のような生意気さが売りだった。舞台では小学生の振りをして、ドラムで遊ぶシーンがあった。演奏をするわけではなく、ときどき思い出したようにバスドラムを突っついてみたり、シンバルを叩いてみたりする。それから路面電車の運転手になったつもりで、シンバルを電車のハンドルに見立て、グルグル回す。

次にアルバートは走っている路面電車と併走しながら、乗客についておかしなコメントをする。そして楽しそうに「この電車はデュプリケイト行きです！」と叫ぶ。

「デュプリケイト」とは、ブラックプールのような観光地で1台目に乗れなかった観光客のために用意されている2台目の電車のことで、車両の行き先の表示が「デュプリケイト」となっている。「デュプリケイト行き！」は観客の間でキャッチフレーズになった。

私たちはアルバートの他にも、熊使いと一緒の舞台になったことがあった。出演者全員が、熊が演技をしているときは絶対にその後ろを通ってはいけない、熊が驚いて攻撃するから、と注意された。

　ある夜、母は私に楽屋から絶対に出るなと念を押して、いつものようにバーに飲みに行った。母は楽屋の鍵を外から閉めた。熊はステージに上がるとき、私たちの楽屋の前の廊下を走っていくからだ。しばらくして突然、ドアノブががちゃがちゃいって、うなり声が廊下から聞こえてきた。私は恐怖で身がすくんだ。実はアルバートが私をからかって熊の振りをしているだけだった……！

　母はそんな風にバーに行ったあと、いつもかなり酔って帰ってきて、2回目公演は1回目よりもうまくいかなかった。歌の伴奏なのに私の声が聞こえないほどの音量で弾いたり、私がラレンタンド（訳注：テンポを遅くする）で歌おうとしているときや、情感を込めようとしているときに、ピアノを叩きつけるように弾いたりする。私が優雅な母のピアノソロをお楽しみ下さい、と紹介すると、『The Dream of Olwen』のような感傷的な曲を弾き始め、最後に来るかの有名なダブル・オクターブを、ひどく指を転ばせて音を外したまま終える。

　私は舞台の袖で再登場の出番を待ちながら、母が自分の技術をもっと大事にして、かつてそうだったように、そして本当は今だってそうであるように、美しいピアニストに戻ってほしいと強く祈った。母はピアノの練習を全くしなくなっていた。それどころではなく心配事に押しつぶされていたのだろう。以前の母は自分を律する真のアーティストで、私のお手本だった。私はそんな母をもう1度見たかった。母がその気になればショーはもっとずっと良いものになるのに、と思った。

第17章

私はマダム・スタイルズ＝アレンのレッスンを続けていた。私がレッスンを始めた最初の頃に、彼女はロンドンで教えるのをやめて、自分の住んでいるヨークシャーでレッスンをすると決めた。彼女が北部から出ないとなると、私がもっと上達するためにマダムのレッスンを定期的に受けようとするならば私が北部に行くしかない、という事になった。そこで週末か、ときには1週間丸々をマダムの家に行って練習した。

マダムはリーズのすぐ近くにあるヘディングリーという村に住んでいて、家はだだっ広い木骨造の農家だった。この「オールド・ファーム」の台所はダイニングルームの倍ほども広く、アーガ製のオーブンと暖炉があった。家具は古いものだが心地よく、淡い花柄のカバーがソファと椅子にかけられていた。正面の玄関ホールには、本物の糸車が置いてあって、その糸紡ぎと踏み板を見ていると別の時代に迷い込んだようで、私は想像を膨らませた。廊下はガス灯で照らされていて、小さな火がガスの吹き出し口の上でチラチラ燃えていた。

広い2階が練習室になっていて、本やファイルが置いてある本棚と、マダムのグランドピアノと古い蓄音機があって、私たちはそこでカルーソやジーリ、ガリ＝クルチ、アデリナ・パッティの78回転レコードを聴いた。ただしこの部屋は広すぎて冬は暖房が効かないのでレッスンにはあまり使われず、その隣のアップライトピアノと電気ヒーターのある小さめの部屋が主にレッスンに使われていた。

私は母に地元の駅まで送られ、リーズに行く。そこにはマダムの夫のジョージ・ジェフリーズ＝ハリスが待っていて、ヘディングリーまで車で連れて行ってくれる。みんなにジェフと呼ばれていた彼は、軍人らしい口ヒゲを蓄えたきびきびとした退役軍人で、マダムの大きな体躯に比べると小柄な人だった。インドでの戦争も経験していて、切れ味の良い、毒気を

含んだユーモアのセンスがある人だったが、家の切り盛りはマダムに任せていることがすぐに見てとれた。ふたりには私より何歳か年上のマイケルという10代の息子がいた。

家にはジェシーという住み込みのお手伝いさんもいた。マダムの長年の友人だそうで、マダムより少し若かったが、マダムと同じくらい大柄でたくましく、ユーモア抜群で楽しい人だった。

昼食が一家で一番大事な時間だった。マイケルが学校から帰ってきて、昔ながらの農家の広い台所で、大きな四角いテーブルを囲んで、たっぷり食べる。ジェシーの作る食事は大量だった。マトンのシチュー、ふかしたジャガイモ、豆とニンジン……。

ジェフは家でジンジャー・ビールを造っていて、マダムはその自家製ビールが大好きだった。炭酸が強いので、瓶を開けるときに栓がポンッと飛んでいく。マダムがそれを大きなグラスに注いで飲み干し、膝に広げていたダマスク織りのナプキンの端を口元にあてて大きなゲップをすると……トロンボーンを鳴らしたような低音が響いた。それから彼女は長いまつげを伏せて愛らしく微笑み、「あら失礼」と言う。

ときどき私は他の生徒たちに混ざって座り、レッスンを聞かせてもらった。マダムがそれをとても大事だと思ったからだったが、実際、ただ見て聞いているだけでもとても勉強になった。マダムと話をしていると、不思議と自分の声の調子が整う。それはマダムの声にとても深みがあり、計算し尽くされた音程が美しい旋律をなぞっているからで、それを真似しようとすると自然と自分の声も良くなるのだ。

彼女はフルオーケストラと一緒に歌うときの感覚を「世界で一番気持ちの良い肘掛け椅子に座って、空高く運ばれていくようよ」と表現したことがあった。私も全くおなじ気持ちだった。

マダムの自宅でのレッスンの間、私は貴重な助言をもらい、それは今でも肝に銘じている。

「ジュリー」と彼女は言う。「よく覚えておいてね。アマチュアはうまく歌えるようになるまで練習します。でもプロは失敗しなくなるまで練習す

るんです」

　夜になると私たちは、暖炉のあるマダムの小さな書斎に移動する。マダムは暖炉の片側で肘掛け椅子に座り、反対側ではジェフが椅子でパイプをふかしている。そこにジェシーが加わることもあった。マダムは手の込んだ刺繍をしていて、そのお陰でリラックスできると言った。彼女は私にも絹の刺繍糸と刺繍枠を買ってくれて、ハンカチの布地をはめて、簡単なステッチを教えてくれた。私は刺繍が大好きになった。マダムと一緒に刺繍をしながら、ラジオを聞いたりおしゃべりしたりした。

　そんな夕べのひととき、マダムは私に人生の助言をくれた。「大人になったらね、ジュリー、土地を買いなさい。土地は無くなりません。何かと交換することもできるし、いざというときに頼りになるの。あなたのお金を投資するのにぴったりよ」

　のちに私は彼女のアドバイスに従った。

　暖炉の火が弱くなると、マダムとジェフは寝室に行き、私はガス灯に照らされた長い廊下をずっと歩いた先にある自分の部屋に行く。私の部屋は凍えるように寒くて、ベッドの下にはおまるが置いてあった。私はいったんベッドの中に入ると、絶対に出ないようにしていた。寒かったからというだけではなく、その部屋には得体の知れない何かがいるように感じていたからだ。布団に深く潜って、隠れて、おかげで窒息しかけた。マダムの家ではあまり眠れなかった。

　10代の頃は、リーズにかなり定期的に通っていた。家に帰るまでに私の声は生まれ変わり、力強くなっているので、母がその上達具合を知るために、家に帰るやいなやすぐに歌わされた。

　ときどきはマダムがロンドンに来ることもあって、そういうときは短いレッスンを受けることができた。1度、マダムがウォルトンの我が家に泊まりにきたことがあった。マダムと母は心霊主義と輪廻についての話で盛り上がった。マダムはそういうことを心から信じていて、実は、私が有名なソプラノ歌手アデリナ・パッティの生まれ変わりだと確信している、と

言った。母もまたそういう話が好きだったので、その輪廻が本当だったら素敵だと喜んだ。私はちっとも嬉しくなかった。気味が悪くて震え上がり、夜になるとクローゼットから幽霊が出てくるのではないか、あるいは私の前世だった誰かさんが私に頼み事をしたがっているのではないか、と怖くてたまらなくなったので、それ以上マダムと母の話を聞かないようにした。

　マダムの滞在中、私はラジオ番組で歌うことになっていて、マダムも聞きに来た。曲は『椿姫』の「ああ、そは彼の人か」と「花から花へ」だった。メインのアリアが始まる前に、アカペラのカデンツァがある。普段なら私の音程は完璧だったが、マダムが客席にいるので、私はいつもより完璧に歌おうと、自分の声にばかり集中した。そのせいでカデンツァを歌い終えたとき、私の音程は半音高くなってしまっていた。オーケストラの演奏が始まって初めて、自分の声が半音高かったことに気づいた。客席にいた母はこの間違いに怒り狂った。マダムの前で良いところを見せたいという気持ちは、私と同じくらい強かったのだろう。私はこの失敗に意気消沈した……ラジオの生放送だったので、なおさらだった。誰よりも私がこの失敗は取り返しがつかないと分かっていた。

　マダムは庇ってくれた。

「お嬢さんをそんなに叱らないで、バーバラ。素晴らしい出来でしたよ。あんなに一生懸命やっていたでしょう。もう少し優しくね、まだ大人ではないのだから」

　あとでマダムは私にこう言った。「あなたのお母様は、あんな態度を取るべきではなかったと思いますよ。あなた、とっても上手だったもの」

　私はそれまで１度も半音高く歌ったことはなかったが、それ以来、よりいっそう自分の音程に気をつけるようになった。あの日マダムがかけてくれた優しい言葉を、私は一生忘れない。

第18章

その年の秋、母とふたりで近くの町の友人宅で開かれるパーティに行く
ことになった。そこに向かう車の中で母は「ジュリー、お願いがあるの。
私が歌って、と言ったら歌ってくれる？」と言った。私はふてくされたと
思う。というのも、母はいつも私の歌を何かの取引に利用すると感じてい
たからだ。私は渋々同意した。

パーティが開かれている家は小高い丘の上にあり、そこは中上流階級の
住宅地だった。私は母の伴奏で1曲だけ歌い、終わるとホッとした。する
と家の主人が私に話しかけてきた。背が高く華やかでハンサムな人だった。
私たちがムーズに越したばかりの頃、何度か我が家を訪ねて来た人だと私
は気づいた。

その晩、彼は私の隣に座って話しかけてきたのだが、心から私のことを
知りたいと思っているらしく、無遠慮なくらいに質問を浴びせた。振り
返ってみると、あのとき私たちの間には説明のつかない電気のようなもの
が流れていた。

パーティで母はどんどん酔っていった。家に帰るときは運転できる状態
ではなかった。私はまだ車の運転免許を持つ年齢ではなかったが、その翌
年に運転免許試験を受ける予定だったので、父がそれに備えて運転を教え
てくれていた。しばらく迷ってから母は言った。「いいわ、あなたが運転し
て。道は私が教えてあげるから」

真っ暗で霧の濃い夜だった。私たちは家の主人に別れを告げて車に乗り
込み、私は目の前の道に全神経を集中させた。どうかお巡りさんに見つか
りませんように、と祈った。

「あのご家族を気に入った？」しばらくして母が聞いた。

「ええ」私は答えた。「とても良さそうな人たちだったわ」

「どうしてあなたに歌ってほしかったと思う？」

「さあ、考えもしなかった」

しばし沈黙があり、再び母が言った。「あのご主人をどう思う？」

「あの人は……感じの良い人だったわ」私は答えながら、運転に集中しようと努めた。

「どうして今夜あの家に連れて行ったと思う？」

そのとき、いきなり貨物列車が自分に向かって走ってくるような錯覚に襲われた。よく分からないが、楽しい話ではないと直感した。

「教えてほしい？」母の目が潤んでいる。

「別にいいわ。大丈夫よ、ママ」

「でも教えてあげる」母は言った。「あの人があなたの父親だからよ」

その瞬間、私は心の扉をぴたりと閉めた。初めに頭に浮かんだのは、これまで自分がずっと父親だと思ってきた人のことだった。そして呪文のように言葉が頭の中を駆け巡った。「そんなことは関係ない。何も変わらない」

今夜の主人が私の本当の父親だからといって、私が愛しているのは私を育ててくれた人だという事実に変わりはない。私の父親はあの人しかない。

私は平静を保とうとした。道から目をそらさずに、「それは知らなかったわ。でも本当なの？」と馬鹿なことを言ったような気がする。

「本当よ」母は答えた。「このことをあなたに言いたくて言えなくて、どんな気持ちだったか分かる？　14年よ……」

母の話では、母とその人はウォルトンからそう遠くない美しい湖で、1度だけ関係を持ったのだそうだ。それから母は、その秘密を長い間抱えていることがどれほど辛かったか、私を傷つけるつもりはない、ふたりの情事はあらがえない情熱の結果だった、と話し続けた。

母はついに秘密を吐き出すことができたせいか、涙をぽろぽろ流していた。私は自分だけは冷静に落ち着いていようと心がけた。

ムーズの前の砂利道に車を止めたとき、私たちはふたりとも黙りこくっていた。母はこの話をしたことを気まずく思っているようで、何も言わず自分の部屋に行ってしまい、私は自分のベッドの用意をしながら母の爆弾

発言のことを考えていた。

　そのあと数日は、母はその話題には全く触れず、私も持ち出さなかった。怖かったのだろうと思う。しかしやはりこの事をはっきりさせないかぎり、頭がおかしくなりそうだった。

「ママ？」私は台所のオーブンの前にいる母の隣に立っておずおずと聞いた。「この前の夜、車の中で言った、パーティで会った男の人の話……あれは本当？」

「ええ」母は答えた。

「でも分からないじゃない？」私はさら聞いた。「そのときもうパパと結婚していたでしょう？」この疑問は私の胸にずっと引っかかっていた。

「パパとママはその頃はあまり仲が良くなかったの」母はしばらく間を置いてから答えた。

　もう何を聞いて良いのか分からなかった。奇妙なことに、ひとつだけ質問したのだからもう十分だという気がしていた。そこからどう話を続けて良いのか分からなかった。「パパは知ってるの？」と聞くつもりはなかった。

　最後に私は「間違いない？」とだけ聞いた。

「ええ」母は答えた。「間違いない」

　私たちはそれ以上この話をしなかった。

　私はどうにかしてこの秘密を心の隅に追いやることに成功した。父がこの件を知っているのか分からなかったので、母が情事のあとに「妊娠したわ」と言えるよう、父とも寝たはずだと考えることにした。母の話は信じない。母が私にこの話をしたときは酔っていたのだと思うことにした。ひょっとすると作り話かもしれない。

　それから40年も経ってから、その件を明らかにする機会がやってきた。1980年代に『ヴィクター／ヴィクトリア』を製作しているときのことだ。母が亡くなってしばらく経っていた。

　私はジョーン叔母と昔のことを話していて、自分が小さい頃、ムーズに2回訪ねてきた紳士を覚えているかと尋ねた。

「なんでそんな事を聞くの？」叔母はぎょっとした。

「だって……ママが、その人がひょっとすると私の父親かもしれないと言ったから」

　長い沈黙があった。叔母は心の中で何かの重さを計っているようだった。そしてつぶやいた。「そうよ」

「でも叔母さん、どうして分かるの？」私は聞いた。

「その時はママとずっと一緒にいたから」叔母は答えた。「ママがそう教えてくれたの」

「パパは？」私は聞いた。「パパは知ってた？」

「ええ、知っていたわ」叔母は言った。

　天地がひっくり返るような衝撃だった。

　叔母の話では、父は母を深く愛していたので、それでも構わないと思ったそうだ。その２年後にジョニー——正真正銘、彼の息子——が生まれた。さらに数年後、母はパップと恋に落ち、ドナルドを妊娠した。父が結婚生活を守るために私を自分の子どもとして育て、後にはドナルドを引き取ろうとさえ言ったことは、途方もないことだ。私が自分の子ではないと知っていたとしても、もちろん他の弟たちと平等に扱った。父は心から私を愛してくれた。私は父がこの話を知っているとは思わなかったので、亡くなる前に聞く勇気はなかった。父を残酷な真実から守っているつもりでいた。

　継母のウィンにも聞いたことはない。弟の誰にも話したことはない。叔母に聞くまで確信が持てなかったので、家族の人生を引っかき回さない方が良いと思っていた。しかしこの本を書きながら、この本が出版される前に私から話しておくべきだと考え、家族に伝えた。こんな真実を明かすことになって辛かったが、事実を書くことが正しいと思えたのだ。家族には辛い思いをさせてしまった。

　大事なことは、私が父親として愛した人、テッド・ウェルズへの気持ちは何ひとつ変わらなかったということだ。この点は揺るぎなく、その後も本当の父親とは何の関わりも持たなかった。興味を持てなかったし、新し

い関係を始めようという気に全くなれなかった。私にとっては亡霊だった。その後9年間、彼と再び会うことはなかった。

　母とパップの関係はさらにひどくなった。母はいっそう落ち込み、家計はますます難しくなり、住宅ローンの支払いも滞るようになった。ムーズそのものも荒れていった。私の部屋にネズミが出るようになり、あるときなど私の髪の上を横切ったので死ぬほど驚いた。夜になると頭の中で声がして、意味不明のおしゃべりをしている……私は父の妹のベッティ叔母さんのように気が触れてしまうかもしれないと思った。

　そんな私の慰めになったのは、夜遅く近くの駅を通る列車の音だった。列車は海岸からロンドンに向かっているところで、蒸気機関で廻る車輪が線路の枕木の上をガタゴト通り過ぎていく。煙突から吐き出される煙の音、夜を切り裂く汽笛。暗闇に横たわっているとその音に安心した。外にも世界はある……世界は回っている、そう感じられるだけで正気を保てる気がした。

　母の暴露話から間もないある日、私は少しだけ自分を哀れんで部屋から窓の外を見ていた。庭を見下ろすと、薔薇の茂みで小鳥が遊んでいた。

　ハッジ大叔父が奥さんとロンドンに引っ越してから久しく、彼のかけた魔法がすべて消えてしまったことが分かった。この庭が元の荒れ地に戻らないことは私にとって絶対に譲れない点だったのに、そうなってしまっている。テニスコートの雑草は高く生い茂り、薔薇はまばらになり、グラジオラスはひょろ長くなり、とにかく全てが荒涼としていた。私たち家族の状態を象徴しているようだった。

　それは暑い夏の静かな午後だった。雨が降り始め、最初は小雨だったのがすぐに大粒の雨になった。私は「誰かが、世界にはこれよりももっと良いものがある、もっと美しくて価値のあるものがある、とメッセージを送ってきた」と思った。

　私は大きく咲いた一輪の薔薇を見ていた。すると特に大きい雨粒が当たり、花びらがすべて散って地面に落ちた。はっとした瞬間で、なぜか気持

ちが落ち着いた。

　そのあとで私は詩を書いた。

　　　　　薔薇が一輪、咲き誇っている

　　　　　私の部屋から見える小さな世界で

　　　　　陽に焼かれたその花は、とても疲れているみたい

　　　　　雨を受けて、少しだけ息をしている

　　　　　静寂があたりを満たす

　　　　　その瞬間の美しさが私の胸を刺す

　　　　　「他には？」　私は思う　「他にはなにが？」

　　　　　まるで答えのように

　　　　　大きな雨粒が私の薔薇を落とす

　　　　　それは震えてばらばらになって落ちていく

　　　　　地面で、優しい茶色に染まる

　　　　　それから私は、生まれ変わった

　　　　　夏の日の出来事

第19章

1950年6月、私はBBCラジオが毎週放送する『エデュケーティング・アーチー』という番組のレギュラー歌手になった。もとはこの番組は人気の腹話術師、ピーター・ブローと彼の人形「アーチー・アンドリュース」の話芸で、番組編成の隙間を6週間埋めるためのショーだった。しかし蓋を開けてみると30週間連続で1度の休みもなく放送され、1200万人ものリスナーが楽しみにするようになった。

ピーター・ブローは腹話術がそれほどうまくはなかったが（いつも唇が動いているのが分かった）、ハンサムで仕立ての良い服を着こなした男性で、腹話術一家の出身だった。ギョロ目の人形のアーチーは、幅の広いストライプのブレザーを着ている生意気な子どもの役で、辛抱強いお父さんのピーターに口答えしたり、叱られたりする。他の出演者には、アーチーの先生役のロバート・モレトン、便利屋のマックス・バイグレイブズ（当時は駆け出しコメディアンだった）、隣人のアガサ・ディングルボディ、コメディエンヌのハッティ・ジェイクスなどがいた。数年後、このハッティ・ジェイクスの厚意が、私の人生の方向性を変えることになる。

私は隣に住んでいる女の子の役だった。運が良い回はアーチーと話す台詞が少しあったが、それ以外のときはただ歌った。母とマダムと集中して歌のレッスンをしたおかげで、『ディノラ』の「影の歌」のような新しいアリアや、「ミソサザイ」、『ロミオとジュリエット』と『トム・ジョーンズ』のワルツ、「舞踏への勧誘」、「美しき青きドナウ」、『リゴレット』の「慕わしい人の名は」、そして「見よ、優しいひばりを」など歌のレパートリーが増えた。

パップはこの頃は酔っていない時期だったので、番組のオーケストラの編曲で謝礼をもらおうとしていた。私は定期的にフルオーケストラの伴奏で歌う機会に恵まれ、ワクワクした。

ラジオは生放送ではなかったが、観客の前で収録されるので、私は通し稽古を観客と一緒に見ることができて、番組そのものも観客席で見た。自分がリハーサルでアリアを1曲歌ったあと、番組に出る芸達者なコメディアンや役者たちの演技を観察する。みんな才能溢れるアーティストで、あの番組の出演者たちは誰もがのちにトップスターになった。たとえばトニー・ハンコック、ハリー・シーカム、アルフレッド・マークスなどがそうだ。脚本を書いていたエリック・サイクスという人もまた、のちに有名なコメディアンになった。

　『エデュケーティング・アーチー』の最初の放送は1950年6月6日だった。収録は週に1日だけで、私は全てのエピソードに出ていたわけではなかったので、母との演奏旅行も続けていた。

　夏の夜、何回かに渡って開かれる「ミュージック・フォー・ミリオンズ」という上質なコンサートがあり、ハロルド・フィールディングという興行師が主催していた。会場はイギリス南部のイーストボーン、マーゲート、ボーンマスといった港町のコンサートホールだった。コンサートは純粋に音楽だけが目的で、とても洗練されていた。私はこのコンサートに夏の終わりに何度か呼んでもらったことがある。

　ミスター・フィールディングは小柄なこざっぱりした紳士で、優しく、情熱的で、いつも上機嫌だった。どうも私に弱いらしく、私も彼のためなら喜んで舞台に立った。彼のコンサートは私を一段高い世界に引き上げてくれるようで、自分の名前が他の素晴らしいアーティストと一緒にプログラムに並んでいるのが嬉しかった。音楽を題材にした風刺モノローグをするザ・ウェスタン・ブラザーズ、女性漫才コンビのエルシー・アンド・ドリス・ウォーターズや、ピアノデュオのラヴィッチ・アンド・ランダウアー、歌手のアン・ジーグラーとウェブスター・ブース、ジャネット・マクドナルドとネルソン・エディ、ハーモニカ奏者のラリー・アドラー、そしてジョイス・グレンフェル……。ジョイス・グレンフェルは女優兼歌手で、のちに私が映画『卑怯者の勲章』に出演したとき、母親役で共演した。

　あるバンク・ホリディ（訳注：年に3回ある月曜日の祝日）に、母と私はイース

トボーンのコンサートホールに行くことになった。そのとき私は母に、もう大きいのだから舞台衣装など演奏旅行の荷物は自分で荷造りすると宣言し、そうした。車で南海岸に向かう間、滝のような雨が降っていた。どうやら観測史上最も雨の降ったバンク・ホリデーということだった。

　なんとかウィンターガーデン劇場にたどり着き、水たまりをはねながらドアを開け、リハーサルに参加したが、濡れた体がブルブル震えていた。本番前にステージ衣装を広げたとき、恐ろしいことに気づいてしまった。フリルのついたドレスを詰めたのに、バレエシューズを入れ忘れてしまったのだ。いま履いているのは重い革靴で、ドレスとは絶対に合わない。バンク・ホリデーなので周囲に開いている店はなく、もしも共演者にダンサーがいたのなら、そのシューズを借りられたのだが、あいにくバレエの演目はなかった。

　母は焦って私の鞄をひっくり返した。すると、普段バレエシューズを白く見せるためにシューズに塗っていた白いマーカーが見つかった。

「こうなったら、やるしかない」と母は言った。「あなたの靴下の上にバレエシューズを描くのよ」

　ああ、なんということか。私の靴下はびしょ濡れで泥だらけだっただけではなく、何カ所も穴が開いていた。母は灰色になった靴下の上にバレエシューズのデザインを描き、穴の開いているところは直接私の足を塗って、白くした。靴下は、そして私の足も、本番までに乾かず、私がステージの中央まで歩いて行くと、白い足跡がついた。

　ウィンターガーデンにはフットライトがなかったので、観客は、まさか私が靴下姿だとは確信が持てなかっただろう。私が歌っている間じゅう、観客が首を伸ばして頭をあちこちに動かすのが見え、こそこそと話す声も聞こえた。私は片足を後ろに下げて隠そうとし、しばらくして踏み換え、片足で歌い続けた。母は元気よくピアノを弾き、私は普段より早く歌った。あのときほどステージを去るのが嬉しかったことはない。恥ずかしくて死にそうで、もちろんその夜は2回目のカーテンコールでステージに戻ることはなかった。

10月、私は15歳になり、地方政府の児童労働法から解放された。これを機に母は私の家庭教師だったミス・グラディス・ナイトはもう不要だと判断した。こうして私の正規教育は終わりを告げた。

「もう2度と学校には通わないの？」と私は母に尋ねた。何か大切なものがすっぽり抜け落ちてしまう、という確かな予感があった。

「学校に行くよりも、人生からもっと大事な学びを得ることができるわよ」と母は答えた。私はとにかく忙しかったのと、学校に行くとなるとまた大変なことが増えるので、反論しなかった。

　私の「自由」を祝うために、母はまた大きなパーティを開いた。招待客が60人は来ただろう。皆が踊り、中にはジルバを踊る人もいて、かつてのような楽しいひとときになった。早々にベッドに入れられていたドンとクリスも、こっそり抜け出して階段の手すりの隙間から大人たちの様子を見ていた。

　どこかのタイミングで、私たちは何か食べようとテーブルについた。そのときパップが、私と友人のスーザン・バーカーとパトリシア・ウォーターズについて、何か非常に不適切なことを言った。私は内容を具体的に覚えていないが、酔っ払いのパップの行動に苛立ちを募らせている人物がいた……母の親友グラディス・バーカーだ。テーブルにはイングリッシュ・プディングのようなゼリーとミルクのお菓子、ババロワを載せた大きな皿があったのだが、彼女はそれをいきなり持ち上げて、パップに向かって投げつけた。パップはぶつかる寸前でよけ、ババロワは後ろの壁に飛んでいった。ブヨブヨしたピンクの物体が壁をゆっくり滑り落ち、本棚に垂れるのを、皆が静まりかえって見ていた。一瞬のちに、誰もが一斉に喋りだした。ババロワは片付けられ、パーティは夜半過ぎまで続いた。

　その年の暮れが近づく中、私は母の同伴なしにひとりで舞台に立つことが増えた。母は弟たちとパップの面倒を見なくてはならず、私の演奏旅行に毎回同行する時間はなかった。私はある男性ピアニストと一緒に演奏旅行に行ったが、その人は確かにピアノがうまかったが、私の特性を理解し

ていなかったし、母のように優れた感性を持っていなかった。

　その年の11月、私はノッティンガムのシアター・ロイヤルで『赤ずきん』
のクリスマス・パントマイムの主演を務めることになった。ノッティンガ
ムはイギリス中部の歴史の深い町で、ノッティンガム・レース（訳注：精緻な
模様を織り込んだレース）や、シャーウッドの森とロビンフッドの伝説もよく
知られている。

　私が落ち着くまで母と叔母が世話をしてくれた。我が家のトレーラーを
大きな映画館に停め、リハーサルの間はそこで一緒に寝泊まりした。ふた
りが家に帰った後、私はホテルに移動した。

　まだ15歳だったので付き添い人が必要で、「勇敢な王子」を演じるシェ
リー・リンドが、私から目を離さないようにと頼まれたのではないかと思っ
ている。嬉しいことに彼女も同じホテルに泊まっていた。

　私はおっちょこちょいの赤ずきんで、トニー・ヒートンが「マザー・ハ
バード（赤ずきんのお母さん）」、コメディアンのトニー・ハンコックは男
爵の間抜けでお人好しな小姓「ジョリー・ジェンキンス」、アルバート・ア
ンド・レス・ウォードという兄弟コメディアンは男爵の子分だった。みん
なギター、タイヤの空気入れ、洗濯板、その他何でもカントリーウエスタ
ン風の音楽に合う音が出るものなら何でも演奏した。森の妖精や想像上の
生き物は空中バレエを優雅に踊った。正統派の「パント」では、出演する
コメディアンは誰もが持ちネタを披露しなくてはいけないが、それは往々
にしてストーリーとは全く関係ない。私はかなり難しいコロラトゥーラの
アリア「ジプシーと鳥」を、赤ずきんがおばあちゃんの家に行くとき、森
の中を歩きながら歌うことになっていた（ある意味、私の持ちネタとも言
える）。

　ある日のマチネで、このアリアを歌っているときに、客席からクスクス
笑いが聞こえてくるのに気づいた。私は「どうしよう！　ペチコートがず
り落ちてるんだわ」と思った。歌い終わってから分かったのだが、空中バ
レエのためのワイヤーが1本だけぶら下がっていたのだそうだ。ワイヤー
は重いサンドバッグに繋がれてステージの端にまとめられていたが、その

うちのひとつのサンドバッグが結束を外れてワイヤーごと舞台に飛び出してしまったのだ。舞台の端から端まで大きく振り子のように揺れながら、私が声を震わせて歌っているすぐ後ろを何度も行き来した。もし私が数センチでも後ろに下がっていたら、サンドバッグに直撃されていただろう。

　まだ10代で身の回りのことをひとりでしなければならなかった私は、プロ意識に欠け、だんだんと劇場に行く時間をできるだけ遅らせるようになった。直前に髪を洗って、舞台に立つとまだ水滴が滴っていたということさえあった。しかし誰も何も言わなかった。誰も気にかけてくれなかった、という方が正しい。

　母はあまり様子を見に来られず、私は重度のホームシックになった。母と叔母が週末にノッティンガムに来ると、私は目にいっぱい涙を溜めて悲しんでいる……ふたりはすぐには帰る気になれず、その後数日間は一緒にいて私を元気づけてくれた。

　幸いにも本の虫だった私は読書で気を紛らわせることができた。出番と出番の間が長いので、楽屋でいつも本を読んでいた。ある日、本に集中しすぎて出番のキューを聞き逃してしまった。気づくとドタバタという足音が廊下を走ってきて、舞台監督のアシスタントが私の楽屋のドアを激しく叩いた。舞台裏で拡声器が鳴った。

「ジュリー？　早く来て！　出番だ！」

　私は階段を飛ぶように下りてステージに行ったが、観客席では皆が大声で何が起きたんだ？　と話していた。

　あるとき地元の障害者施設で生活している人たちがマチネに来て、その後、その中のひとりから赤裸々な手紙をもらった。オレンジを半分に切って、それを私の体のあの部分になすりつければ、私は「浄化」される、と書いてあった。母はぎょっとした。

「だからファンレターを開けてはいけないのよ！」とずいぶん叱られた。

　観客の中に、「舞台で歌うなんてすごい体験ね！　共演者の皆と休演日にピクニックをしたりするの？」と聞いてきた人がいた。

　そんなことはまるでなく、ホテルの食堂は私たちが帰る頃にはいつも営

業を終えていて、サラダとコールド・チキンだけが残してあった。シェリー・リンドと彼女の母親、私、時にはシェリーの恋人も一緒に、誰もいない食堂で食事をした。照明が落とされたホテルの中で、電球がわずかにひとつかふたつだけ点いている食堂は不気味に静まりかえっていた。ある日シェリーが私にサラダにかけるビネグレット・ドレッシングの作り方を教えてくれて、それ以来、私はそのレシピをずっと愛用している。ときには私ひとりで夕飯を食べることもあった。

ときどきは出演者が舞台の終わった後に集まることもあった。トニー・ハンコックと彼の奥さんの下宿先に皆が集まる。トニーとは「エデュケーティング・アーチー」で共演していたので、番組内でそれほど言葉を交わしたことはなかったが、私は好きだった。がっちりした体格で、物憂いピエロの顔の真ん中に大きな悲しい目があった。彼は人生の厳しさをコントで表現した。観客をじっと見つめて無骨な指の「役立たずの手」を両脇に垂らして、次々に降りかかる災難に対処しようとする。実生活で彼は鬱病とアルコール依存症に苦しみ、ついには自死してしまった。しかしその悲しいニュースのずっと前から彼は有名だったのだ。

『赤ずきん』は1951年の３月に終わり、私はこれで家に帰ることができる、と心からホッとした。

第20章

『赤ずきん』が終演すると、私は再び演奏旅行に出るようになった。母と
ふたりで行ったワイト島は強烈な思い出だ。ワイト島はイギリスの南海岸
の先にある島で、そこにあるシャンクリン・シアターという劇場で行われ
る日曜の夜のショーのために招かれた。

　港には海軍の戦艦が停泊していて、ショーの出演者たちは劇場の出番が
終わったあとその船に招かれた。私たちは桟橋をぞろぞろ歩き、小さな
ボートに乗り込んだ。ボートと桟橋の間に渡された階段は金属製で、ハイ
ヒールを履いていた母は何度も滑った。私たちはそのボートで戦艦に連れ
ていかれ、船員の集まっているところに案内された。そこでは……皆が浴
びるようにお酒を飲んでいた。

　母はその晩、大いに注目と喝采をさらい、海軍の支給物資の豊富さと、
戦艦にいる限り門限がないということに有頂天になった。私たちが戦艦を
出たのは夜中の1時を過ぎていたと思う。私たちはなんとか母をボートに
乗せたが、下ろすのが一苦労だった。潮が満ちてボートは揺れるし、また
あの滑る階段を渡らなければならない。

　やっと下宿先に戻ると、母は「トイレに行きたい」と廊下の端まで歩いて
いった。しばらくしても戻ってこないので、私は家主に気づかれないよう
足音を忍ばせ、トイレのドアを開けようとした。中から鍵がかかっていた。
「ママ？」私は小声で呼んだ。返事はない。「ママ！」

　ドアの向こうでうめき声が聞こえた。
「開けて。中から鍵を閉めているんじゃない？」

　母はトイレの中で熟睡しており、起こして部屋まで歩かせるのは大変
だった。なんとか服を脱がせてベッドに寝かせると、母は横たわったまま
電気は消さないで、と言った。そんな状況でもユーモアを失わない母は、
モゴモゴ言った。「やれやれ、ベッドの上でも下でもいいけど、まだ寝ない

わよ！」

　翌朝、私は母を起こし、服を着るのを手伝い、フェリーで家に帰った。
海は荒れていて、とんでもない二日酔いに苦しんでいた母はひどい船酔い
になった。

　1年に1度か2度、叔母は全ての生徒の試験をした。ロイヤル・アカデ
ミー・オブ・ダンスの試験官がバレエ・クラスの生徒を見て、それとは別の
試験官が社交ダンスの生徒を見る。私は時間が許す限り社交ダンスのクラ
スには参加していたので、かなり自信があった。パートナーのタペッツは
本当に上手だったから、彼となら銅メダルも夢ではない、試験は楽勝だと
思った。

　試験の日の夜、母とパップと私は珍しく3人でランカシャーのモーカム
という場所でコンサートをすることになっていた。私はずっと楽しみにし
ていた試験を、コンサートに出発する前に受けたいと思っていた。しかし
パップは早く出発しようとソワソワして、「ジュリーの試験は午前中に終
わるんだな」と何度も聞いた。叔母は「あの子が最初よ」となだめる。

　しかし悲しいことに、試験官は遅れた。パップは「もう行かなきゃなら
ん、今すぐ出ないと間に合わない！」とずっと言っている。私に試験を受
けさせるか、車に押し込むか、母はふたつの間で引き裂かれた。ついに
パップが「これ以上は待てない」と言った。こうして、私は試験を受ける
という楽しみを目と鼻の先で奪われた。モーカムへの道中、私はずっと泣
いて拗ねていた。

　それは誰のせいでもなかった。強いて言うならば遅れた試験官が悪かっ
たかもしれないが、試験に受かるということは私のエゴを満たしてくれる
ものだったので、とてもとても大事だったのだ。たかが銅メダルではある
が、その後も私は2度と試験を受けることはできなかった。

　私たちの仕事はすべてチャーリー・タッカーが取ってきた。彼は両親と
私の『スターライト・ルーフ』以降の仕事をすべて管理していた。彼のオ

フィスはリージェント通りにある建物の最上階にあり、洒落た闇市のようだった。引き出しにはアメリカ製の香水、ナイロンのストッキング、ペン、カフスボタンなどが所狭しと並べられていて、彼は抱えているアーティストにプレゼントとしてそれらをよく渡していた。母には香水とナイロンのストッキングを、私にはレヴィヨンのカルネ・デ・バルという、温かみのある高級な香水をくれたことがあり、それだけではなくいつも大金の5ポンド札をさっと握らせてくれた。昼食には私たちをカプリスやサボイといった高級レストランに連れて行く。彼の隣を歩いていると、貧しさや厄介事を忘れて世界の王になったような気分がした。彼との昼食は、上等の陶器と銀食器が触れあう音、少し落とした照明、ピンクのテーブルクロス、気の利くウェイター……全てが特別で、普段なら経験できない別世界だった。

　チャーリーの秘書のミス・テレサ・フィネジーは、皆に「フィニー」と呼ばれていたが、愛すべき意地悪ばあさんで、芸能事務所のセントラル・キャスティングで働いていた人だった。腕利きの彼女はチャーリーが大好きで、彼にたびたび仕事を邪魔されても、憎めないのだった。事務所が回るのは彼女のお陰であり、彼女は私にいつでもとても優しく接してくれた。しかし彼女の機嫌が悪いときや、チャーリーと口論をしているときは……要注意！

　チャーリーは私の母を叱ることがあった。私の靴下に穴が開いていたり、薄汚れていると、「バーバラ！　勘弁してくれ。この子にどうしてこんな格好で外を歩かせるんだ！」と声を荒げた。

　また私をロンドンにいる腕の良いアメリカ人歯科医に通わせたのもチャーリーだった。私は前歯に大きな隙間があり、困ったことに八重歯だったのだが、寝るときに矯正器具を着けたおかげで治った。

　チャーリーは年に数回はアメリカに帰国するので、ブロードウェイの最新ミュージカルの情報をいつもリアルタイムで教えてくれた。ガートルード・ローレンス主演の『王様と私』がものすごい大ヒットになっていると話したあとで、「ジュリー、君も近いうちにそういう役をもらえるよ」と言った。当時の私は全く信じなかった。

ふたりでいるときに毛皮を着ている女性を見かけて、彼がこう言ったことがあった。「ジュリー、君も近いうちにああいうのを着られるよ」
「毛皮を？」私は驚いた。「あんなの買える日は来ないわ！」
「ジュリー、約束する。君は10代の後半に、最初の毛皮を買う」
　なぜか彼が私を心から信じてくれたことで、自分でもいつかそんなことが起きるかもしれない、という気になった。
　私が母親について愚痴を言ったときには、彼にひどく叱られた。
「確かに彼女は難しい人だ」彼は言う。「だけど君のお母さんだろう、尊敬しなきゃいけないよ」
「でも夜、私たちを残して飲みに行ってしまうんだもの……」私はまだ言う。
「それでも君のお母さんなんだ。今後、２度と何があってもお母さんを悪く言ってはいけない」彼は厳しく重ねた。私は母の悪口をやめた。
　あの頃、チャーリーは私にとてもよくしてくれた。私は若くて考えの足りない小娘だったが、そんな私が多くの面で洗練されたのは彼のお陰だった。彼がいなければ、今の私はない。彼が私のためにしてくれたこと全てに心から感謝している。

第21章

🌸

　その年の10月の末、パップがロジャース＆ハマースタインの『南太平洋』のプレビュー公演のチケットを３枚手に入れた。主演はメアリー・マーティンとウィルバー・エヴァンスで、他のキャストは当時まだあまり名の知られていなかったラリー・ハグマン（メアリー・マーティンの息子で、ハーバート・クエイル下士官を演じていた）、ショーン・コネリー（当時は単なるコーラスのひとりだった）などだ。急な話だったが、パップは「チケットがあるんだから行くぞ」と言って３人でその夜の公演を見に行った。とても珍しいことだった。

　ミュージカルは素晴らしかった。ドゥルリー・レーン劇場で上演されるきちんとしたアメリカのミュージカルは、ボードヴィルの安っぽさとはなんと違うことか。メアリー・マーティンの演じるネリー・フォーブッシュの「あの人を忘れたいけど」は最高だった。

　彼女の相手エミール・ド・ベック役を演じた美しいバリトンのウィルバー・エヴァンスは圧巻のバラード「魅惑の宵」「そばにいたのに」を歌い上げた。男声コーラスの「ご婦人が一番」で観客は拍手喝采した。オーケストラはフル編成で、ロバート・ラッセル・ベネットの編曲は秀逸だった。

　あの日、人いきれの中で公演を見ていたときの感覚を私は生涯忘れない。圧倒されつつ、嫉妬もしていた。少し絶望も。あんな世界に飛び込む経験や才能が自分にはないと思った。翌週ミュージカルが一般公開されると、ロンドンじゅうが熱狂の渦に巻き込まれた。

　私にとって1951年はかなり忙しかったが、社交と呼べるようなことも何とかやっていた。トニー・ウォルトンとはまだよく会っていて、私が週末に家に帰ると、母が私とトニーを素敵な場所——クラブか川沿いのパブ——に連れて行ってくれた。ときどき行ったのは「ゲイ・アドベンチャー」

という、モール川までだだっ広い草地が続いているだけの場所だった。そこにはジョーン叔母のダンス教室の生徒たちや、アンクル・ビル、トニーの弟や姉などもよく遊びに来ていた。

　ある夏の夕方、他の人たちが中でビールを飲んでいる間、私とトニーだけは川の近くまで歩き、それから木陰の草の上に寝っ転がっておしゃべりをしていた。ふとトニーが言った。「木の葉が空に作っているレース模様を見て」

　私は空を見上げて、彼の言っている意味を不意に理解した。見える世界がいきなり変わった。自分には彼のような「目」がないのだと悟った。同時に、１度でも彼の言うように空を見ると、もうそれ以外の見方はできなくなった。「驚いた、今まで私は何を見ていたのかしら」と思った。そしてそれ以来、そういう目で世界を見ようと、見えるまで何度も見ようと心がけた。

　私は舞台に出演しているときは、公演の合間になんとか家に帰ろうとした。家にいられるのがたったの半日でも構わなかった。自分が家を空けるといつも心配で、今頃みんなどうしているだろうかと不安に駆られた。ママは大丈夫かしら？　弟たちはちゃんと世話してもらっている？　北部で公演しているとき、イギリスを縦断して１日だけ家族と過ごし、翌日はまた１週間続く公演に戻る、ということさえした。私がそうやってなんとか家に帰ると、母はそれを特別な時間にしようと心を砕いた。盛大な日曜の昼食会を開き、叔母やディングルも来る。彼らは愛情を表現し、世話を焼くことで私を元気づけようとした。

　ちょうどその頃、母は子宮摘出の手術を受けた。体への負担が大きく、数日入院した。パップは再びお酒を飲み始めた。単なるどんちゃん騒ぎではなく、明らかに依存症が再発していた。私は、これは危ない、用心しなければ、と思った。

　ある夜、私が自分の部屋でベッドに入ろうとしていたとき、母がいないので私の様子を見に来たという体で、パップが部屋に入って来た。

「大丈夫かい？」彼は聞く。

パップはアルコール臭くて息が荒かった。部屋の真ん中に突っ立って、お休みと言いながら、私の頬にキスをしようと近づいてきた。そしていきなり、「ちゃんとしたキスのやり方を教えてやろう」と言って、私の唇に自分の唇を押しつけた。べっちょりとした長いキスで……おぞましい経験だった。

どうにかして私は彼を部屋の外に押し出した。恐らく「お休みなさい、パップ」とか何とか言って、それ以上何もされないようにドアを閉めてベッドに入った。

10分後、彼が戻ってきた。私は掛け布団の中に深く潜って壁の方を向いていた。彼は再び私の方に身をかがめ、またキスをしようとしてきた。私はますます壁のほうに丸まって、「本当に疲れているの、もう寝てる」とつぶやいた。

泥酔した頭の中にどれほどの理性が残っていたのかは分からないが、とにかく彼は諦めた。私はもう2度と入ってきませんようにと祈り、ありがたいことに彼は戻ってこなかった。

翌日、この出来事をジョーン叔母に話した。叔母は騒ぎ立てなかったが、唇をきゅっと結んで「そうだったの。分かった……アンクル・ビルに話して何とかしてもらうから」と言った。

叔母は事を重大に受け止めたようで、その夜、ディングルが私の部屋に鍵を取り付けた。

パップはその晩も来たが、ドアが開かなかった。いきなり鍵が取り付けられて驚いたに違いない。私はプライバシーがほしい、というようなことを言った気がする。確かに鍵で少しは安心できるが、パップがその気になれば簡単に壊せることも分かっていた。

母が退院した。手術ですっかり弱り筋力が衰えていたので、私は母を支えて階段を登り、寝室で休ませようとした。しかし母はもはや自分の足で立てないほど弱っていて、すぐに疲れてしまう。そして途中の階段で座り込み、力尽きて泣き出した。私は大急ぎで紅茶を1杯いれて、階段に持っ

ていった。母は階段で紅茶をゆっくりと飲み、それから座ったまま、後ろ向きでそうっと階段を這い上がり始めた。私は胸が張り裂けそうだった。

　叔母は私とパップの間に起きたことを母に話したに違いない。母は私とはその件を話さなかったが、彼女と継父の応酬は地獄絵図だった。家の中の空気が張り詰め、両親の間は氷のように冷たくなった。

　私とパップの距離は今までになく遠くなった。あれ以来、私に何もしようとしてこなかったし、私も2度と彼とふたりきりにならないようにした。

＊

　母は私にセックスについて教えてくれたことはほとんどなかったが、ある日トニー・ウォルトンのことをふたりで話していたとき、いきなり「彼はとっても良い少年よね。いつか女性を悦ばせる素晴らしい恋人になるわ」と言った。

「うえええええ、ママ！」私は悲鳴を上げた。「そういうのは興味ないの。彼は単なる友人よ」

　とはいえ、私も自分の体が変わってきている自覚はあった。胸が大きくなり、腰はくびれ、脚が長くなった（まだO脚だった！）。男性が自分の近くにいるとき、用心するようになったのもこの頃だ。ディングルはいつでも私を両腕でぎゅっと抱きしめるが、なぜだかもう身を任せてはいけないような気がした。チャーリー・タッカーは私がオフィスに行くと肩を抱き寄せたが、私はその手を払いのけた。きっとパップにされたことが私に影を落としたのだ。

　幸いにも私は自分にはユーモアのセンスがあり、家族を笑わせることができるのだと気づいた。どうして自分がそういうことをできると分かったのか、定かではないが、ボードヴィルの笑いを長いこと見ていたからではないかと思う。私がピエロになったり物真似をしたりすると、みんなが笑顔になって、やがてそれは大笑いになる。私の芸で弟たちは少しだけ幸せになり、家族全員が喜んでくれるようだった。私が環境を変えられるんだ……それは新しい感覚だった。

第２２章

1951年のクリスマス、私はエミール・リトラーが制作するパントマイム『アラジン』のプリンセス・バルロバドールという女役の主役をもらい、再びロンドン・カジノの舞台に立つことになった。アラジン役はジーン・カーソンだった。

『アラジン』はとても手の込んだ作りだった。第１幕の最終場面、ジーニーの洞窟では息もつかせぬ展開になり、第２幕では美しいバレエの群舞が華やかに繰り広げられる。

私はエキゾチックな衣装を着ることになった。宝石のついた髪飾りがお気に入りで、他にも長いたっぷりとした袖の、サテン地のキモノ風ローブをたくさん着た。中東が舞台の話だったが、私はペルシャ人というより日本人のような格好になっていたと思う。足にはバレエシューズを履いて、ジーン・カーソンより背が高くならないようにした。

キャストの中に「オランダーズ」というデンマークの軽業集団がいて、失敗したら死んでしまうようなアクロバットを披露した。踏切板を使ったもの、空中回転、平均台……。彼らがステージに出るときは私も必ず舞台袖に見に行った、それくらいすごかったのだ。勇壮で男らしい音楽と、ほっそりとした美しい肉体の組み合わせが絶妙だった。

軽業師の中に若くて一番うまいフレッドという青年がいて、彼は蝶のように舞う「バタフライ」というジャンプを12回も連続でしながらステージを跳び回った。とてもハンサムで、引き締まった体つきで（それはそうだ）、何より穏やかで優しい人だった。

母は私が彼を好きなことに気づいて、訳知り顔で「週末に彼をムーズに招待なさい」と言った。のちのち、母はフレッドが我が家のシャンデリアにぶら下がってずっと揺れていた、と冗談にした（うちにはシャンデリアなどない）。

デートの最中、母がずっと視界に入っていた。フレッドと私はソファに座って体をぴったり寄せ合い、抱き合ったりキスしたりしていた。母は部屋の反対側にミシンを置いて背を向けて何か縫っていたが、その背中がピンと伸びて警戒しているのが見て取れた。

公演期間が終わると、私はしょげかえった。フレッドはオランダーズと一緒にイギリス各地とヨーロッパの巡業に行ってしまう。

その年の暮れ、私はグラディ叔母さんと一緒にオランダーズの公演をロンドン郊外の劇場に見に行き、バックステージでフレッドに会えた。彼に会えるのはそれが最後だと思い、やっぱり悲しくてたまらなくなった。

私はすっかり絶望して、グラディと帰りの列車を待ちながらプラットホームを歩いているときに、「私の人生はもう終わりだわ」というような事を言った。その夜はずっとそんな調子で陰気だったに違いない。グラディはついに爆発した。「もういい加減にしなさい、ジュリー！　あなたの人生はこれからでしょ。この先も素敵な若い男性に会えるとは思わないの？」

彼女がこんなにもはっきりと言ってくれたおかげで、私はその恋を思い出にすることができた……やれやれ。フレッドはときどきデンマークから私に手紙を書いてくれたが、そのうち私たちの関係は自然消滅した。

『アラジン』の公演中、私はそれまでのようにロンドンまで列車で通っていた。ロンドン市内ではタクシーか地下鉄で劇場に行き、2回の公演を終え、夜遅くまた列車で地元の駅に帰った。母かディングルが駅に迎えに来てくれないときには、ひとりで家まで歩いた。ムーズの玄関の外には電灯があるが、母はよくそれを点け忘れた。私道は両脇にシャクナゲがうっそうと茂って真っ暗だったので、私は変質者が物陰から狙っていたら撃退できるように、元気よく口笛を吹いて歩いた。

母に、玄関の電灯を忘れないで、怖いから、と文句を言ったことがあった。すると母は「一体、誰に襲われるって言うの？」と言った。「襲われるはずないでしょ」

それ以来まるで怖くなくなった！

*

1952年2月6日、国王ジョージ6世が亡くなった。彼は1936年に兄のエドワードが王位を放棄したせいで仕方なく王になってから、16年間——ほぼ私の人生まるまる1個分という期間だ——国家君主だった。

　もう長いこと体調は優れなかったらしい。戦争で消耗したせいもあるだろうし、ヘビースモーカーだったので肺がんにも苦しんだ。エリザベス王女が健康状態の悪化している父親に代わって公務をこなすようになっていた。王女が父親の死を知ったのは、彼女が初めてイギリス連邦外遊でケニアとオーストラリア、ニュージーランドを訪れている最中だった。イギリスを出たときには王女だったが、戻ってきたときには25歳の彼女は女王になっていた。

　『アラジン』が終わった春、私はチャーリー・タッカーのプロデュースした『ルック・イン』というショーで地方巡業をすることになった。チャーリーはたくさんのアーティストを抱えていたので、その中の何人かをまとめてひとつのショーを作り、(恐らくは) 仕事が途切れないようにしたのだろう。私の知る限りそれまで彼はプロデュースをしたことはなく、その内容は言葉にできないほどお下劣だった。

　その他たくさんのショーに埋もれるようにして、私たちはあちこちの劇場で公演した。ポーツマスのシアター・ロイヤル、バーミンガムのヒッポドローム劇場、ノッティンガム・エンパイア劇場、ブラックプールのパレス劇場、ロンドンのフィンズベリー・パーク・エンパイア劇場（ここなら自宅から通えるのでお気に入りの会場だった）、ブリストルのヒッポドローム劇場、スウィンドンやカーディフ、スウォンジー、そしてノーサンプトンなどの劇場だった。

　主演のコメディアンのアルフレッド・マークスとは、『エデュケーティング・アーチー』で少しだけ共演したにも関わらず、あまり親しくなかったが、

今回の巡業で快楽主義の大食漢だと分かった。恋人のパディ・オニールも
ショーに出演しており、プラチナ・ブロンドに染めていて、スブレット（訳
注：女主人の召使い）役のお色気担当だった。彼女とアルフレッドは良いコン
ビだった。

　ショーの作りも巡業も極力お金をかけないようになっていた。衣装は借
り物、つまり誰かが以前に着たもの、そして舞台背景は他のショーから寄
せ集めたものだった。ショーのタイトルは、当時の生活に入り込んできた
テレビを意識しており、ラジオの「よく聞いて」という決まり文句をもじっ
た「よく見て（ルック・イン）」だった。

　私はひとりで巡業に参加していたので、母と恐らくはチャーリー・タッ
カーが、アルフレッドとパディに私に気をつけて守ってやるように、と頼
んだのだろう。最初は私はふたりと同じ部屋の簡易ベッドで寝ていた。し
かし私は寝るのがふたりより早く、彼らはずっと遅くに帰ってくる。私は
やりづらかったし、彼らもそうだったろう。このやり方に満足している者
は誰もいなかったので、すぐに私には別の部屋が用意された。

　パディの私に対する態度は奇妙だった。あるときは、私に舞台メイクの
やり方を丁寧に教えてくれる。当時の舞台メイクは、下地に使う油っぽい
ドーランを先に塗るのだが、髪の生え際が塗りつぶされて不自然になる。
「ドーランをつけて粉をはたいたら、歯ブラシを使って生え際のメイクを
こすって落とすの。そうすると生え際がずっと自然になるわ」と教えてく
れた。しかし別のときには、舞台から下りてきた彼女に、私が「すごかっ
たわ、パディ。もう大好き！」と声をかけると、彼女は私を押しのけて通
り過ぎながら、「あっそ。私は大嫌いよ」と言うのだった。

　確かに私が考え足らずで歯の浮くようなお世辞だと思われたのかもしれ
ないが、そんな事を言われるとひどく傷ついた。パディはとても素敵な人
だが信用はできない、と思うようになった。その頃の私の日記は「早く家
に帰りたい」という言葉でいっぱいだ。

　もうすぐ17歳になるというのに、私の宣伝文句は「イギリス最年少のス

ター歌手」で、その割には出番がプログラムの最後から2番目という状況
だった。この頃はラジオ番組にも出演し、数週間単位のボードヴィル公演
にも出て、個人のコンサートまでやっていた。1年中、喉頭炎——扁桃腺
が常に痛かった——に苦しんでいたが、特に気にすることなく、その時で
きる限りの最高のパフォーマンスを目指して歌い続けた。

　9月の最初、私は初めてアニメーション映画の世界に小さな1歩を踏み
出し、声優という仕事を知って魅了された。チェコのアニメ『バグダッド
の薔薇』は1949年に作られ、数年後にイギリスで公開されることになった
作品だった。内容は美しい歌声のお姫様の話で、『アラジン』と『アリバ
バと40人の盗賊』を混ぜたような雰囲気だった。ゼイラ姫の声は透明なソ
プラノだったので、プロデューサーはオーケストラをオリジナルのままに、
歌だけを英語で私に吹き替えてほしかったらしい。私もコロラトゥーラ向
きの声だったが、この曲はこの世のものとは思えないほど音程が高く、な
んとか音を出せたものの歌詞が不明瞭にならないよう、ずいぶん苦労した。

　正直、この吹き替えの出来にはあまり満足できなかった。もっとうまく
出来たのではないか、という気持ちがずっとあった。しかし仕上がった映
画を見たとき、アニメは思っていたよりずっと良い出来だった。今思えば、
この仕事をして良かった。これ以上に高度な技術を要求される仕事はその
後なかったように思う。

第２３章

地元のトニー・ウォルトンとの関係は続いていて、時間ができればよく会っていた。彼はその春にラドリー・カレッジを卒業し、夏の終わりから兵役に就くことになっていた。彼の温かな家をときどき訪ね、彼の家族とくつろぐのが、私にとって心安まる時間だった。

夏の終わりだったろうか、彼に初めてちゃんとしたデートに誘われた。ふたりでロンドンまで行って、映画『地上最大のショウ』を見た。ふたりとも映画を楽しんだが、私は途中でトニーに手を握られたとき、慌てて引っ込めてしまった。私は17歳を目前にしても、そしてフレッドと少しは経験があったにもかかわらず、本当に純情だった。彼がもっと深い関係を望んでいるのなら、自分にはそんな覚悟がまだできていないと怖くなったのだ。幸いにもこの出来事のあと、ふたりの関係は何も変わらなかった。大観衆の前で歌う私の姿とはかけ離れているかもしれないが、本当の私はあまりにナイーブで恥ずかしがり屋で、人付き合いが下手なままだった。

誕生日の直後、私はまた別のパントマイムに出ることになった。今回はコベントリー・ヒッポドロム劇場で上演される『ジャックと豆の木』のベッティーナ姫の役だった。またもや女役の主演だ。私が男役の主演を依頼されない訳は、もちろん若すぎるということもあったが、あれほどダンスのレッスンを受けたのに、私の脚はまだ美脚とは言い難かったからだ。

コベントリーはまさにイギリスの中心にある。有名な教会は戦争中に爆撃で灰燼と化し、その歴史を忘れないように、骨組みだけが新しい教会の隣に遺されている。

ヒッポドロム劇場は当時、比較的新しく建てられた劇場で、サム・ニューサムという立派な興行師が運営していた。私が初めてこの劇場に足を踏み入れたとき、彼は得意げに中を案内してくれた。楽屋は広くて、主役の楽屋には専用のトイレがあり、私の部屋にはバスタブまであった。舞台裏は

新しく清潔で、それまで私が出演していた薄汚れた劇場とはまるで違った。

　下宿先で同室になったのは、ジョーン・マンという若い女の子で、私と同じくマネージャーはチャーリー・タッカーだった。彼女はジャック、つまり男役の主演を演じることになっており、黒髪でスタイル抜群の、生き生きとして楽しい人だった。

　私たちはロンドンで、著名な振付師ポーリーン・グラントと一緒にリハーサルをおこなった。ポーリーンは振付だけではなく、私の立ち振る舞いをウエストエンド風に洗練させた。チャーリー・タッカーが指導役になってくれるよう頼んだのだ。私たちは仲良くなり、私は彼女に大いに影響された。ポーリーンは小柄で中身がぎゅっと詰まった感じの人で、どんぐり目に、少し突き出た唇が端でくるんと愛らしく丸まっている。ちょっぴりレスリー・キャロン（訳注：1950年代から活躍していた有名な女優、ダンサー）に似ていた。表現力豊かな小さな手と、歩くときに爪先が「２時45分」の時計の針のように開くのが元ダンサーらしい、と母が言っていた。いつもとても高いヒールを履いていて、シルクのブラウスとスーツを着ているが、堅苦しくなりすぎないよう、首元に蝶ネクタイのワンポイントをあしらっていた。お金に余裕があるときはハーディ・エイミス（訳注：王室御用達のクチュール・ブランド）のオートクチュールを１年に１着買った。安い服を何着も買うのではなく、上質な１着をクローゼットに入れておく方が良いと、彼女は教えてくれた。

　ポーリーンはユーモアのセンスもあり、すぐにサム・ニューサムと意気投合した。彼の方から彼女を食事に誘い、ふたりはのちに結婚した。

　パントマイムが形になり始めた。ポーリーンはコール・ド・バレエ（訳注：群舞）を監修する立場だったので、手を優雅に振りながら自分で手本を踊ってみせた。

「ここは“ピュン”よ、それでこっちでも“ピュン”！」

　パントマイムの目玉はコメディアンのノーマン・ウィズダムだった。彼は頭の回転が速い小柄な男性で、優れたユーモアのセンスがチャップリンのようだった。どう見ても彼には小さすぎる黒いスーツを着て、帽子のつ

ばを横にずらして被っている。おかしな歩き方で観客を笑わせ、子どもの物真似がうまかった。結婚している奥さんは、私が知っている間はいつも妊娠していた。

　ノーマンと私の間には友情と呼べる関係があったと思う。舞台での相性は良く、土曜に彼が家に帰るとき（月曜には戻ってくる）、私も車に乗せてもらい、彼の自宅があるロンドン北部のイーリングまで一緒に行った。母かディングルがウォルトンからそこまで迎えに来て、約束の角で待っている。私はノーマンの車を降りて自分の車に乗り換え、母かディングルの運転で家に帰る。

　ポーリーン・グラントはコベントリーで本番の公演が始まったあともしばらく私たちと一緒に留まり、その後も表向きは様子をチェックしに来たと言いつつ、本当はサム・ニューサムに会いに来た。サムはいつも思いがけない瞬間に舞台裏に現れる。彼の人懐っこい顔が楽屋にのぞくと、私はいつでも嬉しくなった。彼は頑固なまでに上品で優雅な立ち振る舞いをする紳士だった。

　初日が終わった夜、サムはお祝いに、出演者全員を自分の屋敷へ招待した。私たちは運転手つきのリムジンで送迎された。サムが住んでいるのは、ウォーリック城の一番大きな門のすぐ内側にある石造りの家だった。決して派手ではないが贅沢な内装で、私は本当の趣味の良さというものを初めて知った。

　母とパップは中古の車、ヒルマンミンクスを買った。私はその車に、自分が演じた役名の「ベッティーナ」という名をけた。小さいがとても便利な車で、主に母が運転して楽しく使っていた。私自身が運転することはなかったが、自分の稼ぎで買った車なんだ、と思うとそれだけで誇らしかった。

　その頃、私が「ムーズ」の半分を買えば税金が節約できる、と母に説明された。パップと私で半分ずつ所有権を持つ。パップは求職中なので、不動産の半分が私の物になれば、お金の流れが確保できるという訳だ。私は、このやりとりの細かい部分はチャーリー・タッカーが手伝ったに違いないと確信した。もしかすると、私が半分所有するというアイデアそのものが

彼の入れ知恵かもしれないと思った。

1年後か2年後、私はパップの分の所有権も買い、「ムーズ」の所有者は正式に私になった。こうなると、私の責任感はいや増した。今やローンを払えるかどうかは私の肩にかかっている。私が頑張らなければ、家族が路頭に迷ってしまう。この場所が母にとってどれだけ大切なのかよく分かっていた。母と他の家族の面倒は私が見るのだ、とずいぶん前から心に決めていたので、私はこの状況を当然のこととして受け入れた。そして家族のため、と自分に言い聞かせて、休む間もなく働いた。それ以来、私は自分の住む家に病的に固執するようになるのだが、それは「ムーズ」を失ってしまったらどうなるのだろう、という当時の恐怖のせいだと思う。

父、ウィン、ジョニー、グラディス叔母さん、キース、タペッツ、それにジョーン叔母の教室の生徒「ギャング」たちが、『ジャックと豆の木』の千秋楽に来て、皆で私の大荷物を車に積み込むのを手伝ってくれた。1台では収まりきらず、ベッティーナまで駆り出され、小さな荷台に鞄、トランク、メイク道具などを詰め込まれた。

トニーもこの舞台を見に来た。本当なら兵役に行っているはずだったが、ウィルス感染症になり、入隊が数カ月遅れたためだった。しかも可哀想なことに、この間に家族と行ったスイスのスキー旅行で彼は足を骨折し、ギプスに松葉杖という格好でかなり痛そうだった。こんな状況なのに、数日後にはカナダに出発して王立空軍に入る準備をするという。空軍の制服を着た彼は最高にハンサムだったが、本人は心ここにあらずだった。

母がトニーに「絵を描いてジュリーとの絆の証にしたら？」と言ったので、彼は小さな、精緻な島の絵を描いて私にくれた。母は「アワーズ（私たちのもの）という題名にしたら良いわね」と言った。これはトニーが私にくれた初めての本物の絵だった。木立と茂みの間から望んだ牧歌的な風景画だったが、少し暗くて悲しい雰囲気の絵だった。彼はクリスマスイブにカナダに旅立っていった。私はこの先2年は会えないんだと思うと、悲しくなった。彼は兵役中も定期的に私に手紙を書いて寄こした。

この期間、私の心は複雑に揺れ、罪悪感も少なからずあった。トニーが

私をとても好きで、私が当時与えられる以上のものを望んでいることを
知ってはいた。私も彼が大好きだったが、誰かに身を捧げる前に、もっと
人生のいろいろなことを経験したかった。彼が私にとってどれほど大切な
存在か分かるのは、まだずっと先の話だ。

第24章

少女の声は、少年のように変声期に枯れるということはないと思われているが、それでも多少の変化はあると思う。私の場合、一番高い音が出なくなって、自分の声が変わり始めたと気づいた。私のコロラトゥーラの特徴である、細い絹糸のような声が、温かみと深みのある声に変わって、高い音を出すのが前より難しくなった。ひょっとすると疲れていただけなのか、あるいはこんなに働いているのに、という10代特有の無意識の反抗だったのかもしれない。マダムなら技術的なアドバイスと適切な練習方法を教えてくれただろう。私は「高音で歌う小さな女の子」という設定がいつまで通用するか心配になった。

その春、私はボーンマスのウィンターガーデン劇場で格式のあるコンサートに出演した。ルドルフ・シュワルツという指揮者が率いるボーンマス交響楽団の演奏で歌う。歌う曲目はどれも問題はなかった、ただひとつ——『ミニョン』の「ポロネーズ」でＣよりさらに高いＦを出さなければならない——を除いては。指揮者のシュワルツ氏は、リハーサルで私がうまくいかず悩んでいるのを見て、「一番高いＦは出さずに、Ｃのままで良いと思いますよ。そのあとでＢフラットに下げるだけでも効果はあります」と提案した。しかし私はそんなことはしたくなかった。私は高音で有名なのだ、これでは詐欺ではないか、終わり方も平坦でつまらなくなってしまう、と思った。そんな歌い方は私にとって「失敗」と同じだった。

他にも『リゴレット』の「慕わしい人の名は」を歌った。この曲には低音から高音に駆け上がる短い一節がある。私は母の伴奏に慣れていて、母はいつもそこでピアノを強く弾いた。だから私は指揮者に「この部分は少し強めの音をもらえませんか？」とお願いした。

「皆さん」と彼はオーケストラに向かって、少し笑みを浮かべて言った。「ミス・アンドリュースは、こことここの部分に強めの音がほしいそうです」

確かにそういう伴奏になったが、私は自分が馬鹿みたいに思えた。

コンサートのあった週末、私たちは母の友人のシドニー・ミラーという人と一緒に、彼のパートナーのジョンが所有するスパに滞在した。シドニーは変わった人で、代替医療を信じ、心酔しているようだった。しかも彼が行くところへは、必ず彼の母親もついてくる。言うまでもなく、私はボーンマスにいる間、ずっと緊張していたので、シドニーは私をリラックスさせようと思ったらしい。スパの敷地内には松の木がたくさん生えていて、シドニーはその松の木の下に私を連れて行った。そして生ぬるい紅茶をくれて、松の香りを吸い込みながら、コンサートで成功するイメージを思い浮かべて、と言った。そうすれば声が出やすくなるそうだ。そして私のために祈ってくれると言った。

その晩、私はコンサートで一番高い音を出そうとした。そしてひどく後悔した。大失敗して大恥をかいてしまったのだ。

それから数週間後、私は再びチャーリー・タッカーの制作する『キャップ・アンド・ベル』というショーに出ることになった。中世の宮廷道化師が被っていた鈴（ベル）つきのキャップ（帽子）をもじった題名で、副題は『新しい笑い、歌、そしてダンス』となっていた。主役はマックス・ウォールというコメディアンで、キャッチフレーズは「女王陛下の道化師」だった。彼はまた、舞台で使われる音楽のうち、何曲かは作詞や作曲も手がけた。今回の私は「イギリス最年少のプリマドンナ」だった。ソロを歌うシーンがふたつあり、最初の歌は『My Heart Is Singing』、次はタランテラ（訳注：イタリア南部の舞曲）の『ラ・ダンツァ』で「バレエ美女軍団」と共演した。私は情熱的な雰囲気を大いに楽しんだが、歌いながらも歌詞の意味は何ひとつ分からなかった。衣装は胆汁のような緑色のスペイン風ドレスで、長い引き裾の下には赤いフリルが何段も重なっている。私は扇子をあおぎ、足を踏みならし、スカートを手に持ってその赤いフリルの下から足を蹴り上げる……イタリアの歌だったのになぜかスペイン感が満載だった！

マックス・ウォールは私が共演したすべてのコメディアンの中で、最も

才能と知性のあるアーティストだったと思う。ただうまいというだけではなく、彼には絶対的なオーラがあり、私は世界中で5本の指に入る道化役だと思っている。

　まず道化に必須の泣き顔は、哀しいだけではなく、どこか優しげだ。目尻の垂れた愁いを含んだ目は、悪巧みをしているときは、いたずらっ子のように輝く。大きな前歯と、墓場から響いてくるような低い声。体は不気味なくらいに歪んでいる。頭がとにかく大きく、足は細い。持ちネタで有名な「ワロフスキ教授」を演じるときは、下は黒いタイツ、上は短いジャケットという格好で、足にはくるぶしの上まである、そしてつま先が異様に長い革靴を履いている。背中がコブのようになった猫背で、髪の毛は、白塗りの顔の片側にぴったりなでつけられている。グロテスクなまでに滑稽な扮装だった。

　普段の彼は陰気で近寄りがたく、うつろな雰囲気の人だった。不機嫌だから放っておいた方が良いのだろう、と思わせる様子なのだ。私は彼が頭をのけぞらせて笑うのを見たことがない。誰かと冗談を交わしているのも見たことがない。舞台に上がると、最高に頭が切れて楽しいが、そこに怒りが秘められていると感じた観客もいたのではないだろうか。私は、彼は怒りを笑いに昇華させていたのだと思う。

　当時マックスには世話好きの奥さんがいた。美人で彼の行くところどこにでもついてきて、いつも編み物をしているような女性だった。母は1度、マックスは満月のときに人格が変わる、やっぱり少し頭がおかしいのでは、と指摘したことがあった。鬱病に苦しんでいた可能性もある。

　よく覚えているのは、観客の熱狂ぶりだ。マックスはただおかしな格好で舞台に登場し、へんてこな歩き方をするだけで良い。それだけで観客は彼の思うままになる。

　彼のステージの中で特に忘れられないのが、「バークリー広場のナイチンゲール」を歌うときの顛末だ。伴奏のオーケストラが彼の歌よりどんどん先に行ってしまって、彼は呆気にとられる。

「ちょっと？」彼は言う。「ちょっと！　なにかが間違ってる。最初から

やり直しだ」

　オーケストラは最初から演奏するが、さっきと全く同じ箇所でテンポを
上げて終わらせる。彼はひどい癇癪を起こす。

「わかったよ！」と怒鳴る。「支配人を呼ぼう！　支配人を呼んできて！
この指揮者は頭がおかしいと報告してやる！」

　まだまだ文句を言おうとしたところで、後ろのカーテンの裏に引っ張り
込まれる。それからつんのめるようにして舞台に再び飛び出す。まるで誰
かに押されたような格好だ。

「今の見ました？」彼は怒り狂って観客に叫ぶ。「今のを見てたでしょう？
パフォーマンスの真っ最中だってのに！」

＊

　1953年の夏から秋にかけて、私はヘトヘトに疲れ切っていた。1週間ご
とに、イギリス全国の30もの都市を巡業した。

　父が私にこう言ったことがあった。「この先どんなに遠い国へ公演に行
くことになっても、自分の国を一番よく知っておくことが大事だよ。北か
ら南まで、ペナイン山脈、湖水地方、湿地帯、荒野、川、歴史」

　私が受けたのはこういう教育だった。

　ジョーン・マンは『キャップ・アンド・ベル』にも出演したので、もう仲
良しの友だちだった。同じ下宿に泊まり、夕方になると一緒に劇場に行っ
た。

　当時、ボードヴィルは過去の遺物になりつつあった。地方の劇場はどう
しようもなくうらぶれて不衛生で、設備は使い物にならず、ペンキはあち
こち剥がれたり、ひび割れたりしていた。楽屋のテーブルは木が裂け、床
はベタベタして、電球はぼんやりとしか光らない。

　母が何枚か明るい色のテーブルクロスを買ってくれたので、私は1枚を
楽屋のテーブルに敷いて、もう1枚を画鋲で留めてテーブルの端から垂ら
した。一画だけでも清潔な空間を作り、明るい気分になれるようにした
かったのだ。そこにメイク道具や鏡を並べ、家族の写真を置いた。

私が使っていたのは昔ながらの旅行鞄で、縦に置いて開けると中には引き出しがあり、ハンガーが吊せるようになっている、携帯クローゼットのような作りだった。普段着る服は違う鞄に入れていたが、この旅行鞄には公演で使う衣装、メイク道具など一式が入っており、その劇場での公演最終日に、他の出演者の荷物と一緒に集められ、次の巡業地に送られる。

　月曜の夜、新しい劇場で1回目公演が始まる前に、私は衣装部屋に行って自分のドレスにアイロンをかける。いつも衣装係がいるとは限らなかったし、いても忙しくて私のドレスに構う時間はないかもしれなかった。

　衣装の中に、くるぶし丈のオーガンザ（訳注：透け感のある絹のような生地）のドレスがあって、ウエストの部分に緑の造花がたくさんついていた。運んでいる間にその花が潰れてしまうので、もう1度ふくらませ、何層ものチュールにひたすらアイロンをかけた。巡業ではとにかくやることが山積みだった。下宿にチェックインしたり、チェックアウトしたり、発声練習をしたり、一晩に2回舞台に立ったり……。

　町によっては観客があまりに乱暴なので、劇場側がバルコニー席の照明をつけて、観客が暴れたらすぐに分かるようにしているところもあった。グラスゴーで土曜の夜、2回目公演をしているときだった。観客席で酔っ払いが酒瓶を投げ合って喧嘩を始めた。ステージの上にいた私は、いつもよりトリルを効かせ、両手を胸の前でぎゅっと組み合わせ、叫んでいる酔っぱらいに負けないよう、大きな声で歌った。

　このとき知らず知らずのうちに私は鍛えられていたのだ。あるときは荒っぽい観客を相手に、あるときは立ちこめるタバコの煙の中で、観客との向き合い方を身につけていた。タバコの煙があまりに大量なので、ステージの足下に溜まっているのがスポットライトで見えるほどだったが、母に「煙のせいで声が出ないなんて泣き言は2度と聞きたくない！」と叱られたこともあった。また、たとえ無意識でも、名だたるボードヴィリアンの演技を毎晩見ていたことが貴重な経験になっていることに当時の私は気づかなかった。この頃の修行が、のちに私の財産になったと分かるのは、もっとずっとあとのことだ。

1953年6月2日、女王エリザベス2世の戴冠式があった日は、すべての劇場が閉まった。ロンドンじゅうが戴冠式のために飾り付けられた。至る所に国旗が掲げられ、街灯に花飾りがかけられた。歴史上初めて戴冠式がテレビ放送されることになり、しかもイギリスの国民的キャスター、リチャード・ディンブルビーの深みのある厳かな声が実況中継をした。「女王陛下のお見えです。この上ない優雅さで……王笏と宝珠を手に……」

　私は家族と一緒に、テレビの前で胸を躍らせて見ていた。なんといっても、若い女王が宝石に彩られた3キロもある重い王冠を戴き、白いサテンに刺繍をほどこされた分厚いガウンを着て、何時間も座っている姿に息をのんだ。フルオーケストラ、コーラス、ファンファーレなどの音楽も素晴らしく、荘厳な式だった。女王が国民に向けたスピーチには深く心を動かされた。このうら若き愛らしい女性が、イギリス国民にその身と心を捧げると言う。その夜、イギリス国内では小高い山や丘で祝賀の焚き火が明るく燃えた。騎士道精神に溢れる私の父は、たったひとりでリース・ヒルの丘に行き、新たな国家元首である女王に忠誠を誓った。

　母と私がロンドンに一緒に行くときは、車でザ・マル（訳注：ロンドン市内の大通り）を走ってバッキンガム宮殿まで行き、英国王室旗が掲げられているかどうか確かめる（私は今でもする。旗が掲げられていれば、女王が宮殿にいるということだ）。
「女王は今日、いらっしゃるのね」と母が言う。
「すごいなあ。私もいつか会えるかしら」と私は冗談で言う。「お茶に招待してもらえると思う？」
「そうね、いつかね。あなたがすごく頑張れば」
　戴冠式の前後には華やかなコンサートや催しがたくさんあり、私と母はロンドン高級住宅街のパークレーンにあるホテルで開かれる、一夜限りのコンサートの出演依頼を受けた。私たちは一番良いドレスで着飾って、頼れる相棒、ベッティーナで出かけた。ロンドンに向かう途中に谷間のよう

な地形があり、そこは道がぐっと落ち込んでいて、低い橋がある。その日はイギリスではありがちなことに、雨で道が冠水していた。水浸しの道の向こうに見える橋は、すぐ下まで増水した川が迫っていた。

「突っ込んで通り抜けるしかないわ」私は母に言った。「勢いよく行けば渡れるはずよ」

　母はアクセルを踏み込んで発進した。しかしベッティーナは水たまりの真ん中でプシュンと止まってしまった。エンジンが完全に濡れたのだ。晴れ着の私たちは車から水たまりの中に降り、ヨロヨロと近くのガソリンスタンドまで牽引をお願いしに行った。とてもコンサート会場まではたどり着けなかった。

　テムズ川沿いの美しい歴史的建物ハンプトンコート宮殿が、戴冠式に合わせてライトアップされ一般公開された。母とパップ、弟たちと私は皆で宮殿を見に行った。かぐわしい夏の夜で、あたりは花の香りで満たされていた。川面は宮殿の明かりできらめいている。満天の星空のもと、美しい庭園を歩いていると、どうしようもなくロマンティックな気分になった。誰もが愛する人と一緒にいるようだった。私もこの瞬間を分かち合える相手がほしかった。

　トニーはカナダにいて、ほぼ毎日私に手紙を書いていたが、私はあのときほど彼を恋しく思ったことはない。あの夜、ハンプトンコートで過ごした瞬間は脳裏に焼きついている。トニーのような感性の持ち主がこれを見られない、それに私の隣にもいない、ということが惜しくて悲しくて、今でもその胸の痛みとともにあの完璧な英国式の夏の夜を思い出す。

第25章

『キャップ・アンド・ベル』の公演中、私は自分の将来が本気で心配になり始めた。自分がこの先、観客に与えられるものは何なのか、自分は今まで何を学んだのか、これから何をしたいのか、と自問した。17歳になってもまだ終わりのない巡業に明け暮れ、毎晩同じ歌を歌うことの繰り返し。小さかった頃の「奇跡の」歌声は変わってしまって、そんなキャッチコピーも相応しくないように思えた。

教育は受けていないも同然だったし、歌以外の芸もできなかった。家族を世話して、お金を家に入れることに必死で、それは同じ場所をグルグル回っているような生活だった。私はもともと人好きのする性格で、ちゃんとした行儀の良い振る舞いをすることはできたが、本当の自分は堅い殻に閉じ込められ、回し車の中のハムスターのように、決まりきった動きを繰り返しているだけだった。

そんなある日、驚いたことに、『シンデレラ』のシンデレラ役をロンドン・パラディウムでやらないかという依頼があった！

この劇場は最高権威で歴史ある劇場とされている。モス・エンパイア社の王冠に輝く宝石のような劇場だ。アメリカから来る超有名アーティストたちは、必ずと言って良いほどここに出る。客席は2000席以上あり、それでいて、ステージの上からは観客に手を触れられそうな感覚になる。完璧な劇場で、私が今まで出演してきた下世話なボードヴィルの劇場とはまるで違う。そして、ロンドンでパントマイムを見るならここが一番だった。

1953年から翌年にかけて始まった『シンデレラ』の舞台は、品のある豪華な内容で、衣装も新しく作られた。演出は『スターライト・ルーフ』にも関わったチャールズ・ヘンリーで、振付はポーリーン・グラントだった。

リチャード・ハーネがシンデレラの不遇な父親役だった。また私が『エデュケーティング・アーチー』で出会ったコメディアンのマックス・バイ

グレイブズは今や有名になり、その彼がシンデレラに恋をするバトンズの役だった。アデル・ディクソンが白馬の王子様役で、ジョーン・マンが王子様の小姓のダンディーニ役だった。

　熟練の道化であるリチャード・ハーネは、有名なミスター・ペストリーの役を今回のパントマイムにも落とし込み、愛されていた。彼の有名な、そして観客も期待している芸は「ザ・ランサーズ」という昔ながらのフォークダンスで、大勢で楽しい曲に合わせて踊る、という寸劇だった。舞台にいるのは彼ひとりなのに、皆と腕を組んだり引っ張り合ったりしながら、賑やかなダンスホールで踊っているように見えるのがすごいところだ。

　アデル・ディクソンは　宝石商のカルティエと結婚していた。出演者は毎日、舞台衣装でリハーサルに来るのだが、彼女は上質な仕立てのスーツで現れた。トレードマークは襟の折り返し部分にあしらったシルクの菊かスミレの花だった。彼女は恐らく、男役の主演を演じる一般的な女優より少し年を取っていたかもしれない、そしてジョーン・マンのような美脚でもなかった。しかしアデルは彼女ならではの、優雅で昔ながらの王子様像を作り上げ、私はすっかり彼女のファンになった。

　制作にもお金がかかっていて、舞台は回転するわ、本物の白いポニーが壮麗な金色の馬車を引くわ（このポニーは可愛かったが、私の友人が観客席にいる回は決まって舞台上でフンをするというすごい特技の持ち主だった）、何もかもが桁違いだった。妖精がシンデレラを変身させて舞踏会に送り出すシーンは目もくらむようだった。グランド・フィナーレの結婚式のシーンでは、私のドレスの骨組みのクリノリンが広がりすぎて身動きがとれないので、私はまず袖と上半身の衣装を着けて、ペチコートで舞台裏に行く。そこに広げられているスカートの中に入るのだが、スカートは宝石で装飾されていて重いのでスタンドに支えられている。ほかの共演者、そして王子様と私は油圧式エレベーターに乗って、ステージまで上がる。そこには最後のシーンのため、純白のセットが光り輝いて私たちを待っていた。

　『シンデレラ』は成功し、劇評も好評価だった。初日のあと、母が私に

「ジュリー、この役は今のあなたにぴったりよ。あなたのキャリアの中で、これ以上のタイミングはなかったと思うわ」と言った。私は12月から3月まで、1日2回の公演をしたが、どの回も最高に楽しかった。

　パラディウムに出演すると、楽屋の扉に真鍮製の自分の名札が取り付けられる。そして公演期間が終わると、その名札は出演者が持って帰って良いことになっている。有名な劇場に出演した記念だ。父が名札を飾る木のスタンドを作ってくれて、私はそのスタンドに載せた名札を今も大事にとってある。

『シンデレラ』の成功のあとも、その先に進む道はまだ見えなかった。ラジオ放送でも歌い、ボードヴィルも続けていた、そしてパントマイムにも出演した、しかし『シンデレラ』が自分のピークだったのだろうと思っていた。

　その頃、ロンドンでとても注目されている『ボーイフレンド』というミュージカルがあった。脚本と作曲はサンディ・ウィルソンだった。私は自分のパントマイムに出ていたのでそれを見る時間がなかったが、大評判だったので、アメリカのサイ・フォイヤーとアーネスト・マーティンがブロードウェイでの上演権を買った。ふたりは『ガイズ・アンド・ドールズ』『カンカン』などのヒットメーカーとして有名だった。ロンドンのプロデューサーたちは、自分の舞台の俳優をブロードウェイに引き抜かれたくなかったので、フォイヤーとマーティンは全く新しいキャストでアメリカ用のミュージカルを作り直すことにした。

　ある日チャーリー・タッカーに、『ボーイフレンド』の演出家であるヴィダ・ホープという女性が『シンデレラ』のマチネを見に来ると教えられた。あとで知ったのだが、『エデュケーティング・アーチー』で共演した優しいコメディエンヌ、ハッティ・ジェイクスがヴィダに、パラディウムで主演している若い女の子を見てみれば、とアドバイスしたらしい。サンディ・ウィルソンもヴィダと一緒に劇場にやって来た。すると何がどうなったのか分からないが、私はブロードウェイ版『ボーイフレンド』のポリー・ブ

ラウン役の２年契約を打診されたのだ。ハッティは実のところ、私の人生に自分が果たした役割を自覚しているのだろうか、と思うときがある。

　当時、家計は私の稼ぎだけで支えられていた。パップはいつもお酒を飲んで母を悲しませ、弟たちは悲惨な状況に置かれていた……。アメリカ行きを断る理由はいくらでもあった。そして前にも言ったが、私は家を離れることを極度に恐れていて、２年間も家族と離れると思うと胸が潰れた。

　長いこと決断を下せずにいた。どうして家族を捨てることなどできようか？　大袈裟かもしれないが、自分がいなければ家族はバラバラになってしまうと思っていた。みんなはどうなってしまうんだろう？　私だって知らない外国に行って、ひとりでやっていける？　私に野心がないわけではなかった。ただ『ボーイフレンド』が自分にできるとはどうしても思えなかったのだ。心配ごとが多すぎて冷静に考えられなかった。

　私は父に相談することにした。父がムーズに来たとき、ふたりで庭を歩きながら話した。アメリカ公演の依頼——しかも２年間も！——をどうして良いか分からないと涙ながらに言った。

「なあ、お前」父は優しく言った。「行くべきだと思うよ。人生最高の出来事じゃないか。それにひょっとすると２週間しか……あるいは２カ月しか続かない可能性だってある。公演が絶対に２年間続くかどうか誰にも分からないだろう。お前の世界を広げてくれる体験になるよ、アメリカを見ておいで。この機会を逃してはいけないよ」

　いつものように、父には説得力があった。

　何年も後に、あのときどんな気持ちで私にアドバイスしたのか父に聞いたことがあった。

「私の中で何かが死んでいくようだったさ」父は打ち明けた。「お前としばらく会えなくなると分かって、それが本当に辛かった。だけどお前にとって最高の出来事だということも分かっていた」

　私は決断した。私にしては珍しく強情に、生まれて初めてチャーリー・タッカーに強く出た。「２年間はできないけれど、１年ならやります」

　チャーリーは仰天し、慌てた。アメリカのプロデューサーにそんな要求

ができるはずがない。しかし私も感情が高ぶって頑なになっていたので、叫んだ。「それなら結構です！ 私が駄目なら他を当たるでしょう」

　多分このときの私は、２年間ではなく１年間の契約にしてくれと意地を張れば、フォイヤーとマーティンがこのオファーを取り下げるだろうと思い、そう願ってもいた。しかし驚いたことに、彼らは私の要求を飲んだのだ。

第２６章

『シンデレラ』公演は３月に終わり、アメリカに出発するのは８月の予定
だった。この空いた時間に、私は『マウンテン・ファイヤー』という「音楽
劇」で、アメリカ南部のヒロイン役を依頼された。私はいつもちゃんとし
た芝居をしたいと思っていたので嬉しかった。ついに「演劇」に出られる！

　演出家のピーター・コートとその奥さん、ジョーン・ミラーに会いに、ケ
ンジントンのお宅を訪ねた。私にこの役が来たのは、年齢的にちょうどよ
く、適度に色気があったからだろうと思われる。断じて私のアメリカ南部
訛りのお陰ではない、はっきり言ってひどかった。

　舞台はテネシーの山深い村で、ソドムとゴモラの伝説を彷彿とさせる、
悲しく暗い設定だった。脚本はビル・バーニーと、大ヒット・ミュージカル
『ダーク・オブ・ザ・ムーン』を書いたハワード・リチャードソンだった。

　ジョーン・ミラーが私の役作りを手伝ってくれて、登場人物に必要なニュ
アンスを教えようとしたのだが、私はいつものように、悲しい歌でも映画
のオーディションでもそうだったが、役柄の感情に飲み込まれてしまう。
結局、涙、涙の日々になり、私は仕事に行くのが辛かった。

　ジリアン・リンは今では『キャッツ』や『オペラ座の怪人』の振付師と
して有名だが、その当時は役者で、この劇では奔放な女性の役だった。
ジェリー・ウェインは私が演じるベッキーという若い女性を誘惑するセー
ルスマンの役で、ハンサムだったが健康オタクで毎日ニンニクを大量に食
べ、耳からニンニク臭が噴き出すほどだった。彼の服、息、髪、全てがニ
ンニクだった、しかも私は彼とラブシーンを演じなければならない。誰か
が私も自衛のためにニンニクをたくさん食べれば、他の人の臭いなど気に
ならないと言ったので、私もニンニクを食べ始めた。だが事態はちっとも
良くはならならず、他の共演者が私たちに近寄らなくなっただけだった。

　作曲はステファン・デ・ハーンで、私より15歳ほど年上の感じの良い男性

だった。彼は劇の音楽も監修した。ヨーロッパの出身で、博識で、恥ずかしがり屋、そしてとても楽しい人だった。演出家はオーケストラを舞台下のピットに配置するか、あるいは演劇なのだから全く無くすか決めかねていた。やっぱりギターだけならステージで演奏しても良いのではないか……と毎晩違う演出を試した。

　ピーターはそれでもしっくりこないようだった。歌の伴奏のために音楽が鳴り出すと、ストーリーの流れが絶ち切られてしまうと言った。私は助けたくて、ある提案をした。

「私は絶対音感があります。最初に私が歌い始めたら、他の共演者もそれに合わせて歌えません？」

　ピーターはきょとんとしている。「だけど君のいないシーンはどうする？」

「そうですね、確かに！　私がいないときはどうして良いか分かりませんけど、例えばジェリーとのデュエットなら、彼の最初の音を私が小さい声でハミングするとか。そうしたら彼はその音で歌い始められます」

　さっそくその夜、私のアイデアを試すことになった。そのときが来たので、私はジェリーに出だしの音を小さなハミングで伝えた。しかし彼は「何だって？」と聞き返した。

「ムー」私は今度は少し大きめの音で、でも観客には聞こえない程度に、もう1回ハミングした。言うまでもなくジェリーは音が分からず、大惨事になった。

　本当を言えば、脚本そのものが良くなかったと思う。カンパニーはなんとか成功させようと頑張っていたが、私たちは皆、失敗になる予感がしていた。さらに言えば私は、ロンドンの有名な批評家のケネス・タイナンがこの舞台を見たら、私のキャリアは終わりだと怯えている有様だった。幸いにも『マウンテン・ファイヤー』はロンドン公演にたどり着く前に終演した。

『ボーイフレンド』のアメリカ人プロデューサー、サイ・フォイヤーが、公演期間が終わる直前にこの芝居を見に来て、私の楽屋を訪れた。彼が私

の演じた役について言えたことはたったひとつだった。「君には絶対音感があるんだね！」

彼は快活ではつらつとしていて、顔にはそばかすがあり、黄色い髪は短く刈り込んであるので頭が弾丸のようだった。私はひと目で彼が好きになった。

絶対音感と言えば、母もそうだ。私たちは「これ何の音？」というゲームをよくした。厳密には、絶対音感があるのは母だけで、私は相対音感に近かった。例えば、真ん中のＣの音を頭の中で出し（音階練習はいつもＣからだった）、他の音は、Ｃとの音程差で見当をつける。面白いことに、月日が流れると、私はこのゲームで母に勝つことができるようになった。そして母は、正確無比な絶対音感の持ち主だったのに、１音下がって聞こえるようになった。私たちは先を争ってリビングのピアノまで歩いて行き、ピアノの鍵盤をポーンと叩いて、自分の方が正しいと証明しようとした。皮肉にも、最近は私も音が低く聞こえるようになった。きっと年を取ると何もかも低くなってしまうのだろう！

『マウンテン・ファイヤー』で巡業している間、私はニール・マッカラムという若いカナダ人俳優と仲良くなった。とてもうまい俳優で、愛嬌のある左右非対称の顔をしていた。私たちの仲はすぐに恋人に発展した。

その７月、芝居の公演期間が終わってから、ニール、ステファン、ジョーン叔母、そして私で小旅行に出かけた。小型のクルーザーを借りてテムズ川上流まで行くという旅だった。叔母とステファンは意気投合し、暗黙の了解で叔母は私とニールの見守り役になった。私たちは気楽な４人組だった。

乗っていたクルーザーは長さ９メートルほどで、４人分のベッドがあり、小さなシャワーもついていた。ニールとステファンが航海に関わる全てをやり、私と叔母はベッドメイクをしたり、朝食を作ったり、フェンダー（訳注：防舷材）やロープを投げるなどした。夜になると私たちは船を曳船道につなぎ、地元のパブに食事をしに行った。船の中の小さなキッチンで夕飯を

作ることもあった。

　のんびり10日間かけて、私たちはオックスフォードに行き、戻ってきた。ときどきはお日様も出たが、ほとんど大雨が降っていた。それでも楽しかった——冒険だったのだ。

　ニールはムーズにも遊びに来て、弟たちにとても優しく接し、クリスのために庭にブランコを作ってくれた。私がアメリカに発つ少し前、ニールはカナダに帰らなくてはいけなくなった。私は母に「ママ、サウスハンプトンまで、ニールを見送りに行きたいんだけど」と言った。母は「私としては行ってほしくないわ」と反対した。

　しかし彼と一瞬でも長く一緒にいたいという思いが抑えられなかったので、私は母の心配を振り切った。「ママ、どうしても行かなくちゃ。彼が出発したら、朝には帰ってくるから」

　こうして強引に私は行った。母が何を心配しているかは分かっていた。

　ところがサウサンプトンに向かう列車の中で、罰が当たったかのように、いきなり生理が始まった。私はうろたえた、そして少し安心もしていた。ニールと私は一晩一緒にいたが、プラトニックなままだった。彼はさぞや、もどかしかったはずだ。私がニューヨークに着いたら、彼は必ず会いに来ると約束した。翌朝、彼は船に乗り、私は見えなくなるまで手振り続け……それからひとり寂しくウォルトン・オン・テムズに帰った。

　家に着いたとき母はいなかった。もしかしたら私に腹を立てていて、私が帰ったときに顔を見たくないと思ったのかもしれない。あるいはただいつものようにパブに飲みに行っただけかもしれない。とにかく家はゾッとするほど空っぽで、私は悲しい気持ちになって自分を哀れみ、ベッドに突っ伏した。どれくらい経ったろうか、母が帰ってきてベッドの脇に来た。私が涙ながらにニールとの関係は最後まで行かなかったと打ち明けると、母も泣いたが、それは安堵の涙だった。

　アメリカ行きの大準備が始まった。

第27章

私のための壮行会が開かれることになった。オールド・ムーズで開かれる最後の盛大なパーティだ。皆が来た。叔母、ディングル、弟のジョン、ダンス教室の生徒たち、グラディ叔母さんと彼女の夫のビル、スーザン、トリシャ・ウォーターズ、地元の友も遠方の友も、とにかく全員が集まった。

パップはその夜ひどく酔っ払った。痛風が痛むのか、杖をついて足を引きずっていた。夜が深くなり宴もたけなわになった頃、皆で踊っていると、パップが客間に入ってきて、天井の平べったい丸い照明を見上げた。「ずっとこいつが気に入らなかったんだ！」彼は怒鳴った。そして次の瞬間、それを杖で突いて粉々に割った。

お客は速やかに部屋から避難した。弟たちと私は自分の部屋に逃げた。パップの怒りはいっそう燃え上がった。怒鳴り声を上げ、何事かわめきながら、家じゅうを歩き回った。タオルを手に巻いて、叔母とディングルのバンガローに行き、「あの野郎、俺に300ポンドの借りがあるだろう！」と言いながら全部の窓をパンチで割った。そしてパップはディングルに殴りかかったのだが、ディングルが何をどうしたのか、鼻血を出したのはパップの方だった。母が警察を呼んだ。ジョニーも父に電話した。父はすぐに来て、私たち全員をオックリーにとりあえず連れて行くから週末はそこにいるように、と説得した。

私はその3日後にアメリカに発つことになっていて、まだ荷造りもまるで済んでいなかったが、ドナルド、クリス、母と一緒に父の車に乗り込んだ。叔母は取り乱していて、ディングルがそばにいた。その週末ふたりがどこに泊まったのか、私は知らない。

パップは数日前からおかしくなっていて、怒りをフツフツとたぎらせ、爆発寸前だったのだ。それが爆発したのがまさに私が旅立つときだったというのは偶然かもしれないが、私が皆の注目を浴びているのを見て耐えら

れなくなったのだろう。彼の方はと言えば、ボードヴィルのキャリアはな いに等しく、キャッシュ・レジスターの販売員の仕事もうまくいっていな い。パップにとって、家に叔母とディングルがいることもしゃくの種だっ た。庭のスタジオで行われるダンスのレッスンに苛立ち、妹のことばかり 気にかける母には無視され……自分の味方はどこにもいなくて、居場所な どないように感じていたのだろう。それにもちろん、アルコール依存症 だった。のちに私たちはスコッチやウォッカのボトルが家のあちこちに隠 されているのを見つけた。

あるとき母は、パップが出会い系雑誌の『ロンリーハート』に食事の同 伴者募集という広告を出していることに気づいた。母がどういうつもりな のか問い詰めると、パップはセックスを求めているのではなく、ただ一緒 にいてくれる人がほしいのだと答えた。それが本当なのか私には分からな かったが、なんと悲しいことか、と思った。そして母はしばらく動揺して いた。

そんなわけで、私は最後の週末を父とウィンとふたりの弟たちと一緒に 過ごした。母は翌日ムーズに戻り、警察と話をした。パップは警察に連れ ていかれたが、48時間後に釈放されるので、母は接近禁止令を出してもら い、彼が家の近くに来られないようにした。こうなってやっと私も戻るこ とができ、荷造りの続きをした。

接近禁止令は数週間しか効力がなく、母はその後の心配をしていた。叔 母はまだショックから立ち直れず腹を立てていた。私はジレンマに苦しん だ。母と弟たちを置いて行ったらどうなるのだろう？ みんなが安心して 暮らせる日が果たして来るのだろうか？ 私は母に離婚してくれるよう頼 み込み、母もそうすると約束した。

言うまでもないが、出発の瞬間は悪夢だった。誰もが口をそろえて私に アメリカ行きの飛行機に乗るよう強く言う。母、父、ジョーン叔母、ディ ングル、グラディ叔母、チャーリー・タッカー、ジョニー、ドナルド、クリス、 皆がノースホルト空港まで私を見送りに来た。さよならを言うのは辛すぎ た。母と叔母は気丈に振る舞った。大丈夫だから、心配しないで、とにか

く行って！　と。

　滑走路の上で巨大なエンジンがうなりを上げていた。乗客はプレハブの
ような小屋に集められ、搭乗を待った。それから私は暗い夜の中、エンジ
ンを４つ搭載した大型のプロペラ旅客機に乗り込んで、大西洋を横断する
旅に出た。

　私はそれまでアメリカ公演で一緒になるカンパニーの仲間に会ったこと
はなかったが、同じ飛行機に乗っていた彼らは、海の向こうで待っている
出来事に胸を躍らせておしゃべりしている。私もなんとか同じようにした
かったのだが、心配な気持ちの方が大きかった。隣に座っていたのはダル
シー役のディリス・レイという若い女性で、とても世慣れて落ち着いてい
るように見えた。飛行機の中で、私たちはニューヨークで同室になろうと
約束した。ロンドンからニューヨークまでの間、飛行機はニューファンド
ランド島のガンダーで給油し、私たちはあまり眠れない夜を過ごした。

　全部で18時間の旅程だったので、ニューヨークに着く頃には私は心身と
もに疲れ切っていた。家族のことばかり考えていた。母は耐えられるだろ
うか？　パップとの離婚を乗り切れるだろうか？　本当に離婚できたとし
て、家はどうなるのだろう？　どこに住むのか？　ドンとクリスはどうな
るの？　私の『ボーイフレンド』の出演料はあまり高くはないかもしれな
いが、半分は家に送るつもりでいた。しかしそれで彼らが暮らしていける
のだろうか？　私はニューヨークで毎週生活できるだろうか？

　1954年８月24日、私たちはアイドルワイルド空港（現ジョン・F・ケネディ
国際空港）に到着した。飛行機のタラップを降り、暑さで溶けそうになっ
ているコンクリートの上に立つと、記者やカメラマンの一団に囲まれて、
荷物カートの上でポーズをとるように言われた。

　彼らは「チーズケーキを見せて！」と言う。

　私はそのたびに「なんとおっしゃいました？」と聞き返した。女の子の
中に意味を知っている子がいて、スカートを持ち上げろということだと教
えてくれた。私はアメリカに着いた途端、脚を見せなくてはいけないなん
て恥ずかしいと思った。

空港ではルー・ウィルソンという小柄な男性が私を待っていた。チャーリー・タッカーの友人で、私のマネージャー兼お世話係としてチャーリーが手配した人だった。ルーは小さな作品をプロデュースする起業家、そして夢追い人だった。穏やかで親切な人で、私を温かく歓迎してくれた。私はすぐにこの人に親近感を抱いた。

　私たちは45丁目沿いのタイムズスクエアにあるピカデリーホテル（現マリオット・マーキース・ホテル）に連れて行かれた。私が案内された部屋は３階で、コンベンションホールの真上だった。暑くてうるさかった。

　部屋にはシングルベッド、狭いシャワー、トイレ、洗面所があり、小さな窓を開けると、すぐ下に大きな通気口が見えた。後ろ手でドアを閉めた途端、途方に暮れ、寂しさに泣き出しそうになったことをよく覚えている。

　到着した最初の夜、小さな歓迎夕食会がサーディーズで開かれた。

　その後、私はディリスとホテルに戻って、他の大勢の宿泊客と一緒にエレベーターに乗った。全く知らない人だったが、ニコニコした人が私たちを見て「あーたらすごおうきれえだ」と言った。

「なんとおっしゃいました？」私は彼の強い南部訛りがまるで聞き取れなかった。

「あーたらすごおうきれいだ」彼はもう１回言ったが、同じようにしか聞こえない。

　なんとなく、きれいだと褒められた気がしたのでお礼を言った。さらにどこから来たのか聞かれたので、私は礼儀正しく「サリー州のウォルトン・オン・テムズです」と答えたが、彼はぽかんとした顔をした。

「あーしはじょおじあだ」と彼は言った。

「まあ、素敵ですね」と私は答えた。

　ディリスとふたりでエレベーターを降りてから、私は「あの男の人が話していた言葉、一言でも分かった？」と聞いた。

「全然」彼女は首を振った。

「私も！」

　しかし私は、アメリカ人というのはとても気さくなんだという印象を

持った。

　ニールがカナダから電話をしてきたので、私は出発する前の大変な出来
事を話した。彼は「すぐそっちに行くよ」と言ってくれた。

　彼が来たとき、その姿が目に入るや、私は大泣きした。彼の腕に飛び込
み、私たちはそのままベッドに倒れ込んだ。

第２８章

『ボーイフレンド』のリハーサルは、ピカデリーホテルから通り１本ほど離れた46丁目の劇場で行われた。演出のヴィダ・ホープは愛すべき肝っ玉母さんという感じで、楽しい人だった。ぽっちゃりした体つきで、時々言葉につまってうまく話せないことがあるようだった。振付師のジョン・ヒーウッドはすごく痩せていて、陽気で賑やかな人だった。ふたりともロンドンで『ボーイフレンド』を作っていたので、このミュージカルの方針はすでに決まっており、もう１回それを作り上げれば良いだけだった。

ディリス・レイはすぐさま自分の演じるダルシーの人物像をつかんだ。肩の上げ方、立ち姿、瞬きの仕方、そういったことが分かるようだった。彼女はハスキーな声をしていたので、それを役に活かして素晴らしい効果をもたらした。アニー・ウェイクフィールドはマドキャップ・メイジーという小悪魔的な女性の役で、ミリセント・マーティンはナンシーの役、ステラ・クレアはフェイとロリータというセクシーなタンゴの踊り手を１人２役演じた。ジョン・ヒュアーはボーイフレンドのトニー・ブロックハーストを演じた。

恐らくカンパニー仲間の９人はイギリス人だったと思う。残りはアメリカ人だった。誰もが自分がやっていることの意味を理解しているようだった。みんなポーズの取り方や、気取った風に見せる瞬間を分かっている、私だけを除いて。私は何度も頭の中で「どうして分かるの？　こんなのやったことがないわ。20代になったことなんてないもの。どうしてみんな簡単にできるの？」と必死に答えを探した。

リハーサルが始まってまだそれほど経っていなかった頃、朝、窓を開けて空を──実際には通気口を──見て、その日の天気を知ろうとした。すると雨ではないか！　ニューヨークは耐えられないほど暑くて湿度が高かったので、私は雨を大いに歓迎し、故郷を懐かしく思い出した。ホテル

を出て仕事に行こうと道を歩いているときに、建物の軒先にぶら下がっている看板が大きく揺れ、鎖が引きちぎれそうになっているのに気づいた。ずいぶんと風も強いようだ。

　8番街と45丁目の交差点を曲がるときは、風にあおられそうだったので街灯につかまった。次の角を曲がると、滝のような雨が顔を直撃し、服が一瞬でびしょ濡れになった。なんとか劇場の入り口まで階段を上がり、渾身の力でドアを開け、つんのめるようにして中に入った。しかしそこには、受付に立っているドアマン以外誰もいなかった。

「みんなはどこです？」私は息を切らせて聞いた。

「といいますと？」

「だって、今日のリハーサルはここですよね？」

「お嬢さん」と彼は言った。「ハリケーン（台風）・ヘーゼルが来てるのを知らないんですか！」

　サイ・フォイヤーはほぼ毎日リハーサルを見に来た。彼は疲れ知らずで、パートナーのアーネスト・マーティンがとても静かで、ややもすれば陰気なのとは正反対だった。

　私はまだ自分の役柄ポリー・ブラウンを掴み損ねており、彼女はどんな人物なのか、どう演じるべきなのか分からずにいた。だから他の皆を熱心に観察して真似しようとした。役作りの知識はなかったし、脚本を分析する方法も知らなかった。ヴィダは全体を見るのに忙しくてあまり助けてはくれなかった。すでに評判が固まっている作品なので、地方でのトライアウト公演をせず、いきなりブロードウェイで初日の予定だった。ということは、準備期間は非常に限られ、毎日が、リハーサルの1分1秒が貴重だった。

　噂では、サイ、ヴィダ、サンディの間があまりうまくいっていないらしかった。『ボーイフレンド』はロンドンでは大ヒットしたものの、サイはブロードウェイの観客にはパンチが足りないと思っている。サンディはそうは思っていない。彼は脚本家なので、演出のやり方はロンドンのままで正

しいと思っている。だからどんな変更も許しがたく、サイの干渉を嫌った。

　ついに我々が恐れていた日が来た……サンディとヴィダがクビになり、劇場に出入り禁止になったという知らせが飛び込んできた。サイが今後の演出を引き継ぐ。リハーサルのあとで私たちの知らない間に、何かが起きたに違いなかった。カンパニーの仲間たちはみんな心配になった。

　サイは新兵訓練の軍曹のように、全体を鍛え直した。まずは女優たちの台詞の言い方だった。それまでは皆で声を合わせて台詞を言う箇所が多く、たとえば「さあ、彼について教えて、ポリー！」と一斉に叫ぶシーンがあったが、サイはそれを一言一句、強弱のリズムもピッタリ揃うまで練習させた。話の流れが緩慢になったり、ぼやけたりしたときには、サイはすぐに引き締め、すっきりと切れ味の良い雰囲気にした。

　実際のところ、彼の強烈なやり方こそ必要だったのだ。誰も、ヴィダやサンディでさえ、ブロードウェイの観客が求めているものを理解していなかったと思う。イギリス版は繊細なレースのような作品だったが、アメリカ版は生きいきとして、めくるめく楽しい展開になった。

　実はサイは以前にも製作を途中から引き継いだことがあるらしかった。彼が触れるものは何でも黄金に変わるのだ。

　私たちはロイアール劇場という本番の劇場に移り、衣装を着けたリハーサルを始めた。オーケストラの規模はロンドンのときよりも大きく、ソプラノサックス、チューバ、独特のワウワウミュート（訳注：くぐもった音を出すためのエフェクター）のトランペット、それにバンジョーまであった。オーケストラと奏者は最高だった。

　初日に先立って２週間のプレビュー公演があり、私はまだ自分だけうまくできないと思っていた。どういうわけか、観客が大笑いするときと全く無反応なときとがあった。理由は分からない。私は毎晩違うことを試した。後知恵だが、私は滑稽なシーンを一生懸命にやりすぎて、かえって面白くなくなってしまっていたのだ。逆に、ただ役に没頭して素直に演じていると、観客は役に共感する。しかし当時はそういうことが分かるだけの経験がなかった。

プレビュー公演の最終回、私の演技は最悪で、自分が泥沼にはまっているのが分かった。翌朝、リハーサルの最中にサイに首根っこをつかまれ、「一緒においで」と言われた。

　彼は私を「ゴールデン」と「ロイアール」と「マジェスティック」の3つの楽屋の出入り口が集まっている、長く暗い路地に連れ出した。そこで私たちは非常階段に座った。

　彼は単刀直入に言った。「昨夜の君はひどかったよ」

「ですよね！」私も負けず劣らず素直に答えた。「どうしてうまくいかないのか分からないんです」

「いいかい、こうするんだ」とサイは言った。「ポリー・ブラウンをできる限りリアルに演じなさい。他の出演者のように笑いを取ろうとしたりしないで、役を正直に、心の底から演じてほしい。ボーイフレンドと別れたら、ボロボロに傷ついてほしい。役に忠実に。自分がポリーだと全身で信じるんだ。私の言ったとおりにすれば、ひょっとして今夜は大成功できるかもしれないよ」

　私はずっと求めていた答えをサイがくれたのだと、彼は溺れている私に命綱を投げてくれたのだと分かった。私は両手で必死にその命綱にしがみついた。すると全てがあるべき場所にピタリと収まった。彼のアドバイスには本当に感謝している。その夜、私はポリー・ブラウンを、純粋で、傷つきやすい、お金ではなくありのままの自分を愛してほしいと願う、そんな女性として演じた。

　それは1954年9月30日、私が19歳になる前日のことだった。あの日の舞台を忘れたことはない。オーケストラは素晴らしく、共演者も最高の演技をして、思ったとおりの場所で観客は笑った。終演後の反応は信じられないほどだった。観客はひとつの生き物のように一斉に立ち上がり、足を踏みならして口笛をピューッと鳴らした。客席の通路から出口に向かう間、みんなチャールストン（訳注：1920年代にアメリカで流行したダンス、『ボーイフレンド』で使われている）を踊っていた。

　舞台裏はごった返して、騒々しく、熱気に溢れていた。私は人をかき分け、

舞台横の電話までやっとたどり着いて、イギリスの母に電話をした。

「ママ、いま終わったの！」私は片方の耳を指で塞いで、受話器に叫んだ。

「なんとかうまくいったみたい」

　しかし母には私の声がほとんど聞こえなかった。

『マウンテン・ファイヤー』で一緒だったビル・バーニーがその日、私を食事に誘ってくれたので、ブロードウェイの初日のしきたりを知らなかった私は、一緒に行くことにした。私以外は全員、サーディーズに集まって劇評を待っていたのに、私だけビルとアンバサダーというレストランに行き、落ち着いた上品な食事を楽しんだ。その後でふたりでサーディーズに行って初めて、店の主人にカンパニーの皆が2階に集まっていると聞かされた。みんな新聞を振り回したり、広げた新聞に覆い被さるように劇評を読んだりしていた。ディリスはとてもよく書かれていて、奇跡的に私もそうだった。『ボーイフレンド』は大ヒットとなった。

　初演から10日経ち、私がふと劇場を見上げると、看板には「『ボーイフレンド』　主演ジュリー・アンドリュース」と書かれていた。

第２９章

公演が始まると、そこからが本当に大変な日々だった。すぐに出演者たちでアルバムのレコーディングをすることになり、息つく間もない。新聞各社や有名雑誌は、宣伝写真ではなく、自分たちで撮った写真で見開きページを作りたがるので、撮影に応じなければならなかった。そういうことは夜の回の終演後に行われるのだが、つまりもう１回ショーをやるようなもので、夜遅くまで働くことになった。マチネもある日はもう疲れて切ってしまう。

ディリスと私はお金を貯めてピカデリーホテルを出て、西58丁目にあるホテル・パーク・チャンバーズの一室を借りた。リビング、キッチン、そしてツインベッドがある寝室、トイレだけの部屋だ。キッチンはクローゼットほどの広さしかなく、かろうじて小さな冷蔵庫とホットプレートと流しがあった。

便利な立地で、道向こうのドラッグストアにはソーダ・ファウンテン（訳注：レバーを引くとソーダが出てくるソーダ販売機）があった。ピカデリーと比べると天国と言えた。クローゼットや洗面所に十分な収納スペースがなかったが、なんとかした。

ディリスは誰とでも仲良くなれる人だという事が分かった。ときどき恋人をアパートに連れてくることがあり、私はそんなとき寝室に退散するのだが、すぐ隣の部屋のソファで燃え上がるふたりの愛の営みに耳をそば立ててしまうのを止められなかった。

ニールも時間が許す限りカナダから来た。そういうとき、ディリスは寝室を私たちに使わせてくれた。ひょっとすると、ディリスの友人もリビングの方が出入りがしやすく、都合が良いからかもしれなかった。

*

私はふとした拍子に寂しさに駆られることがあり、故郷の愛する人とつながる瞬間は何よりも大事だった。当時はとてもお金がかかることだったが、週に1回は母に電話をしていた。ドンとクリスはのちのち、私からの電話があるといつもふたりは電話のまわりで私と話す順番を待っていたのに、母が独占して話せなかった、と教えてくれた。恐らくは母は自分が話したいことがありすぎて、弟たちの気持ちを考える余裕がなかったのだろう。手紙が私の生命線になり、毎日郵便を心待ちにした。トニーも相変わらず定期的に手紙を寄こしていて、私とニールの関係に気づいていたはずだが、思いやりからかそのことについては何も触れなかった。

　父の手紙はいつも美しい字で書かれ、田舎の季節の移り変わりが繊細に描写されていた。どんな花が咲き始めたか、ラッパ水仙が黄色い頭を持ち上げている様子、隣人との庭の境に門を作ったこと……まざまざと目に見えるようだった。私はまだ母の状況がとても心配で、早くパップと離婚するよう言い続けていた。父とチャーリー・タッカーの両方に手紙を書き、間に入ってほしいと頼んだ。すると父からこんな返事が来た。彼らしい雄弁な手紙なので、引用したい。

1954年11月24日、オックリー

愛しいジュリーへ
16日の火曜にもらったお前の手紙を受けて……パパはママに電話をしました。そして今、こんな手紙をママに書いています。

　「バーバラへ
　　昨日君とあんなにも言い争ってしまったことは本当に残念だ。君が難しい決断を迫られ、不安なときに、さらに困らせるつもりなどなかったことを分かってほしい。ジュリーがアメリカに行くとき、あの子は君がやっと袋小路から抜け出すべく、前向きな

行動を起こすと知って、喜んでいた。そしてあの子は私に、ちゃんと目的が達成されるよう、できることは何でもしてほしい、と頼んで行ったんだ。あの子のために、そしてもちろん君のために、目的達成を願っているよ。しかしもし、そうではない決断を下すのなら、君の勇気ある行動が報われ、感じているであろう将来の不安が解消すれば良いと願っている。ただしその場合は、今後の調停が面倒になることは避けられず、ジュリーをどんなに傷つけるかという側面をよく考えてみることを、私は何度でも言わせてもらうよ。分かってほしい。この件で私が望んでいることは３つだ。ジュリーの幸せ。君の幸せ。そして私が君たちの助けになること。

　　テッドより」

　ね、可愛い私の娘よ……この件は何も心配いらないよ。お前がここにいないからといって、自分に何もできないなんて悲しむ必要はない。自分の仕事に集中して、この件はパパたちが解決するから任せなさい。そして何よりも、何よりも一番大事なのは、お前の体だ。体を大事にね。

千の祝福を
永遠に　パパより

　果たして父の手紙が母を説得できたのか疑わしい。というのも、母とパップはこの少し後でよりを戻したのだ。叔母はのちに手紙で「パップは電話、プレゼント、ディナー・デートでママに猛アタックした」と教えてくれた。

　初めの頃、ニューヨークの全てに圧倒されていた。みんな速く歩くこと、独特のしきたり、大ヒット・ミュージカルに出ているというプレッシャー、

次々と現れる面白そうで未知の何か……。こういうものに押しつぶされて、お店の中に飛び込み、入り口で立ち止まって息継ぎをしている、ということが何度かあった。

『ボーイフレンド』の宣伝部は数多くのラジオ番組やテレビのインタビューに私を出させたが、お金がなくて他の服を持っていなかった私は、いつもたった1着のドレスを着回していた。

私の出演料は1週間に450ドルで、その半分は税金で持って行かれ、残ったお金の150ドルを実家に送った。そうなると私に残るのは週75ドルだった。そのお金でパーク・チャンバーズの部屋代と食費を賄わなければならなかった。木曜ともなると私もディリスもすっからかんで、小さなキッチンでわずかな食材を料理して食いつないでいた。

エレノア・ランバートという女性（ファッション広告を立ち上げた人で、1940年代に『インターナショナル・ベスト・ドレス・リスト』を作った）が、私に雑誌のファッション・ページでモデルをしないかと言ってくれた。私は何度かモデルをして、どの服も私にぴったりだったのだが、撮影が終わるとそのドレスを全部もらえることになった！　私は頂くわけにはいかないと断ったが、彼女は「いいの、いいの。あなたが着たんだから、もらって」と言う。これ以上ありがたいことはなかった。

またウォルドルフ・アストリアで開かれたファッション・ショーに出ないかと誘われたこともあった。チャーリー・タッカーがこの格式あるホテルについて、大きくて壮麗なホテルだと話していたことがあったが、確かにその通りだった。私はチャールズ・ジェームズという有名デザイナーの華やかなイブニング・ドレスを着た。今に至るまで、私が生涯に着たドレスのなかで1、2を争うものだった。舞台裏には皆が共同で使う楽屋があった。私が到着して自分のメイク道具を広げようとしていると、とても美しい女性がお化粧をしているところだった。彼女は言った。「こんにちは。たしかイギリスからいらしたのよね？　『ボーイフレンド』に出ているのでしょう？」

「ええ」私は答えた。

彼女は手を差し出して言った。

「私はグレース・ケリーよ」

　私たちの舞台は、いつも誰か有名人が見に来た。ある夜、トルーマン・カポーティが楽屋に来た。小柄な男性で小公子のような格好をしていて、シャツの首元は巨大な丸い襟になっていた。さらに緩く結んだ蝶ネクタイをしている。子どものような甲高い声で話すが、そのおかしな見た目とは裏腹に、鋭い知性を感じさせる人だった。

　また別の日には、ケーリー・グラントが来るらしいという噂が流れ、カンパニーは大騒ぎになった。どうやら知り合いに挨拶をしに、楽屋に来るという話だった。みんな彼を一目見るために、楽屋口のドアに殺到したが、私はカツラを脱いで、濃いマスカラを落とさなければならなかったので、やっとメイクを落とし終わった頃には、彼は帰ってしまっていた。

　がっかりして楽屋口のドアに向かっていると、そのときの私はメイク落としで顔はてかり、髪もボサボサだったと思うが、再びケーリー・グラントが現れた。何か忘れ物をしたらしく私とぶつかりそうになった。「やあ、こんにちは」と彼は言った。「知らないと思うけど、ケーリー・グラントといいます」

　私は彼が差し出した手を握ったものの、膝から崩れそうだった。彼は舞台をとても楽しんだと言ってくれたが、私は彼の魅力に圧倒されてしまって、何を話したのか全く覚えていない。

*

　私たちのパーク・チャンバーズによく来る客は、ルー・ウィルソンだった。舞台が終わったあとに時間があれば私たちの部屋に立ち寄って、お茶を1杯飲んで、ソファで座って話をした。話題は彼のイギリスへの愛、チャーリー・タッカーについて、私の両親について、彼の離婚について、あまり会えない彼の小さな「タペンス」という可愛い娘さんについて、などだった。私は彼もまた寂しいのだろうと思った。

ルーはニューススタンドに新聞が並ぶと、すぐさま全紙を買う習慣があった。それはたいてい真夜中過ぎなので、朝までには隅から隅まで読み終わってしまう。彼はあまり寝ないタイプで、夜中の方が頭が冴えているのだそうだ。いつもノートとペンを枕元に置いて、何か思いついたときには電気もつけずに書き付ける。朝になると、ベッドの下にはノートから切り取られたメモがあちこち散らばっている。彼は衝動的、活動的、愛すべき小粋な紳士で、何よりも私とディリスにとても優しかった。

　彼がとても良い人なので、ディリスと私は何かご馳走しようということになった。レストランに招待するお金などないので、私が缶詰のビーフシチューを買ってきて、お鍋で温めて彼にご馳走した。彼はとても礼儀正しく残さず食べた。その後、気を遣いながらも私たちのそれぞれの出演料と、ふたり分を合わせた出演料がいくらになるのか聞いてきた。

　私たちがお金に困っていることを打ち明けると、とても心配そうになった。

「色んな事を考えると、どうやら僕が君たちのマネージャーになった方が良さそうだよ」

　その日以来、彼は私たちの日々のあれこれを引き受けてくれた。一番大きな助言は、いま住んでいるパーク・チャンバーズに大事なお金を使うのではなく、もっと安い短期貸しの部屋に住むということだった。

　彼が見つけてくれたのは、東55丁目にある4階建ての茶色いアパートだった。私たちの部屋は最上階で、寝室はひとつ、リビング、前より少しだけ大きなキッチン、そして小さなバルコニーがあるところだった。初めてその部屋に行ったのは夜だったので、電気をつけた瞬間にたくさんのゴキブリが一斉に物陰に隠れたのを見て、悲鳴をあげた。退治しようとしたがうまくいかなかった。

　ある日、ディリスが子犬を抱いて帰ってきた。

　私はがっくりした。「ディリス！　どういうつもり？」

「どうしようもなかったの、ジュリー。しょうがないでしょう。だって、見てよこの子！」と彼女は子犬を私に近づけた。ペットショップのウィン

ドーにいたダックスフントの赤ちゃんだそうだ。私をなだめたいのか、ディリスは私に名前をつけさせようとした。母はいつも、もしもうひとり女の子を産むなら「メロディ」という名前にする、と言っていた。私は馬鹿みたいな名前だと思っていたし、犬もあまり好きではなかったので、そのダックスフントをメロディと名付けた。そうなるだろうとは思っていたが、私が餌やり、掃除、散歩、すべてをする羽目になった。「メリー」という短い名前で呼ばれるようになったその子犬は、劇場に連れて行けば楽屋で、私たちの部屋にいるときは安物のカーペットの上でも、ベッドの上でも、キッチンでも、どこでもフンをした。

　私たちはエレベーターのない4階に住んでいたので、子犬を外に出すたびに、毎回階段を上り下りするのが苦痛になった。私は良いことを思いついた。有機肥料は花に良いことを知っていたので、子犬のフンを窓際のプランターに混ぜた。確かにゼラニウムはきれい咲いたが、バルコニーからは凄まじい悪臭がした！

　ニールがカナダにいる間、私たちは毎晩電話で話していたが、それがどんどん長くなっていった。ルーには「ジュリー、長距離電話の電話代がもったいないよ」と叱られた。しかしいつの世も恋人はそうであるように、私たちの会話は1時間かそれ以上になり、数分ごとに料金は上乗せされていった。

　驚いたことに、ニールは心配性になり支配的に振る舞うようになった。私が行った場所、会った人、何をしたのか、すべてを聞きたがった。私の話を信じないときもあって、電話で言い合いになった。私が「ニール、どうして私が嘘なんてつくと思うの？」と言ってもまだ根掘り葉掘り聞いてくる。なぜなのか分からず、私は次第に苛々してきた。話を短く切り上げようとすると、かえって疑いを募らせる。私は彼との関係に閉所恐怖症にも似た息苦しさを感じるようになった。

　ある晩、電話で彼が結婚しようと言ってきた。
「うーん、ちょっと待って」と私は口ごもった。「まだ結婚なんて考えてなかったわ。まず実家に手紙を書いて両親にも聞いてみないと」

私は卑怯だった。「私たち、絶対うまくいかないと思う」とはっきり言えば良かったのだ。しかし私は母に手紙を書き、その返事にはとても思慮深く、「あなたの舞台が終わるまでは待ったらどうかしら。あなたがイギリスに帰ってきて話し合っても良いんじゃない？　新しい環境にいる間、結婚をすることがあまり良い考えとは思えません。それにもうすぐ舞台も終わるでしょう？」と書いてあった。

　私は安心してその手紙をニールに見せ、「もうちょっと待たないとダメみたい」と言った。彼はがっかりして私たちの関係はどんどん悪い方向に向かっていった。

　夏、共演者のジョン・ヒュアーがファイアー・アイランドに小さな小屋を借りて、私とディリスを週末に招待した。日曜日は曇っていたが、とても暖かったので、ビーチに行こうということになった。私は日焼け止めを塗らずに、バスタオルの上に横になり、そのまま寝てしまった。2時間後、目が覚めると灼熱の太陽が照りつけ、私は茹でたての海老のように日焼けしていた。その夜の舞台にはなんとか立ったものの、その後の2週間は真っ赤な肌が本当にジーという音を立てているようだった。

　ディリスとミリー・マーティンが「冷たい紅茶がいいわ！　冷たい紅茶のお風呂に入るの。タンニンが効くから」とアドバイスをしてくれた。ところが私は紅茶だろうと水だろうと痛くて風呂になど入れなかったので、ディリスが私の肩や腕に冷たいスポンジをそっと当てた。私はカモミールのローションをたっぷりと塗って、舞台に立つときはその上からドーランを塗ったが、光が当たると肌の色が紫色に見えた。この日焼けで肌に一生のダメージが残らなかったのが不思議なくらいだ。

　他にもハプニングがあった。ミュージカルの中で、ポリーとトニーがキスをしそうになっているところで、ホーテンスというメイドが邪魔に入るシーンがあった。ある夜の公演で、ホーテンス役の女優が出番のキューを逃してしまった。私とジョン・ヒュアーは頬を寄せ、唇が触れあう直前で顔を見合わせて止まった。他にどうしようもなかったので、さらに近づい

て、ごく軽くキスをして離れた。それでもホーテンスはまだ来ない。ずいぶん待ってから、私は明るい口調で「じゃ、私は行くわね！」と言って立ち去り、哀れなジョンは立ち尽くすしかなかった。ジョンはそれをネタにして、のちのち何カ月も私をからかった。私が舞台を立ち去る瞬間、女優が慌てて駆けてくる足音が聞こえた。

ロンドンのサドラーズ・ウェルズ・バレエ（のちのロイヤルバレエ団）がニューヨークに来たので、ディリスと私は『コッペリア』の日曜のマチネを見に行った。デイビット・ブレアという若くてとてもハンサムなダンサーが男性の主役だった。彼の軽やかなジャンプ、回転、技巧的なステップに私たちは息をのみ、同じイギリス人として誇りに思った。

終演後、ディリスが「ねえ、楽屋口に行こうよ。彼が出てくるまで待って、すごかったねと声をかけよう」と言った。

私はあまり気乗りしなかったが、腕を引っ張られてついて行った。ディリスはファンの山をかき分けてデイビット・ブレアのところまで突き進んだ。そして自己紹介して、私たちもあなたと同じイギリス人よ、と話しかけた。

すると彼は「ああ、君たち『ボーイフレンド』に出てるよね？　僕らのホテルにおいでよ、一緒に飲もう」と言ったのだ。

信じられない展開に、現実感のないまま彼のあとについて行くと、そこは他のダンサーたちも集まっている質素な部屋だった。紙コップに入った飲み物を渡され、あたりを見回すと、大勢の人の中で、とても綺麗な子が床に座りこんで、バレリーナなら誰でもすること——トゥシューズを縫い直し、テープを貼って強化する——をしているのが目に留まった。私は彼女の隣に座った。彼女はスベトラーナ・ベリオソバという名前だった。とても楽しい人で、私たちは午後いっぱい、ずっとおしゃべりした。彼女はリトアニアで生まれ、母親を早くに亡くし、父親はモンテカルロのバレエ団の芸術監督だそうだ。スベトラーナと私はその場で打ち解け、一生の友になった。

206　　ホーム

アパートの短期契約が満了したので、ディリスと私はまた別のアパートに引っ越した。今度の場所は57丁目にあり、イースト・リバーの近くだった。それまでで一番広く、寝室がふたつあった。ある夜、カンパニーの共演者たちに混ざって、ディリスがマイケル・キッドを連れてきたことがあった。彼は有名な振付師で、映画の『掠奪された七人の花嫁』、そしてブロードウェイミュージカル『フィニアンの虹』『ガイズ・アンド・ドールズ』『カン・カン』を手がけた有名人だった。みんなあのマイケル・キッドに会えて大興奮していたが、当の本人は私たちの真ん中に座り、ただ感じ良くおしゃべりして、自分の名声など気にかけていないようだった。ハンサムで面白くてエネルギッシュ、愛すべき人物だった。

　私はその後、ハリウッドで彼と再会した。それ以来、マイケルとは何度か一緒に仕事をしている。敬愛すべき師で、私は何度も彼に助言を求めた。彼の素敵な奥さんのシェラーは、私の現在の夫のブレイクと私にとって、よき理解者、優しい友人でいてくれる。しかしこれはまた別の話にとっておこう。

　ディリスの母親が私たちのアパートで一緒に暮らすことになった。驚いたことに、母親もディリスのように社交的で、いやむしろ娘と競って注目を浴びたがっているような人だった。ディリスはよく母親をののしり、かと思えば次の瞬間は母親をかばい、それから泣き出してしまう。私はディリスに同情した。控えめに言って、母親はとても厄介な人だったからだ。私も惨めな気持ちになった。その人は私たちのアパートと私の生活に闖入してきて、避けようがなかった。私もディリスも彼女のせいでひどい目にあった。自分ひとりで暮らせる場所に引っ越そうかとも思ったが、そんな金銭的な余裕はなかった。

　だが奇跡のように、ディリスと母親が結局はそのアパートを出て行くと決め、かわりにミリー・マーティンが越してきた。ディリスとの絆は今日に至るまで続いているが、ミリーと私はもっと気楽な同居人となり、とても仲良くなった。

第30章

『ボーイフレンド』で、私は急速に成長した。ひとつの役を1年間続けたので、何度も、ときには毎晩、新しいやり方を試すことができた。笑えるシーンを劇の流れに組み込む方法や、コメディを演じるときには役になりきることの重要性を学んだ。

マダム・スタイルズ＝アレンに、出しづらい音があったときには、その直前の音を強調する方法を教えられたことがあった。その教えは実に役に立ち、演劇、喜劇、歌、ダンスなど、かなり広い範囲に応用できると分かり、改めてすごい人だと思った。どうやって歌って良いか分からないときに、その前の部分を分析する、つまり体勢を立て直して、難しい部分に備えることが、解決方法を見つける道につながる、私はそういう風に理解している。あの年のブロードウェイで経験したことは、私の人生最高の学びだった。

出演契約が終わりに近づくにつれ、私はもうすぐロンドンに戻れる、と嬉しさがこみあげてきた。これほど長い間家族と離れていたあとでやっと会えるのだから、実家で待ち受けているかもしれない問題など些細なことに思えた。

そんなとき、ディック・ラマーという男性から電話がかかってきた。彼はアラン・ジェイ・ラーナーとフレデリック・ローの代理人をしていて、彼らが今、バーナード・ショーの演劇『ピグマリオン』をミュージカル化する企画があると言った。私はそのふたりの名を聞いたことがあり、『ブリガドーン』『ペンチャーワゴン』といった素敵なミュージカルの作者で、ふたりともロンドン在住だということも知っていた。

ミスター・ラマーは「あなたの『ボーイフレンド』の契約がいつ終わるのか、お差し支えなければ教えてもらえませんか？」と聞いてきた。
「ええ、10月1日までには家に帰る予定です」と私は喜んで答えた。

電話の向こうで小さく息をのむ音が聞こえて、「やった！」とミスター・ラマーが叫んだ。「私たちは、あなたが他の出演者のように２年間契約で、あと１年は動けないのだと思っていました。アランとフリッツに、一応、電話で確認してみると言ったんです。聞いて損はないんだし、と」

　こちらも「やった！」だ。もし私が最初の条件で『ボーイフレンド』と２年間契約していたら、もし１年ならできると食い下がらなかったら……これはなんと呼ぶべきか。機会？　幸運？　因果？　私の人生には何度も説明のつかない素敵な偶然が訪れた。

　私は脚本と作詞をしたアラン・ジェイ・ラーナーと会って本読みをすることになった。どこで会ったのか、どの場面を読んだのかは覚えていない。ミスター・ラーナーの圧倒的なカリスマ性と、非の打ち所のない立ち振る舞いだけが印象に残っている。

　私は自分の本読みがひどすぎたと思っていた。だからミスター・ラーナーから再び打ち合わせがしたいと言われたときは驚いたが、そのときは、別の話のある場面を、彼のアシスタントのバド・ウィドニーに相手になってもらって読んだと記憶している。その話には特に悲しい箇所があって、例のごとく私は泣き出してしまった。

　数日後、今度は作曲家のフレデリック（フリッツ）・ローに呼ばれた。ミスター・ラーナーは複雑で打ち解けるのが難しそうな人物だったが、ミスター・ローは全くその反対の人だった。ふたりのうち彼の方が年上で、ウィーン出身の華やかさがにじみ出ている。私を見て優しく笑い、慇懃に手にキスをした。

　彼とラーナーは、ミュージカルのために今できている曲、「今に見てらっしゃい」「ステキじゃない？」を歌ってみせた。私はその曲にすっかり夢中になった。

　私は耳が良いのでその場で聞いた歌をすぐに自分で歌うことができて、彼らはそんな私を嬉しそうに見ていた。

　それから間もなく私は、ミュージカル界の伝説、リチャード・ロジャースがオスカー・ハマースタインと一緒に作っている『パイプドリーム』の

オーディションを受けるように言われた。ルー・ウィルソンと一緒に劇場に行き、伴奏者に『トム・ジョーンズ』の「ワルツ・ソング」の楽譜を渡した。『ボーイフレンド』の歌ではない、もっと難しい曲を歌うよう言われていたのだ。

　その日、オーディションを受けている人は私だけだった。舞台には作業灯以外に明かりは点いていなかったので、真っ暗な洞穴で敵に狙われているような感じがした。私は舞台から、ミスター・ロジャースが座っているあたりの客席めがけて、最初のカデンツァを力強く、精一杯の声量で歌い始めた。

　終わるとミスター・ロジャースが舞台に近づいてきて、自己紹介をした。そして「いまのは間違いなく……及第点だね」と言った。それからちょっと笑った。「冗談だよ。今日はわざわざ来て歌ってくれてどうもありがとう」

　それから私たちは少し話し、彼に「ところで他にもオーディションを受けているかい？」と聞かれた。

「ええ、受けました」私は答えた。「実はミスター・ラーナーとミスター・ローが『ピグマリオン』のお話をミュージカルにするそうで、その役について先日話しました」

　ミスター・ロジャースは長いこと私を見つめていた。そして口を開いた。「ねえ、君。もしその役が君に来たのなら、受けなくてはいけないよ。もし彼らが君を選ばなかったのなら、そのときは私たちに言ってくれ。私たちは君を使いたいんだ」

　私はこの瞬間を決して忘れない。ミュージカル界で最も有名な人物からもらった、信じられないくらい心の広いアドバイスだった。

　私はミスター・ラーナーとローに会うより、ミスター・ロジャースの前で歌う方が緊張した。なんだか面倒そうだと思って、いま書いていて分かったのだが、こういう出来事全てに私はちょっと飽きあきしていたのかもしれない。もちろんこういう役の候補に挙げてもらえるなんて、とても恵まれているという自覚はあった。しかし同時に私は、やっとブロードウェイ

のしきたりに慣れてきたところで、その圧倒的なパワーと何とか折り合いをつけようとしていた。私は若くて物を知らず、右も左も分からない外国人、ウォルトン・オン・テムズ出身の、よく考えることと言えば家族の心配事、という田舎娘だったのだ。自分に与えられている機会の大きさにどうして気づくことができようか？

　そのときは、自分が人生で最も難しく、栄光に溢れ、一筋縄ではいかない大冒険に挑もうとしていることを知る由もなかった。あるいは、気が遠くなるような自分探しの深い森を、これ以上望めないほど優しく賢明な巨人たちに導かれて歩いていることも知らなかった。そのときは意味を知らないまま、ひたすら走っていた。

　思いがけず、『マイ・フェア・レディ』の役の依頼が正式に来た。今度こそ２年間の契約という事だったが、リチャード・ロジャースがこのミュージカルを祝福していたことも手伝って、私は条件を受け入れた。それに、もし私がひとつでもこのオファーにケチをつけようものなら、チャーリー・タッカーとルー・ウィルソンに絞め殺されるに決まっていた。早くもこの新しいミュージカルのプレッシャーはすごかったが、同時に、このミュージカルの持つ重大な意味に、私はまだ気づいていなかった。

　家にいられるのはほんの３カ月で、すぐにまたアメリカに来なければいけなくなったので、帰郷はよりいっそう大切なものになった。荷造りは骨が折れた。服や記念の小物、そして家族へのお土産をいくつもの旅行鞄に詰め、アメリカに戻ってきたときのための荷物は段ボールにまとめて倉庫に入れ、カンパニーの仲間とのお別れをして……。不思議なことに、最後の公演のことは何も覚えていない。

　ニールも最終週にはニューヨークに来たが、出発する日の前夜、私は疲れ切っていて彼の横で寝てしまった。夜中にハッと目が覚めると、隣で彼は陰気に黙り込んでいた。きっと恋人同士の甘い夜を期待していたのに、私はその横で疲労のあまり完全に失神していたのだ。

　翌朝、ついに飛行機に乗るときになって、私は軽いパニックを起こした。

いきなり凍るような寒気がして、お腹に鋭い痛みが走って汗が噴き出した。これまでの人生でそうなったのは2回しかない。どちらも、徹底的に骨の髄まで疲れているときだった。

ロンドンに着陸する頃には少しだけ気分が良くなった。家族は私に会えて大喜びし、私も土産話をしたり、皆と一緒に知り合いを訪ねたりして、楽しく過ごした。やっと弟たちに会えて心からホッとした。母とパップは本当によりを戻していたが、パップの姿をあまり見た覚えがない。彼が私から距離を置きたかったのかもしれないし、実際、私も忙しかった。

私がイギリスに帰郷すると、後を追うようにニールも来た。確かイギリスで仕事の依頼があったと言っていた。しかし私はもう、結婚云々の話をする気もおきなかった。彼とはロンドンで数回会ったが、ある日タクシーの中で、私たちは終わりだという結論に達し、ふたりで納得した。

トニー・ウォルトンが1954年の暮れにカナダから戻ってきた。その後、彼はロンドンのスレード美術学校に通いながら、ウィンブルドン劇場でアルバイトをしていた。そこで彼は舞台芸術の「いろは」を学びつつ、実践も経験できるという最高の体験をした。

私は彼の21歳の誕生パーティに招かれた。実は彼には恋人がいると聞かされ、驚いた。『ボーイフレンド』公演の間もずっと手紙のやり取りは続いていたが、彼の人生に恋人が存在するとは思いもしなかった（自分がニールとしていたことを考えれば不思議はないのに、この鈍感さがいかにも私らしい）。それでも私たちの友情は特別で絆は揺るがず、兄妹のような関係という表現が一番しっくりきた。私は自分を彼の家族の一員のように感じ、彼を自分の家族のようにも感じていた。彼の新しい恋人は私にとっては単なる邪魔者で、彼の誕生日パーティに行ったときも、その恋人がいたかどうかすら覚えていない。

パーティの途中でトニーの部屋でふたりになり、おしゃべりしているときに、私たちが好きだった『ダフニスとクロエ』のレコードをまだ持っているか聞いた。彼がプレーヤーでそれを流すと、陳腐に聞こえるかもしれないが、その音楽で、私たちは互いへの気持ちがまだとても強いことに気

づかされた。

　トニーに関する何もかもが、安心できて、頼もしく、分かってもらえて、愛されている、と感じられた。アメリカでの狂騒とニールとの多難な関係のあとで、自分がよく知る、また相手も自分を知っている、そんな人といられるのは、とてつもない安心感だった。

　私は３カ月間ずっとは家にいられなかった。11月はロサンゼルスに行って、ビング・クロスビーと共演するテレビのミュージカル『High Tor』に出た。このミュージカルはマクスウェル・アンダーソンが、自分で書いた舞台脚本をミュージカル化したもので、作曲はアーサー・シュワルツ、作詞はアンダーソンだった。これが私のアメリカにおけるテレビ初登場になった。

　ロサンゼルスへの旅は快適だったが、私の人生は宙ぶらりんの状態で、特殊な時期だった。一緒に行くことになっていたルー・ウィルソンは、結局、私がロサンゼルスに着いて数日後まで来られなかった。

　夜の便で到着すると、だだっ広くて、空っぽの、茫々とした町に放り出された。私のホテルはビバリーヒルズの郊外にあり、まわりはオフィスビルばかりだった。レストランや軽食のスタンドはない……ニューヨークやロンドンとは大違いだった。荷ほどきを始めるとお腹がすいたので何か食べたかったが、ホテルに食堂はなくルームサービスもない。仕方なくフロントの荷物係に電話で相談すると、誰かにサンドイッチを買いに走らせよう、と言ってくれた。自分が町のどの辺にいるのか分からず、ひとりで出歩けるようになるとは思えなかった。ルーが来てくれたときは本当に安心した。

　アーサー・シュワルツと彼の妻が私の世話を焼いてくれて、彼らは私を世界に飛び出そうとしている若き天才のように扱った。私を皆に紹介して、キャリアの助けになりそうな人になら誰でも会わせた。私のためにビバリーヒルズの邸宅で夕食会が開かれた。たくさんの人が呼ばれていて、私は『High Tor』の曲を何曲か歌うよう言われた。私はアーサーの伴奏で

歌い、いつものように恥ずかしくて気まずかったが、皆に優しくされ、褒められた。

　テレビの収録には圧倒されたが、本当はこんなに生ぬるい言い方では足りない。私は映像製作のことは何も知らず、早朝にメイクのために起こされるのにも驚いたし、カメラ写りのことも、クロースアップのときにどう振る舞うかも分かっていなかった。

　ビングは私が実年齢より4歳も年上の24歳だと聞かされていたらしい。なぜならプロデューサー陣は、ビングが私の本当の年齢を知ったら、この役には若すぎると思って首を縦には振らないと思ったからだ（恐らくそれは正しかった）。彼は感じの良い人で、いつも穏やかで自然体だった。

　ある日、デビッド・ニーヴン（訳注：ロンドン出身の正統派スター）が、撮影中のビングを訪ねてきて、しばらく一緒に座っておしゃべりした。私はふたりのスターが駆け出しの頃の話に花を咲かせているのを聞いていたのだが、彼らは本当に面白くてあんなに笑ったことはない。ひねりのきいた荒唐無稽なエピソードが、可笑しさの度合いを増しながらお互いの話に重ねられていく。

　何年ものちに、夫のブレイクがデビッドと映画を2本撮ったので、私たちはスイスの自宅でよく会った。私たちは彼が大好きだった。彼を好きにならない人はいないだろう。

　私は自分の演技が大袈裟だと感じていたが、ビングとの相性は良かった。もうすぐクリスマスで私が家に帰る準備をしているときのこと、ビングから、彼の家族と一緒にとても大事なフットボールの試合を見に、ローズボウルというところに行かないかと誘われた。きっと同じ年頃の息子と私が釣り合うと思ったのではないか。

　私は「まあ、本当にご親切にありがとう、ビング。でも荷造りが全然終わっていなくて、家に残ってやらなきゃいけないので」と答えた。

　彼は信じられないという顔で私を見た。
「ボックス席のチケットがあって、私の息子たちも来るんだよ。プレーオフなんだ。1年で最も大事な試合だ」

私はきょとんとした。

「ええ、本当に嬉しいのだけど」私は言った。「でも何が何でも私は荷造りしないといけないので」

私は恥ずかしがり屋で、彼の息子さんたちと何をしゃべったら良いのか分からなかった。それで、家に帰った。なんてお馬鹿さんだったのだろう。もし行っていたらどんなに素晴らしい体験になったことか。

ビングは撮影最後の日に、可愛い小さなペンダントをくれた。真珠が天使の形に並べられていて、「ジュリー、ありがとう。ビング」という文字が刻んであった。残念ながら、『High Tor』はあまり印象的な作品にはならず、微妙な評価しか寄せられなかった。

クリスマスと新年は家にいた。

アラン・ジェイ・ラーナーの素晴らしい自伝『The Street Where I Live 僕の住む町角』にも書いてあるが、『マイ・フェア・レディ』のほとんどの出演者は1月3日のリハーサルが始まる1週間前に、ニューヨークに来るように言われていた。しかし私はニューヨーク行きを、できる限り延ばし続けた。『ボーイフレンド』が9月に終わってから、家族と過ごした時間があまりに少なかったからだ。アランは私が頑固に到着を遅らせている理由が分からなかっただろうが、とにかく私は、クリスマスと新年の間は家族といなければならなかった。特にドンとクリスのために。

今度は2年間家族と離れるのだと思いながら、再び荷造りを始めたとき、理性も感情もごちゃ混ぜになって、頭の中が嵐のように吹き荒れた。あらゆる方向からのしかかってくる責任の重さに耐えられると思えなかった。トニーがなるべく早くニューヨークに来てくれる計画だったが、私はまた弟たちと母をこんなにも長い間残していくことが心配でたまらなくなっていた。ムーズの状況は変わっていない。誰が守ってあげるの？　誰が彼らを元気づけて、家の寒々とした暗い空気を吹き飛ばすの？

ヒースロー空港で家族に悲しい別れを告げて、巨大なプロペラ旅客機にルー・ウィルソンと一緒に乗り込んだ。彼はしばらくロンドンにいて、私

をアメリカに連れ帰ることになっていたのだ。

　飛行機が離陸すると私は泣き崩れた。ルーは最初ひどく戸惑い、それからとても心配した。私は彼の隣に座って、目玉が溶けるほど泣いた。自分でも説明のつかない、どうしようもない衝動だった。感情の大波に飲まれていた。

　飛行時間は11時間ほどだったと思う。機内には前後に、寝台列車のようなベッドが並んでいるスペースがあった。食事の間じゅう、私はルーの隣で涙を流しながらしゃくり上げ、ほとんど何も手をつけなかった。狭いベッドによじ登ってカーテンを閉めたとき、安心して、再び感情に押し流されるままになった

第31章

束の間の帰郷の際、アランとフリッツがロンドンに来たので、私はボンド・ストリートのちょっと先にあるホテルまで会いに行った。そこで初めて、ヘンリー・ヒギンズ役のレックス・ハリソンに会った。背が高く痩せていて、仕立ての良い服を着ている。洗練され、少し自己中心的なところもあるような気もするが、自分というものをしっかり持っている。いつでも皆の中心で注目を浴びるタイプの人だった。

私たちはミュージカル用に新たに作られた歌を何曲か聴いた。『マイ・フェア・レディ』は素晴らしいものになりそうだった。

アラン・ラーナーは『マイ・フェア・レディ』の題名が『ファンファロン』——自惚れ屋の男という意味——だったと教えてくれた。『マイ・フェア・レディ』は「ロンドン橋落ちた」という短い歌の最後の歌詞の3語から来ている。ミュージカルの序曲にもこの歌のメロディが隠されている。

私はマダム・スタイルズ＝アレンとミュージカルに使われる歌の練習をしていた。彼女は最近、リーズのあの古い農家をヨークシャー・カレッジ音楽演劇校に寄付し、南の方に引っ越して、ケント州ウエスト・キングスダウンの家に住んでいた。彼女とは「今に見てらっしゃい」を練習した。怒りながら歌う、ときには叫ぶことさえあるので、喉に負担のかかる厄介な歌だった。マダムにはいつものように、歌詞をはっきり聞かせるために、そして喉を守るために、子音をはっきり発音しなさいと指導された。

『マイ・フェア・レディ』のリハーサルは42丁目のニュー・アムステルダム・シアターで行われた。初日はルーに付き添われて劇場に行った。このとき私は、またあのパーク・チャンバーズの、今回は一人部屋に泊まっていた。ブロードウェイを車で走りながら目をこらし、何か良い徴を、これから始まるマラソンをやりきるという自信をくれる幸運のお守りを探した。なん

217

と、それはひとつだけではなく3つもあった！

「マイ・フェア・レディ・ネイル・サロン」、「ピグマリオン紳士服」、「アンドリューのコーヒーショップ」だ。やった！

　ニュー・アムステルダムはかつて、有名なミュージカル『ジーグフェルド・フォリーズ』が上演された大きくて立派な劇場だった。劇場の上に、さらにもうひとつの小さな屋上劇場があった。

　このとき知ったのだが、屋上劇場の下にあるメインの舞台でフォリーズが上演されたあと、踊り子たちは上の階に行き、そもそも裸同然の衣装を脱ぎ捨て、上品な社交クラブの上に渡されたガラスの通路を闊歩したのだそうだ。

　1956年に『マイ・フェア・レディ』のリハーサルが始まった頃は、どちらの劇場もひどい状態だった。大きい方の劇場は映画館になっていて、屋上劇場は使われた形跡はなく、うち捨てられ、ホコリが積もり、がらんとしていた。しかし小さなステージとガラス通路の一部がまだ残っていた。この劇場でもミュージカルをするだけの十分なスペースがあり、舞台下に椅子を並べれば、製作陣が練習の様子を見ることができた。しかも外部からは絶対に見えない。ずっと昔に封鎖されてから、この劇場を使ったのは私たちが初めてだったはずだ。その後この劇場はディズニー社の手で鮮やかに蘇り、42丁目の再開発の要となった。

　ここでモス・ハートの登場だ。偉大なるモス・ハート。『マイ・フェア・レディ』の、そしてのちに『キャメロット』の演出家。彼は6つの演劇をジョージ・S・カウフマンと作った。『Winged Victory』とガートルード・ローレンス主演の『レディ・イン・ザ・ダーク』を手掛け、アーヴィング・バーリン、コール・ポーター、リチャード・ロジャース、クルト・ワイルらとよく組み、映画『紳士協定』と再映画化の『スタア誕生』の脚本を書いた……彼の輝かしいキャリアのほんの一部だ。

　私があの時代を過ごしてから、親愛なるモスのことを考えない日はない。この自伝を書いている間も特に私の中で大きな位置を占めている。ときど

き、声に出して彼の名前を呼び、助言を求める。彼がいつでもそこにいるように感じるからだ。時を超えて、今でも私の心を掴んで離さない人のことを、どうしたらうまく説明できるだろうか。この自伝を書くことで、彼の姿が浮かび上がり、なぜ彼が皆に愛される存在だったのか、読者に伝わると良いのだが……。

　まず彼はがっちりしている男性だ。広い額に黒い髪、ふっくらした優しい唇、射貫くような茶色い目、形の良い眉、びっくりするくらい大きい耳。思い出してみると、ジョージ・ガーシュイン（訳注：ジャズとクラシックを融合させたアメリカを代表する作曲家）に似ていて兄弟といっても通用するくらいだった。

　強烈なオーラを放ち、鋭い知性と軽妙なユーモアのセンスを持った、心の優しい人。独特で人を惹きつける人物だった。立ち姿は少し前屈みで、リハーサルの間は、特注のアース・シューズ（訳注：つま先が高くなっている靴）を履いた足で前後にステップを踏むようにそっと歩く。よくパイプをくわえていたが、私の知る限り火がついていたことはない。アンティークのカフスボタンを集めるのが趣味で、印形が掘られた金色の指輪をしていた。温かで、気さくで、面白くて、私たち全員を包んでくれた。彼の抱擁の中には世界中の素晴らしいものが全部詰まっていた。

　リハーサルの初日はニューアムステルダムの屋上の方の劇場で行われ、本読みをした。

　緩い半円形に並べられた椅子に出演者たちが座り、主役は真ん中に座った。私はレックス、スタンリー・ホロウェイ（イライザの父、アルフレッド・ドゥーリトル役）、ロバート・クート（ピカリング大佐役）、愛すべきキャスリーン・ネズビット（ヘンリー・ヒギンズの母役）、そしてマイケル・キング（フレディ・アンスフォード＝ヒル役）らと一緒に座った。

　私たちの向かいには長テーブルがあり、製作陣が座っていた。モスは中央にいて、両脇にはハーマン・レヴィン（プロデューサー）、ハニャ・ホルム（振付師）、オリバー・スミス（舞台芸術家）、セシル・ビートン（衣装デザイナー）、エイブ・フェダー（照明係）、フランツ・アラーズ（オーケストラの指揮者）が座っていた。他にも舞台製作のスタッフもいた。

振り返ってみると、ひとつのミュージカルにこれほど有名な、才能溢れる一流の人たちが集まったことはなかったと思う。あの日、あの場に居合わせた人は誰もがずば抜けた経歴の持ち主で、ひとりひとり紹介していたら何ページあっても足りない。

　オリバー・スミスの描いた舞台美術のイラストと、セシル・ビートンの衣装デザイン画が広げられ、出演者が見られるようになっていた。アランとフリッツは舞台端にあるピアノに座っている。

　宣伝用に何枚か写真を撮った後、私たちは初めて通しの本読みをした。モスはト書きを読み、ラーナーが歌を歌った。実は彼はさほど歌がうまくなかった（『君住む町角』の "……ああ、高まるこの気持ち……" の高い音の部分は危険信号だった！）が、自信たっぷりで、また作曲者本人が歌うのを聞くのは毎回楽しかった。フリッツはピアノの前で皆に笑顔を向けて、楽しそうに上機嫌で弾いた。

　舞台監督のサミュエル・「ビフ」・リフは熊さんのような人で、温かい声の穏やかな佇まいの人だったが、仕事は超一流で忍耐強かった。彼のふたりのアシスタント、ジェリー・アドラーとバーニー・ハート（モスの弟）も物腰が柔らかく、丁寧な仕事をする。彼らも長机に座っていた。

　本読みが始まると、私はレックスがすでに役を自分のものにしていることに気づいた。他のキャストも本読みがうまかった。しかし私はなんとかひねり出す台詞ひとつとっても、まるで自信が持てなかった。目の前で起きていることを遠くから見ているような、自分がまわりから隔たっているような感覚になったことをよく覚えている。

　コックニー訛りも全然マスターできていなかった。なぜリハーサルの前に準備しておかなかったのだろう。私の中のお馬鹿さんが、やればすぐにできる、と思っていたのだ。アルフレッド・ディクソンという人が私の方言指導者として雇われた。英語のコックニー訛りをアメリカの音声学の専門家に教えてもらう——まさに私のヘンリー・ヒギンズ！——とは、なんて皮肉な話だろうと思った。

　そのあと休む間もなく舞台衣装の試着が始まった。セシル・ビートンに

ついては、私はモスやフリッツ、アランについてよりも、もっと知っていた。
彼はイギリス生まれで、名声を誇る超一流と言われるデザイナーだった。
ノエル・カワードの作品を含む多くのイギリス演劇のコスチュームを手がけている。またに肖像写真家としても有名で、長いこと英国王室の写真を撮り続けていた。だから初めて彼に会ったとき、私はかなりびくびくしていた。

　衣装は西54丁目のヘレネ・ポンズ・スタジオで作られる。ヘレネは小柄なイタリア人女性で、とても忙しく多大なプレッシャーを受けながら働いており、エネルギッシュな人だった。私にとっては小さなお母さんのような人となった。

　劇中、場面転換の間に衣装を早く替えられるように、衣装を重ねて着なければならないシーンがあった。イライザが華やかな舞踏会から帰ってくるとき、体をすっぽり覆う黒いベルベットのケープを着ているが、実はその下は黄色いスーツなのだ。舞踏会の後、イライザはヒギンズと激しく言い争い、怒って部屋を飛び出していく。その直後にイライザが黄色いスーツで登場する場面になるが、一瞬でスカートとブラウス、靴、新しい髪飾りと帽子を着けるのは不可能だった。

　ヘレネ・ポンズ・スタジオは高層ビルの13階にあって、強風をもろに受け、実際に建物が揺れた。2月初旬のある日、私は黄色いスーツと、その上に黒いケープを羽織るという試着をしていた。ビートンが見守る中、私は小さな台座の上に立ち、お針子さんが裾の長さの印をつけたり、上からケープをピンで留めたりしているのを、ずいぶん長いこと待っていた。お針子さんに押されたり突っつかれたりしているうちに、ビルが揺れ始め、なぜか猛烈に体が熱くなった。それから今度は自分がフラフラして、今にも気絶しそうだと思った。どっと汗が出てヘレネのソファに横になった。ビートンは優しくはなかった。
「なんてこと」彼は長くて繊細な指をひらひらさせて、お手上げのポーズをした。「誰か、これをなんとかして。水を持ってくるとか、あおぐとか」

美しい舞踏会の衣装が出来上がると、ビートンはそれを着た私を撮影したいと言った。私は持てる全てを捧げようとした。彼がカメラを構える間、スタジオの手すりになるべく優雅に寄りかかった。

「いいね、いいよ、いいよ」彼は少し眠たそうな声で呟きながら絶え間なくシャッターを切る。そしてまた「いいね……そうそう、いいよ」とぶつぶつ言う。

　私はそれで少し自信がつき、もっと大胆なことをしてやろうと思い始めた。

「次は横顔だ。いいよ。もう１度カメラに視線を。最高！……まったく、君は僕が今まで出会った中で一番写真写りの悪い子だよ」

　これは頭にきた。私たちはふたりともイギリス人だったので、私はすぐに調子を合わせた。そもそも彼はそんなに偉そうにする権利などないのだ。彼の傲慢さなのか、抑えきれない野望なのか、そういったものを私は感じていた。なんて嫌みな気取り屋！

　私は覚えたてのコックニーで彼をからかい、彼も自分と大して変わらない平凡な人物だと思えるようになるまで、憎まれ口をやめなかった。彼はそれが気に入った！　私がわざと下町風に振る舞うと、彼の固く結んだ口の端がわずかに持ち上がり、目が一瞬キラリと光ったのを私は見逃さなかった。こうして私たちはお互いを認め合うようになったと思う。それに、ひとたび彼の夢のようなドレスを着れば、他のことなど吹っ飛んでしまう。

　モスが決めたリハーサルのスケジュールは、午後遅くと夜だったので、出演者は午前中にゆっくり他のことをする時間があった。毎日午後２時に始まり、５時半に夕食休みを入れ、７時にもう１度集まって11時まで続ける。スタンリー・ホロウェイと私は午後４時にお茶を飲むというイギリスの習慣を守り、そうしているうちに他の出演者もその休憩に加わるようになった。

　フリッツはあまりリハーサルに来なかった。伊達男のフリッツは人生を謳歌し、美女を愛し、いつも穏やかで存在そのものがチャーミングな人だっ

た。3人の中では一番付き合いやすかったが、リハーサルによく来るのは
アランの方だった。
　アランはいつも張り詰めた雰囲気の人だった。彼もまたカリスマ性があ
り、才能溢れる、とても知的な人だった。眼鏡をかけていて、肌には張り
があり、その下の骨格の美しさをうかがわせた。ヘビースモーカーでいつ
もタバコ——火はついているときも、いないときもある——を親指と中指
ではさみ、人差し指でくるくる回していた。
　リハーサルが進むにつれ、私は彼がときどき白い綿の手袋をしているの
に気づいた。彼には爪を噛む癖があり、私はその場を見たことはないが、
どうやら血が出るほど深くまで噛んでしまうので、手袋でそうならないよ
うにしているらしかった。
　レックスはますますモスの注意を引こうと躍起になった。劇中のすべて
の台詞を見直し、バーナード・ショーの原作と同じかどうか確かめずには
いられない。アランが勝手に新しい台詞を増やしたのではないかと疑い、
「ペンギンはどこだ？　ペンギンは？」と大声で叫ぶ。そしてペンギンブッ
クス（訳注：ロンドンの出版社）から出ている『ピグマリオン』のペーパーバッ
クをぱらぱらめくる。その間、共演者は辛抱強く待っている。「ほらね！」
と彼は言う。「正しくはこういう台詞だよ。ここに書いてある」
　アランとモスは賢明にもレックスのこういうやり方を許していた。それ
にレックスが原作に忠実にと大騒ぎしたお陰で、『マイ・フェア・レディ』
には確固たる芯ができたことを思えば、彼は間違っていなかったのだ。
「ペンギンはどこだ？」はあまりにも繰り返されたので、ある日、モスと
アランはレックスに大きな縫いぐるみのペンギンをプレゼントし、みんな
大笑いして場が和んだ。
　私は振付家のハニャ・ホルムと、楽曲の振付を始めた。優しい顔つきで、
ふっくらした体型の彼女は、とにかく優しい人で、男だらけの製作陣に囲
まれている私の避難場所となった。
「ステキじゃない？」や他の曲の振付を覚えている間、彼女が私をとても
褒めて優しく接してくれ、しかも他のダンサーたちも同様に親切だったの

で、そのときだけは私は自分がダメだと思わないで済んだ。

　しかしリハーサルから2週間が経った頃、私には、そして他の出演者にも、私のイライザ・ドゥーリトルには全く深みがないことが分かった。

　ウェンディ・ヒラーとレスリー・ハワード出演の映画を数回見て、登場人物の理解を深めようとした。しかし私はまだコックニー訛りができず、本当に習得できる日が来るのか心配になってきた。歌を覚えるのは早かったが、もしそうでなければクビになって家に帰されてしまうに違いない、と怯えていた。その場でクビになり、代わりがすぐに連れてこられたという噂を聞いたことがあり、自分がそうなったら恥ずかしくて死んでしまいたいと思っていた。

　レックスの冷たく辛辣な態度から、彼は私を受け入れていないのだな、そして当然といえば当然だが、役を分かっていない馬鹿なイギリスの小娘が鼻持ちならないのだな、と感じた。どうやら彼は1度など「あの "メスブタ" を下ろさないのなら、このショーはおしまいだ」と言ったらしい。ありがたいことに、私がその言葉の意味を知ったのは何年も後のことだった。

　モスは私に注意を払ってくれる時間があるかしら、と思った。私がどんなに助言を必要としているか、知っているかしら？　私は世界に開かれた真っさらな石版だった。何の知識もなく、自信もなく、役柄を作り上げる方針や意見もなく、役に輪郭を与え命を吹き込む方法など何も分からない。正しくても間違っていても、意見を持つのは良いことだが、私には意見さえなかった。自分は力不足だということを思い知った。それでも私が信じていたのは、私の中には「何か」がある、「うまくやれる確信」のようなもの、解き放たれるのを待っている何かがあるということだった。自分はイライザになれる。もし誰かが優しく、私の胸につかえているこんがらがった紐をほどいて、それを頭の上まで引っ張ってくれさえすれば、彼女を見つけ理解できる。

　ここでモスの人間性が重要になる。

　愛しいモス。のちに教えてくれたのだが、当時彼は妻のキティー・カー

ライルにこう言ったらしい。「なあ、お前。これが古き良き時代なら、あの子をプラザのペントハウスに連れて行って、鍵を閉めて、週末ずっと熱い愛を交わす。そして月曜の朝には……スター誕生だ！」

キティはこう答えたそうだ。「あらそう。私もあなたもお互いの愛を疑っていないでしょう。それで解決するなら、是非やりなさいな」

モスはそうする代わりに、カンパニーに48時間の暇を出し、私とだけ稽古をした。私に懸けるだけの価値があるとどうして思えたのか、今でも謎だ。もしかすると、私の歌と舞台での存在感、あるいは私がイギリス人でイライザにちょうど良い年齢というだけだったのか、ともかく彼は楽観的だった。そしてもちろん馬鹿ではない彼は一瞬たりとも無駄にしたり私を甘やかしたりしなかった。私が強く感じたのは、彼は途方に暮れた人間の心というものに敏感で、それを昇華させることができるということだった。彼自身も貧しい出自で厳しい環境で育っていた。そこから逃げ出したいと願う気持ち、自分を気にかけてくれる人からの導きのありがたさ、それらが身にしみて分かっていたのだろう。彼の直感は鋭く、かつ彼は優しい人だったので、私の状況を理解し、私ならできると信じて大きなチャンスをくれた。

運命の週末、リサーサルに向かう車の中で、私は歯痛に苦しみながら歯医者に行く人のような気持ちになっていた。怖くて行きたくはないが、ここまでひどくなってしまった以上、頑張って治療を受けなくてはいけない。終われば痛みが引いていると良いのだけど……。

モスは私に「ジュリー、君と私はやらねばならないことがあるが、時間は限られているから、社交辞令はなしだ。もし僕らが何かを成し遂げられるのなら、それは苦しく辛いものになると覚悟しなけりゃいけないよ」と言った。彼のこの言葉は、優しさと品位ゆえだと私には分かったので、これから何が起こるにせよ、覚悟しようと腹をくくった。

その2日間、私たちはビフとそのアシスタントのジェリー以外は誰もいないところで、イライザの登場から、彼女が叫び怒鳴り散らすところ、そして最後に貴婦人に変身するまで全部のシーンを徹底的に練習した。モス

は私を責め、おだて、叱り、褒めた。

彼は客席から叫ぶ。「違う！　そんなお嬢ちゃんみたいなしゃべり方をするな！　もっとできるだろう」そしてさらに言う。「もっと大きく！　もっと怒りを込めて」

私は台詞を彼に向かって怒鳴った。

彼は舞台に飛び乗って、どうしてほしいのか自分でやってみせた。私の持っているイライザのバッグをひったくり、想像上のヒギンズに投げつけた。アスコット競馬場でイライザが小指を立ててティーカップを持ち上げる仕草を実演した。

正直に言うと、彼に腹が立って、憎たらしいと思った瞬間もあった。できない焦りと悔しさで涙が出そうなときもあった。私が涙を引っ込めようとすると、彼は少しだけ休憩を入れ、それからまた同じ事が繰り返される。

48時間が終わる頃、この善良な男は、私の感情が演技ではなく心から湧き出るように仕向け、少女っぽい不器用さを葬り、私を型に流し込み、磨き上げ、私がイライザという人物になる手助けをしてくれた。彼のお陰で、イライザは私の魂の一部になった。そうなる頃にはふたりともヘトヘトだった。

のちにキティから聞いた話だが、この週末の終わりにモスが家に帰ったとき、キティがどうなったかと聞くと、彼はこう答えたらしい。

「まあ、彼女はなんとかなる」と弱々しく言った。「まったく、彼女はイギリス人の頑強さの見本みたいだ。あの国がよくインドを手放したものだと思うよ」

月曜の朝、主役たちで通し稽古をした。レックスや他の皆が週末の成果を期待して私を見ていることが分かった。緊張のせいで半分くらいしか成果を発揮できなかったが、半分は見せることができたと思う。それからは我が道を進んだ。レックスも少し態度を軟化させたように見えた。

私はモスが作ってくれた基礎を発展させ、少しずつ役に肉付けしていった。ひとたび自信がつくと、自分流の仕上げや味付けをした。ブロードウェ

イの２年にわたる公演の間、私は毎晩イライザを模索し続けた。彼女はそういうやり甲斐のあるキャラクターなのだ。私の全人生において、モスがあの週末に教えてくれた以上に貴重な演技指導はなかった。

第３２章

気の毒に、スタンリー・ホロウェイは、モスにアドバイスをもらえる機会をずっと待ち続け、ついには精神が不安定になり、役を降りると言い出すまでになった。

モスは彼を説き伏せた。「なあ、スタンリー。私は手一杯なんだ。主役の男優はミュージカルをやったことがなくて、女優は演劇をしたことがない。君はどっちも経験があってできるだろう？　すぐに君にあれこれ言わないのは、褒め言葉だと思ってくれ」

私たちは初演のためにニューヘイブンに行った。上演予定のシュバート劇場は私たち出演者が泊まるホテルの真横にあった。

雪が降り、風が吹きつけ、凍えるような寒さでひどい天気だった。そして建物の中でも私たちは災難に見舞われた。大がかりなセットを今までと違う場所で組むので、様々な技術的な問題が生じた。オリバー・スミスの舞台美術は素晴らしいものだったが、それを見せるには、ふたつの大きなターンテーブルが必要だった。このターンテーブルがいつもガタピシしてゆっくりとしか動かず正しい位置にならないため、ビフとモスの悩みの種でカンパニーにとっても死活問題だった。

ハニャ・ホルムは第１幕の最後をバレエのような振付にした。イライザの変身のシーンで、爪にマニキュアを施し、髪を整え、ドレスを試着し、仕立屋が長い行列を作って生地を見せようとする。イライザはどんどん疲れていく。あっちへ押しやられ、こっちへ引き戻される。私もセシルとの衣装合わせ、モスとの特訓、歌のリハーサル……と全く同じことを経験したので、バレエに感情移入するのは簡単だった。とはいえ、それでなくとも体力的にかなりハードな役柄の私にとって、とてつもなく長い場面を踊りきるのは、なかなか大変だった。

私たちはニューヘイブンで初めてオーケストラと合流した。言うまでも

ないが、フルオーケストラで楽曲が演奏されるのを初めて聞くときというのは、なんとも言えない高揚感がある。序曲の間だけでも鳥肌が立ちっぱなしだった。今でもあの曲を聞くと、あの夜、序曲の鳴る中、楽屋でメイクを仕上げ、これから始まるショーの重みを噛みしめている自分、あの夜の私に一気に時が巻き戻る。

　序曲の始まりは、たくさんの楽器が一斉に8音を吹き鳴らす。あの音が始まると、今でも「さあ、もう後戻りはできない」と思う。あの曲の中には「踊り明かそう」「証拠をみせて」「君住む町角」などのワクワク感が詰まっている。序曲が終わるとホルンのファンファーレが鳴り、幕が上がる。舞台背景のコベントガーデンとオペラハウスが現れ、オペラの招待客がセシル・ビートンの素晴らしい衣装に身を包み、下町の物売りの間を縫って歩く。ほぼ毎回、ここで観客は拍手をする。

　オーケストラの指揮者フランツ・アラーズはオーストリア人で、かなり厳しい人だった。コーラスに、「アスコット・ガヴォット」という曲の出だしでは、「"公爵、伯爵、高貴な人々、みなここに集う。上流階級のすべてがここに"の部分は、タッタッタッタッタッのリズムから外れないで」と、スタッカートの正確な切れを要求した。すべての音が同じ長さで、歌詞ははっきりと発音されなければならない。ショーが完璧な状態に保たれたのは、彼がブロードウェイでの公演中に毎週、歌の部分のリハーサルをして、いつも主役たちに延々と注意をしたからだ。しかし指揮をするときにはとても優雅になり、オーケストラ・ピットの彼は穏やかだった。彼の絶対に揺るがない存在感は、本番では俳優や音楽家にとっても心の拠り所となった。

　ニューヘイブンでのリハーサルはレックスにとって悪夢だった。キティは前もってモスに、レックスはオーケストラと一緒に歌ったら最初は面食らうだろう、と忠告していたが、本当にそのとおりになった。レックスは自分のメロディがいきなり分からなくなり、全く知らない曲の中で、自分の歌い出しがどこなのかも分からない、という状況になってしまったのだ。フランツ・アラーズはほぼレックスだけと練習したが、それでもレックスはパニックになり大騒ぎした。

彼はそもそもの音楽のセンスは良かった。『マイ・フェア・レディ』は地声で歌い、話し声と歌声の区別をしない独自の発声法——ブロードウェイ初だと思う——で歌をリズムに乗せて響かせていた。彼が混乱しているのは、今までミュージカルをやったことがなく、オーケストラと一緒に歌ったこともないからだった。

　私たちは次々に発生する技術的な問題をひとつずつ解決し、なんとかリハーサルを重ねた。舞台背景、照明、それらがちゃんとショーと一体化して正しいタイミングで進行できるか、ということにリハーサルの大半が費やされた。そうしてついに、プレビューの初日がやって来た。この日は私の記憶から決して消えることはない。

　このミュージカルは様々な人の間で噂になり、芸能事務所、有名人、特別ゲストなどがプレビューを見に来ることになっていた。かなり話題になっていたので、出演者の遠い知り合いから業界の関係者まで、皆がニューヘイブンに集まるはずだった。

　その日の午後、予報されていなかった大型の吹雪が東部を直撃した。雪がひたすら降り続けた。劇場の中は混沌としていた。舞台のターンテーブルがまた動かなくなった、1度だってまともに動いたことはなかった気がする。レックスはパニックで固まっている。髪のセット、カツラ、衣装、早替えのための衣装の重ね着……はまだ途中だ。小柄でいつもちょこまか動いている私たちのヘア・スタイリストのアーニー・アドラーは、今日は楽屋から楽屋へ飛び回り、自分の頭の上に冠や宝石のついた髪飾りを積み上げ、口にヘアピンをくわえ、両手に櫛を持っている。

　私の髪は長く、劇中いろいろな装飾品がつけられることになっていた。最初は古ぼけた麦わら帽子の下から出ている、伸びきったまばらな巻き髪だった。それからヒギンズ教授の家で暮らすようになると、背中に真っ直ぐ垂らしてベルベットの紐で束ねる髪型になり、舞踏会のシーンでは美しいシニョン（訳注：お団子）になる。私は衣装の着替えだけではなく、髪飾りや帽子も替えなくてはならなかった。

　その日の夕方、レックスが突然、舞台に立つ準備が出来ていないと言い

出した。頑として譲らず、「技術的問題」で延期するしかないと言い張った。そこで出演者は、解散して家に帰ってちゃんと食事でもしなさい、と言われた。あの忌々しいターンテーブルもまだ壊れていて、修理が必要だった。

しかし人々はすでにニューヨークからニューヘイブンに向かっていた。嵐にめげず早くも家を出てしまった人に向けて、ラジオで1時間毎に、公演が延期になったとニュースを流し続けた。それでも、開演の数時間前には何百という人がニューヘイブンに到着して、カウンターでチケットの払い戻しを要求していた。

シュバート劇場の支配人は延期の本当の理由をバラすぞとレックスを脅し、レックスの事務所は怯えきった彼を説得しようとした。もしこの業界で今後もやっていきたいのなら、今夜舞台に立って、ショーをやり遂げ、とにかく終わらせるしかない、それが君のためだと。そしてレックスもついにやる気になった。そこから解散したメンバーに、やっぱり上演することになった、と連絡を回すために裏方は大わらわだった。出演者は町じゅうに散らばってしまっていたが、なんとか上演時間までに、全員が劇場に戻ってきた。

レックスは放心状態だった。一方、私はリハーサルを通じて、無力で無知な小娘から、本当の自分の強さを知っている人間に成長していた。かつてのボードヴィル魂に火がついた。ショー・マスト・ゴー・オン！　私が立ち上がるしかない。

人生最大の奮闘だった。はっきり言ってこの夜、最後まで上演できたのは、私が先頭に立って全員を引っ張ったからだと思う。私はレックスを励まし、追い込み、鼓舞し、ショーが中断しないよう、できることは何でもした。奇跡的にターンテーブルはきしみながらもちゃんと回り、奇跡的にも観客はその仕掛けに喜んだ。ショーは3時間半続き、私たちは何とかやり遂げた。

幕が下りると、私は抜け殻のようになって楽屋に戻り、椅子にへたり込んだ。鏡に映る私の目はうつろで、声も出なかった。

みんなレックスの楽屋に行って祝福していた。私は椅子に沈み込んだまま、「本当にやり遂げたなんて、まだ信じられない……」と思っていた。と、楽屋のドアが乱暴に開き、セシル・ビートンが入ってきた。そのとき、化粧台には私が黄色いスーツに合わせて被った帽子が置かれていた。楕円形で、平べったいソーサーのような小さな帽子だった。着替えるとき、私は髪を大急ぎでピンで留めていたので、その帽子を後ろ前で被ってしまった。その晩の公演で唯一、悔いが残る点だった。ビートンはその帽子を取り上げ、私の頭に叩きつけた。「こっち向きじゃないの、馬鹿な子ね！──こっち向き」彼はぴしゃりと言った。私は泣きたくなった。

　2、3日後、私が心底ホッとしたことに、イライザが変身するバレエのシーンが削られ、レックスの「Come to the Ball」という歌もなくなり、イライザの可愛らしいバラード「Say Prayer for Me Tonight」もなくなった。最後の歌はのちに映画『恋の手ほどき』で使われた。

　当初、私が美しいドレスを着て舞踏会で踊るシーンは、他の人も着飾っているので、ドレスの美しさが際立たなかった。

　そこでモスとアランが第1幕を大幅に変更した。全体を通して大きな変更はこの1カ所だけだった。変身バレエの代わりに、アランは問題を完璧に、そして見事に解決する新しい場面を書き加えた。ピカリング大佐とヒギンズが書斎で舞踏会のための礼服を着て、イライザの登場を待っている。ヒギンズは彼女の訓練にどれほど手を焼いたか話し、ピカリング大佐は彼女が今晩うまく乗り切れるだろうか、と思案している。すると書斎の階段の上の扉が開き、イライザがまばゆいドレス姿で現れる。そこでオーケストラが音楽を奏で始め、彼女はゆっくりと階段を降りていく。ふたりの男は呆気にとられてただ見とれている。ヒギンズは彼女の外套を持っているのだが、彼女が階段の下まで来ると、その外套を自分の腕にかけ、反対の腕をイライザに差し出し、彼女をエスコートして、ピカリング大佐と一緒に書斎を出て舞踏会に行く。ターンテーブルが回り、背景の書斎が中央から開き、舞台は舞踏会場に変わる。

　大変なバレエやら何やらのシーンが、この短いシーンに置き換えられて

まとまったことは、驚きだった。これこそイライザの変身を効果的に見せる瞬間となった。

　他にも、本公演の前に変更になった大事な点について書いておきたい。もともとイライザには「Shy（恥じらい）」という可愛い歌があって、ヒギンズへの恋心を表していた。しかしアラン・ラーナーが、原作の戯曲では、主要な登場人物の誰ひとりとして愛を語っていないことに気づいた。そこで彼とフリッツは別の曲を作った。それがかの有名な「踊り明かそう」で、イライザの中で芽生えた愛と高ぶる気持ちを存分に表しながら、1度も「愛」という言葉は使われていない。

　1956年2月4日、正式に「マイ・フェア・レディ」がニューヘイブンで初日を迎えた。舞台の始まる直前、私がホテルの自分の部屋に戻ると、モスからの短いメッセージが書いてある膨らんだ封筒が郵便受けにあるのを見つけた。

「愛しいジュリー、これは僕が持っているより君が持っていた方が良いと思う」

　中には、2枚の真鍮の板が入っていた。コベントガーデンのロイヤル・オペラ・ハウスのチケットで、何年も前にモスがカフスボタンに作り替えたものだった。昔はオペラハウスのボックス席を予約すると、その席に案内される際に、席の番号が刻まれた真鍮のプレートをもらえたのだ。

　この贈り物に私はひざまずきたくなった。なんて完璧で感動的で、今日という日にぴったりなんだろう。このチケットが私の故郷の有名なロイヤル・オペラ・ハウスのもので、しかもその劇場は今夜のミュージカルに登場するというだけではなく、モスからの贈り物なのだ。このプレートを彼がどれほど大事にしていたかよく伝わってきた。私にこれを贈るということは、彼にとって最上級の賛辞なのだ。私は今もこのプレートを大事にとってある。

　私たちはニューヘイブンで1週間公演し、その間もアランとフリッツとモスは微調整と改善に余念がなかった。そして素晴らしい劇評を得た。そ

のあとはフィラデルフィアに移動し、アーランガー劇場で２月15日から上演した。

　困ったことに、ニューヘイブンとフィラデルフィアの公演中、私は声が出づらくなったのを感じていた。当時、ブロードウェイの役者たちは現在のようにボディマイクを着けておらず、マイクはフットライトの間に見えないように置かれていて、俳優たちはそのマイクが音を拾えるよう、気が狂ったような大声を出さなければならなかった。あるとき私は声が全く出なくなり、パニックになった。だが奇跡的に声が自然に戻り、以前より強い声になっていた。のちに分かったのだが、これはすべてのリハーサルの過程で言えることだった。新しい劇場では至る所が塗りたてで、舞台装置は新しくなったばかり、木の削りかすやホコリが舞って空気は乾燥している。そんな中で１日中リハーサルをして夜は公演、となれば声帯にかかる負担はとんでもない。

　もし運が良く、分別があれば（私は運こそ良かったがあまり分別はなかった）、声は戻ってくる。ある種の変態のように、声は１度退化してから、少しずつ、少しずつ、変化を遂げる……毎日筋肉トレーニングをするのに似ている。

　ニューヨークでの初日、私はリングに上がるボクサーのように感じていた。今がベストの体重、やるべき事は分かっている、声は戻ってきて、これ以上ないくらい準備万端だ。私の芸能人生の中で、そんな風に思えたのはあの１度きりだった。

第33章

東51丁目にあるマーク・ヘリンジャー劇場は、もとは1930年代にワーナー・ブラザーズが映画館としてトーマス・W・ラムに設計を依頼した建物だった。私たちのプロデューサー、ハーマン・レヴィンが『マイ・フェア・レディ』の旗艦劇場としてこの場所を選んだのは、大きな賭けと言えた。というのも、私たちが入るまで、この場所は無用の長物と化していて、立地もブロードウェイから数ブロック離れ、アップタウン側にあったからだ。しかしそれは美しい劇場で、特に正面の内装と壮麗なロビーがショーの雰囲気と理想的に合致した。舞台裏が少し狭かったが、ニューヨーク中で最も大きく良い設備が整っている劇場のひとつだった。客席は1800席もあった。

ずっとあとになって1970年代にネダーランダー（訳注：劇場運営会社）がその劇場を買ったが、紆余曲折を経て賃貸に出し、結局は1989年にタイムズ・スクエア・チャーチに売ってしまった。それ以来様々な団体がその建物をちゃんとした劇場として再生しようとしたが、どれもうまくいかなかった。これは本当に残念なことだ。ブロードウェイの他の劇場も含め、歴史的価値のある劇場は保存されるべきだったと思う。

『マイ・フェア・レディ』は1956年の3月15日に初日を迎えた。テクニカル・リハーサル（訳注：照明、舞台装置、音響などを本番と同じ条件で行う）を何度か重ねた以外は、私たちはたった1度のプレビュー公演しかやらなかったが、その公演は熱狂的に受け入れられた。初日の夜、モスは幕が上がる前に出演者全員を舞台に集めた。そして、「君たちはみんな素晴らしい、もし観客に受けなかったとしても、それがなんだというんだ、何も分かっちゃいないのさ！」という短い素敵なスピーチをした。そしてこう付け加えた。「あともう一言だけ。皆に神のご加護がありますように……そしてタイニー・

ティム（訳注：当時人気だったエキセントリックなミュージシャン、同時期にブロードウェイ公演をしていた）なんてくそくらえ」

　観客には大いに受けた。舞台が終わった後の彼らの反応は、私がそれまで受けた喝采のどれよりも大きかった。みんな椅子から立ち上がり、興奮してステージに駆け寄ってきそうだった。「ブラボー」が何度も叫ばれ、私たちは繰り返しカーテンコールに呼び戻された。翌朝の劇評には天にも昇る気分になった。ブロードウェイは私たちを受け入れ、その胸に温かく抱いたのだ。

　その夜に起きたことを細かく書くことができれば良いのだが、それは無理だ。アランやモスも正確にあの夜の出来事を思い出すことはできないと思う。あまりにも見事で圧倒的で、私たちは全てを出し切って放心し、その後の熱狂的な反応に夢見心地だった。出演者でパーティをしたかしら？私はサーディーズに行った？　確かルー・ウィルソンはその夜一緒にいたと思う。家族はもちろん電報を送ってくれた。そしてチャーリー・タッカーも。

　トニー・ウォルトンと私は、私が故郷にいないときは「ディクタベルト」でやり取りをしていた。これは「ディクタフォン」という小さな機械に自分の声を吹き込み、中にあるプラスチックのロールに録音するという仕組みだった。録音が終わるとプラスチックロールを取り出し、封筒に入れて送る。これを私たちはほぼ毎日やっていた。残念ながらディクタフォンが現在はなくなってしまったので、あの初日の夜、私がトニーにどんな風に吹き込んだのか、聞き直すことはできない。しかしトニーの記憶によれば、私の声は幸せに酔っているようだったそうだ。

　初日の興奮が冷めやらぬうちに、その翌週の日曜には出演者が歌うアルバムを発売するという過酷なスケジュールになった。公演で全てを出し切り休みは１日もなかったので、声帯には負担がかかり体は消耗していった。

　カンパニーの広報部は全マスコミからの様々な出演依頼をことごとく引き受けた。すべての日刊紙、夕刊紙、雑誌が独自の撮影をやりたがり、終演後も出演者はステージに残って長い夜を過ごさなければならなかった。

夕食が運びこまれ、私たちは延々と場面転換と衣装替えを繰り返した。この撮影は出演者にとっての長期戦というだけではなく、カメラマンにとっても戦いで、どの撮影も短時間で最高の写真を撮る必要があった。それでも私たちは毎日、午前３時前にはベッドに入ることはなかった。

　こうして私の大いなる学びの季節が始まった。大人気のミュージカルに長期間出演し続けるとはどういうことなのか、体当たりし、努力し、理解する過程だった。ここでは４つの期間に分けて振り返りたいと思う。

　初日から最初の３カ月は台詞や会話を全く覚えていないのではないか、と不安になる。ずっと身内だけで稽古をしてきたせいで、舞台に立つと、本当は何も覚えていないのではないか、もう１回最初からやり直さなければいけないのではないか、「この台詞はここで良かった？　この台詞で合っている？」と心配になる。それからやっと自信が持てるようになる。

　その次の３カ月は純粋に楽しい。役になりきり、最高の演技をして、役をさらに掘り下げる。

　その後の３カ月は、何でも良いから集中できるものを探す。今まで聞こえなかったオーケストラのカウンター・メロディを探す、台詞をもっと効果的に言う方法を探す、とにかく何か新しいものを探す。

　最後の３カ月はとにかく時間が経つのが遅く感じられる。考えられるのは、集中しろ、自律しろ、自分の学んだすべてを見せるために頑張れ、ということだけだ。

　そしてそれはもう１年続くのだ！

　たった一晩で『マイ・フェア・レディ』のチケットはプラチナ・チケットになったかのようだった。前売り券の売り上げは凄まじかった。聞いた話では、あるカップルが匿名の郵送で『マイ・フェア・レディ』のペアチケットをプレゼントされたそうだ。心当たりはなかったが、ありがたく行くことにした。その夜はミュージカルを楽しみ、帰宅すると……家は空き巣に荒らされていた。泥棒は「ミュージカルを楽しめたかな？」というメモを残していったそうだ。こんなことを考えつくなんて、ずいぶん独創的な泥

棒だ！

　開幕して最初の１週間は、観客のほとんどは観劇会の会員だった。この人たちはチケットの定価よりも高いお金を払って寄付してくれる。また、劇場に寄付しているパトロンたちが開演前に販売されるグッズを買い、お酒も飲んで来場する。彼らはすでに大枚をはたいたせいか少し不機嫌な様子で座り、「大ヒットなんだろう、さあ、見てやろうじゃないか」という感じで腕組みする。

　『マイ・フェア・レディ』の場合、観劇会の観客は３カ月間も続き、彼らは確かに舞台を楽しみ、良い評判が広がってはいた。しかし一般客を前に演じたときは、明らかに違いを感じた。そのとき初めて、このミュージカルは本当に大ヒットなんだと確信した。

　イライザがアスコット競馬場で叫ぶシーンを見たときの観客の反応には、いつも鳥肌が立ったことを今でも思い出す。イライザは淑女らしく振る舞おうとずっと頑張っていたのに、走ってくる馬を見て興奮し、完全に我を失って、自分の馬を応援するために大声で叫ぶ。「行け、ドーバー！　ケツを振りやがれ！」

　この瞬間、観客がひとつの生き物のように一斉に客席でひっくり返り、思いがけない展開に大笑いする。舞台でそれを感じられるのは最高の経験だった。

　トニーは４月の半ばにニューヨークに来た。クイーン・メアリー号に乗船してきたので、私とルー・ウィルソンは港まで彼を迎えに行った。彼はパーク・チャンバーズの私の隣の部屋に引っ越し、それから私たちは一心同体になった。彼は『マイ・フェア・レディ』をすぐに見にきて（マチネの回だった）、その日の午後のことを「魔法みたいだ」と言った。

　彼が全部で何回あのミュージカルを見たのか正確な数は分からないが、本当にしょっちゅう見に来て、ときには舞台裏と劇場ホールを仕切る楽屋入り口のドアをただ通り抜けて、お気に入りのシーンだけ見るということさえあった。

レックスは未来の（そして3番目の）妻、ケイ・ケンドールと付き合っていた。彼女はコメディエンヌで、うまい女優だった。気前が良く、美人で、がっちりした体格、繊細な鼻筋と長い脚、そして信じられないくらい細い腰をしていた。優しくて楽しい人だった。

　彼女とトニーは「独り者」（あるいは、劇場やもめ）だった。それぞれの相手がブロードウェイで休みなく働いているので、ふたりで出かけるようになった。トニーとケイは夜になるとちょっとした冒険に繰り出し、あとで私とレックスにその顛末を教えてくれるのだった。

　私はレックスの仕事ぶりを観察するようになり、その才能に舌を巻いた。彼にはタイミングを計る天賦の才がある。観客の中に咳をしたり音を立てたりした人がいると、ごく自然に調子を合わせて、次の台詞を言うタイミングを遅らせたり、繰り返して言ったりする。身体能力が高く、ダンサーのような動きができて、つま先立ちになったり、全体重を上に引き上げて、「ビックリマーク」のような格好になって、両手を頭の上にかざして、ビックリマークをさらに強調したりできた。

　しかしまだ彼はオーケストラと一緒に歌うとき、出だしのタイミングを間違えないかと心配していた。ヒギンズの最後の歌「彼女の顔に慣れてしまった」は、ステージ上の書斎ではなく、ステージの下で歌うことになっている。歌の最初は静かなので、レックスは曲のテンポが早くなってオーケストラの音がじゅうぶん大きくなるまで、彼の背後で舞台装置を動かすなと強く皆に言ってあった。そうやって気が散らないように、静かな出だしを邪魔されないようにしていた。

　ある夜、ロフトで束ねられているロープがほどけてしまったことがあった。そのロープは書斎のセットを支えていたので、書斎の一部が大きく傾き、ひどい音をたてて床にぶつかった。レックスの立っていたすぐ後ろの背景幕が大きくたわんで、壊れたセットの破片や残骸がその下から飛び出してきた。

　レックスが絶対に装置を動かすなと言っていたおかげで、この瞬間、舞台裏には誰もいなかったので、怪我人は出なかった。奇跡的だ。しかし衝

撃の音があまりに大きかったためオーケストラが尻つぼみに演奏を止めてしまった。レックスも演技を止めたが、天才的な機転で、フランツ・アラーズに「さあ、やろう、やろう。最初の音をクラリネットで頼むよ」と声をかけた。それを聞いた観客は大きな拍手をして、ショーは再開した。大道具が背景幕の後ろで慌てて残骸を片付け、私たちはその日の舞台を最後までやりきった。

　レックスとケイはときどき私とトニーを、田舎に借りている家に招待してくれた。土曜に2回の公演を終えて、田舎の新鮮な空気を吸いに行くのは気持ち良かった。ただし、ハリソン邸での生活は平和とは程遠く、修羅場の連続だった。

　ある夜、レックスはトニーと、自分が最近買ったフランスの画家ボンボワ（訳注：素朴派の画家）の小さな絵について、何が良いのか話し合っていた。「私はただ気に入ったから買っただけだ」とレックスは言い、トニーの意見を求めた。「なんだってこの画家はそんなにすごいと思われてるんだ？」

　トニーは自分の意見を述べようとした……が、それはケイが部屋に入ってきて中断された。彼女は頭のてっぺんから爪先まで、泥と葉っぱと小枝に覆われていた。

「一体どうしたっていうんだ？」レックスは呆気にとられた。

「犬の散歩をしてたら森の中の沼にはまっちゃったのよ」と彼女は澄まして言った。

「嘘つけ」とレックスは言った。「格好良く登場したかっただけだろう」

　ケイはただ微笑んでいた。

　ふたりの生活の全てが大袈裟で狂気じみていて、面白かった。トニーと私は傍観者に徹して楽しく観察していた。

　また別のときには、ふたりは私たちを招待しておいて、すっかり忘れていたということもあった。トニーと私が完璧に荷造りをして準備万端で待っていたのに、レックスもケイも来ない。ふたりを見つけたとき、彼らが楽屋口から出てくるところだった。私たちはさり気ない風を装って「今週は行くんだったよね？」と聞いた。

ふたりは謝った。「ああ、ごめんよ。今週は無理だな。すっかり忘れていたよ」

代わりに私たちは映画を見に行った。

モスは初日のあともよく劇場に来た。あるとき真新しいアキュアスクータム（訳注：イギリスの高級ファッションブランド）のレインコートを着て、私の楽屋に飛び込んできた。そしてひどくニヤニヤしながら、「見たいかい？ ジャジャーン」と言って悪戯小僧のようにコートの前を広げた。中はミンクのコートだった。

彼は説明した。「キティに新しい毛皮を買ったんだけど、昔のを捨てるのはもったいないと思って、私が着ることにしたんだよ」

彼はお金が好きだった。お金でできることが好きだった、ということだ。彼は自分の幸運に感謝しながら、お金を上品に使った。

私はアメリカのミルクシェイクに夢中になり、よくポテトサンド（私の好物）を食べていたので、ちょっぴり太ってしまった。モスは気遣いながら、「ねえ、君。少しお尻のあたりが豊かになってきたみたいだね、特に最後の衣装がきつそうだよ」と言った。

「そうなの、モッシー！」私は認めた。「どうにかしなくちゃとは思っているんだけど」

「確実に痩せられる方法があるよ」とモスが言った。「私がいつもやっている方法だ。夕食のときに食べ物をただ半分に切れば良いんだよ。食べるのはその半分だけ。もし普段はポテトを１個食べるなら、それを半分にして、その分ゆっくり味わうんだ。そうすれば何も我慢しなくて良い」

この方法はとてもよく効いて、私は痩せられた。

ビフ・リフは舞台下手の立ち机から指示を出す。照明、音響、舞台美術とやり取りするためのヘッドフォンを着けて立っている。私は少しでも時間があれば彼に抱きつき、彼は舞台裏に目を光らせながら、私にうなずい

て微笑む。また、彼が忙しくしているときに私が彼のタイピンや財布をそうっと抜き取り、あとで彼が探している振りをしているときに、魔法のようにそれを差し出す、ということをした。もちろん彼も最後には返して、と私のところに来るのだが、このくだらない遊びに付き合ってくれた。

　故郷から離れたカンパニーの仲間たちは団結せざるを得ない、そしてその頃には温かい友情が生まれていた。

　ピカリング大佐役のロバート・クートは私を可愛らしく「Baby Doll（ベイビードール）」と呼んでいたが、そのうち「B・D（ビーディー）」に縮まった。舞台が始まる前に私の楽屋に入ってきて、「ビーディー、ビーディー！やあ、ビーディー。今日の調子はどうだい？」と言う。

　本当は支度を急がなければならないのだが、私はいつもその手を止めて、彼とおしゃべりした。

「今日はセントラルパークの池のまわりを歩いたよ。それからアスレチック・クラブで気持ち良く泳いでね」彼はそう言って胸板をバンバン叩く。「そのあとおいしいランチを食べたのさ……」彼は何を食べたのか細かく話す。クートの話す内容は全て、体型を保つこと、健康でいることについてだった。深呼吸して体調は万全だと言う。実際、彼の血色の良い頬と生気に満ちた目を見れば、誰でも納得しただろう。

　スタンリー・ホロウェイは感じの良い人で、いつも一緒にいる奥さんのレイニーもブロンドで小柄な優しい人だった。ふたりで並んでいるとお似合いのカップルだった。彼は少し耳が遠かったせいだと思うが、大きな声で話す。私たちは誕生日が同じだったので一緒にお祝いした。スタンリーとレイニーにはジュリアンという息子がいて、今では彼も有名な俳優になっている。

　ヘンリー・ヒギンズの母親を演じるキャスリーン・ネズビットは気品のある美しい女性だ。なんと1938年の映画版『ピグマリオン』に端役で出演したらしい。セシル・ビートンは劇中の彼女に、手首にフリルのついた美しい衣装を仕立て、手袋をはめさせた。彼女が重度のリューマチに苦しんでいるとは、誰も気づかなかったと思う。彼女の人生最愛の恋人はルパー

ト・ブルックという詩人で、第1次世界大戦で亡くなったそうだ。彼女は
よくその人のことを話していた。

私がトニーとディクタベルト（訳注：筒型録音機）でやり取りしているとい
う話をしたとき、彼女は「ああ、ルパートと私のときにも、そういうもの
があれば！　まだ彼の声が聞けたのに」と言った。

私は常々、上演前に誰が見に来ているか知りたくないと思ってきたが、
当時は特に怖かった。

ローレンス・オリビエが舞台を見た後でレックスに会いに楽屋に来たこ
とがあった。そして私の楽屋にも顔を出し、君の演技は素晴らしかったが、
台詞を言うときにはもっと大きな声で客席に語りかけないと、と言った。

劇作家のテレンス・ラティガンもよく来た、ノエル・カワードもだ。ふた
りともレックスとケイの仲の良い友人だった。

イングリッド・バーグマンも来た。背が高く、光り輝いていて、自然体で、
しかも私の楽屋に来たとき、私の部屋の「お手洗い」を貸してくれないか
と頼んできた。その後何日も、その神聖な便座には座りたくなかった！

ヘレン・ケラーも舞台を見て、楽屋に来た。出演者全員が彼女の来訪に
驚いた。彼女は当時60代だったと思う。舞台を見ることも聞くこともでき
なかったが、通訳者がミュージカルの全編を、歌の歌詞もすべて彼女の手
に書いて伝えたのだそうだ。ヘレンは独特のしゃべり方で、イライザが自
分のように感じた、なぜなら自分も言葉には本当に苦労してきたから、と
私に伝えようとした。これには心を打たれた。

偉大なオペラ歌手、マリア・カラスも楽屋に現れた。皆と話したあとで
私に、1週間に何回舞台に立つのか、と聞いた。

「8回です」私は答えた。

「そんなことができるの？」彼女は心から驚いていた。「どうやって？
私はシーズン中の最も忙しいときでも1週間に2回、どんなに多くても3
回しか歌えないわ。あなたは1週間に8回も舞台に立って、それも連日、
しかも水曜と土曜には2回も公演があるのでしょう？　歌だけではなく台

詞もしゃべるのだから、発声法をそのたびに変えるわけよね」

　私はこんな風に自分の頑張りを分かってくれる人がいて嬉しかった。

第３４章

早春、母がチャールズ・タッカーと一緒にニューヨークに来た。母にうんと良い思いをさせて楽しませよう、と私は張り切った。

奇妙なことに、『マイ・フェア・レディ』を見た母の反応を私は覚えていない。もちろん気に入ってくれたに違いないのだが、喜びのあまり私を抱きしめたとか、お前を誇りに思うわ、と言ったりはしなかったと思う。あのときの母は、弱っていて、混乱し、沈み込んでいた。ニューヨークに初めて来たせいかもしれないし、一番考えられる理由は、家でのゴタゴタのせいでストレスが溜まっていたのだろう。

対照的にチャーリーは有頂天だった……大得意で嬉しさが体からにじみ出ていた。私が劇場にいる間は、チャーリーは母に付き添ってニューヨーク見物をした。そして以前約束したとおり、私に最初の毛皮を買うと宣言して、私と母を７番街にあるディスカウントショップに連れて行き、私と母にそれぞれ毛皮を買った。動物愛護団体はゾッとするだろうが（そうする権利は当然ある）、彼が私に選んでくれたのは、クラシックなデザインで、実用的なとても温かな毛皮だった。私によく似合い、それを着たときの高級感がたまらなく好きだった。

『マイ・フェア・レディ』が祟って、ついに私の体と喉が悲鳴を上げ始めた。この役をするためには膨大なエネルギーが必要で、私が声を張り上げないで済むシーンはほとんどなかった。

開幕して５カ月ほどすると、上演中の３分の２は良い声で演じることができるが、その後は声が弱ってしまう、という異変に気づいた。さらに数週間後、上演中の半分くらいはちゃんと声が出るが、その後は弱々しい小さな声になってしまった。さらに数週間後、私の声は最初の４分の１しか続かないという状況になった。私はわけが分からなくて怖くなった。こん

なことは、それまでの人生ではなかったことだ。

　レックスもまた声の問題を抱えていて、あるとき、数日は舞台に立てないということになった。

　私自身も辛かったが、レックスと同じタイミングで舞台を休むわけにはいかない。主役のふたりがそろって代役だなんて、観客はがっかりするだろう。看板役者が舞台に穴を開けると、残された役者の負担が大きくなり、役者間のバランスも変わってしまう。

　レックスの代役はトム・ヘルモアという人で、彼はヒギンズの役をずっと練習してはいたものの、他の共演者と一緒に舞台に立ったことはなかった。そこで火曜の夜の公演前と、水曜の朝の間、ずっと全員でリハーサルをした。

　なんとか火曜の夜公演は乗り切ったが、トムも私も歌の部分はあまりうまくできなかった。

　翌日のマチネで、ヘルモアは声が出なくなった。どんどん小さくなって、ついには聞き取れないほどになった。それまで厳しい練習を重ね、無理を押したことで、声帯がつぶれてしまったのだ。

　夜公演までには、もう囁き声しか出なくなっていた。彼は楽屋で「やっと調子が良くなったよ！」と私に打ち明けた。きっと役に対する理解が深まったという意味だったのだろうが、舞台の私にも観客にも彼の声は聞こえなかった。観客が呆れているのがひしひしと伝わってきた。パトロンは席を立って出て行った。

　私はショーを続けるために自分の知っている技は何でも使った。トムとの会話では、彼が言った内容を自分の台詞に混ぜて、観客に流れが分かるようにした。

　そして「今に見てらっしゃい」の歌になり、ついに私の声も歌の真ん中あたり、「……いつか有名になってやる……」のところで、黒板を爪で引っ掻いたような音になった。私は「これは大変、大災難だわ」と思った。かろうじてまだ話すことはできて、「今に見てらっしゃい」が話し声でも歌える歌だったから、なんとかその曲はやり過ごした。

その次のシーンは、イライザがヒギンズと発声練習をしている場面のモンタージュだった。何度か場面が暗くなり、時間の経過を表す演出だが、さすがにステージから降りて、この一大事を裏方に伝えるほど時間の余裕はない。可哀想に、トム・ヘルモアは声が全く出ず、私も歌えなくなったのに、この先まだ「スペインの雨」とその直後に「踊り明かそう」がある。この2曲が絶対に歌えないことは火を見るより明らかだった。

場面が暗くなるたびに、私は仲間に伝言を頼んだ。「ビフに私も声が出なくなったと言って！　どうにかしてと頼んで。"踊り明かそう"は歌えないと言って。本当に無理よ」

共演者はちゃんと伝えてくれた。しかし返事はない。発声練習のモンタージュのシーンは容赦なく進んでいく。場面が暗くなるたびに私たちは集まって、私は「ビフにはちゃんと伝わってる？」と聞き続けた。
「うん、伝わってるよ」

それでもまだ返事はない。

私はついに「スペインの雨」に突入しながら、頭の中で「あと1分後に人生で一番恥ずかしい瞬間が来るわ」と考えていた。観客の前に立って、「すみません。私も声が出なくなりました」なんて言うことができるだろうか。これまでの人生をずっと練習や訓練に費やしてきたのに、ショーを中断する、登場人物でいることを途中でやめてしまう、プロデューサーの許可なく観客に話しかける、そんなことはできない。と同時に、「踊り明かそう」は話し声では歌えないことも分かっていた。メロディの美しい曲で、最後に高い聞かせどころがあるのだ。

トム・ヘルモア、クーティ、そして私は「スペインの雨」を歌い終わった後、椅子に座り込んでいるシーンになった。私は「もうおしまいだ。人生最悪の瞬間だ」と思った。

そのとき奇跡のように、ビフとジェリー・アドラーがステージの両脇から現れ、幕を引いて閉めながら歩いてきた。
「ここまでだよ」とビフは私たちに言った。「今夜はこれでお終いだ」と彼は幕をめくって表舞台に立ち、観客に、見ての通りミスター・ヘルモア

は声が出なくて続けられないこと、チケットの払い戻しを受け付けることを説明した。

ビフがあとで教えてくれたのだが、彼は私の声のコンディションに気づいていて、伝言も受け取っていたが、決められた手順があった。彼は劇場入り口まで走り、支配人にハーマン・レヴィン（私たちのプロデューサー）に電話をする許可をもらい、今度は中止の許可をプロデューサーからもらわなくてはならなかった。だからあんなに遅くなってしまったのだ。

私は自分の楽屋に戻り、ドアに寄りかかった。神様の手が、私があともう少しで死ぬよりひどい目に遭うところから、ひょいとつまみ出してくれたようだった。まわりには誰もいなかった。夕方だがまだ外は明るく、他のミュージカルは終わっていない。劇場は不気味に静まりかえっていた。

翌朝の新聞には、気の毒なトム・ヘルモアがひどい風邪を引いたということだけが書かれていた。私の声が出なくなったことには一言も触れられていなかった。驚いたことに、トムはその後の何日か代役を続けた。私もちゃんと眠ると声が回復し、レックスが戻ってくるまで、ハラハラし通しだったが3回か4回は公演をやり遂げた。その後やっと休みを取って代役に任せた。

たくさんの専門家に通った。

ある医者は、私の喉には全く問題がないと言った。「すこしピンク色になっていますが、それだけです。大丈夫ですよ」

私は尋ねた。「それならなぜ、舞台で4分の1も歌うと声が弱くなってしまうんですか？」

「そうですね」彼は答えた。「声帯は確かに少し疲労しているようです。ですが赤くはない。ただピンクになっているだけです。何も心配いりません」

また、アラン・ラーナーお勧めの別の医者は、私の全身をくまなく診察し、問題は性的なものだと言った。

「あなたとトニーは肉体関係を持っていますか？　キスやハグやお互いを刺激するようなことは、しばらく控えた方が良いでしょう」

こんなことしか言わない天才医師に用はない！

　最後に行ったのはオーストリア人のドクター・レックスフォードという有名な喉の専門家のところだった。彼は私の声帯をひと目見るなり声を上げた。「これは大変だったでしょう。喉が極度に疲れ切っています。例えば、片足跳びを長い間していると、疲れますね。一晩寝れば少しは回復しますが、また同じ足で飛び跳ねれば前よりも早く疲れます。同じ事があなたの声帯に起きているんですよ」

　ドクター・レックスフォードは10日間の休養を命じた。そしてまさにその時、父が訪ねてきた。父には素晴らしい体験をしてもらいたかったのに、私は舞台に立てず、静かにしていなければならないとは、本当に歯がゆかった。ミュージカルの大部分が私の肩にかかっていると思うと、不安と苛立ち、緊張でいっぱいだった。できるだけ早く舞台に戻らなくてはいけないことは分かっていた。しかもこの契約はまだ１年以上も残っているのだ。

　父はすぐさま私に必要なのは田舎の空気だと思ったらしい。彼の解決方法は、私をセントラルパークに連れて行き、ボートを借りて私を乗せ、オールを漕ぎながら静かに語りかける、というものだった。私はそんな父が愛おしかったが、「パパ、本当に優しい人。でもこんなこと、今の私には何の役にも立たないわ」と思っていたことを覚えている。しかしこういうところが父らしい。父は私を自然の中に戻して、その心安まる、癒やしの空間で私を慰めようと努力したのだ。

　私はドクター・レックスフォードを毎週土曜の朝に訪ねるようになった。彼が声帯を診るときに私の舌を長く引っ張るので、そのうちに私は喉の奥まで鏡を入れられても、筋肉を完全にリラックスさせて、全く吐きそうにならないまでに慣れた。彼はいつも私にビタミンB12とBを混合した注射をした。昔ながらの太い針を殺菌して使っていたので、飛び上がるほど痛い注射だった。それから彼はピアノの前に座って、私に声を出させる。こういう声が出るか、と自分でとんでもない裏声を出すことがあったが、医師としての腕は確かだった。

　人は防衛本能が働いているときは、声帯が狭くなり、鋭い、硬い音が出る。

逆に声帯を締めつけず、摩擦を少なくすれば、空気の通り道が広くなり、音を出すときに空気がいっぱいに含まれる。これが喉にとって理想のコンディションといえる。

　私は彼のこのアドバイスを忠実に実行し、舞台の上で過呼吸になり、1、2度失神しかけた。しかし公演を乗り切るための貴重な教訓も得た。自分のアパートと楽屋の空気をとにかく加湿する、アルコールを飲んではだめ、冷たいものもだめ、声を出さないで休める、もちろん。そして電話で話すのもだめ、特に朝一番は絶対に話してはだめ。

　週の半ばがいつも一番辛かった。今でも私は水曜日を「暗黒の水曜日」だと思っている。その日は朝早くから劇場でマチネの準備をする。マチネが終わると楽屋で少し眠るのだが、このとき、背中に枕を当てて、上半身を高く保つこと。水平に寝ると血圧で声帯が腫れてしまう。声をたくさん出したあとは特にそうなりやすい。それから起きて軽い食事をして、夜の公演に備える。夜中か、日付が変わるまで劇場を出られない。水曜はほとんどお日様を見ることがなかった。

　大変な舞台に1日2回出演すると、とにかく疲れ果てる。木曜の夜の舞台までには少しずつ体力が戻り、金曜の夜までには更に回復する。しかし土曜が来てまた2回公演をすると、再び燃え尽きる。日曜はゆっくりできるが、それも月曜の夕方までで、また同じことが繰り返される。

　51丁目の突き当たりはハドソン川になっていて、水曜の昼には、川沿いの埠頭からキュナード社（訳注：イギリスの海運会社）のクイーンメアリー号、クイーンエリザベス号などの客船がイギリスに向けて出港する。私が楽屋でマチネのためのメイクをしていると、船がタグボートに先導されながら汽笛を鳴らすのが聞こえる。この音を聞くと、いつも悲しくなった。船は自由と故郷の象徴だった。私も船に乗って新鮮な空気を吸いながら、遠くに行ってしまいたかった。

　私はドクター・レックスフォードに水曜の朝も診療してもらうようになった。

レックスも１週間に８公演という状況が辛かったようだ。少し退屈にも
なっていたようで、やる気を維持するために、ちょっとした悪戯をするよ
うになった。

　ある日、発声練習のモンタージュのシーンで、いきなり壁に立てかけて
あったトロンボーンを担いで、私の耳元で吹いた。私は飛び上がるほど驚
いたが、彼はまるでそれが演出の一部だというような顔をしていた。

　あとで私が「なんであんなことしたの？」と聞くと、こう答えた。

「あそこに置いてあったってことは、それで何かしろってことだろう」

　またあるときは、セットの一部である中判のカメラを持ち、アドリブで
「はい、じっとして！」とイライザの写真を撮る振りをした。

　クートまでもアドリブをするようになり、自分の台詞に１、２行つけ足
していたのが、そのうち３、４行になり、５、６行になった。彼の独演会は
永遠に終わらないかに思え、舞台袖で私たちは「まあ、クーティったら」
と目を丸くして、彼が独白を何分も引き延ばしているのを見ていた。

　開幕から３カ月ほど経った頃、どうしたことか、私は舞台の上でクスク
ス笑いが出てしまうという困ったことになった。著しくプロ意識に欠ける
この振る舞いが、なぜ引き起こされるのか分からなかったが、とにかく止
められなかった。初めてそれが起きたとき、レックスはぎょっとして私を
見た。眉毛が吊り上がっている彼の顔を見て、ますます笑いが止まらなく
なった。本当に恥ずかしいことに、笑いすぎて自分の台詞を言えなくなり
そうになったこともあった。レックスを見なければ普通に演技できるが、
彼はいつも予想外の表情を浮かべたり、アドリブを入れたりするので、一
緒に舞台に立っているときは、ほんの些細なことで笑いのスイッチが入っ
てしまう。まずいと思ったときには、我慢の限界を超えてしまう。レック
スはわざと私を笑わそうとしていたのか？　私が彼を尊敬し、怖れている
ことに気づいたから？　あるいは苛立つ彼を実は私が楽しんでいた？　理
由は分かりようがない！

　本番前の楽屋で私は祈った。「神様、お願いです。私を馬鹿な小娘のよう
にしないで下さい。クスクス笑いはしたくないんです」

このおかしな局面を乗り越えるのに6週間かかった。

　「スペインの雨」は『マイ・フェア・レディ』の見せ場のひとつだ。イライザはついに正しい発音ができるようになり、皆が大喜びする。ヒギンズはコートを振り回し、ピカリングは闘牛の牛の真似をしてコートに突進する。やがてヒギンズはイライザを抱いて、でたらめなタンゴを踊り出し、最後には3人とも笑いながらソファに倒れ込む。だいたいはこの場面で観客が拍手喝采するので、ショーが一瞬中断し、レックスとクート、私は小声で言葉を交わすことができる。

　ある夜、このシーンのあとで観客の反応がとても鈍かったことがあった。するとレックスが、「こいつらみんな"トゥワット"（訳注：女性器、嫌なヤツ）だな」と呟いた。

　私はその言葉を初めて聞いたので、「トゥイット（くだらない）」とか「馬鹿な」という意味なんだろうと思った。そこで明るく「そうね。みんな"トゥワット"、"トゥワット"、"トゥワット"ね。本当に」と言った。

　ふたりは私を気が触れたかとでもいうように見た。

　あとでトニーにこの一件を話すと、彼は思慮深く言った。「ああ、そうじゃないんだよ、ダーリン。そのふたつは全然違う言葉で……」

　そして意味を教えてくれた。

　公演が始まって間もなく、レックスはガスの溜まりやすい体質なのだと気づいた。おかしなバレエのようなダンスをするのは、おならを抑えようとしているからなのだ。

　ある夜、彼のタイミングは最高だった。

　劇の最後から2番目のシーンで、イライザがヒギンズの母親の家に隠れている。ヒギンズがそこに現れ、イライザと対峙しようとするが、逆に彼女に長々と、淑女と花売りの違いは、彼女がどう振る舞うかではなく、どう扱われるかなのだ、と反論される。このときレックスはただ舞台を歩いて行き来しているだけで良い。台詞は何もない。

　その夜、私が長い台詞を終えた途端、レックスがマシンガンの一斉射撃

のような音でおならをした。オーケストラにも聞こえて、奏者が何事かと
ステージの方を見た。観客の1列目にも聞こえたようだ。みんな静まりか
えった。その直後のミセス・ヒギンズ（キャスリーン・ネズビットが演じ
ている）の台詞はこうだ。「ヘンリーや、歯ぎしりはおやめ」

とんでもなく笑えた。オーケストラは爆笑した。私はレックスの顔を見
ることができなかった。そのあとの台詞はすべて意味深になってしまった。

ヒギンズ「イライザ、君はなんて恩知らずな女だ。バスみたいに、私にい
ちいち止まれと？」
イライザ「本当にあなたはバスみたい。ブーッと突っ走るだけで、どこに
も止まらないバスよ！」

こうなるとレックスは悪役のような笑みを浮かべていた。キャスリーン
はこみ上げる笑いを誤魔化そうとしている。そして私は例のごとくクスク
ス笑いが止まらなかった。

イライザの「あなたなしでも」という歌がこの会話のあとに続くのだが、
歌い始める前から、歌詞のある部分を意識してしまった。「……プンスカう
るさいお友だち。あなたがすべてじゃないのよ！……」

私はこの歌のシーンで笑い出さないように何度も息を溜めたので、劇全
体が終わるのが予定より10分ほど遅くなった。

カーテンコールの間、私はレックスを思わず拳で叩いた。
「なんであんなことが出来たの？」

彼はネクタイを直しながら言った。「ごめんよ、悪かった！　私は屁が出
やすいんだよ。子どものときからね」

別の夜には、彼の差し歯が外れた。私と向かい合ったとき、彼の前歯は
すきっ歯になっていて、その差し歯をあとで見つけられるように、舌で頬
に押し込んでいるところだった。こんなことが目の前で起きているときに、
笑わずにいるのは難しい。

イライザがヒギンズにスリッパを投げるシーンがある。私は人生で何か

をうまく投げられたためしがない。手首のスナップが効かないのか、肘が
おかしいのか、とにかく投げられない。テニスボールを投げようとすれば、
どういうわけか後ろに飛んでいく。だから私の投げるスリッパはレックス
の頭に当たったり、お尻に命中したり、ひどいときは、小道具の蓄音機の
ラッパの中に吸い込まれて消えてしまう。レックスはこれを復讐のチャン
スととらえ、怒りに燃えた目で私を睨む。特にスリッパが頭に当たったと
きには。そして私はまたクスクス笑いが止まらなくなる。

　私は、いかなる大変な状況でも歌い、演じる、ということを学んだ。降っ
ても晴れても、エアコンが壊れていても、主役が問題を抱えていても、私
の喉が痛くても、クスクス笑いが止まらなくても、頭痛でも、舞台裏が大
混乱でも。

　アラン・ラーナーがこう言ったことがあった。良い役を長い間演じ続け
ることは、週替わりで様々な役を演じるより、学ぶことが多い。自分の技
を磨くことができて、どうすればうまくいくのか、どうすると失敗するの
か、失敗の理由は何なのかをじっくり考えることができるからだ。

第３５章

『マイ・フェア・レディ』の公演の最初の年の10月、私は21才の誕生日を迎えた。チャーリー・タッカー、母、私の友人スーザン・バーカーがニューヨークに来た。

チャーリーが舞台の終わったあと、有名な「21クラブ」の２階でお祝いの夕食会を開いてくれた。ルー・ウィルソン、レックスとケイ、そしてクーターとキャスリーンがいた。スタンリーと彼の奥さんももちろん来た、彼にとっても誕生日だったから当然だ。

大きなＵ字型のテーブルがあり、皆が向かい合って座れるようになっていた。私は母の隣に座った。彼女にとって今回が２度目の訪米で、どうしたことか、機嫌が悪かった。なぜなのか理由は分からなかった。母はその晩ずいぶんお酒を飲み、いとも簡単に、私の21才の誕生日を台無しにしてしまった。夕食の間、ずっと顔をしかめて、ほとんど一言も話さない。私はそんな様子の母が恥ずかしく、悲しかった。

なんとか母を会話に巻き込もうと、「キャスリーンが今夜は特に綺麗じゃない？」と小声で話しかけた。

「そうね」母は冷たい声で答えた。「それに淑女で、礼儀も完璧」と私はそのどちらでもないと嫌味を言いたそうだった。

やっと私たちがパーク・チャンバーズに戻ったとき、トニーがこらえきれず、お休みなさいを言ったあとで、こう付け加えた。「どうかお願いです、バーバラ。もうこれ以上、ジュリーを傷つけないで」

彼が母にそんなことを言ったのは初めて聞いた。彼は母のお気に入りというわけではなかったので──そんな人は誰もいない──、とても勇気ある行動だった。

母とチャーリーがイギリスに戻るために荷造りをしているとき、チャーリーが「ああ、そうだ、ジュリー。僕との契約期間が終わったんだ。更新

して良いかな」と言った。

　私はそのとき母と仲違いのようなまま別れるのが辛かった。母もそうだったと思う。チャーリーの言うことに上の空で「分かったわ」とだけ答えた。

「別に読まなくていいよ、前と同じだから」と彼は言った。

「サインだけして」

　あとでルー・ウィルソンと一緒に契約書を読むと、チャーリーが既にずいぶん高い手数料を更に大幅に引き上げたことが分かった。ルーは仰天して、私は裏切られたように感じた。しかしもうサインはしてまったので、どうにもならない。このせいで、のちに私とチャーリーは関係は悪くなり、修復することはできなかった。

　ふたりがイギリスに帰ってから、トニーと私は静かな生活に戻った。彼はまだ労働組合に加入しておらず、入るためには年に１回のアメリカ舞台美術審査委員会の審査を受ける必要があった。それでも、とにかく仕事を探し始めた。

　彼は演劇に情熱を注いでいて、私たちの美術監督であるオリバー・スミスがとても力になってくれた。トニーのポートフォリオに感動したオリバーは、彼をブルックリン・ハイツの自宅に呼んで、演劇について、労働組合について、またどう実績を積み上げれば良いかアドバイスをした。

　照明係のエイブ・フェダーも同様だった。彼は背が低く、がっしりした体型で屈強な男だった。ほぼいつも上等なキューバ葉巻をくわえていた。彼もまたブロードウェイの伝説と言える豪快な人柄で、カリスマ性があり、アイデアに溢れ、ユーモアのセンスがあった。エイブは劇場での仕事だけではなく、照明デザイナーとしても有名で、万国博覧会、ロックフェラーセンター、エンパイアステートビル、国連のような様々な場所の照明を手がけていた。

　エイブはトニーに『ヴォーグ』『ハーパーズ・バザー』『プレイビル』といったアメリカ大手の雑誌を紹介した。トニーのアメリカでの初仕事は、フレドリック・マーチとフロレンス・エルドリッジの出ている『夜への長い旅

『ボーイフレンド』でポリー・ブラウンを演じたとき。「Perfect Young Ladies」という曲を歌う共演者は左から、ミリセント・マーティン（ナンシー役）、ディリス・レイ（ダルシー役）、アン・ウェイクフィールド（マドキャップ・メイジー役）、ステラ・クレア（フェイ役）

ポリー・ブラウン、第2幕の衣装　Photofest

『マイ・フェア・レディ』の最初のリハーサル。左からレックス、アラン、フリッツ。後ろの一番右奥は指揮者のフランツ・アラーズ、アランとフリッツの後ろにいるのがモス・ハート、モスの後ろにいるのが舞台監督助手のジェリー・アドラー　Photofest

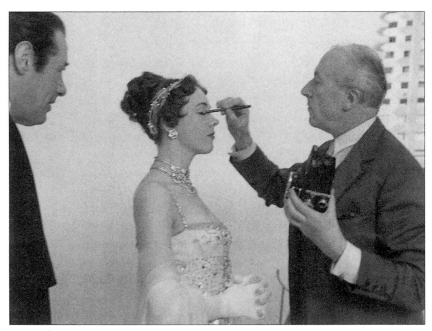

セシル・ビートンとの撮影。左はレックス。衣装はイライザの舞踏会のドレス
Billy Rose Theatre Division, The New York Public Library

『マイ・フェア・レディ』第1幕第1場面、イライザ・ドゥーリトル

『マイ・フェア・レディ』の「スペインの雨」

『マイ・フェア・レディ』の「レッスン」の一場面、レックスと
Billy Rose Theatre Division, The New York Public Library

父、セントラルパークの湖にて
Julie Andrews Family Collection

ロジャース＆ハマースタイン『シンデレラ』用の広報写
真、左がハマースタイン、中央がロジャース　Photofest

『マイ・フェア・レディ』ロンドン公演の初日が終わったあと、サボイ・ホテルにて。後ろにいるのは、左からチャーリー・タッカーとジョーン叔母

同じ夜、チャーリー・タッカーとポーリーン・グラントと

『マイ・フェア・レディ』ロンドン公演のあと、エリザベス女王２世と舞台裏にて。私の左側にはスタンリー・ホロウェイが、右側にはレックスと、その奥はエジンバラ公爵フィリップ殿下が見える

Julie Andrews Family Collection

ピエトロ・アンニゴーニが描いたイライザ・ドゥーリトル

Julie Andrews Family Collection

結婚式、オートランドのセント・メアリー教会に父と到着　Imageworks

式のあと、ミトレホテルでのトニーと私
Julie Andrews Family Collection

ルー・ウィルソンと
Friedman Abeles

『キャメロット』の初めての本読み、右からロディ・マクダウェル、ロバート・クート、リチャード・バートン、私、ロバート・グーレ、デイビッド・ハースト、マイケル・クラーク・ローレンス
Billy Rose Theatre Division, The New York Public Library

『キャメロット』のリハーサル、リチャードとモスとともに
Billy Rose Theatre Division, The New York Public Library

『キャメロット』のリハーサルを見学中　Billy Rose Theatre Division, The New York Public Library

『キャメロット』の初日のあと、リチャードと
Billy Rose Theatre Division, The New York Public Library

モス・ハートと　photofest

アーサーとグィネヴィア、第1幕第1場面
Neal Peters Collection

『キャメロット』のランスロット役のロバート・グーレと

『ジュリーとキャロルのカーネギー・ホール・コンサート』でミュージカル『一番幸福な男』より「大きな "D"」を歌っているところ　Neal Peters Collection

オールダニ島にて T・H・"ティム" ホワイトと　Julie Andrews Family Collection

スベトラーナ・ベリオソバと　© Zoë Dominic

ルドルフ・ヌレエフと　© Zoë Dominic

オールダニ島のパトモスにて、トニーと。お腹がだいぶ大きい
Julie Andrews Family Collection

生後数日のエマ・キャサリン・ウォルトンと
McCabe / Express / Getty Images

路』のイラストを描くことだった。

トニーと私は何度か素晴らしいパーティに行った。

モスとキティ・ハート夫妻はニューヨークで一番のパーティを開く。彼らのパーティは優雅で洗練されていて、招待客は大物、そんな中で知的な会話がさんざめく。センス良く盛られた様々な料理、注がれるシャンパン……。パーティが最高潮になると、誰かがピアノを弾いて、モスとキティがデュエットを歌って客を楽しませる。ふたりは最高のパートナーで、心から楽しんでいるようだった。

スティーブン・ソンドハイムはウエスト・サイド・ストーリーの作詞で一躍有名になった、若き注目の才能だった。私は昼食会で初めて彼に会った。有名人なのに部屋の隅でひとりで座っていて、とても内気だったが、知性やカリスマ性がにじみ出ていた。話し始めると、すぐさま私は心を掴まれた。

マーク・ヘリンジャー劇場から1ブロックしか離れていない場所にアルビン劇場（訳注：現ニール・サイモン劇場）があり、そこでは『軍曹さんは暇がない』という芝居が上演されていた。ある日、私たち何人かで劇場を出たところで、そちらの芝居のキャストたちに呼び止められ、立ち話をした。その中のひとりが私に「ロディ・マクダウェルを知ってる？」と共演者のひとりを指さした。

私は本当に腰が抜けるかと思った。映画『マイ・フレンド・フリッカ』の、私の妄想の王子様ではないか！　まさか本人に会える日が来ようとは。「もちろん知らないと思いますが」と私は彼に言った。「あなたとは結婚したようなものなんです」

彼が困惑したので、私は子どものときに彼を思いながら作った空想の牧場の話をした。彼がその話をとても気に入った様子だったので、私はもし自分が作った土地権利証を見つけることができたら送ると約束した。そして実際に見つけた。彼はそれを美しい漆塗りの箱に入れて、引き出しにしまってくれたそうだ。

ロディはとても顔が広く、友人を大切にする人だった。私は彼がいつか自分の人生について、そして彼が出会った人たちについて、本を書いてくれれば良いとずっと思っている。どうして書かないのか聞いたとき、彼はこう答えた。「友人が多すぎるんだ。とにかく多くて、書きれないよ」

　トニーと私は少しずつ人生を楽しむようになった。パーク・チャンバーズから引っ越し、ルーが見つけてくれた東65丁目のアパートの1階に移った。その場所は以前、高級コールガールが住んでいたのではないかと思う。夜になると何時でも構わずに電話がかかってきて、何度もある名前の女性はいるかと聞かれる。室内には罠がいっぱいだった。紫と金色のカーテン、斑入り磨りガラス、気持ち良いがド派手な寝具……。

　ときどき、ふたりで週末にハドソン川西岸にある湖に遊びに行き、素敵なホテルに泊まった。都会の喧噪から逃れて休息し、リラックスできる時間に感謝していた。

*

　ブロードウェイでは、どの舞台も1年に1回、たいていは休演日に余分に公演をして、その売り上げをアメリカ俳優基金に寄付する決まりになっている。つまり自分のカンパニーの番になると、2週間で17回の公演を休みなしでやる、ということだ。ブロードウェイにいる俳優、舞台を渡り歩く役者たちはみんな、その回を見に来たがる。特にそれが話題作である場合は、実際に今どんな劇が流行っているのか、同業の役者として自分の目で確かめられる貴重な機会となるからだ。

　私たちのアメリカ俳優基金の公演は大成功だった。観客が何度も拍手喝采するので、劇がスムーズに進行できないほどだった。まず登場シーンから大歓声と拍手、叫び声と口笛で迎えられ、劇が始まると、1曲ごとにショーが中断する。夢のようだった。

　このとき分かったのだが、私はこういう大事な公演のときには、心配でたまらなくなり、心臓が早鐘を打ち、胸からそのまま飛び出してしまいそうになる。頭もフラフラした。

何年ものちに、自分がかなりの低血糖に苦しんでいたと分かった。だから、ストレスがかかるとアドレナリンが大量に分泌されていたのだ。原因が分かり、高タンパクの食事を摂り、舞台の最中はこまめに液体プロテインを飲むようになったので、この問題は解決した。すると別人のように体調が安定して長続きするようになった。あの頃それを知っていたら、と思う。

　トニーと私はアメリカ俳優基金の夜に、私たちの最大のライバルである『ウエスト・サイド・ストーリー』を見に行った。序曲の最初の１拍目から、最後の１音まで、魔法にかけられたようだった。『マイ・フェア・レディ』は「ブックミュージカル（訳注：歌と踊りが芝居に集約されている）」、『ウエスト・サイド・ストーリー』は「ダンスミュージカル（訳注：ダンス表現に重きが置かれている）」と言われ、このふたつがその年のブロードウェイで双璧をなした。私はアニタを演じたチタ・リベラ、その恋人役のトニー・モルデンテ（のちにふたりは結婚）や、マリア役のキャロル・ローレンスとも仲良くなった。

　レックスの契約が11月末で終わってしまうので、エドワード・マルヘア（彼はレックスがその年の初めにバカンスに出かけたときにも代役を務めた）がヒギンズ役になった。マルヘアは映画版『ピグマリオン』のヒギンズを演じたレスリー・ハワードに生き写しだった。

　レックスとは大変なこともたくさんあったが、彼のカリスマ性や輝くダイヤモンドのような多面性を見るのはとても刺激的だったので、彼がカンパニーを去るときには、心から寂しく思った。

　彼は豪傑だ。生き方が役にじみ出ている。彼の強さや存在感がなくなってしまうのは悲しかった。そしてもちろん、彼のお陰で私はいつも気が抜けなかった。誰が言ったのかは思い出せないが、彼について正確に言い当てた表現がある。「レックスは確かに大災難だが、最終的には期待にちゃんと応えてくれる。だから全てを許してしまう」

　こうしてカンパニーの雰囲気が変わった。レックスがいなくなると、舞台の出来は私だけにかかっていると思えて仕方なかった。

　マルヘアは役をよく理解し、ヘンリー・ヒギンズを非常にうまく演じた

が、私は彼自身とはあまり打ち解けなかったように思う。レックスは華々しい人だったが、マルヘアは控えめで内気だった。

　トニーが組合の審査を通り、ノエル・カワードの芝居『Conversation Piece』の舞台美術と衣装デザインを担当できることになった。ある日、家に帰ってくると、ノエルとオーディションについて笑える話を聞かせてくれた。

　ノエル・カワードはふたつの芝居を同時に作っていて、ふたつのオーディションを同じ劇場で同時に行っていた。つまり、客席の真ん中に偉大な劇作家が座り、その右側には、ある芝居の製作チーム、左側には別の芝居の製作チームが並んだ。オーディションの責任者が毎回舞台に上がって、「次のオーディションは某の芝居の役で……」と説明する。

　ある日、ひとりの男がステージに駆け上がり、「この芝居にはジゴロが出てくるんですよね、ミスター・カワード？」と言って、誰にも答える隙を与えず続けた。「だからこの肉体美を見てもらうのが一番だと思うんです」と言うなり服を脱ぎ始めて、赤い靴下以外は素っ裸になった。どちらの製作チームも呆気にとられた。押し殺した笑いがどこかから漏れたが、それ以外は静まりかえっていた。舞台監督はどうして良いか分からない。皆もノエル・カワードの反応をうかがった。

　すると完璧なイギリス紳士の声が客席から響いた。
「よろしい……少し左を向いてもらえるかね！」

　私は演劇というものについて、トニーから本当にたくさんのことを学んだ。私はよくビートンがデザインする巨大な帽子の愚痴を言ったり、舞台のセットのドアが遠近法のせいで小さくて出入りがしづらい、狭い空間を通りぬけるのが大変だ、などと文句を言ったりした。トニーは優しく説明してくれた。ステージの空間は限られているから、舞台背景は遠近法で描かれなければならない、というより、遠近法は舞台美術の基本だ。手前に傾斜しているステージが多いのもそのためで、ソファやベッドは奥の方が

小さくなる遠近法で作られ、玄関や屋根は、客席から見えるより実際はずっと小さい。私はトニーが1年かけて働いているところを見て、舞台美術にそれまでよりずっと敬意を払うようになった。

　あるとき、私は彼にこんなことを言った。「私の鼻がこんなに大きくなければ良かったと思うわ。もっと小さな、可愛い鼻の頭の……そうね、ビビアン・リーみたいな」

「何を言ってるんだい」と彼は言った。「君の鼻は可愛いよ。背景に埋もれない立派な鼻だ。ガートルード・ローレンスも大きな鼻をしてるだろう、そのお陰で彼女は大成功したじゃないか！」

　私はそれから鼻の文句を言わなくなった。

　前述のようにトニーは私の舞台をよく見に来たのだが、私の悩みにうまく答えてくれた。私がかなり良い演技をしたと感じたときに、トニーはごくごく平凡だったと言う。

　全くダメだったと思うとき、トニーは私の演技は最高だったと言う。もっと分からないのは、私がいわゆる「ぴったりはまった」、調子が良かった、うまかった、観客も私の一言一句に惹きつけられていた、と思えたときの演技のことだ。

　私はトニーにこういうときには何が良かったのか聞いたことがある。彼は分析した。「それには3つの場合がある。まずひとつ目の場合、君は自分自身を見るのに忙しくて、"私、うまくできてるでしょう？" と注意が内側に向いている。ふたつ目の場合、君は平均点にも達していないと焦り、観客になんとか伝わるように頑張っているから、自意識はなく、意識が観客に向かっている。そういう日、君は出来が悪かったと思うみたいだが、実はすごく良いんだ。第3の場合、これは君が体力、表現力、技術、すべてを最高のコンディションに持っていくことができたとき」

　完璧になることはあるか？　まずない。しかし魔法のような瞬間、「ぴったりはまった」ときは、魂が潤う。究極的には、それを求めて役者は何度でも舞台に立ち続けるのだ。

第３６章

1956年の７月と11月、私は『エド・サリバン・ショー』という当時大人気のテレビ番組に２回出演した。週に１回放映されるこの番組に出るのは狭き門だったので、世界中のアーティストが憧れていた。

私はもちろん目玉の出演者ではなく特に注目もされていなかったが、このテレビ出演はふたつの意味で大事だった。まず、アメリカ中に放映されたこと、そして『マイ・フェア・レディ』の歌を歌ったことだった。1961年に同じ番組で、リチャード・バートンとロバート・グーレと一緒に『キャメロット』の一場面を演じたが、この２回だけが、私がこれらのミュージカルで演じているところが映像として残っている唯一のものだ。

今ではブロードウェイで上演されるショーは映像が残っているのが普通だが、長い間、そういうことは行われていなかった（海賊版は除く）。当時のミュージカルを見る方法は他にないので、あの頃テレビで放映された短い場面は、宝石のように貴重だ。

私は『クレッシェンド』というテレビの時別番組に、レックスと一緒に少しだけ出演した。そのときの共演者はきら星のようだった。エセル・マーマン、ペギー・リー、ベニー・グッドマン、ディアハン・キャロル、そして偉大なるルイ・アームストロング。私たちの人生は一瞬だけ交わった。私は自分のやるべき事に集中して、ルイ・アームストロングもそうだった。彼のエネルギーは尽きることがないかのようだった。トランペットを胸に抱え、大きな白いハンカチで額の汗を拭き、私に笑いかけた。そしてあのゾクゾクするようなしゃがれ声で言った。「君は"マイ・フェア・アリゲーター"に出ていましたね」

完璧に意味が通じた。

*

1957年、私はレコードを2枚作った。ひとつはエンジェル・レコード製作のもので、『Tell It Again』という童謡のアルバムだった。この童謡は「ムーンドッグ」という盲目のエキセントリックな音楽家が作曲と編曲を手がけたもので、かなり変わっていた。彼は英国の「大道芸人」のようなもので、ブロードウェイ近くの54丁目の角で色んな楽器を演奏している人だった。才能に溢れ、面白くて、見た目は少し怖かった。髭を長く伸ばし、ゆったりしたガウンを着て、爪先の見えるサンダルを履き、バイキングのようなヘルメットを被っていた。しかも槍を持っていた。狂人だったわけではなく、とても独特の人だった。彼の音楽は洗練された、ほかのどこでも聞いたことのないものだった。歌のリズムが4分の5拍子や8分の7拍子という場合もあり、そんな曲を歌った事がなかったので、なかなか大変だった。マーティン・グリーンというギルバート・アンド・サリバン（訳注：ビクトリア朝時代の大衆オペラ作家）のオペラで有名な歌手もアルバムに参加した。

2枚目のアルバムはRCAから出たもので、『The Lass with the Delicate Air』というタイトルだった。アーウィン・コスタルが編曲と指揮を担当し、これが私たちの長い共同製作の始まりだった。ふたりでもう1枚アルバムを作り、その後、彼は『メリー・ポピンズ』と『サウンド・オブ・ミュージック』の編曲と指揮を手がけた。

『The Lass with the Delicate Air』はイギリスのバラードを集めたもので、RCA側はもっと流行の歌を収録したがっていたようだが、私はバラードにこだわった。こういうあまり知られていない昔ながらの美しいバラードが、私には歌えなくなる日が来ると直感的に分かっていたからだと思う。

3月、私は全く新しい世界に飛び込んだ。CBSテレビで放映されるロジャース&ハマースタインの『シンデレラ』の主役をオファーされたのだ。これは私のために作られたオリジナルのミュージカルだったので、なんてありがたいことなんだろう、と思った。タイミング良く、『マイ・フェア・レディ』の公演が2週間空くときだった。

素晴らしいキャストが集められた。伝説的な舞台俳優カップルのハワード・リンゼイとドロシー・スティックニーが王と王妃役、エディ・アダムスが妖精の役、面白いケイ・バラードとアリス・ゴーストリーが不細工な継姉妹、イルカ・チェイスが継母の役で、当時新人だったジョン・サイファーがハンサムな王子様だった。

　監督のラルフ・ネルソンはそれまでに製作した数々の作品で高い評価を得ていたが、『シンデレラ』については少し変わった方針を持っていた。彼はこの物語をなるべくリアルに見せようとしているらしかった。この話がおとぎ話であるという性質を考えると、そしてカボチャが馬車になり、シンデレラが貧乏人からお姫様に変わるなど、魔法のシーンの様々な可能性を考えると、今までとは一線を画すものだった。また、彼はこれを全国放送の生中継でやろうとしていたので、特殊効果を使うのは難しく、できることはかなり限られているように思えた。

　私は歌がとても美しいと思った。「In My Own Little Corner」というバラードと、エディ・アダムスと歌う「Impossible」が大好きになった。

　エディはその愛らしさでまわりを照らすような女性だった。当時大人気のコメディアン、アーニー・コバックスと付き合っていて、のちに結婚した。

　ケイ・バラードとアリス・ゴーストリーは名コンビだった。ケイは気が強くて威張り屋、アリスは何にでも笑う馬鹿な娘の役だった。ジョン・サイファーはとてもハンサムできれいな歌声をしていた。

　ハワード・リンゼイとドロシー・スティックニーはほのぼのとした夫婦だった。実生活でも結婚していて、ブロードウェイの超ロングラン『ライフ・ウィズ・ファーザー』に出たことがあった。昼休憩のときには、ふたりは並んで舞台セットの玉座に座り、茶色い紙袋からサンドイッチを出して食べる。ハワードは活気のみなぎる小柄な男性で、ドロシーは美人で同じように小柄だった。トニーと私はふたりと仲良くなった。

　ふたりはペンシルバニアとの州境に近いニュージャージーに別荘を持っていて、週末にトニーと私を招待してくれたことがあった。ドロシーの作ったおいしいフルーツパイとキャセロールを積んだ車に、私たちも乗せ

てもらった。

　涼しい夜の中、私たちは石造りの美しい小屋に着いた。一帯は田園の素朴な魅力に満ち、白い木の柵はハーブの茂みに囲まれていた。木の間にハンモックがかけられ、小川が瀬を立てて楽しい音楽を奏でる。その場所の全てが心地良かった。小屋の中は、テーブルの上に温かな光のランプが置かれ、気持ちの良いソファには花柄のカバーがかけられていた。中庭のウッドデッキには網戸がついていて、蚊に悩まされることなく外で食事ができた。アマガエル、コオロギ、セミなどの虫の声が響いていた。

　私たちはハワードとドロシーを何度か訪ねたが、ふたりからはいつでも最高のもてなしを受けた。トニーと私はゆっくり休み、本を読み、散歩をした。ハワードは書斎にこもって書き物をした。ドロシーはキッチンで何か作っている。

　しまいには、リンゼイ夫妻はトニーと私に、彼らの小屋を休暇に提供してくれるまでになった。ある週末、私たちは秋の鮮やかな紅葉の中、遠くに霧のかかった丘を眺めながら歩いていた。鹿が小川の水を飲みに下りてきて、ウサギが下草で跳ね回っている。そこは心安まる、素敵な隠れ家だった。

　『シンデレラ』のリハーサルが進むと、テレビの収録スタジオのセット内で練習をすることになった。技術的に解決しなければならない問題があり、何度もカメラ・リハーサルをする必要があって、俳優たちはその間、現場で長いこと待っていた。

　私は製作現場のマネージャーとよく話をした。ハンサムで恥ずかしがり屋の若い男性で、私が『シンデレラ』のあとはどんな仕事をするのかと聞くと、こう言った。

「実は、テレビの仕事はもうこの先はしないつもりです」

　私が理由を尋ねると、彼はセントラルパークで普通の人たちに向けて、シェイクスピアの演劇を無料で見せるという長年の夢が叶いそうだと答えた。私はそんなユニークな企画を実現させるなんて、彼はずいぶん苦労し

たに違いないと思った。そして幸運を祈った。彼の名前はジョセフ・パップという。

　ご存知のとおり、彼の夢はセントラルパークのデラコルテ・シアター、そして、ニューヨークのジョセフ・パップ・パブリックシアターとして形を結んだ。

　ある日、私はセットの脇で待っている間に思わず口笛を吹いていた（私は緊張するとよく口笛が出てしまう。とてもうまいので多くの監督が使った……『メリー・ポピンズ』と『マイ・フェア・レディ』と『キャメロット』がそうだ）。その時、なぜか分からないが、『雨の朝巴里に死す』のメロディが出てきた。

　すると背後で「その曲を書いたとき、本当にそう感じたんだ」という声がした。振り向くとオスカー・ハマースタインが立っていた。

　「まあ、すみません、ミスター・ハマースタイン」と私は口ごもった。「お恥ずかしいのですけれど、これがあなたの曲だとは知りませんでした」

　彼は話してくれた。「戦争中、パリがドイツ軍に侵攻されたと知って絶望し、私が知っていた、かつての花の都を思い出したんだ。それでなんとしても、この曲を書かなければと思ってね」

　今になって分かるのだが、あの頃、私は巨人たちと仕事をしていた。アラン、フリッツ、モス、ロジャース＆ハマースタイン、ジョセフ・パップ……。彼らのことを思い出すとき、聞きたいことが幾千も湧き上がる。なぜあのとき聞いておかなかったのか！　きっと私は、自分が何者なのか考えるのに必死だったのだ。

　テレビの生放送は戸惑いの連続だった。ミュージカルを演じているのだが、劇場とは勝手が違い、たくさんのカメラがいつでも私たちのまわりでゆっくり動いている（それに当時のカメラは今よりずっと大きかった）。スタッフがコードを役者の足下からどけている間、役者はまわりの混乱を無視して、観客には、共演者の他には誰もいないという振りをしなければ

ならない。ここでジョセフ・パップがとても良い仕事をした。彼はスタジオの動線を確保して、俳優に出番のキューと立ち位置、何秒後に、どのカメラに映るか、ということを細かに教えてくれた。

　私にとって一番大変だったシーンは、シンデレラの服がボロから美しい舞踏会のドレスに変わる瞬間だった。ラルフ・ネルソンが特殊効果を使わなかったので、このシーンでは、まずカメラが私の足下を写す……とそれは美しい舞踏会の靴に変わっている。その間、誰かがものすごい勢いで私の頭にヘアピンを挿し、ティアラをセットし、ケープを肩にかける……そしてカメラがゆっくりと上に戻ってくる。私の顔が写る頃までには、変身が完成している。これは危険な賭けだった、特にテレビの生放送なのだから。とにかくたくさんのスタッフが私を変身させるので、私はなるべく動かないで彼らが仕事をしやすいように心がけつつ、同時にカメラに写るときには涼しい顔をしていなければならない。

　舞踏会に向かうカボチャの馬車は、中をカメラが撮影できるように、半分は屋根がなかった。私とエディ・アダムスが馬車の中で「Impossible」を歌っている間、カメラや機材が私たちのまわりを忙しく行き交った。これはこのミュージカルの見せ場のひとつだった。

　コマーシャル休憩があると、衣装替えができて助かったが、ひとたび生放送が始まれば、一か八かの撮影だった。

　放映日の２日前にレコードの収録があり、ミュージカルの出演者が28曲をオーケストラの演奏で歌った。テレビ放映の翌日にコロンビア・レコードから発売されるということだったが、どうしたらアルバムがそんなに早くプレスされて店頭に並ぶのか分からなかった。

　ロバート・ラッセル・ベネットが素敵な編曲に仕上げたので、私は歌うのが楽しみだった。彼は『マイ・フェア・レディ』の編曲だけではなく、ロジャース＆ハマースタインのたくさんのミュージカル、『オクラホマ』『南太平洋』『回転木馬』などの壮大な雰囲気の音楽を手がけている。そんな彼の編曲でオーケストラと一緒にリハーサルするのは最高の喜びだった。

　放映日に何か起きたとき、あるいは大災難に見舞われたときのために、

私たちは衣装を着た状態でリハーサルを２本収録しておいた。

　いよいよ放映の日、これから収録が始まるというときに、「良き友人」の誰かが、「ねえ、分かってるかもしれないけど、今夜の生放送は、君が『マイ・フェア・レディ』に15年間出演し続けるより、多くの人が見ることになるかもしれないよ」と言った。これは、その瞬間に私がどうしても聞きたい情報というわけではなかった。

　あとで聞いた話では、この『シンデレラ』はテレビ史上最高の視聴率を誇ったそうだ。その夜の撮影はかなりスムーズに進み、私たちは全力を尽くしたが、個人的には少しもったいない気がしていた。もし撮影したあとで編集ができたなら、こんなに急いだ展開にならず、軽やかに洗練された感じになっただろうにと思った。この仕事は本当に大変だったが、多くを学び良い経験になった。この夜、私たちがやり遂げたことの重大さに気づくのは、何年かあとになってからだった。

第３７章

『マイ・フェア・レディ』のブロードウェイでの最終公演は、1958年２月１日だった。ニューヨークの契約はそれで終わりだったが、このときには既に、ロンドンで新たにイライザ役を18カ月間することが決まっていた。レックスとスタンリーも加わって、ロンドン用の『マイ・フェア・レディ』を作り直す。リハーサルは４月７日からの予定だった。

　私はニューヨークを離れる前、１月と２月に、再びテレビ番組にゲスト出演した。ひとつは、パティ・ペイジが司会をする「ザ・ビッグ・レコード」という番組で、もうひとつは「ザ・ダイナ・ショア・ショー」といった。ダイナは私を温かく番組に迎えてくれて、私は『ショウボート』の「刺激的なステージ生活」をダイナと、このとき同じくゲストだったチタ・リベラと一緒に歌った。

　振付は愛すべきエネルギッシュなトニー・シャーモリーで、この人はなんと、20年以上ものちに私のテレビ番組『ジュリー・アンドリュース・アワー』の振付を手がけることになる。世間は狭い！

　ブロードウェイの『マイ・フェア・レディ』のイライザ役はサリー・アン・ハウズに引き継がれ、アメリカ全国巡業のイライザ役は、ロンドンで『ボーイフレンド』のポリーを演じていたアン・ロジャースがやることになっていた。

　私の契約が終わろうかという頃、アメリカ俳優組合が、アンがアメリカで労働ビザを取っていることを問題視し始めた。トニーと私は『ボーイフレンド』の縁でアンをとてもよく知っていた。どうやら、アンの労働ビザについて文句を言っているのは、『マイ・フェア・レディ』のキャストのうちのひとりで、端役のイギリス人俳優（アメリカ在住）ということが明らかになった。カンパニーでは、この裏切り行為に皆が憤った。もしこれが

本当なら、アメリカでこんなにも恩恵を受け『マイ・フェア・レディ』の素晴らしい冒険をともに経験した人が、仲間の役者に意地悪をしているということになり、私たちは信じられなかった。幸いにもこの問題は解決し、アンは当初の予定どおりアメリカに来た。

　彼女は北部出身の女性で、威勢の良い率直な物言いの人だった。トニーと私は彼女がアメリカに来た瞬間から歓迎し、彼女はすぐにリハーサルに加わり、やがてカンパニーと一緒に巡業の旅に出た。

　ブロードウェイ最後の1週間は、様々な思いがこみ上げて胸が詰まった。親しい友人とニューヨークに別れを告げた。自分がいつまた、この町に戻ってくるのか、そもそも戻ってくることがあるのかも分からなかった。1週間に8公演という、とてつもない重圧から解放され、心からホッとした。涙が出てしまうが感謝もしていて、疲労困憊していたが高揚もしていた。

　チャーリー・タッカーによれば、税金対策のために、年度始まりの4月までイギリスに帰国しない方が良いらしかった。そのときの私にはとにかく休暇が必要だったので、6週間かけてヨーロッパを周遊することにした。始まりはパリだ。

　荷造りは大混乱だった。仕分け、掃除、整理整頓、見なければならない舞台、送別の食事会……最後はあの奇妙なアパートを引き払った。2週間後、バレンタインの日に、私はパリに飛んだ。

　トニーはまだ仕事があったのでニューヨークに留まって、友人とアパートに引っ越して数週間頑張り、なるべく早くヨーロッパで合流しようということになっていた。

　私はパリに着くなり、なぜか心の平穏を感じた。まるで、こめかみを優しくマッサージされているような、自分の世界が調和とバランスに満たされたようだった。あとで私はトニーに「どうしてパリはこんなにも落ち着くのかしら?」と尋ねた。

　彼の答えはとても意外だった。「目に映るものの高さのせいだと思うよ」

と彼は言う。「ニューヨークでは全てが君の上にそびえていただろう、言ってみれば、君は谷間にいたようなものなんだ。パリでは屋根の上が見渡せる、世界が君の前に広がっている。自分が世界の頂上にいて、主導権を握っているような気持ちになる」

彼がこのとき言った意味は、何年ものちに私がスイスに行き、山小屋の屋根や玩具のような登山列車が行き来するのを見て、穏やかな気持ちになったときに、さらに合点がいった。

パリは２年間の激務から回復するのにぴったりの場所だった。私は自分を甘やかし、贅沢をした。

チャーリー・タッカーが母とパップをパリに連れてきた。ドナルドは商船艦隊にいて、クリスはまだ学生だった。フォーブル・サントノレ通りにあるカスティグリオン・ホテルに泊まった。観光して、長い優雅な昼食と夕食を楽しんだ。エレベーターでエッフェル塔の展望台に行き、ベルサイユ宮殿を見た。母と私はクリスチャン・ディオールのファッション・ショーを見て、シャンゼリゼで買い物を楽しんだ。

ある夜、エディット・ピアフのコンサートを見に行った。ステージに上がった彼女は、質素な黒いドレス姿で平たい靴を履き、化粧はせず、縮れ髪をそのままにしていた。しかし歌い始めた瞬間、皆が魔法にかかった。

チャーリー・タッカーとパップは帰国し、母はその後少し留まったので、ふたりだけで過ごすことができた。母はとても気楽な雰囲気で、トニーに対する不満もなくなったように見えた。だから母が帰ってしまうときは悲しかったが、代わりに、父とウィン、ジョニー、セリアがやって来た。彼らの飛行機はイギリスのラグビーチームと同じ便だった。その頃ラグビーの国際大会が開かれ、イングランド対フランスの試合が行われることになっていたのだ。父は天にも昇る気持ちだったろう。選手たちに会う方が私と会うより嬉しかったに違いない！　父はチームのキャプテン、エリック・エバンズと話し込み、ロンドンで上演予定の『マイ・フェア・レディ』の家族席のチケット——前売り券ですら既に入手困難だった——をあげる代わりに、試合のチケットを６枚もらった。父は取り引きをしたのだ！

残念ながら、そのチケットはコロンブ・スタジアムのフランス側のスタンドだったが、もちろん私たちはイングランドの応援をした。私は大声で「行け！イングランド！」と叫び、まわりのフランス人サポーターから怖い顔ですごまれるので、父に脇を小突かれた。

　家族と私はノートルダムの365段の階段を上り、塔の上から町の最高の眺めを楽しんだ。リド（訳注：パリで有名なキャバレー）のチケットを買って、豪華絢爛なショーを見た。広大なルーブル美術館の中を歩き回った。なんと素晴らしい休暇だったことか。

　家族が帰国すると、今度はポーリーン・グラントが来た。彼女とはチューリッヒと小国リヒテンシュタインに行き、ゆっくり散歩してあとは休むだけ、という時間を過ごした。

　トニーがやっと合流し、3人でアローザに数日滞在した。ポーリーンがロンドンに帰ったので、トニーと私はベニスに行き、有名な町を初めて観光した。

　私たちはダニエリという素敵なホテルに泊まり、運河でゴンドラに乗り、サン・マルコ寺院を見学し、画廊を巡り、カナレットとグアルディの美しい絵画を見た。フロリアンで食事をし、フェニーチェ劇場というオペラハウスの壮麗さに息を飲んだ。ベニスはこれ以上ないくらい美しかった。私たちは、嵐が吹き荒れる3月の気候の中、町がピンクのテラコッタと、太陽の白い光、運河の紫、青、灰色、それら全てが曇り空のもとで絶妙に溶け合っているのを飽きることなく眺めていた。

　世界で最もロマンチックなこの町で、私は唇にひどい水ぶくれができてしまい、そのせいで私たちの恋人気分が削がれ、トニーが撮ってくれた私の写真はどれも悲惨なものになった！

　休暇の最後はスイスのクロスタースでトニーの家族と合流して1週間過ごし、イースターの日曜日、4月6日にイギリスに帰国した。

　その次の日から『マイ・フェア・レディ』のイギリス版のリハーサルが始まった。本番まで4週間しかなかった。

プロデューサーはハーマン・レヴィンと共同制作のヒュー・“ビンキー”・ボーモンという劇場運営会社Ｈ・Ｍテナントの社長だった。彼の手がける舞台はどれも趣味が良く品があった。彼は洗練された機知に富む紳士で、恐らくウエストエンドで最もやり手のプロデューサーであり、演劇に関する造詣が深かった。

　チャーリー・タッカーは、私が毎日ウォルトン・オン・テムズからロンドンまで通うのは大変すぎると思い、リハーサルの間はサボイ・ホテルに滞在する手配を取った。そこからなら、『マイ・フェア・レディ』が上演されるドゥルリー・レーン劇場まで歩いて行くことができた。私の泊まった部屋はこぢんまりしたスイートで、窓の外にはテムズ川とウェストミンスター宮殿が見えた。

　そこに滞在している間、私は演劇雑誌のインタビュー取材を受けた。インタビュアーはレスリー・ブリッカスという頭の良い若者で、今では様々な楽曲の作詞作曲で賞を獲っている音楽家として有名だ。『地球を止めろ──俺は降りたい』『ドーランの叫び──観客の匂い』『ドクター・ドリトル』『チップス先生さようなら』……そしてもちろん『ヴィクター／ヴィクトリア』。私たちの仕事上の、そして個人的な付き合いは続き、彼と彼の美しい妻イーヴィーは、今に至るまで私とブレイクの最も親しい友人だ。

『マイ・フェア・レディ』の立ち上がりで私が最初に慣れなくてはいけなかったのは、オーケストラのピッチがわずかに違うことだった。

「ピッチ」は人が感じる音の周波数で、このオーケストラの『マイ・フェア・レディ』は、ニューヨークのときよりもわずかに明るい、華やかな、高い響きで演奏されていた。音程は同じだが、メロディがより明確になるようにという意図なのか、全体の音が高くなったような演奏だった。この劇場の音響と関係があるのかもしれないし、あるいは指揮者のシリル・オーナデルがそういう音質を好んだのかもしれない。

　私は実際、アラン・ラーナーに、歌うときの音程が少し低いようだと注意され、自分は良い耳を持っていて絶対に音程を外していない自信があっ

たので、かなり頭にきた。しかし今回ばかりは、私がそれまで2年間歌い続けた曲が、ほぼ1音高く移調してしまったようだった。私は自分の声を、そしてオーケストラをよくよく聞かなければならなかった。そしてついに、新しい周波数に慣れた。だが、最初の数週間は本当に気が散った。

　もし記憶が正しければ、リハーサルはドゥルリー・レーン劇場で行われ、それはいみじくも7年前、私が『南太平洋』を見た劇場だった。この劇場とコベントガーデンにあるロイヤル・オペラ・ハウスはロンドンの歴史的建造物で、このふたつは石を投げればぶつかるほどの距離に建っていた。

　毎日サボイ・ホテルから劇場に通うとき、私は旧コベントガーデンの市場を抜けて、小さな屋台や売店を眺めた。高い台の上から卸売業者が魚や野菜や花などの値段を客と交渉しているのを見るのは楽しかった。

　当時の市場は全国から生鮮食品が集まる場所で、真夜中に生産者が小売業者に卸し、小売業者はそれを朝一番の買い物客に備えて大急ぎで自分の店頭に並べる。この卸売市場はまるごと1974年にナインエルムズに移転し、今ではコベントガーデンは高級な地区になった。

　マチネのある日に市場を抜けると、まだ行商人の下働きが夜明けの卸売の空き箱などをカートに積み上げて後片付けをしている。私を見ると「お帰り、ジュリー」とか「やあ、お嬢さん」と声をかけてくれた。故郷はやはり良いものだ。

　トニーと私は、私がこの先18カ月間を劇場で過ごすのだから、楽屋をできるだけ寛げる素敵な空間にしようと決めた。目指したのは広々とした空間で、天井は高く、羽目板を使ったウェインスコット調だった。

　チャーリー・タッカーが僅かではあったがお金を出してくれて、私たちは、上質な化粧台とそれに合わせた椅子、ゆったりとしたソファ、そしてジョージ・モーランド（訳注：18世紀イギリスの風景画家）のレプリカを買った。最後の物は予算オーバーだったが、金の額縁に入れてダマスク柄の壁に飾るとよく映えた。

　部屋の一画に壁がくぼんだ鏡張りのスペースがあったので、そこをバー・スペースに改装した。数カ月後、父はそのバーカウンターで物腰の柔らか

なバーテンダーに扮して、ショーを見に来た友人たちをもてなした。まるで生まれながらのバーテンダーといった様子で、私はそれを楽しく眺めていた。

『マイ・フェア・レディ』の前売り券は飛ぶように売れたので、私たちは皆、その期待に見合うだけの演技ができるか心配になってきた。新聞には、ロンドン史上最大にして最高の、そして非凡なヒット作と書かれ、自分たちは無謀な賭けに臨んでいるのではないかと不安になった。

　ある日、モス、アラン、私でリハーサルのあとにステージから下りて歩いるとき、ふたりより少し前を歩いていた私の耳に、アランの「ジュリーのまだ見ぬ深みって何だろうね？」という言葉が飛び込んできた。

　私が驚いて振り返ると、彼はからかうような笑顔で私を見つめた。本当は私をよく分かっているのに、わざとこんな事を言っているのだろうか、そうでもしないと私が鈍感で気づかないとでも思っているのだろうか、と少し傷ついた。

　私はなんとか冗談っぽく返したが、心の中ではちゃんとした本音をぶちまけたかった。「私はここにいるの、アラン。分かってよ、聞こえてるのよ、ここにいるんだから」

　キティ・ハートはリハーサルがある程度進むまでは私たちに合流しなかった。やっとイギリスに来ることになって、モスは彼の弟バーニー・ハートを連れて、空港に彼女を迎えに行った。

　バーニーはモスとキティの再会のシーンを、愛に溢れた、心温まる瞬間だったと私に話してくれた。ふたりは抱き合い、忙しい人混みの中で、まわりなど全く見えない様子で額をくっつけ合って無言で愛を確かめていたそうだ。

　悲しいことに、フリッツ・ローは初日にロンドンまで来られなかった。彼はリハーサルの始まる1週間前に大変な心臓発作を起こしてしまったのだ。不幸中の幸いで彼はのちに見事に回復し、人生を愛し、その甘美な汁を吸い尽くすという生き方を、この発作のせいで変えるなどということは全くしなかった。

プレビュー公演は混んでいて、観客の反応は熱狂的と言えた。

　初日の前日の夜、トニーと私は楽屋口から外に出た。夜中をかなり過ぎていたのに、そこには長い行列が出来ていて、劇場のまわりをとぐろのように巻いていた。道路に毛布や椅子まで広げている人もいた。

　私は「一体どうしたんですか？」と声をかけた。

「初日の桟敷席のために並んでいるんです……」「朝になったら売り出すから！」「良い席を取りたいなら、今から並ばなくちゃ！」ということだった。

　トニーと私は彼らと少しおしゃべりをして、初日を楽しんでね、と行ってその場をあとにした。

　翌日の夜、4月30日、私の楽屋は花でいっぱいになり動けないほどだった。チャーリー・タッカーからは今まで見たこともない見事なツツジの花束が届いたが、中でも一番心を打たれた贈り物は、「コベントガーデン」と書いてある質素な浅い木箱に入っているものだった。しっとり濡れた爽やかな匂いのスミレが、箱から溢れんばかりに盛られていた。イライザの花で、私の幸運のお守りでもある。

　添えられたカードを見ると、「初日の行列組より愛をこめて」とだけ書いてあった。あの人たちが皆でお金を出し合って、コベントガーデンでスミレを買ってくれたのだ。このプレゼントには言葉が出ないほど感動した。

第38章

ロンドンでの『マイ・フェア・レディ』初日は、ブロードウェイ版よりも抑えの効いた仕上がりだった。桟敷席の観客は熱狂していたが、それに比べると他の席の客は静かだった。ノエル・カワードがその他大勢の有名人と一緒に見に来ていた。彼らのほとんどがニューヨークでのショーを見たことがあった。もちろん私の家族もいた。ドナルドとクリスがいなかったのは、チケットが取れなかったからかもしれない。

まるで観客は、このミュージカルが評判通り良いものでありますように、と息を詰めて見守っているようだった。私たちはしっかりやり遂げ、喝采を受けたが、個人的にはその夜は爆発的な何かに欠けていたように感じた。

家族とサボイに戻って弟たちに電話をしてから、私は靴を脱いで床に座り込んだ。疲れていたが、なんとか終わったと安心した。

ウィンはこの初日のために着るコートを探し、オックリーの慈善市で6ペンスの買い物をした（訳注：6ペンス硬貨は幸運のお守り。幸運にも安く良い買い物ができた、の意味）。予算も見た目もぴったりの素敵なコートだった。ウィンは初日の前まで何日もかけて、袖を詰めたり裾上げしたりしたらしい。そして劇場に着いてクロークに預けようとすると、9ペンスもした。お買い得コートは、吊しておく方がお金がかかるということか。私たちはその夜、たくさん笑った。

ミュージカルの劇評は概ね最高の出来と讃えてあったが、ところどころ、小さな欠点も書かれていた。本当かどうかは知らないが、「デイリー・エクスプレス」のゲラでは、劇評がこっぴどく私たちをこき下ろす内容だったので、新聞社の会長で、このミュージカルの大ファンでもあったビーバーブルック男爵が、書き直せと命じたそうだ。実際に、新聞になったときには褒めちぎられていた。

初日から2日後、サボイでごく内輪のパーティを開くことになり、母が

私の生物学上の父親がやって来ると言った。彼は『マイ・フェア・レディ』を見に来て、私に挨拶をしたいのだそうだ。パーティの最中、彼から「便乗」したそうな、私との関係を今から取り戻したそうな雰囲気を感じた。彼のそういう振る舞いが気に入らず、まして彼が私の父の領分を侵すなどもっての他だったので、私は丁寧ながらも、そしてそう伝わっていれば良いのだが、きっぱりと彼とは距離をとった。私が彼を見たのはそれが最後だった。

　何年ものちに、彼はきちんとした手紙を書いて寄こした。短かく完結に、私が彼との親子関係に気づいているようだから、もし今後について話したければ、彼の方は心からその機会を歓迎する、と書いてあった。私は長いこと悩んでから、やっと返事を出した。そういうことは、私が父として愛している人物を、また弟たちを傷つけるかもしれないので、今の状況を変えるつもりはない、という内容だった。彼は理解してくれたようで、それ以降は、毎年サイン入りのクリスマスカードを送ってくるだけになった。のちに彼が亡くなったと聞いた。

　５月５日、エリザベス女王とその夫であるフィリップ殿下が『マイ・フェア・レディ』を観に来ることになり、それは私にとって、初日よりもっと豪華な人生の一大事だった。劇場がお祭り騒ぎになり、ロイヤル・ボックス席は花で美しく飾られた。私たちは最高の演技をした。終わるとふたりはアラン、モス、ビンキー・ボーモンらと話をして、楽屋に出演者をねぎらいに来た。女王陛下はミュージカルをとても気に入ったと言い、フィリップ殿下もそこに留まり、特にレックスとおしゃべりしていた。彼らは王室の他のメンバーにも評判を広げてくれたに違いなく、５月22日にはマーガレット王女が観劇に来た。

　私たちにとって、恐らく最も意義深かったショーは、サー・ウィンストン・チャーチルが観に来た回だった。彼が観客の中にいると私たち全員が意識していて、しかも彼が高齢で健康状態が良くないので楽屋には来られないことも分かっていた。彼は劇場に来る前にこのミュージカルの脚本を

取り寄せ、あらかじめ読んでいたらしい。出演者全員が『マイ・フェア・レディ』を彼のために、私たちが愛してやまない、尊敬の的である非凡な人物のためだけに演じた。

初日から３カ月が経ち、１週間に８公演という重労働に再び喉が悲鳴を上げ始めた。しかし今回の私は、すべきことを分かっていた。毎週水曜と土曜にハーレイ・ストリートに行って、耳鼻科の名医であるドクター・ジョン・マスグローブに診てもらった。この医師は小粋な英国紳士で、いつも三つ揃いを着ており、とにかく私によくしてくれた。

その頃もまだ私の喉は繰り返し炎症を起こしていたのだが、ドクター・マスグローブは、私の親知らずが喉に悪影響を与えているので、なるべく早く抜いた方が良いと判断した。少し調整が必要だったが、間もなく私はロンドン・クリニックで親知らずを４本全部抜いて、３日後に再び舞台に立った。

本当は扁桃腺も切除しなくてはならなかったが、その手術は『マイ・フェア・レディ』の公演が終わるまではできなかった。

ドクター・マスグローブは、ニューヨークでドクター・レックスフォードがしてくれたように、私の声を良い調子に保った。彼の助けがなければロンドン公演は乗り切れなかっただろう。

ある日曜の夜、トニーと私は、彼のウォルトン・オン・テムズの家を訪ねた。私たちは暖炉のそばで低い椅子に並んで座り、静かに食事をしていた。膝には夕食の皿が載っている。私たちの人生はバラ色だった。互いに顔を見合わせ、微笑み、本当に、どうしてそんなことを言おうと思ったのか分からないが、どちらかが「早く結婚しようよ」と言い、「いま言っちゃおうか？」となった。

そこで私たちはいきなり「私たち、結婚について話していたんです」と宣言した。

ウォルトンの家族は飛び上がって喜んだように記憶している。シャンパ

ンを開けて乾杯した。流れで口にしただけなのに、正式に婚約を発表したような感じになった。そしてそれ以降、皆が私たちを正式に婚約者と見なし、そういう風になっていった。

それから間もなく、トニーと私は7月17日のバッキンガム宮殿で開催されるロイヤル・ガーデン・パーティに招待された。すごい栄誉……しかし何を着たら？

私はボードヴィルの巡業をしている頃から、衣装デザイナーのレイチェルと知り合いだった。瞬発力で何でも作る人だったが、会計の帳尻は絶望的に合わない。よく借金をしていた。それでも最高のデザイナーで、優秀なお針子を抱えていた。私は白と黒のシルクの生地を見つけて彼女にデザインをお願いしたところ、素敵なアフタヌーン・ドレスを作ってくれたので、それに幅の広い黒い帽子を合わせた。

宮殿に向かう車中で、私はかつて母と「いつか女王様とお茶ができるかしら？」と話したときのことを思い出していた。

バッキンガム宮殿の庭園は華やかで、同時に格式高かった。巨大な日除けのテントの下にはイチゴ、クリーム、お茶やスコーンが供されている。白いテーブルと椅子が芝生に散らばり、招待客は女王の到着を今か今かと待っていた。

そのとき、女王の従姉妹であるアレクサンドラ王女が近づいてきた。彼女は私たちと年がほとんど変わらず、そこで立ち止まって少しおしゃべりした。

「おふたりは最近婚約されたそうですね、おめでとうございます」と王女が言った。そして「どうぞお幸せに」と続けたのだ。

正式に発表したのはつい数日前だったので、王女が知っていることに驚いてしまった。

ホテル王のサー・ビクター・サスーンの秘書から電話があり、トニーと私でクラリッジズの昼食会に来ないか、と招待された。面白そうだ。

サー・ビクターは物腰の柔らかい、優雅な銀髪の紳士だった。昼食会で、

自分の所有している雌の競走馬に私の名前をつけても良いかと聞いてきた。もともとは「マイ・フェア・レディ」にしようと思っていたそうだが、その名前の馬は既にいるらしい。もちろん私に異論はなく、楽しく歓談した。牝馬の父馬はピンザというダービーの優勝馬だった。サー・ビクターは、トニーと私が最近婚約したと知ると、結婚祝いにその雌馬を私にプレゼントすると言い、私は唖然としてしまった。

　その馬はアイルランドの厩舎にいて、私は１度も会うことはなかったが、彼女の書類だけが送られてきた。サー・ビクターによれば、その馬は競走馬として活躍できるほど速くないが、良い血統なので「種付けさせる」、つまり妊娠させることにしたらしい。私に書類が来たときには、すでに子馬を妊娠していたはずなので、なんとも太っ腹な贈り物だった。

　しかし出産時に問題があったらしい。あるいは最初から妊娠していなかったのか、原因は忘れてしまったが、とにかくもう１回種付けされた。そしてまたもや、何かがうまく行かなかったと厩舎から連絡をもらった。まだ１度も見たことのない馬に何カ月も大金を注いだあとで──しかも生き延びた子馬がいるのかも分からない──、私たちは何かがおかしいと思い始めた。私たちのどちらも馬の繁殖には全く知識がなく、全てを厩舎に任せきりだった。チャーリー・タッカーが事の経緯を精査し、お金がかかりすぎるので、その雌馬は売った方が良いという結論になった。私はアイルランドに飛んでいって、ひと目でもその馬に会いたかったが、時間が許さなかった。悲しいことに、私の名前をつけられた馬は他の誰かの手に渡ってしまった。ひょっとすると、世界にはジュリー・アンドリュース号の血統を継ぐ馬たちが駆け回っているのかもしれない。

　７月22日から25日まで、私は魅惑的なバリトン歌手ジョルジオ・トッツィと一緒に、ルドルフ・フリムルとハーバート・ストサートの名作オペラ『ローズマリー』を歌い、アルバムを作った。伴奏はニューシンフォニー・オブ・ロンドンというオーケストラで、ブロードウェイ屈指のレーマン・エンジェルが指揮をした。彼はブロードウェイ・ミュージカル『ファニー』『ワ

ンダフル・タウン』や、ギルバート・アンド・サリバンのオペラを何曲か指揮していた。彼が非常に細かく完璧主義だったお陰で、私は純粋なオペラに挑戦することができた。レコーディングのすべてが貴重な体験だった。驚くのは、このレコーディングが私のスケジュールの合間をぬって行われたということだ。こんなことをしていたら、声が出なくなるのも不思議はない。

　その頃まで私は、手紙に返事を書く、仕事の予定を管理する、家事、ドライクリーニングの引き取り、などは全部自分でしていた。請求書の支払いだけはチャーリー・タッカーがやってくれたので、毎月彼に請求書と、私のささやかな銀行口座から、１カ月分の小切手を渡すというやり方だった。しかし人生があまりに忙しくなり、私のこの仕事を代わってくれる人が必要になった。

　チャーリーが面接で決めたのはアレクサ・ウィアーという人だった。中年の独身女性で、地味な服装の堅苦しい雰囲気だったが、実はユーモアのセンスがあり、そしてもちろん非常に有能だった。彼女が私の一切を引き受けてくれた。恐らくチャーリーに、私の行動の逐一を報告するよう言われているのだろう、という感じはしたが、それでも私を日々の雑務から解放してくれたのはありがたかった。

　彼女はほぼ毎回、私がステージに立つときには劇場に同行し、家族席が何席必要なのか、あるいは誰がそこに座るのか、名前をチェックしていた。こうして彼女は私の「守り神」、つまり私とまわりの世界や人々との間の盾になり、ファンとのやり取り、楽屋の花の水替え、私が必要なものの買い出しなどをこなした。

　当然だが、永遠にサボイ・ホテルに泊まっていることはできなかった。アレクサが私の人生に現れたのと同じタイミングで、チャーリーがベルグレービアのイートンスクエア70番地に、小さい素敵なアパートを見つけた。小さなキッチン、寝室がふたつ、お風呂がひとつ、そしてリビング。窓はどれも大きくて明るい光が入り、イートンスクエアがよく見える。

トニーと私は一緒にそこに引っ越し（チャーリーはかなり渋い顔をした）、私たちふたりにとって完璧な住処となった。

　ふたりでハロッズに行って家具を買い、スタインウェイの小さなグランドピアノ——チャーリーはますます渋い顔をした——も買った。アパートには食洗機やその他の実用的なものは何もなかったが、グランドピアノがある。そしてそれは素晴らしい音色のピアノだった。

　アパートの管理人はボブ・チャトウィンという人だった。やや陰気だがきちんとした人で、アパートの地下に住んでいる。ボイラーのメンテナンスや共用部分の掃除、真鍮のドアノブを磨く、などの仕事をしていた。私たちは彼には１、２度しか会ったことはなかったが、彼の奥さんのベッキーとはしょっちゅう顔を合わせた。

　彼女はとても小柄な丸ぽちゃの人で、眼鏡をかけていた。白杖を持つ資格があり、盲目に近かったはずだが、杖を使うことをひどく嫌っていた。そして清潔を愛することにかけては世界一で、遠慮なく物を言う、小さな皇帝だった。イートンスクエア70丁目は彼女の帝国だった。

　たとえば郵便受けの蓋が閉まる音がしたので私が玄関を開けると、ベッキーはそこで這いつくばって、誰が在宅か覗こうとしている。彼女は住民全員の事情を事細かに知っていた。お節介で、噂好きで、私は大好きになった。

「汚くしてる人のことはすぐに分かるんだ」と彼女は言う。「ホコリが積もるからね」

　彼女が何かの上に、小さな柔らかい手をゆっくりと滑らせれば、清潔でないものはすぐに分かってしまう。

「簡単な５つの手順で家の中を完璧にきれいにする方法を教えてやろうね」と言って、「硬くて短いホウキ、すごく柔らかくて短いホウキ、掃除機、ハタキを用意して」と命令した。

　彼女は手と膝をついてフローリングの上を硬いホウキで掃くやり方を見せてくれた。手首を素早く小刻みに動かして、床の上のゴミを１カ所に集める。そしてスナップを効かせて絨毯の端と床の間に詰まっているホコリ

もそこに集める。次に柔らかいブラシで本棚、写真立て、窓枠などのホコリを払う。そこでいったん床に落ちているホコリを掃除機で全部吸い込む。最後に、柔らかいハタキで部屋の表面をもう1度はたく。

　小さなシンクで大量の皿を効率的に洗う方法も教えてくれた。まず汚れたフライパンに熱いお湯と洗剤を入れ、フライパンを小さなシンクのようにする。そこにすべての洗い物を入れ、メインのシンクにお湯を流す。柄の長いブラシをフライパンの中に入れ、食器類をこすり、流水で泡を流してから食器立てで乾かす。洗う順番についても教えてもらった。最初はグラス、次にお皿、それからスプーンやフォーク、最後にずっとお湯に浸かっていたフライパン。私は家事にあまり時間を割けなかったので、ベッキーのこの教えがとても役に立った。

　ベッキーの本当の役割は、私の上階に住む貴族、マルゲッソン公爵の部屋の掃除だった。彼は背が高く威厳があり、朗々とした声の持ち主だった。ベッキーは彼を崇拝していた。

　私がベッキーに良いクリーニング屋を知っているか尋ねると、店ではなく個人に頼んだ方が良いということで、彼女の知り合いのオリーブ・フェイガンという女性を紹介してもらった。

　オリーブはクリーニング店で働いたことのある人で、アイロンとプレスがとてもうまかった。彼女が私の人生に現れてからというもの、私の服やリネン類は、かつてないほど良い状態に保たれた。

　しかしベッキーのお節介はまだ終わらない。マルゲッソン公爵の執事に、トニーのためにも週に数時間働いてもらうことにしたのだ。ミスター・コールという物静かな男性で、トニーの服を集めに来て、その日の終わりには、シミ抜きも洗濯もプレスも完璧な状態で持ってくる。

　共働きの私たちにとって、このアパートは神様の贈り物のような、何もかもコミコミのお得セットだった。自分のクローゼットを見たときの嬉しさを覚えている。オリーブとミスター・コールのお陰でどんな服でもすぐに着られる状態だった。すべては優しいベッキーが私たちと、私たちの家を、そして家事を世話してくれたからなのだ。

トニーは『ボーイフレンド』のサンディ・ウィルソンの新しいミュージ
カル『Valmouth』のデザインを頼まれていた。彼は息をのむようなセッ
トと衣装を作っており、寝室のひとつを仕事部屋兼事務所にした。何カ月
も経つうちに、部屋をきれいに保とうという私の努力は、どんどん報われ
なくなっていった。ノートや鉛筆、インク、素描、セットの試作品、覚え書
きメモ、参考の本……などがアパートのちょっとした隙間に詰め込まれ、
積み上げられたからだ。父が本棚を作って玄関ホールに設置してくれ、少
しだけ役には立った。父はまた、新居に心温まる贈り物をくれた。手彫り
のフルーツボウルで、私は今でもそれを大切に使っている。

　その夏、私はマダム・タッソーの蝋人形館から、『マイ・フェア・レディ』
が大ヒットしたのでイライザ・ドゥーリトルの蝋人形を作りたいと依頼を
受けた。私の顔だけではなく衣装も写真を撮られ、そして体と顔の隅々ま
で採寸された。
　ひとりの男性が、革紐で結んである6つの宝石ケースを脇に挟んでア
パートにやって来た。彼がそのケースを手品師のように広げると、対に
なったガラスの目玉があとからあとから出てきた。全て色が違い、てんで
んばらばらの方向を見つめている。彼はその目玉のひとつをつまんで私の
顔の横に並べ、私の目の色と比べた。
「違うな、もう少し血走った感じかな」と言う。それから「うーん、これ
も黄色味が少し足りない」と呟く。
　とても奇妙な体験だった。

　あるマチネの公演で、パディ・オニールがショーの最中に楽屋口に来た。
あの大柄でプラチナ・ブロンドの、私のボードヴィル時代の知り合いだが、
彼女にはもう何年も会っていなかった。そのときに限ってアレクサはいな
かった。パディに失礼な態度は取りたくなかったので、ドアマンに私の楽
屋に通すようお願いした。私は幕間に衣装を早く替えなければならず、彼
女と話す時間はほとんどなかった。それに彼女がなぜ訪ねてきたのか、皆

目見当もつかなかった。

　彼女はちょっと近くまで来たから、と言った。私は髪型を変え、メイクを仕上げながら、「ごめんね、パディ。もう出番なの」と部屋を出ようとした。

　その瞬間、彼女はとても奇妙なことをした。私が楽屋から出られないように、化粧台にさり気なく寄りかかり、質問を浴びせかけてきたのだ。「パディ——もう行くから」と私がお願いしても、「あとひとつだけ言わせて」とか「まだ質問があるんだけど……」と引き延ばした。口元にはからかうような笑みが浮かんでいて、私が出番を逃すのを期待しているような、この瞬間を楽しんでいるような顔だった。

　やっとのことで私はステージに走っていった。楽屋に戻ると、彼女の姿はなかった。

　きっと彼女は嫉妬や悲しさに打ち負かされてしまったのだろうと思う。あの日、彼女の心の中でどんな思いが渦巻いていたのか、誰にも分からない。

　私はひどい風邪で寝込み、舞台を何度か休んだ。回復したとき、これはしっかり体力作りをしなくてはいけない、今までで一番健康になろう、と決心した。そこで精力的にトレーニングしようと考えた。

　まずストレッチをしたが、どうやら不十分だったようで、もう少し激しい運動——体を右にひねり、左にひねり、最後に一回転するという、かなり勢いが必要な動き——をしたときに、背中の筋を違えてしまった。もう全く動けない。その夜は舞台に立つ予定だったのに、これはもしかすると、潜在意識が舞台を拒否しているのではないか、とさえ思った。私は文字通りベッドまで這っていき、そこで痛みに震えていた。

　運良く弟のジョニーがそのとき一緒にいた。彼は兵役中だったが、休暇でイギリスに帰ってきたところだった。彼はトニーの父親、ドクター・ウォルトンに電話で相談し、優しいドクターは患者の診療が終わったら、すぐにロンドンに来て私の整復をすると約束してくれた。

　私は微動だにできず、背中の激痛に耐えて何時間かベッドに横になって

いた。ついにトイレに行きたくてたまらなくなったがトイレまで這って行くことも出来ない。私はジョニーを呼んだ。

「もう我慢できないの」と説明した。「キッチンにバケツがあるから。持ってきてくれない？……」

　痛みにうめきながら、そしてちょっとずつ体をひねりながら、なんとかバケツに用を足すことに成功した。ジョニーと私がこれほどの絆で結ばれたことはなかったと思う。今でも思い出すとふたりで大笑いしてしまう。

　ドクター・ウォルトンが到着し、私をそっと診察台に移した。長いマッサージと様々な治療で、私はなんとか再び動けるようになった。ウォルトン氏は今まで私を診たことはなかったが、そのとき私の背中を一目見て、「ああ、これは背骨がずいぶん歪んでいるな。脊柱側湾症だよ」と言った。私はその言葉を初めて聞いた。パパ・ウォルトンの見立てでは、先天的なものだそうだ。それから何年も私はこの症状に苦しむことになり、特別なストレッチや運動や靴の調整が必要になった。彼の適切な処置と、指導と説明は本当にありがたかった。数日の療養と数回の治療、そして数錠の痛み止めを飲んだあとで、私は再び舞台に立つことができた。

第39章

トニーと私は灰色のプードルの子犬を飼い、「シャイ」という名前にした。それは大人しい女の子で、躾ができてからはどこへでも一緒に連れて行った。

シャイは私がピアノの前で発声の音階練習をしていると、可愛らしい頭をもたげ、口を少し引き締め、音程そっくりに吠えた。訓練すれば彼女も音階練習をできそうだった。その様子はとにかく可愛かったが、シャイが吠え始めると私は自分の音階練習ができなくなるので、その間だけは廊下に閉め出すことにした。するとドアを引っかく音がして、黒い鼻の頭がドアの下からのぞき、荒い鼻息や息づかいが漏れてくる。私が「シャイ」と怖い声で叱ると、一生懸命小さくぐもった声で音階を吠えるが、そのうち我慢できなくなって……遠吠えのように歌い始める。

本当に愛くるしい犬だった。

トニーと私がニューヨークにいた間も、仲良しのバレリーナ、スベトラーナ・ベリオソバと連絡を取り合っていたが、ロンドンに戻ってきてから彼女の結婚式の招待状が届いた。

私たちはもちろん駆けつけ、すぐさま花婿に歓迎された。モハメド・マスード・ラザ・カーンという初めて会う男性だったが、私は初対面で熱烈に抱きしめられた。

彼はパキスタンの裕福な地主の息子だった。背が高く、息を飲むほどハンサムで、目は黒く輝き、口ヒゲを生やしている。長めの髪は豊かに波打っていた。ふっくらとした下唇がやや突き出していたが、それはタバコをいつも吸っているせいかもしれなかった。

マスード（のちにスディと呼んだ）はこれ以上ないくらい、私たちを親しく迎え入れ、愛情深く接した。しかし私は意地悪く、彼がこんなにも私

を手放しで歓迎するのは、チケットが入手困難で話題の『マイ・フェア・レディ』に出ている大物だと思っているからではないか、と疑っていた。

スディとスベトラーナはすぐに私たちと打ち解け、4人でよく会ようになった。スディは複雑な人物で、評判の優秀な精神分析医だった。彼は何年ものちに私がセラピーを受けるきっかけを作り、背中を押してくれ、私の人生に大いに影響を与えた。彼は私に対してはいつも穏やかで優しく、私たちは良い関係だったと言える。彼にとって私だけが、泣かせたりボロボロにしたりしてやろう、とは思わせない唯一の女性らしかった。私を脅威に感じなかったということだと思う。彼はトニーやスベトラーナにはひどく攻撃的になることがあった。しかしふたりともスディをよく分かっていたので、そんな仕打ちも甘んじて受け流した。スディはただスディであるだけなのだ。

私たちは彼らのナイツブリッジのアパートによく行った。彼らはハンズ・クレセントに住んでいて、そこはハロッズのほぼ隣と言える場所だった。アパートの中は少し暗く、部屋は大きくて天井は高く、家具はまばらにしか置いていなかった。美しい石版画や写真が壁に遠慮がちにかかっていて、あとはスディの膨大な蔵書しかなかった。スディは本のコレクターだったので、パリまで行って大枚をはたいて美しい装丁の本を買って帰ると、大喜びで私たちに見せた。そういう本はガラスケースにしまってある。

スディとスベトラーナは激しい喧嘩をすることがあり、そんなとき、トニーと私は終わるまで辛抱強く待った。スベトラーナは感情的になって彼と言い争うが、本当は彼を深く愛している。私は、スディは恐ろしく知的な人物ではあるがときどき精神が崩壊してしまう、と気づいた。まるで東西の文化の違いの闇に落ちてしまったように、中心の深いところから人格が真っぷたつに割れているような感じなのだ。半分は尊大な大地主の息子、もう半分はD・W・ウィニコット（訳注：イギリスの著名な小児科医、精神科医）の秘蔵っ子にして彼の論文の編集を手伝った優秀なロンドンの精神科医、というふたつの顔があった。

彼の死後、何年か経つと、彼の患者の治療法に関するスキャンダルが

次々と出てきた。しかし彼の学術論文は心理学の分野では広く高い評価を得ており、私としては、彼は実際のセラピーより理論に優れていたのだろうと思っている。

スディは入浴しない主義だった。必要な皮脂を取り去ってしまうと信じていて、体を油で拭いていた。服装はいつも完璧で、よくベルベットのスモーキングジャケット（訳注：タバコを吸うためのジャケットとして作られた男性用のフォーマルウェア）を着て、それに合わせたスリッパを履いていた。肉感的な唇にゆるくくわえたタバコから灰が落ち、美しいジャケットに降りかかる。のちの人生で彼はより一層狂気の世界に足を踏み入れていったようだが、私たちの知っている彼はまだ精力的で、比較的、自制心があった。

当初、自分は王族で、父親が寵愛した13番目の妻の息子だと言っていた。何年ものちに、それは嘘だったと分かったのだが。彼はまたこんな話もした。子どもの頃、彼がトランプをして負けてしまったら、相手の腕を切り落とすことが許されていた、と。トニーと私はこの恐ろしい話に驚き、作り話なのだろうか？　だとすれば何のために？　と思ったものだ。

スベトラーナは愛すべき優しい女性で、いつでも明るい笑い声を立てていた。食卓に上げる物はだいたいがステーキと野菜、茹でたジャガイモという質素なもので、お手伝いさんに作らせていた。彼女は私の目指す全ての美徳を体現していた。献身的、自律的、仕事にかける純粋で揺るぎない情熱。彼女は人生に多くを求めず、最低限をさらに削ぎ落としたものしか望んでいないようだった。毎日バレエのレッスンに行き、１度も愚痴をこぼさず、鼻にかけず、ロシア風の逆三角の美しい顔をしていた。彼女の生き様は清廉そのものだった。

私たちは時間が許す限り彼女の舞台を見に行った。いくつかの演目は彼女のために、ケネス・マクミランという若き新進の振付師によって作られていた。彼女の踊る『ジゼル』『眠れる森の美女』『白鳥の湖』はどれも素晴らしかった。彼女は身長のせいか他のダンサーより目立ち、そしてまた優れた女優でもあった。

私たちはジョン・クランコという、こちらも新進気鋭の振付師で『パゴ

ダの王子』をスベトラーナのために作った人とも食事をしたことがある。彼はのちにシュトゥットガルト・バレエ団の芸術監督となった。

　この頃は私たち全員にとって、刺激的な時代だった。ロンドンの若い芸術家たちが集まり、様々な理由で互いに惹かれあった。ロイヤル・オペラ・ハウスでバレエを観たあと、レストランに行ったり、スベトラーナとスディのアパートに行ったりしたときほど楽しかった夜はない。たいがいはロイヤル・バレエのダンサーたち、脚本家、精神分析医、俳優、演出家なども一緒になり、私たちは時間が経つのも忘れ、ありとあらゆる話をした。

　ある日、スディが私に「次にバレエを観に来るとき、僕らの友だちの隣に座ってよ、きっと彼女が好きになるから」と言った。

　約束の夜、あまり期待せずに言われた席に座ると、隣には黒髪の魅力的な女性がいた。名前はゾーイ・ドミニクといって、長年『ロンドン・サンデー・タイムズ』の専属カメラマンとして、演劇、バレエ、オペラなどを撮影している人だった。彼女の写真はどれも際立っていた。この最初の出会いの瞬間に、私はゾーイとの強い結びつきを感じた。それからはゾーイ、スベトラーナ、スディ、トニー、私は無二の親友になった。

　スディがある日、ハロッズで買い物をしていたときのこと。店内は混み合っており、カウンターの行列の前で、ある女性が彼の前に割り込んだ。スディは肩を怒らせ、その女性に慇懃に言った。

　「マダム」と声をかけた。「神はあなたに、私より有利な点を与えました。神はあなたを女に創り給うたのです。ですがもし、この店員が私より先にあなたに対応するようであれば、私は必ず彼の鼻をへし折ってやると誓いますよ」

　いかにもスディらしい。

　また、これはスベトラーナと私がハロッズで買い物をしていたときのこと。彼女がこのあとアパートに来てお茶をしないか、と誘ってくれた。

　とても心惹かれ、「ああ、素敵でしょうね、スベトラーナ」と私は答えた。「でも多分、家に帰ってしっかり休んで舞台に備えた方が良いわ」

　「ごめんね、馬鹿なこと言っちゃった」とスベトラーナは息を飲んだ。「今

夜舞台だってすっかり忘れていて……。もちろん家に帰って休まなきゃ。そうすべきよ」

　彼女の言葉の中には、芸術は何よりも優先すべきだという強い信念が感じられた。

　これを言ったのが彼女だったからだろうか、あるいは、私にまさに必要なタイミングで聞かされた内容だったからか、とにかくその瞬間、私は天啓を受けた。自分の芸と自分がやっていることに対する、新たな、より深い目的を悟ったのだ。今までも自分の歌声は特別な才能であり、皆に認められているという自覚はあった。しかしこの瞬間、私は、与えられた才能への感謝を全身全霊で世界に返していかなければならない、もっと余すところなく世界と分かち合うことができるのだ、と気づいた。

　小さい頃のほとんど、つまりボードヴィルをやっていたときは、私の仕事は……まあ、仕事だった。それが私のやっていたことだった。あまりに若かったので、自分がステージに立つことで何かを変えられるとは、これっぽっちも思わなかった。しかし今、私は達成感のようなものを感じられるようになった。私は人々に楽しさを届け、喜びを伝えることができる。私の舞台を観る人を、ほんの数時間は日々の心配事や困り事から解放し、劇場で幸せにできる。私は自分が歌う理由と熱意、もっと深い芯を、そしてそもそもなぜ私がこの才能を与えられたのかということに対する答えを見つけつつあった。本当の理由が何だったにせよ、このスベトラーナとのちょっとした会話で、私の人生が変わった。

第40章

劇場が私にとってどんな場所なのか、仕事をするとはどういうことなのか、いま振り返って説明するのは難しい。役者は演技をしている一瞬一瞬の積み重ねに集中し、「これが役者」という答えを発信しつつ、仕事を続けるエネルギーの源泉を探っている。私の場合、舞台に立つときの感情は毎日違う。

幕が上がる前に準備をしているとき、期待で肌が粟立つ。出演者が集まって声を合わせるとき、フルートが音を出し、トランペットがそれに応えるとき、台詞や歌のフレーズを声に出すとき、スピーカーが鳴り、どこからともなく指示出しの声が舞台裏の廊下に響くとき、オーケストラがピットに着席しチューニングを始めるとき。

舞台裏は大わらわで、客席からのおしゃべりが聞こえる……そこに一瞬の静けさが訪れると、指揮者がタクトを上げたのだと分かる。序曲が始まり、もう後戻りはできない。

私はときどき舞台上で、感謝のあまり、胸が張り裂け心臓が止まるような感覚になることがある。その感情はいきなりやって来て一気に膨れ上がるので、押し流されそうになる。

始まりは低い音で、私の体の中の深い部分と共鳴する。地球上で最も温かい、低いコントラバスの音のようだ。すると突然、背後と頭上に広がる大きな空間に自分が溶け合い、劇場と一体になったような陶酔が訪れる。その瞬間、私は謎を秘めた暗闇と光が支配する歴史の中にいる。

照明もその一部だ……ライトに煌々と照らされた私は、光を吸収し、それを体の中に染みこませる。

ホコリには匂いがある。あまりに強烈でリアルなので食べられるのではないかと思うほどだ。メイクと汗、香水とペンキの匂い。観客にも匂いはある。大きなひとつの生き物のように温かく脈打つ、すぐそこにいるのに

姿は見えない、そんな匂い。

そして何よりも音楽、その音に乗ると、さっきまで自分にできるとは夢にも思わなかったことに挑戦したくなる。オーケストラが自分の声を支えてくれるとき。完璧なメロディ、完璧な歌詞がそれ以外には存在しえない最高の形をつくるとき。転調のときに自分がさらなる高みに押し上げられるような……天上の喜びのとき。それこそ、私が分かち合うべき瞬間だ。

観客も同じ境地にいると信じられるとき、私も一緒にエクスタシーを駆けのぼり、我が家に帰ることができる。

そう、それは帰るべき「家」なのだ。

これ以上に魔法のような感覚は他に思いつかない、私は世界で一番幸運な人間だ。この快感は、自分が器になること、己が消失することから来るものだ。感動をもたらすために自分自身を完全に、余すところなく与えること。これを毎晩経験できるとしたら……。

それはまるで、気持ちの良いセックス……絶頂に達する直前の感覚、圧倒される広大な海、幼子が飲む栄養たっぷりの母乳、アヘンのような陶酔だ。

1959年の2月、『マイ・フェア・レディ』の2枚目のレコードがロンドンのアビーロード・スタジオで収録された。最初のブロードウェイ版はモノラルで録音されていた。当時はそれしかなかったので当然だったが、ステレオフォニクスが現れ、レコード業界はステレオ盤も作るのが当たり前という流れになり、このミュージカルも新しいレコードを作ることになった。

イギリスのカンパニーの仲間と、恐らく少し規模の大きくなったオーケストラとスタジオに入った。本当に嬉しかった。レックスもスタンリーも私もこの2枚目の方がうまく歌えたと思う。私は自分の役を全うし、自分が何をやっているかよく理解し、もう少しうまくできたと思えることもあったが、ステレオ盤のレコードは1枚目より何光年分も上出来で、今日でも正式なサウンドトラックになっているのは、こちらのアルバムだ。

レックスは3月末に公演メンバーから抜けることになっていた。彼の最後の公演が終わると、レックスとケイは大きなパーティを開いたが、やは

り今回も私は、彼を快く送り出す気分になれなかった。オリジナル・キャストの誰かが去ると、カンパニーの中で必ず何かが変わる。観客の目には同じ内容のミュージカルかもしれないが、劇全体のバランスがわずかに崩れ、演じる側は、登場人物の演じ方や目立たせ方を微調整しなければならない。残された方は、なんというか、見捨てられた気がしてしまうのだ。

ヒギンズ役を引き継いだのはアレック・クルーンズという役者で、キャスト全員がリハーサルに参加し、彼が溶け込みやすいようにした。

トニーは忙しかった。1959年、彼はロンドンで4つの演劇の製作に関わっており、私は彼が仕事をしている様子を楽しく見守っていた。ひとつ目はピーター・コークによる『Fool's Paradise』で、トニーは舞台美術と衣装の両方を担当していた。出演者に往年の女優シシリー・コートニージという女優がいた。トニーは衣装合わせのあとで帰宅すると、困惑した笑みを浮かべて言った。「どういうわけか」彼は言う。「衣装が彼女にフィットしないんだ。お腹まわりのサイズが毎日変わるんだよ！」

また彼はサミュエル・テイラーの『結婚泥棒』の舞台背景を担当していて、私はリハーサルを何度か見に行き、初日は観客として客席にいた。そして出演していたコーラル・ブラウンの存在感、知性、美しさに魅了された。

そして3作目はJ・P・ドンレビー原作、リチャード・ハリス主演の『The Ginger Man』だった。トニーは舞台美術と衣装だけではなくプロデュースも手伝っており、私たちはドンレビーと親しくなった。破天荒な人で、スポーツマンで茶目っ気があり、突飛で抜け目なかった。どういう人なのか本当の姿を知ることは難しかったが、トニーは何年も付き合ううちに分かったらしい。見た目は田舎の大地主といった雰囲気で、上質のアイリッシュ・ツイード地のスーツを着て、ジャケットには革の肘当てがついていた。

1959年の最後の仕事は『レビューのためのスケッチ』という舞台で、ここでもトニーは舞台美術と衣装を担当した。この舞台の脚本の大部分はピーター・クックとハロルド・ピンターが書いており、当時は無名だったがのちに『オリバー！』で有名になるライオネル・バートが作曲を手がけた。出演は底抜けに明るくて面白いコメディアンの、イギリス中の人気者ケネ

ス・ウィリアムズ、そして演出と振付はパディ・ストーンという若い男性だった。パディは私ともその後、何度か一緒に働くことになるのだが、よく知られているのは『ヴィクター／ヴィクトリア』と『S・O・B』という映画だ。彼は振付を担当し、出演している。

　私は今でも『レビューのためのスケッチ』のある場面の台詞を覚えている。ケネス・ウィリアムズは、ニュース・スタンドで新聞を売っているおじいさんで、「パンと紅茶の店、チェルシー」という屋台の店主と、明るい太陽の下でいろいろな話をしている。そして言う。「さて、『イブニング・スタンダード』が最後に売れたな」

　屋台の店主は少し考えてから聞く。「じゃあ、もう売れたんだよね？」
「ああ……」再びしばし沈黙。「……あっという間にね！」

　３月、トニーの作品展がセント・ジェームズ通りのハズリット・ギャラリーで開かれた。初日の夜にふたりでギャラリーに行くと、サー・ジョン・ギールグッドが来場者と歓談していた。重厚なシェークスピア俳優として知られている彼はお茶目な振る舞いでも有名で、とぼけた顔でトニーの作品を解説していた。私は彼の大ファンだったが会ったことはなかったので、挨拶しようと近づいていった。ギールグッドが愛想良く私に向き直ったところで、自分はこのアーティストの婚約者であり、ギャラリーに来てくれたことに感謝している、とお礼を言った。彼の笑顔が固まった。
「やや、これはどうも」と言って彼は手を差し出した。「私の演技はどうでした？　あ、いやいや……まあ、何というか……！」

　彼は恥ずかしそうに慌てふためいてギャラリーから出て行った。

　トニーと私は結婚式の日取りを５月10日に決めた。ロンドンの『マイ・フェア・レディ』は出演から１年が経ち、５月に２週間の休みがもらえることになっていたので、ちょうどうまくはまる。

　チャーリー・タッカーはすぐさま行動を起こし、ロサンゼルスで収録される『ジャック・ベニー・アワー』に、恐らく結婚費用を賄うために私の出演を取りつけた。確かに私はお金が必要で、アメリカ行きをハネムーン

にもできるという一石二鳥の話だった。

　通常はそんなことはしないのだろうが、私はトニーにウェディングドレスのデザインをしてもらいたかった。彼も是非そうしたいと言ってくれて、私の結婚指輪もデザインした。

　私たちの婚約は突然だったので、私は婚約指輪をもらっていなかったが、トニーはニューヨークにいるときに美しい小さなブローチをくれた。それは指輪と同じサイズで月桂冠の形のデザインだった。結婚指輪は同じく月桂冠の模様で、内側にカルティエと刻印されている。

　私はトニーの姉のキャロルと私の妹のセリアにブライズメイド（付き添い人）をお願いし、ジョーン叔母にマトロン・オブ・オナー（付き添い人代表）になってもらうことにした。トニーのベストマン（付き添い人代表）は、レックスの息子のノエル・ハリソンだった。ふたりはラドリー・カレッジで同級生の頃からの付き合いだった。

　私たちが結婚式の準備で忙しいというのに、チャーリー・タッカーはイライザ・ドゥーリトルの肖像画を何としても描かせようと言い張った。彼が頼んだのはピエトロ・アンニゴーニという、王室の肖像画も手がける画家だった。

　アンニゴーニは、不遜で気分屋の芸術家の典型のような人だった。私に献身的にモデルになることと、約束の時間に絶対に遅れないことを要求した。

　私がイライザの花売りの衣装を着ている写真が何枚も撮られ、彼の作業中はそれらがアトリエにぐるりと並べられていたが、ときどきは私がモデルにならなくてはいけなかった。私の舞台はまだ続いていて、結婚式の準備も進行中、ウェディングドレスの試着もしなくてはならない、と大忙しで、全てのスケジュールをこなすのは難しかった。

　そして起こるべくして事件は起きた……私は彼との約束に遅刻してしまった。彼はヘソを曲げて私を中に入れなかった。道路から見上げると、彼がアトリエの2階からこちらを窺っているのか、カーテンがちらちらと

動くのが分かった。チャーリー・タッカーが彼に電話をして、最後まで描いてくれるよう懇願しなければならなかった。

できあがった花売りの私の肖像画は素晴らしかった。アンニゴーニはイライザの本質を捉えていた。何よりすごかったのは、イライザの背景のポスターに「サウンド・オブ……」という文字が書いてあったことだ。なんて予言的だったのだろう！

肖像画はチャーリー・タッカーのものになった。彼は絵を自分のオフィスに何年もかけていたが、私との契約が切れるとオークションに出した。そのとき私は現在の夫、ブレイクと結婚していたので、ブレイクが友人にそのオークションに行って競り落としてほしいと依頼した。聞いた話では、チャーリーはその友人に、競り落としたいのは私のためかと聞いたらしい。そしてその通りだと分かると、とても嬉しそうだったそうだ。私は運良くその絵を自分のものにすることができた。その絵は今も私の家に飾ってある。

*

私のウェディングドレスはレイチェルが縫うことになっており、彼女は、最高の生地はスイスにあると言う。なんとか私たちはチューリッヒまで短い日程で行くことができ、最高の、薔薇の刺繍が施してある白いオーガンザの生地を見つけた。ついでにウォーター・シルクのタフタを見つけ、それは『ジャック・ベニー・アワー』のイブニング・ドレスになった。レイチェルはまた、トニーがデザインしたブライズメイドとマトロン・オブ・オナーのドレスも作った。

私のウェディングドレスは美しかった。前はくるぶし丈で、首元はハイネックで折り返すデザインになっていて、袖は長袖だった。背中は小さなボタンで留める仕様で、後ろは長いトレーンになっている。

結婚式のあと、そのドレスを何かに作り替えたりすることは全く考えられなかったので、優しく畳んで、いつか私の娘が着られるようにしまった。オリーブ・フェイガンに手伝ってもらいながら、箱の中にティッシュを何

枚も重ねて、防虫剤を入れて、黄ばみませんように、と祈ったことを覚え
ている。ドレスは綺麗なまま残り、何年ものちに、嬉しいことに、可愛ら
しいボタンや繊細な薔薇の刺繍は、私たちの娘エマが結婚するときのドレ
ス——それもトニーがデザインした——に使われた。

　トニーと私はウォルトンとウェイブリッジの近くのオートランドにある
セント・メアリー教会で式を挙げたかった。その辺りでは一番きれいな、
絵のような教会だった。入り口の門には中央の凹んでいる小さなV字の
屋根がついていて、そこをくぐると田舎道が教会の扉まで続いている。

　教会のキーピング牧師は愛嬌のある人で、私たちと打ち合わせをすると
きは、いつも優しく丁寧だった。

　あるとき、式でオルガンを弾いてくれる奏者を私たちに紹介してくれた。
牧師は誇らしそうに、この教会には「南イングランド一のオルガン（訳注：
隠語でイチモツ）がある」と胸を張った。トニーと私は目を合わせることが
できず、あとで笑いながらこの台詞を何度も噛みしめた。

　教会での結婚を許されるためには、私が近所の村で生まれたというだけ
では十分ではなく、オートランドの教区民であると証明する必要があった。
そこで私はオートランドにあるパークホテルに引っ越し、6週間はそこで
生活をすることに決めた。

　チャーリー・タッカーは私の結婚をあまり喜んでいなかった。彼はト
ニーを未熟で、洗練されておらず、私に相応しいだけの財力もないと見な
しているようだった。そして、どうもおかしなことが身のまわりで起こり
始め、私はやや被害妄想気味になった。チャーリーがそれらに関わってい
たと証明はできないが、彼がやったことでほぼ間違いないと思っている。

　何の前触れもなしに、カール・ランバートという男性から私に連絡があっ
た。彼はメイフェアのブルック・ストリートで診療所を開いている精神分
析医で、『ロンドン・タイムズ』に「名声についての考察」を起稿すること
になっている、と言った。かなりしつこい電話が何度かあったあと、良さ
そうだから取材を受けなさいとチャーリーも言うので、インタビューに応
じた。

ドクターとは数回に分けて、昼食を食べながら話した。彼はオーストリア人で、カリスマ性があり、優雅で、博識だった。私たちの会話は様々なことに及んだ。最後のインタビューの日、彼は私を自分の診療所に連れて行き、患者用の寝椅子に私を横にならせた。私は子ども時代の話をしながら、ずいぶん泣いたと記憶している。彼は診療が終わると、私の額を優しくなでた。しかし何度も取材を受けたのに、結局は新聞に記事は載らなかった。

　結婚式の２週間ほど前、チャーリー・タッカーがサボイで夕食会のパーティを開いた。ポーリーン・グラントも来て、私も呼ばれた。

　パーティの席で、私にとんでもなく優しくしてくれる魅力的な男性がいた。彼とはそれまでに会ったこともないのに、彼の方は私に興味があるという以上の態度で、私を恋人のように扱い、はっきり言って私も悪い気はしなかった。食事の最中も彼の情熱は私だけに注がれていて、どういう理由だったか忘れたが、私はその夜ホテルに泊まることになっていたのでエレベーターまで彼が送ってくれた。白状してしまうと、彼はそこで私にとろけるようなキスをした。そして「君がトニーと結婚しなければ良いのに」と言ったのだ。

　彼は仕事で南アフリカに数日後には戻らねばならないが、本当は離れたくない、あとで私に連絡をすると約束した。そして美しいチューベローズの花束を贈ってくれた。ところが……奇妙なことに、その後は何の音沙汰もなくなった。

　思うに、彼はチャーリー・タッカーに、トニーと結婚する私の決意に揺さぶりをかけろと頼まれていたのではないか。

　私の人生のすべてをコントロールしようとするチャーリーのやり方は、狭猾になってきていた。私は彼にはとても感謝していたが、私の仕事の管理の仕方やマネージャーとしての立ち位置に、不満を覚えるようになった。

　チャーリーの危惧をよそに、トニーと私は結婚した。

第41章

1959年5月10日、夜明けとともに美しい青空が広がった。結婚式の前日、私はムーズに泊まった。何週間も不安だったが、この日は晴れやかな気持ちで幸せだった。

式のための着付けはとても笑える展開になった。ジョーン叔母が半狂乱になって「私のドレス、これでおかしくない？　髪は？」と大騒ぎした。

私はムーズのリビングで、皆がちゃんと全身を見られるように用意した姿見の前に立っていた。まわりには誰もいなくて、着替えは完璧に終わっていて、家を出る準備はできていた。叔母はそこらじゅうを駆け回り、母はストッキングを必死に探していた。私は鏡に映った自分を見つめて考えていた。「さて、ついに結婚式だわ。みんな私に構う時間があるかしら？」

父がリムジンでやって来た。レンタルの礼服とシルクハットで正装した父と私は教会に向かった。

この日一番感謝したのは、トニーを自分のことのように知っているという点だった。こんなにも大きな責任を負うのは、控えめに言っても怖いことだが、結婚する相手が親友だということは大きな慰めだった。ずっと変わらない、揺るがない気持ちだった。

教会に近づくにつれ、沿道には、地元の女の子が結婚するのを祝おうという近所の人が集まっていた。マスコミの大群もいたが、教会の中は親族と友人だけのプライベートな空間が守られていた。

私の母とウィンが正装しているところを見るのは楽しかった。パップは素面で、今日は騒ぎを起こさないだろうと思われた。アンクル・ビルはヘッド・アッシャー（訳注：花婿側の案内人）として、トニーの弟リチャードと、私の弟たち、ジョン、ドナルド、クリスを率いていた。トニーのお母さんはいつにも増して美しく、そばには頬の赤い、元気で世話焼き好きそうな叔母さんたちの軍団がいた。

式そのものも素晴らしかった。終わると私たちは、ハンプトンコート宮殿の向かいにある古き良きミトレホテルに車で向かった。川面がきらめき、日の光を浴びた宮殿が青空にすっくと立ち、絶景だった。

　トニーと私は受付に立って、長い参列者の列を歓迎した。300人近いゲストの中には、スベトラーナ、スディ、ゾーイ、チャーリー・タッカー、ルー・ウィルソン、マギー・スミス、スタンリーとレイニー・ホロウェイ夫妻がいた。乾杯が行われ、料理は美味しかった。何層にもなったウエディング・ケーキが切られ、欠席した友人のために取っておかれた。スピーチには面白いものや感動的なものがあって、皆で写真を撮った。

　ビンキー・ボーモンは、アンティークの陶器の茶器を一式、テリーヌ（訳注：蓋付きの茶碗）、カップ、ソーサー、ソースボート、ミルクジャグ、ティーポット、大小様々な皿が揃っているものをくれた。母は内緒で私に美しい銀のローズボウルをくれた。母はそれを、純粋に彼女からの贈り物にしたかったのだと言った。私はその習慣を受け継ぎ、娘たちにも、彼女らが結婚するときには似たような「母から娘への」贈り物をした。モスとキティは名前の刻まれた銀の灰皿をくれた。トニーも私もタバコは吸わなかったが、我が家のコーヒーテーブルに置くととても見栄えがした。

　私たちが去ったあと、あの場所がどうなったのか、神のみぞ知る……掃除は誰がしたのか、素晴らしい贈り物の山を私たちのアパートに送ってくれたのは誰だったのか。

　私は『ジャック・ベニー・アワー』の収録に参加するため、ロサンゼルスに飛ばなくてはならなかったが、飛行機に乗る前に着替えがしたかったのでホテルに部屋を予約していた。本当にこれで全部終わりだった。ハグ、キス、カメラのフラッシュ、そしてライス・シャワー。トニーと私は空港に向かった。

　私たちは飛行機に乗っている間、眠っていた。目を覚ましたのは着陸の寸前だった。私は横に座っているトニーを見た。彼は微笑んだ。
「助けて！」と私は小さな声で彼に言った。

彼はうなずき、私が言っていることの意味が分かっていた。

お祭りはおしまい、私たちは結婚して、未知の世界に踏み出したのだ。

＊

私たちはビバリーヒルズにあるヒルトンホテルに泊まり、『ジャック・ベニー・アワー』のディレクター、バド・ヨーキンとすぐに打ち解けた。彼は多方面で活躍していたが、なかでも優雅で洗練されたフレッド・アステアのテレビ特番を製作して、エミー賞をとったことは有名だった。

『ジャック・ベニー・アワー』にはフィル・シルバースもゲストとして呼ばれていて、番組が終わる直前に、「ジュリー、君はハネムーン中なんだよね……ひとつお願いしても良いかな？　花嫁さん、僕と踊ってくれますか？」と言われた。私たちはワルツを踊った。とても愛すべき面白い人だった。

ジャック・ベニーは優しくて心の広い人だ。ある夜、私たちを夕食に連れて行ってくれて、「僕の家においでよ」と言った。

玄関のドアを開けて「メアリー……お客さんだよ」と呼びかけた。奥さんは２階にいたが、私たちの突然の訪問を喜んでいないのは明らかで、下に降りてこなかった。

リハーサルが終わったある夜、バド・ヨーキンと妻のペグがサンセット・ストリップにある有名なナイトクラブに連れて行ってくれた。そこにキャンディ・バーというストリッパーが出演するからだ。当時はとても有名なストリッパーで、ダイナマイトボディと素晴らしいダンスが人気だった。

私たちは、入り口の筋骨隆々の用心棒に通してもらって席に着いた。ちょうど音楽が大きくなり、彼女が踊り終えるところだったのだが……全裸だった。私は人生で初めてストリッパーを見た。この女性がエロティックに踊っているのをひと目見るなり、椅子に座り込んでしまった。しかしいったんショックを克服すると、その夜はとても楽しかった。

私たちの友人、エディ・アダムズ（そのときにはアーニー・コバックスと結婚していた）がトニーと私を、彼女の家で開かれたカクテル・パーティに招待してくれた。かなり豪勢なパーティで、客の中にはハリウッドの最

重要人物と呼べる人も何人かいた。

　ジャック・レモンがブレイク・エドワーズと話しているのを見かけた。後者はハンサムでカリスマ性があり、また少し傲慢な感じがした。およそ11年後に、私がこの非凡な男性と結婚するとその日に分かっていたら、その場で卒倒して死んでしまっただろう（きっとその場にいる全員がそうなったと思う！）。しかし私はその時、トニーとのハネムーンでそこにいて、ブレイクとは同じパーティに居合わせただけだった。

　ハネムーンが過ぎるにつれ、私たちの生活はどうも一方に――より仕事の方に、衣装合わせやリハーサル、番組収録の方向に――傾いていった。私たちは１度もホテルのプールサイドで寝そべることはなく、ふたりきりになる機会もほとんどなかった。それでも楽しかった。『ジャック・ベニー・アワー』は５月23日に放映されたが、その日に私たちはイギリスに戻ったので、番組を見ることは叶わなかった。

　翌日、私は『マイ・フェア・レディ』の舞台に戻り、こうして私たちの結婚生活が始まった。

第４２章

ロンドンでの私の契約は18カ月間で、1959年の10月に終える予定だった
が、実際には８月８日に舞台を去った。２カ月早まったのは、その頃まで
に私は疲れ切って、喉がこれ以上ないほど過敏になっていたからだ。

私は相変わらず水曜と土曜にドクター・マスグローブに診てもらってい
て、ビタミン注射を打たれ、「ジアテルミー」という装置（電磁波と超音波
で患部を暖める治療法）を喉に当てて、扁桃腺の膿を吸い上げ、舞台を続
けられるよう全ての手を尽くした。

２年間のニューヨーク公演と16カ月のロンドン公演——もちろんすべて
のリハーサルや巡業も含む——は、マラソンだった。どんな日も、声と体
力が持ちこたえてくれるのか、分からなかった。たいがいは持ちこたえた
が、内心はいつもビクビクしていた。

アメリカ版『マイ・フェア・レディ』でイライザを演じていたアン・ロ
ジャースが、イギリスに戻っているという。彼女はもともとイギリス版の
私の後を引き継ぐ契約だったが、もしそうできるなら、少し前倒しで始め
ることを快諾しているとチャーリー・タッカーが確認した。

チャーリーと私はビンキー・ボーモンに会いに行った。

アンは早く始めたがっているので、ビンキーがイエスと言えば良いだけ
だ。彼は私を２カ月早く解放してくれるかしら？　きっと契約満了まで舞
台に立ちなさいと言われると思っていたが、私はビンキーを見誤っていた。
彼は私を見て、それからチャーリーを見た。そして口を開いた。「なあ、許
可を与えるよ。だけど……」と彼はチャーリーに指を突きつけた。「この
お嬢さんをこの先３カ月は働かせてはいけないよ。彼女がしっかり休んで
回復できるように、全力を尽くすと約束しなさい」

白馬の騎士が私を助けに来てくれたようだった。私は彼に抱きついた。
こんなにも分かってくれるなんて、優しい人！

『マイ・フェア・レディ』の最後の出演を終えると、それはまるで細くて暗いトンネルから明るい太陽の下に出てきたようだった。世界がいきなりパノラマになり、再び人生が自分のものになった。このミュージカルには抱えきれないほどの愛情と愛着があり、カンパニーからは実に快く送り出してもらったが……安堵感の方が圧倒的に大きかった。

レックスのように私も共演者のためにパーティを開き、その週の日記にはこう書いてある。「最高、最高、これで終わり。とっても悲しいけど、とっても嬉しい。みんな良い人で優しい」

このミュージカルの経験は永遠に私の骨に染みついている。「今に見てらっしゃい」の歌の中に、イライザが夢想するシーンがある。王が「来週、5月20日は、イライザ・ドゥーリトルの日とする」と宣言するのだ。今でも毎年5月20日には、私のもとにファンや友人からカードが届く。

よく映画版『マイ・フェア・レディ』のイライザ役を演じなかったことをどう思うか、と聞かれることがある。アランが私をワーナー・ブラザーズに推していたのは知っているが、結局その役はオードリー・ヘップバーンのものになった。当時、私は彼らがそうしたわけがよく分かっていた。ワーナー・ブラザーズはビッグネームが必要だったのだ。私はブロードウェイではスターだったかもしれないが、それはアメリカ全体からすれば、そして世界から見れば、小さな池の中での話だ。ずっと後になって私が強く思ったのは、どうにかして後世のために、少なくとも私の孫たちのために、私の舞台の映像を残しておけば良かったということだ。オードリーと私はのちに良い友人になり、あるとき彼女にこう言われた。「ジュリー、あの役はあなたがやるべきだったのよ……でも私には断る勇気がなくて」

私がカンパニーから去る数カ月前、アランとモスにアーサー王物語を下敷きにした、T・H・ホワイト（テレンス・ハンベリー・ホワイト）の『永遠の王』という本を読むように言われた。彼らはこれをミュージカル『キャメロット』にしようとしていて、私にグイネヴィア姫の役をやってもらいたいということだった。

トニーと私はこの本を隅々まで読み、大ファンになり、素晴らしいアイデアだとは思ったものの、4つの物語から成っているので、アランとフリッツがこれをどうやってミュージカルにするのか、見当もつかなかった。

大変な仕事だろうと思うのだが、製作はそれから1年後と予定が決まっていた。

チャーリーはビンキーとの約束をほぼ守り、私はそこから2カ月間、一切仕事をしなかった。友人と会ったり、家族と過ごしたり、美容院に行ったり。お芝居やバレエも見に行ったが、ほとんどは何もせずにゆっくりした。

その月、ケイ・ケンドールが白血病で亡くなったという悲しい知らせが飛び込んできた。突然のことで、明るく光り輝く存在が私たちの前からこんなにも早く消えてしまったことが、にわかには信じられなかった。

10月のある週末、私たちはパリに行って、そのあとオックスフォードで1週間過ごした。そこでは、『レビューのためのスケッチ』のロンドン公演に向けてのトライアル公演が行われていた。

1959年10月の後半、私はBBCテレビの『ジュリー・アンドリュース・ショー』という、全4回から成る番組の仕事を始めた。1週間に1話収録する。ポーリーン・グラントが演出、ケネス・マクミランが振り付け、トニーが美術を担当する。番組内で、私は歌って楽しませるだけではなく、有名人を呼んでインタビューするという企画に挑戦することになった。ゲストのなかには、ヴィック・オリバー、リチャード・"ミスター・ペストリー"・ハーネ、喜劇役者のケネス・ウィリアムズ、そして画家のピエトロ・アンニゴーニなどがいた。

アイデアを出し合っているときに、ポーリーンが「作家のT・H・ホワイトを呼んでみない?」と言った。私はミュージカル『キャメロット』の契約をしていたので、是非呼ばなければと思った。

しかしミスター・ホワイト(通称ティム)はチャンネル諸島に浮かぶオールダニ島という小島で隠遁生活を送っていて、こんな用事のために本土ま

で来ることはないだろうと思われた。ともあれ依頼だけはしてみようということになり、驚いたことに、そして嬉しいことに、彼は依頼を受けてくれた（のちになぜ依頼を受けたのか理由を聞くと、彼はテレビの事を何も知らないので、カメラの動きや舞台セットのことを知りたかったからだと言った）。

彼がホテルにチェックインしたあと、私が迎えに行った。彼を乗せてアプスレイハウス近くのハイドパーク・コーナーのあたりを運転していたときのこと、いつものように車が縦横無尽に走り回っているのを見て、彼が言った。「なんてこった、ロンドンは混んでるな。こんな中でどうやってぶつからずに運転するんだ？」

きっと小さな島で仙人のように暮らしている彼にとって、ロンドンの喧噪は新鮮で、また困惑もしたのだろう。

数日もしないうちに、私とトニーは、この愛すべき賢者のような人が大好きになった。見た目はアーネスト・ヘミングウェイにそっくりで、しかしティムの方が背は高かった。あごヒゲはタバコで少し黄色くなっていて、頭には豊かな銀髪、着ているのはたいがいコーデュロイでカジュアルな装いだったが、目の覚めるような赤い蝶ネクタイをよくしていた。

彼はスタジオに来てブラブラと歩き回り、いよいよインタビューの段になると、私の月並みな質問にも嫌な顔ひとつしなかった。私は人にインタビューをするときに緊張してしまい、あまり良いインタビュアーではなかったと思う。しかし彼は本当に楽しそうにしていて、もしそうでなかったのだとしたら、うまく隠していたのだろう。ティムには彼なりの流儀があって、誰に対しても礼儀正しく振る舞うことが、名誉ある行動だと考えているようだった。まるで彼の素晴らしい著書に登場する中世の騎士のようだった。

私がもうすぐ扁桃腺を取る予定だと言うと、彼は言った。
「私のところに来て、療養しなさい！」と大声を出した。「潮風で回復がきっと早まるから。オールダニにいらっしゃい——それがいい！」

私たちは、そうできるよう頑張りますと約束した。

番組は4話ともなかなか良い仕上がりで、最終回はクリスマス・イブに放映された。また12月に、私はシャフツベリー・アベニューのリリック・シアターで、真夜中のパーティに参加した。これはフランスのフレジュスで大規模な決壊事故を起こしたマルパッセ・ダムの犠牲者のためのチャリティ・パーティだった。出演者にはアメリカ人、イギリス人の最高峰のアーティストが集結し、きら星のような顔ぶれだった。

　歌や踊りの得意な人はそれを披露した。俳優たちが司会をして、登場するスターを紹介するのだが、私のときにはサー・ラルフ・リチャードソンが紹介してくれることになっていた。お互いに会ったことはなかったが、私は彼を深く尊敬していた。

　私が呼ばれる番になると、彼はずいぶん長いスピーチをして、それからあの独特の声で言った。「さあ、リリックの皆さんがお待ちかね、あの方を謹んでご紹介します。唯一無二の、そして至高の……ミス・ジュリー・アンダーソン！」

　会場がしんと静まりかえり、観客たちは、一体誰のことなのかとキョロキョロしている。私は決まり悪くステージに出て、「アンドリュースです」と小声で言ってから、決められていた曲を歌い始めた。

　翌日、私は彼からスミレの小さな花束を受け取った。添えられた手紙は大きな便せんで、2単語ずつ改行されていた。

　「親愛なるミス・アンドリュース」と見たこともないほど小さい文字で書いてある。

　「昨夜はあなたのことを誤って紹介してしまい、本当に申し訳ない。実は車がレッカー移動されたあとで、気が動転していたのだと思います。この花をお詫びのしるしに贈らせてください」

　その年はまたもや『シンデレラ』で幕を閉じた。しかし私は今回、ロイヤル・オペラ・ハウスの客席にいた。プロコフィエフのバレエを観に行き、舞台ではスベトラーナがシンデレラの役を踊っていた。忘れられない夜になった。

第43章

1959年のクリスマスの頃、頭の片隅でずっと気になっていたことが、いよいよ無視できなくなった。弟のクリスのことがずいぶん前から心配だったのだ。ドナルドが商船艦隊で家を離れ、私の小さな弟はかつてなく孤独だった。ムーズは荒れ果て、どの部屋も陰気な空気が染みこんでいた。母は家に寄りつかず、昼どき、夜、1日中パブに入り浸っていた。「地元の友」が彼女の支えで、かつて素晴らしい技術の持ち主だった美しいピアニストは、いまや鍵盤を叩くだけの、バーの余興になっていた。彼女のそんな生活は、飲み友だちの存在に支えられていた。パップは仕事を転々として、最初はキャッシュ・レジスターの販売、それからホットポイント（訳注：洗濯機メーカー）で働き、最後にグリーンシールドスタンプ（訳注：買い物客が切手のようなクーポンを貯めて商品と交換するシステム）の会社で働いていた。ということで、彼も家にはあまりいなかった。叔母はもうアンクル・ビルと離婚していて、バレエ教室は続けていたが、練習場所を村の集会場に移し、自分の部屋もその近くに借りた。ムーズの裏庭にあったダンス・スタジオと小さなバンガローは打ち捨てられ、修復不可能な状態だった。

それらがクリスにもたらした影響は明らかだった。13才の彼は青白く、無気力で、もしまだそうでないとしても、この先、深刻な鬱病になるだろうと思われた。彼があの家から出ない限り、いまの状況は彼に一生の傷を残すことになると私は気づいた。

私はピエールポイント・ハウスという、サリー州フレンシャムにある良い寄宿学校を見つけた。3月の終わりにクリスは入試を受けて見事合格した。新学期は秋から始まる。母とパップは喜んでいた。ホームシックになるかもしれないが（ホームシックに駆られるようなものは何も残っていないのだが）、どんな場所でも今よりはましだと思われた。彼も刺激を受けて良い環境に身を置くことができる。

1960年1月の終わり、私はニューヨークに戻ってCBSテレビの『ザ・ファビュラス・フィフティーズ』という番組の収録をすることになった。50年代の優れた舞台、映画、本、音楽を振り返るという趣旨だった。もうレックスも私も『マイ・フェア・レディ』には出演していなかったが、リハーサルの場面を再現した。私は、コックニー訛りをコーチしてくれた音声学者アルフレッド・ディクソンと一緒に練習しているところを再現し、そのシーンはそのまま「今に見てらっしゃい」につながる。レックスは初めてオーケストラの伴奏で歌う、という場面を演じた。この特別番組はエミー賞のバラエティ番組賞を獲得した。

　他にも、『ザ・ベル・テレフォン・アワー』という正統派で格式のある番組にカラーの生放送で出演した。私の出演したエピソードは「ポートレイト・オブ・ミュージック」という題名で、司会は詩人のカール・サンドバーグだった。

　夏の終わりには『キャメロット』でニューヨークに行くことが分かっていたので、私としてはロンドンに戻って数カ月間はミセス・ウォルトンとして過ごしたかった。また扁桃腺の件も、切除するなら今しかないというタイミングだった。しかしそのせいで、トニーと私は、ウェストミンスター寺院で行われたマーガレット王女とトニー・アームストロング＝ジョーンズの結婚式に参列できなかった。私たちは招待されていたのに。

　私はロンドン・クリニックに行って手術を受けた。24才だったので大がかりな手術になり、痛みも激しかった。それから、ティム・ホワイトと約束したように、私たちはオールダニ島に行って、潮風で回復を促すことにした。

　私たちは小さな旅客機でイギリス海峡を超えて、辺りには牧草地しかない小さな滑走路に着陸した。ティムは空港まで彼の「田舎の大地主風」ワゴンで迎えに来て、私たちをセント・アンという村のコノート・スクエアにある自宅に連れていってくれた。

　島には魔法がかかっているようだった。横は2.5キロ、縦は5キロ弱という大きさで、島の端は絶壁になっている。ヒース、ハリエニシダの茂み、

丸石の石畳、明るい色の石造りの小屋、そして平地の先には可愛らしい港と灯台。少しでも小高い場所に登れば、どこからでも海が見えた。

イギリス海峡の場所が戦略的に重要だったので、島は何世紀にもわたって、ローマ帝国、ジョージ王朝、ビクトリア王朝、そして最後はドイツ軍の手によって、要塞化されてきた。城塞、大砲、燃料庫、見張り台があり、それだけではなく、島全体がトンネルや貯蔵庫で蜂の巣のようになっているのだ。トンネルのほとんどが、今や自然に吸収され、ブラックベリーやイラクサ、雑草、アザミに覆われている。

ティムは本当に救世主だった。彼は1906年にインドのボンベイで生まれ、5歳で両親と一緒にイギリスに移住した。バッキンガムシャーにあるストウという有名な寄宿学校で英文科の学科長として教鞭を取った。数年すると退職して、学校の敷地内にある小さな小屋に住み、執筆活動に専念し、趣味の鷹狩りを楽しんだ。『永遠の王』の第1巻を書いたのもこの場所だった。しばらくアイルランドで暮らしていたが、1945年にオールダニ島に引っ越した。

ティムの家は実際にはふたつの石造りの小屋をつなげたもので、裏には小さなロックガーデンとプールがあった。彼が言うには、大スター（私のこと！）が泊まりに来るので、家をリノベーションしたのだそうだ。確かに白いペンキで塗り直してあり、中はすっかりベルサイユ様式だった。プラスチックの豪華なシャンデリアや、壁から突き出した燭台、真新しい備品や洗濯かご。彼はこの大改造を自慢した。

初めて泊まった翌朝、お茶を淹れようとキッチンに下りていくと、そこは調理器具や小物に至るまで、すべてが消防車のように真っ赤な世界だった。カップボードの中には、いつの物か分からない、べとつく調味料の瓶や缶、ソース、あれやこれやの油っぽい小袋が放置されていた。オーブンの中には、古い原稿が入っていて、グリルの中にまで詰め込まれていた。壊れた冷蔵庫は開けっぱなしだった。私はさっそく掃除に取りかかり、賞味期限の切れた食料はすべて捨てた。ティムは明らかにキッチンを1度も使ったことがないようだった。

彼には身の回りの世話をしてくれる人がいた。メイジー・アレンという女性とその夫のアーチーで、アーチーは島の左官屋だった。ふたりは村を突っ切る細い石畳の道路、ビクトリア・ストリート沿いに住んでいる。アーチーは病気なのか首が動かせず、何かを見るときには体ごとそちらを向かなくてはならなかった。メイジーは心の優しい人で、思慮深く正直な人だった。ティムの度重なる言葉の暴力や、気分の浮き沈みに耐えており、恐らくは、私たち皆がそうであるように、この非凡な作家の魔法にかかっていた。ティムは毎日アレン家に行って食事をするので、自分では朝、熱々のコーヒーを淹れるだけで良かった。

ティムは私をとても気に入っているようで、驚くほど私の気分を察した。私は普段から自分の勤勉さを、ユーモアを交えてではあるが自慢する癖がある。掃除が終わったあと、「私、けっこう頑張ったでしょ？」と言いたい気持ちになっていると、彼がすぐさま気づく。

「本人に言われる前にジュリーを褒めなくちゃ」と悪戯っ子の笑みを浮かべて言う。あるいは、「ねえ、ジュリーに今日は綺麗だね、と言おう……可愛いジュリー！」

彼はジェニーという名前の（グイネヴィアにちなんで）アイリッシュ・セッターを飼っていて、とても可愛がっていた。犬はお腹が大きくて、ついに出産のときになると、ティムは「ジュリーをジェニーとふたりにしてやろう。見る必要があるからな、いつか彼女も自分の子どもを産むだろうから」と言った。私はジェニーが10匹の可愛い子犬を産むのを見守った。ティムはすべての子犬に里親を見つけた。

彼は私たちと一緒にいるのがとても楽しそうだった。自分の世界を披露するのが嬉しくてたまらないといった様子で、車で私たちをどこへでも連れて行った。草原を突っ切ったり、美しい海岸線をドライブしたり。案内された13箇所の砦と城は島の戦略的な場所に建てられていた。修復されて個人所蔵になっているものや、荒れるに任せているものもあって、ひとつはローマ帝国時代からあるらしかった。第2次世界大戦中にドイツ軍が占領した名残の砲床も見た。そしてテレグラフ湾と呼ばれる岩場のビーチま

で、断崖絶壁の岩を下った。

　ティムは気分の浮き沈みが激しかった。良い日は、彼は考え得る最高の友人だった。聞きたいことがあれば、何でも教えてくれる。宇宙のこと、星座、自然、釣り、セーリング、地質学、歴史。彼はアーサー王物語の賢者、マーリンだった。賢く、思慮深く、慈悲深く、優しい。

　しかし悪い日には、びっくりするくらい失礼な態度を取る。そして酔っ払っているときは、放っておくのが一番だった。いかにも彼らしいエピソードがある。ある嵐の夜遅くに、彼の家の扉を叩いた人がいた。扉を開けると数人が立っていて、「私たちはエホバの証人で、寄付を募っています」とおずおずと募金箱を差し出した。

　「そりゃ、ぴったりな所に来たな！」と彼は言い、募金箱を取り上げた。「私がエホバだ！」そして彼らの鼻先でドアを閉めた。

　ある日、トニーがわざと挑発するように、ティムになぜ『永遠の王』以降は何も書いていないのかと聞いたことがある。

　「もちろん、書いてるさ！」彼は怒って言い返した。足を踏みならして書斎に行き、その日は籠もって出てこなかった。

　翌朝、彼はゆったりとしたベロアのガウンをなびかせて私たちの部屋に来て、縦長の薄いノートをベッドの上に投げた。

　「私が書いてないと思ってただろう？」と彼は鼻を鳴らした。「これを読むんだな！」そう言って部屋から出ていった。

　トニーと私は1日中、夜になるまでページをめくって読んだ。それは『トリスタンとイゾルデ』に関する論述と、ある一大叙事詩のあらすじだった。残念なことに彼がそれを書き上げることはなかったが、メモや細かい点が余白に書き込んであり、私たちはそのノートにかじりつくようにして、読んだ。

　また別のときには、彼は鬱症状でずいぶん長い間、部屋に籠もっていた。私たちは「ティム、下りてくる？」とか「ティム、何か食べたり飲んだりしない？」と呼びかけたが、返事はない。知り合って日が浅いのでどうしたら良いのか分からなかった。

トニーがディラン・トーマスが自分の詩を朗読しているレコードを見つけたので、「かの良き夜を穏やかに受け入れるな」を古い蓄音機にかけて、ボリュームを上げた。詩が終わると、しばらく沈黙が続いた。そしてティムの不機嫌な声が響いた。「もう1回かけろ！」トニーはもう1回かけた、そしてまたもう1回……そしてやっとティムは下りてきた。

　思うに、ティムは寂しい同性愛者でそのせいで苦しんでいた。彼は大酒、たいていはペルノ（訳注：フランスのリキュール）を飲んだのだが、それは冬の間だけだった。夏の間はずっと素面だった。それには理由があり、彼には可愛がっている少年がいて、私たちにもその少年のことをよく話した。少年の両親は夏の間、息子がティムのところに泊まるのを許し、ティムは彼に釣り、泳ぎ、セーリング、鷹狩り、読むべき本などを教えた。ふたりの関係が性的なものであったことはないと私は信じているが、少年の両親は心配して、ついには息子がティムに会うのを禁止した。ティムはこれにひどく傷つき、ひねくれた。

　私たちの島での生活は終わりを告げ、ティムは空港まで私たちを送ってくれた。その途中で、3軒が仕切り壁で繋がっている白い小屋を通り過ぎた。「売り家」の看板が窓から下がっている。

「ちょっと、トニー！」私は指をさした。「あれこそ私たちのやるべきことよ。あの小屋を買って、いつでも来たいときに来れるようにしましょう」

　ロンドンのアパートに着くと、電話が鳴っていた。ティムからだった。「君の見た家だけどね？」彼は言った。「あれは私が買ったよ。欲しいかい？」私は面食らった。「要らないなら、それでいいよ」彼は急いで言い足した。「他に売るから」

「ティム……すぐ折り返す」と私はなんとか返事をした。トニーと私は盛り上がって、チャーリー・タッカーに電話をした。値段は2500ポンドだった。チャーリーは「そんなに払えないだろう」と言った。しかしティムがわざわざ買ってくれたのに諦められなかった。銀行でローンだって組めるはずだった。結局チャーリーはかなり不承ぶしょうではあったが認めた。きっ

と私たちを無責任で、完全に頭がおかしくなったと思ったに違いない。私たちはささやかな貯金をはたいて小屋を買い、「パトモス」と名前をつけた。

　ところが、だ。ティムは小屋を買ってなどいなかった！　なんてずる賢い人なんだろう。買い手になりそうな人がいるかもしれない、と売主にほのめかしただけだったのだ。とにかくパトモスは私たちの小さな第2の家となり、私たちはこの場所を心から愛した。幸運をもたらす家となり、たくさんの幸せな出来事がここで起きた。家族や友人が一堂に会して過ごし、義父母のウォルトン夫妻が引退後にオールダニに家を買い（パパ・ウォルトンは実際には生涯現役だったが）、妹のセリアが最初の夫となる人と出会った。トニーと私は長いことこの家を所有していたが、私たちの娘のエマが21歳になったときに、ついに彼女に譲った。今はたくさんの孫たちがこの家で楽しく過ごしている。

　その年の初め、私は旅に出ることが増えると分かっていたので、シャイをケント州にある獣医の飼育所に預けていた。彼女が寂しくないように、子犬を産ませることにした。彼女は5匹の可愛い子犬を産み、私たちはそのうちの1匹をスベトラーナとスディにあげた。ふたりは子犬をカルーと名付け、愛情を注いで一生の伴侶とした。

　その年の夏、私たちは義父母のウォルトン夫妻と一緒に、南仏のジュアン・レ・パンに2週間滞在した。ウォルトン夫妻はビーチにほど近い遊歩道にあるアパートを借りていた。トニーと私は、泳いだり、ビーチに寝そべったり、買い物したり、日中はゆっくりと過ごして、夕方からはホテルで優雅な夕食を楽しんだ。

　義父母が帰国したあと、私たちはモナコにいるスベトラーナとスディに合流し、その後2週間、半島一の豪華なホテル、オールド・ビーチ・ホテルに滞在した。私たちの泊まった円形の部屋は地中海を望む崖の上にあったので、寄せては返す波の音が天上の音楽のように響いた。朝食は部屋で食べ、お湯を沸かす電熱線の上で紅茶を淹れた。ガラスのコップを直接載せていたので、そのうちコップのひとつがバスルームで爆発してしまった。

私はホテルのスタッフに気づかれる前に速やかに片付けた。

　スベトラーナは毎日ずいぶん長いこと歩いて市場まで行った。彼女は父親が何年もバレエ団の芸術監督をしていたので、モナコをよく知っていた。私たちはよく皆で市場に行き、彼女がチーズや果物、サラミ、バゲット、ワイン、花を買うのを見ていた。彼女はすべての物を、匂いを確かめ、味見をし、しっかり吟味して選んでいた。それから私たちは海岸に行って、おいしいピクニック・ランチをたらふく食べ、そのままシエスタになった。気心が知れていて、いつでも和やかな雰囲気だった。

　スベトラーナは少なくとも週に２回は地元の最高峰のバレエスクールに行っていた。彼女の自制心には舌を巻いた。彼女によれば、そうしなければあとで自分が苦しむだけだから、ということだった。

　私は眠って、心ゆくまで日光浴を楽しんだ。ビーチでこんがり小麦色になった。うつぶせになってビキニの紐をほどき、白いあとが残らないようにしていたのだが、ある日、すっかり眠り込んでしまい、満ち潮になった波を頭まで被ったことがあった。火照った体に水はびっくりするくらい冷たかった。私は悲鳴をあげて起き上がったが、砂の上にはビキニが取り残されていた。

　それは至福の休暇だった。この寛いだ自由気ままな夏休みが、そのあと18カ月も続く『キャメロット』の公演を１日も休まずにできた理由だったと思っている。

第４４章

ニューヨークに発つ直前、私はオックリーに行って、父、ウィン、ジョニー、そしてシャド（セリア）と１日を過ごした。日曜日で、父はクリケットの地元チーム代表として試合に出ることになっていた。父はクリケットの試合に本気で取り組み、都合がつけば毎週練習をして、いつも私に試合を見に来てほしいと言っていた。

家族で木陰に座った。遠くに見えるリース・ヒルが、青々としたクリケット場と田園風景の完璧な背景となっている。午後の温かい日差し、ボールのぶつかる音、ときどき上がる歓声……試合の展開を見守りながら、そのまま眠りたくなってしまったが、父がテントから出てピッチに立つと、私たちはさっと頭を上げた。白いユニフォーム姿の父は格好良く、私たちに見られていると強く意識していて、良いところを見せたいと思っているに違いなかった。そして実際、父はすごかった。父は走り出した。30……40……50まで行けるか？　ジョニーと私は顔を見合わせた。期待と緊張で私たちの方がハラハラした。48、49――私たちは手を握った――そして気づけば得点板が50になっていた。やったぞ、パパ！

私たちは大喜びした。手が痛くなるほど拍手をして、「見たかい？」という声を聞いた。そして51……父はボールド（アウト）になってしまった。しかしそのときには、そんなことはもうどうでも良くなっていた。私たちは観客席のテントに行き、お茶を飲んだ。ウィンはよくお茶出しの当番をしていたが、その日も手作りのケーキやクッキーをたくさん並べていた。

その日の夜、私はパブで食事をしながら、父がビールジョッキを片手に、頬を上気させて昼間の試合のことをチームメイトたちと楽しそうに話している様子を見て、愛おしさがこみ上げた。

地元のガソリンスタンドのオーナーが、彼もまたクリケットの熱狂的ファンなのだが、オックリー代表の選手で50点かそれ以上を得点した者が

いれば、その人にはガソリンを半ガロン進呈すると約束していた。父は
ちゃんともらった。

　それはイギリスの田園の夏の日、すべてが完璧だった。私はこの日を
ずっと忘れない。

　トニーと私は８月の終わりにニューヨークに向けて出発した。今回は
シャイを連れていて、イースト・リバーを望む明るい家具付きのアパート
に越した。そこは『マイ・フェア・レディ』の公演中に住んでいた暗い１
階の小さなアパートとは違い、タグボートや貨物船の行き交う様子や、す
ぐ近くの59丁目の橋を眺めることができて、気持ちの落ち着く場所だった。
　私のアシスタントのアレクサも一緒だった。彼女は同じアパートの別室
に住んでいて、すぐさま仕事に取りかかった。私たちに、リリー・マエと
いう若いお手伝いさんを手配してお料理や洗濯を任せた。また、生活に必
要なこまごましたものを買い、より快適な暮らしができるようにしてくれ、
自分にはタイプライターを買った。トニーは小さな書斎を自分のものにし
たいと言い、そこを仕事場にした。私は『キャメロット』の衣装合わせが
始まった。
　初日から私たちはティムと綿密にやり取りをしていた。私たちから出す
手紙には、彼の偉大な本の内容を褒めたたえ、それをブロードウェイ
ミュージカルに作り上げる嬉しさを熱心に書き綴った。
　素晴らしい出演者が集められた。リチャード・バートン、映画界でも演
劇界でもカリスマの彼がアーサー王の役だった。ロバート・グーレ、当時
はカナダから来た新人で、素晴らしいバリトンの持ち主がランスロット役
だった。ロバート・クートが間抜けなペリノア王、ロディ・マクダウェルが
悪者のモルドレッドだった。この役はさほど大きくなかったが、ロディは
熱心に自分を売り込み、このカンパニーの一員になって皆と仲良くなりた
かったのか、文句ひとつ言わなかった。今ではスターのジョン・カラムは
当時はコーラスの一員だった。メル・ダウドという女優はモーガン・ル・
フェイを演じた。見知ったメンバーとしては、再びハニャ・ホルムが振り

付けを担当し、フランツ・アラーズが指揮者、エイブ・フェダーが照明係だった。ロバート・ダウニングという素敵な男性が舞台監督で、バーニー・ハートがそのアシスタントだった。気づけば、まわりは皆知り合いだった。

*

1960年9月3日、ニューヨークでリハーサルが始まり、出演者は再び42丁目のニューアムステルダム劇場の屋上劇場に集まった。主役は54丁目にある劇場に集められ、そこでリハーサルを行った。

『マイ・フェア・レディ』のときのように、初めて劇場に向かうまでの道のりで、私は幸運の徴を見つけようとした。そして、いくつか見つけたので良いことが起きそうだと思った。よし！

モスは本読みに役者の近親者や友人を招待したので、総勢60名以上の製作陣に加え、かなりの大人数が客席に座っていた。

オリバー・スミスの秀逸なデザイン画が展示されていて、中世の雰囲気が目の前に広がるようだった。モスはエイドリアンというハリウッド屈指のデザイナーに衣装を頼んでいたが、彼は仕事を終える前に心臓発作で亡くなってしまった。このミュージカルの製作中、受難に倒れた最初のひとりだ。亡くなる前にデザインの大枠は決まっていて、デザイン画が描かれていたので、それらが並べられていた。彼のアシスタントで熱烈な信奉者だったトニー・ドゥケットが衣装全体の監修をして、残りのデザインを完成させた。

初めての本読みから刺激的だった。私はリチャード・バートンに紹介された瞬間、他の皆も同様だと思うが、即座に彼の魅力の虜になった。彼が部屋に入ってくるだけで、男、女、子ども、動物までも、その場の全員の目が彼に釘付けになってしまう、そんなカリスマ性のある人物だった。リチャードは役柄がアーサー王というだけではなく、存在そのものが王だった。彼の声はこの世にふたつとない美声で、その艶やかな声は全女性をうっとりさせる。射貫くような灰色がかった緑色の目、ふっくらした形の良い唇と並んで、あの声が、彼を唯一無二の魅力的な男性にしていたと思う。

アランとフリッツはその日、素晴らしい歌を披露した。メロディは堂々としていて、遠い時代に誘われる雰囲気だったので、私はフリッツがどんなジャンルの曲でも書いてしまうことに今更ながら驚いた。『ブリガドーン』はスコットランド風、『ペンチャーワゴン』はウェスタン、『マイ・フェア・レディ』はイギリスとコックニー風、そして今作『キャメロット』では騎士の時代の風情がある。アランの歌詞はいつものように細部まで考え抜かれ、登場人物の「語り」として説得力があった。

　モスは温かく面白く、皆を楽しませるような、まるでパーティのホストを務めているような笑顔で皆の中心にいた。

　トニーも本読みを見に来ており、内容が大いに気に入ったそうだ。リチャードの妻シビルもそうだったらしい。シビルは魅力的なウェールズ出身の小柄な女性で、あごがツンと尖った可愛らしい顔つきをしていた。親しみやすくて社交的な人だった。ロディはその場にいるほぼ全員と知り合いだったはずで、私も彼にまた会えて嬉しかった。ロバート・グーレは絶世の美男子で、あの日は私と同じくらい緊張していたようだが、すぐに打ち解けた。

　このミュージカルはとてつもない意欲作なので、私たち全員が、この先大変な努力をしなければならないと分かっていた。『キャメロット』はアーサー、グィネヴィア、ランスロットという、互いを深く思いやる者同士の悲劇の三角関係の物語だった。王は自分の権力、武力、知力を世界のために使おうとする。彼はそれを「正義のための権力」と表現し、ランスロットとグィネヴィアはその理想を一緒に実現しようとしている。アーサーは自分の妻とランスロットが互いに惹かれていることに気づき、苦しんでいるものの、ふたりを深く愛しているので、気づかない振りをしている。3人はこの均衡を壊さないために最大限の努力をしているが、アーサーの不実の息子、モルドレッドが王位を欲したことにより、この危うい均衡が崩れる。モルドレッドの画策で3人の理想郷は破滅へと向かう。劇の終幕近くでは、グィネヴィアは修道院に入ることになり、ランスロットは追放され、アーサーは戦場で取り残され、トマス・マロリーという若い小姓に、い

つかアーサー王の伝説を壮大な物語にするようにと夢を託す。「かつてキャメロットと呼ばれた輝かしい場所で、遙かなる理想と栄光の時があったことを、世間に伝えてくれ」と言って、マロリーを逃がす。とても重厚で演劇的な物語で、私たちが知る限り、ジョン・F・ケネディもこの話のファンだったらしく、彼の大統領の任期を象徴するものとなった。

初めての本読みはあまりに長すぎたが、みんな作品の美しさに魅了されていた。

見る者すべての心をわしづかみにする優れたタペストリーのように、『キャメロット』は私たち全員にその血肉を分け与え、大道具、俳優、音楽家、技術者をまとめ上げ、包み込んだ。そこには表現のしようのない、原作の本から飛び出してきた騎士道、名誉、理想、希望といったテーマがありありと浮かび上がっていた。

私たちは何週間もの間、テストを重ね、全力を尽くした。

リハーサルが進むにつれて明らかになったのは、第1幕と第2幕の対照的な雰囲気だった。第1幕はそれだけで完結した演劇のように緻密に構成され、高揚感や甘い雰囲気がある。ところが第2幕は円卓の崩壊に象徴されるように暗い闇に落ちていく展開で、最後は胸がつぶれる悲しい終わり方だ。これこそティムの素晴らしい本の醍醐味なのだが、観客が話の流れに導かれ、最後はこんなにも悲しい結末に取り残されることを嫌うかもしれない、という懸念が持ち上がった。

原作ではグィネヴィアは貞節ではない。彼女とランスロットはアーサーを欺くことに罪悪感を抱き、惨めな気持ちになりながらも、情熱的な情事に溺れる。しかし5週間のリハーサルののち、リチャード（アーサー）があまりにも魅力的なので、ジュリー（グィネヴィア）が彼を裏切ると観客が彼女を嫌いになってしまうだろうということになった。私の無垢で清純なイメージをもってしても、この展開は共感を得られない。もちろんロバート・グーレはランスロットらしく魅力的ではあったが、グィネヴィアがランスロットに惹かれながらも貞節を守るという展開でなければ、物語が成立しないことが明らかになった。

そんなわけで台本は書き換えられた。すると不思議なことに、物語の力強さが増し、よりいっそう悲しい話になったのだ。邪悪なモルドレッドは3人の絆を壊そうと策略を巡らし、3人はお互いを信じて全てを元通りにしようと力を尽くすが、それでもモルドレッドは愛に溺れそうなふたりを陥れ、アーサーの王国を崩壊させようとする。

　ある日、リハーサル中にモスが私に近づいてきた。
「君はちょっと声が小さいね、ジュリー」彼は言った。「ずっとこのまま優しい歌い方なのかい？」
　彼の言わんとしていることはよく分かった。私は毎日の練習で少しずつ声の調子を取り戻しているところだった。
「いいえ、モス」私は答えた。「マイ・フェア・レディのときは、あまりに頑張りすぎて、あとあと声のことが心配になってしまったでしょう。だから今回はまずは様子見で、大きな声が出せると分かるまでセーブしてるの。そのうちにしっかり力強くなるはずよ」
　ありがたいことに、そうなった。
　リチャードはそんな心配とは無縁だった。彼の歌声は胸がすくようだった。ウェールズ風の温かい声質、シェイクスピアで鍛えられた声量、もう羨ましいくらいに伸びのびと歌った。初めて彼がアランの作曲した美しいバラード「女性の扱い方」を歌っているのを聞いたとき、私はとろけそうになった。公演が始まってからも毎回、私は彼が甘い歌詞と美しいメロディを歌声に乗せる瞬間は、動きを止めてその瞬間に浸った。

　スベトラーナがロイヤルバレエ団の公演でニューヨークに来た。スディも同行していて、ふたりは私たちのカンパニーがトライアル公演のためにトロントに発つ前、最後の通し稽古を見に来た。そのあとでティムに手紙が届くのだが、そこには4人の感動の声が書かれていた。

1960年9月24日　土曜日

熱狂！　私たちは今日の午後、ジュリーが出演する『キャメロット』の通し稽古を見るという類い希なる幸運に恵まれました。まず申し上げたいのは、私たちはジュリーの朗らかさや変幻自在さ、そしてバートンの演じるアーサー王の内に秘めた苦しみに夢中になり、そしてキャメロットの美学と情感に酔いしれながら、喜び、涙を流して悲しみ、そのあとでやっと我に返って気づいたのです。これらの物語の父であり母である人物の偉大さに──ティム・ジー（スディ）

大成功！　キャメロットの初日は、必ずや涙なしには見られず、どこより大きな喝采を受けることでしょう。私たちはジュリーとバートン、そして関係者全員を祝福し、彼らに感謝するとともに、あなたにも心から御礼申し上げます。（スベトラーナ）

……今日の通し稽古はすごく良かったわ──少なくとも、ここから1時間は削らなくてはいけないのだけれど──でもそれは、（幸運にも）残りの3時間は本当に素晴らしいものになるということよね！
　たくさんの愛を込めて。（ジュリー）

この手紙は僕が昨夜、劇場にいた間に3人が書いたものです。僕は『Valmouth』の照明の件で行かれませんでした……こちらの初日は10月6日です。今さっき、すごく幸せそうなジュリーがトロントに行くのを見送ってきたところです。いよいよ始まりますね。すべてが本番に向けて高まり、喜びに沸いているようです。（トニー）

　手紙の中でトニーが書いているように、彼は『Valmouth』のニューヨーク公演のために製作をし直していて、私たちと一緒にカナダには来られなかった。

『キャメロット』はトロントのオキーフ・センターという、できたばかり
の劇場で開幕することになっていたのだが、そこは独特な造りになってい
て問題も起きた。客席は巨大で、ステージも広々としている、音響はまだ
最終調整が終わっておらず、オーケストラは何マイルも先にいるかのよう
で、観客はさらにその先のどこかに座る予定だった。あたりは木くずと塗
りたてのペンキの匂いで満ち、職人が絶えずハンマーで何かを叩いていた
り、ドリルで穴を開けたり、客席を設置したり、カーペットを敷いたり、照
明を取り付けたり……つまり最終仕上げを私たちの初日に間に合うように
大急ぎでやっている最中だった。

　オリバー・スミスの素晴らしい舞台美術を活かすために、エイブ・フェ
ダーは空港などで使われるフラッドライト（訳注：広域を高輝度で照らす照明）
で舞台上をかなり明るく照らし、中世の時祷書（訳注：色彩豊かなキリスト教の
祈祷書）の輝きを舞台に再現しようとした。そのフラッドライトは舞台両
脇の書き割りの間に何段にも設置されたので、俳優が舞台中央に歩いて行
くと、光の集中砲火を浴びたようにまわりが全く見えなくなる。何も見え
ないので、足元に気をつけないとしっかり立つこともできず、次に歩く方
向さえも分からなかった。皆、慣れるまでに少し時間がかかった。

　私はよく、自分の出番ではないときに、用もないのに舞台の前に座って
皆を見ていた。オリバーの背景とエイドリアンの衣装がフェダーの照明で
浮かび上がると、息をのむほどの美しさで光り輝き、私はそのとき、今で
もだが、これは世界で一番美しく創作されたミュージカルに違いないと
思った。

　リチャードには、以前から一緒に仕事をしている専用の衣装係がいた。
ボブ・ウィルソンといい、背が高くとても目立つ人で、物静かで仕事がで
きて、礼儀正しかった。彼はリチャードの特性をよく理解していた。彼に
はサリーという奥さんがいて、彼女も衣装係だったので、舞台で着替え手
伝ってくれる衣装係が必要だった私にとって、そしてカンパニーにとって
も、彼女を迎え入れるのはごく自然な流れだった。彼女は天から遣わされ
た救いとなり、その落ち着いた仕事ぶりのお陰で私の舞台生活は安定した。

トニーはトロントに飛んで来て、なんとか最後のテクニカル・リハーサルと初日に間に合った。しかし残念なことに、すぐにまたニューヨークに戻って自分の『Valmouth』の初日に備えなければならなかった。それから彼はロンドンに行き、『レビューのためのスケッチ』の続編のデザインをした。題名は『One Over the Eight』で、主演はまたもケネス・ウィリアムズだった。

　モスは初日の前に全体の尺を削ろうといくつかのパターンを試していたが、それでも『キャメロット』の初日の上演時間は4時間半もあった。観客は疲れ切ってしまい、もちろん私たちもそうだった。ティムの一大叙事詩を短くまとめることは想像を絶するほど難しかったのだ。次の日、モス、アラン、フリッツはさらに削ぎ落とした。

　ハニャ・ホルムは第2幕の森の場面で、動物たちが踊る素晴らしいバレエのシーンを振り付けていた。トニー・ドゥケットが手がけたこのシーンの衣装は、ほとんどが黄土色や橙色といったナチュラルカラーで、それまで華やかだった劇の雰囲気が一気にくすんだ色に変わる。モスはこのバレエの場面をまるまるカットした。しかしそれでも尺はたいして短くならず、その後も長い上演時間のまま回を重ねた。

　トロントの新聞はそれほど熱狂的な劇評を書かなかったが、概ね、壮大なストーリーと音楽が良い、バートンのアーサー王がはまり役だ、ということは書いてあった。

　人々がニューヨークから見にやって来るようになり、すぐにこのミュージカルは、やや頭でっかちなようだという噂が広まったが、それでも私たちは楽観的だった。地方公演は手を加えるものだし、このミュージカルが非凡なものであることは、皆が分かっていた。

『タイム』誌のジョイス・ヘイバーという若い女性記者がラーナーとローの記事を書くために取材に来た。映画では最近『恋の手ほどき』をヒットさせたラーナーとローだったが、ミュージカルは『マイ・フェア・レディ』以来だった。彼らがもう1度大ヒットを飛ばせるかどうか、世間は興味津々だった。

ジョイス・ヘイバーは親しみやすかった。彼女は主要な出演者全員とインタビューしたがり、ほぼ2週間を私たちと一緒に過ごし、地方公演で起きていることをつぶさに記録することになった。最初にリチャードが彼女に心を許し、次いで私たちも彼女を快くカンパニーに迎え入れた。

　ある日の夜、舞台が終わったあと、モスはリチャードと私、ロディとメル・ダウド、ロバート・クートを彼のホテルのスイートに招待した。自伝を書いているので、何章か試しに読むのを聞いてはもらえないだろうか、ということだった。もちろん聞きたい！

　私は彼の部屋の床に腰を下ろし、ソファに背中をもたせかけていたのを覚えている。モスは皆の前にダイニング・チェアを出してそこに座って、彼の伝記の最初の章、「第1幕」を読み始めた。私は彼の筆致に感心し、私のほとんど知らない1930年代のブロードウェイの雰囲気に引き込まれた。

　あとになって彼の本を読んでみると、あの夜、私が朗読で聞いた内容とほぼ同じだった。彼はほとんど書き直さなかったのだ。

　私たちはトロントでほぼ毎日のように、モスの削除案を採り入れて稽古をした。それと同時に週8回の公演も続けていた。フランツ・アラーズはオーケストラとコーラスを容赦なくしごき、その成果が目に見えて出てきた。私たちは皆、役の人物像を掘り下げ、素晴らしいミュージカルの可能性を秘めたこの作品を、リズムに乗った滑らかな展開になるよう頑張った。

　そこに不幸が襲った。

　アランが潰瘍から出血して、いきなり入院してしまったのだ。当時、彼の状態に誰も気づいていなかったということも驚きだが、私たちはみんな劇の準備に忙しくてかかりきりだったのだ。しかしモスは知っていたはずだ。

　のちに分かったのだが、アランは結婚生活が破綻し、奥さんが幼い息子のマイケルをヨーロッパに連れて行ってしまったことに、多大なストレスを抱えていたらしい。『キャメロット』に費やす時間も負担になっていただろうが、それでも仕事を続けなければならなかったので、アランは抗うつ剤と抗不安薬を飲んでいて、そのせいで腸がぼろぼろになってしまった。

彼は10日間入院した。

　モスはアランが不在の砦を守り、マスコミには、アランの体調不良により ブロードウェイの初日が２週間ほど後ろに倒れるだろうと発表した。モスがそこにいることで私たちは元気づけられたが、それでも当時の彼がいつもの創造性に溢れる明るい雰囲気ではなかったのを、私は覚えている。

　アランは退院する日、病院のエレベーターのそばに立っていた。するとある患者が担架に乗せられて、今まで自分のいた病室に運ばれていくのを見た。なんということか、それはモスだった……！　心臓発作を起こして運び込まれたところだった。信じられない。

　モスが心臓発作を起こしたのはそれが初めてではなかった。数年前にもやっていて、今回は長いこと入院しないとだめなようだった。カンパニーはモスの容態がどれほど深刻なのか知らされなかった。彼が入院したとは聞かされたが、私はインフルエンザをこじらせたのだと思っていた。皆も彼がボストン公演までには回復して合流できるだろうと信じていた。

　モスはアランに、製作全体を彼の代わりに引き継ぐよう頼んだ。アランがフリッツに相談すると、フリッツはアランが脚本の書き直しに専念できるよう、新しい演出家を速やかに探した方が良いだろうという意見だった。

　アランはまずリチャードに話し、それから私に話した。リチャードも私も、モスが戻ってくるまでアランが演出をするのが適任だろうと思った。アラン自身も退院したばかりで、ひどいジレンマに苦しんでいた。モスからの名誉ある期待に応えたい、しかし体は万全ではなく、製作にどれほどのエネルギーが必要かも分かっている。脚本の書き直しと演出を同時にこなすことなどできるだろうか？

　フリッツは新しい演出家を呼び寄せるアイデアを再度、アランに推した。恐らくフリッツも不安だったのだ。

　私たちはあと１週間トロントでの公演が残っており、アランは自分自身とカンパニーの緊張を緩めるべく、賢明にも次のような決断を下した。トロントでは、長いバージョンの上演を続け、ボストンに移ったら変更に取りかかる。その間、素早く仕事のできる新しい演出家を探す。しかし演出

家探しについては、モスが間もなく回復して戻ってくるだろうから、結局の所、あまり必要ではないということになった。

『キャメロット』のカンパニーは英雄的だった。リチャードの驚くべきカリスマ性、私の楽観的な性格（役に立っていたと思いたい）、そしてロディのプロ意識とロバートの熱意のお陰で、私たちは苦しみながらも、文句を言わずに、最後の大変な1週間を突き進んだ。疲れてボロ雑巾のようになり、モスのことも心配だったが、とにかくアランが良いと思うことに何でも従った。私たちはこのミュージカルをロングランに耐えうる作品にしたかった。カンパニーは固い絆で結ばれていた。誰もが強く、心の底から、ティムの素晴らしい本の理想を信じていた。

トロントでの公演が終わり、私たちはボストンに移った。数日の休みがあり、その間に巨大な舞台セットが小さなシュバート・シアターに詰め込まれた。主役の俳優たちは、コモン（訳注：ボストン中心部にある公園）の外れにあるリッツホテルに泊まった。リチャードは自分のスイートルームでほぼ毎晩のようにパーティを開いた。彼はひとりでいられない性格だったのだろうと思う。カンパニーに必ずいつも一緒につるむ仲間が何人かいて、喜んで彼と一緒に飲み、ときには夜明けまで飲み続けた。そしてもちろん、女性もひとりかふたり、彼に夢中になり、彼から声をかけられるのを今か今かと待っていた。

私は、リチャードが私とは仕事の関係を維持し、公演が始まってずいぶん経つまで誘惑してこなかったことに感謝している。正直に言うと、もしもリハーサルの早い段階で彼の抗えない魅力で迫られていたら、自分がどうなっていたのか自信がない。彼はそれくらい格好良かったのだ。

第４５章

トロントのオキーフ・センターのあとでは、ボストンのシュバート劇場はとても小さく見えた。私たちは再びリハーサルを始めたが、舞台美術の設置や技術的なチェックがまだ終わっていなかったので、練習場所は劇場のロビーか階下にあるバーだった。アランは脚本をもっと削ぎ落とし、彼が書き直しをしている間はアシスタントのバド・ウィドニーがリハーサルを見た。フリッツの姿はなかった。のちに、彼とアランの仲が悪くなっていたことを知ったが、幸いにも私たちは練習に忙しくて、そんな事情に気づく余裕もなかった。

モス（もちろん心配で胸が潰れそうな奥さんのキティも）はどれほど苦しかったことだろう。そしてアランも大所帯のカンパニーを明るい雰囲気に保つために、暗いニュースを漏らさないようにしていたのだから、どれほど辛かったろうと思う。

トニーはティムを連れて、ロンドンからニューヨークに戻ってくる予定だった。私はティムのことをカンパニーの皆にいつも話して聞かせていたので、みんな彼が来ると知って大喜びした。きっとティムは大歓迎され、ちやほやされるだろう。本当は、このミュージカルがちゃんとした形になるまで、少なくともニューヨークのマジェスティック劇場で初日を迎えるまでは、ティムには見せないことになっていた。しかし全くの偶然で、トニーとティムが乗った飛行機が悪天候のため、ボストン・ローガン空港に緊急着陸した。その日はまさにボストン公演の初日だった。トニーは私に電話をしてきて、自分とティムは一晩ボストンで過ごすことになったから、心しておくようにと言った。

私はアランに電話をした。彼は寛大にも状況を理解し、夜の公演をふたりが観に来て良いと言ってくれた。こんなドタバタでは、私たちはボストン公演をしくじる運命なのではないかと心配になったが、素晴らしいこと

が起きた。私たちはそれまで随分長いことオキーフ・センターの果てしなく遠い客席に向かって演技をしていたお陰で、シュバート劇場では力強く、劇場を震わさんばかりの迫力があったのだ。観客は圧倒された。

　劇評はかなり好意的で、それは私たちがずっと必要としていた明るいニュースだった。カンパニーはとにかくティムを歓待した。ティムはミュージカルにとても好意的だった。そしていつもの癖で舞台裏を歩き回ったのだが、すぐに綺麗なコーラスの女の子たちに囲まれて世話を焼かれていた。

　アランは前もってティムに、彼の美しく示唆に富んだ一大叙事詩を2時間半のミュージカルに仕立てることは、「脚色というよりも、真髄を抽出すること」だと話していた。ティムは理解を示し、アランが良いと思うことは何でもすれば良い、とお墨付きをくれた。翌日、ティムとトニーはニューヨークに発った。私も間もなく彼らに合流する予定だった。

　フィリップ・バートンというウェールズ出身の男性が呼ばれ、アランがリハーサルを見られないときは演出することになった。フィリップはリチャードの養父であり、師匠だった。リチャードが若いときに才能を見いだし、発声練習をさせ、舞台俳優としての道筋をつけた。リチャードはもともとの姓をジェンキスといったが、フィリップの姓をもらってバートンとした。フィリップに『キャメロット』を手伝ってもらう事はリチャードの発案で、カンパニーはまだまだ災難に見舞われていたので、アランもこのスターに安心感を与えたいと思っていたところだった。カンパニーの誰も反対しなかった。

　トニーとティムがいなくなってから、私はなんだか見捨てられたような、とても孤独な気分になった。私はリチャードのように社交的になれると思ったことはないし、とにかく疲れていた。衝動的にポータブルのレコードプレーヤーとラフマニノフ、ブラームス、ショパン、ラベルなどのアルバムを買った。1日の終わりに聴くと、これ以上ないくらい落ち着き、ストレスが軽くなっていくのを感じた。

　モスの回復は見込めず、ニューヨークの初日はさらに1週間遅くなった。

私たちがニューヨークに来て知ったのは、問題のせいで初日が遅れるというニュースにもかかわらず、前売券の売れ行きがとても良いということだった。

『タイム』誌のジョイス・ヘイバーの記事は好意的ではなかった。トロントではあんなに仲良く過ごしたのに、このミュージカルをバッサリと切り捨てる内容だったので、私たちはみんな驚きショックを受けた。何年ものち、彼女は同じような仕打ちを私や夫のブレイクにも何度かした。夫は私が彼女を評した表現が気に入り、よく言ったものだ。「あの女は心臓手術を受けたんだろうよ──その心臓は足に戻されたに違いない！」

ボストン公演の最終週、アランはグィネヴィアとランスロットの長い別れのシーンの代わりに、グィネヴィアが新しい歌を歌った方が良いと判断した。しかし時間が足りなくて歌詞が仕上がるのはニューヨーク公演の直前になるだろうが、どう思うかと意見を求められた。

私は覚えが早い、それに何週間も色々と足したり引いたりしてきたので、直前の変更には慣れっこになっていた。しかも新しい素敵な歌を歌うチャンスを逃したくなかった。ただでさえストレスのかかっているアランと事を荒立てたくはなかったので、たとえ嫌でもイエスというほかなかった。私は彼に、できる限りその歌を早く完成させて歌わせてくれるよう頼んだ。

ニューヨークでの正式な初日の前に、有料のプレビュー公演が２回あったのだが、その１回目のプレビュー公演の直前に私は歌をもらった。「Before I Gaze at You Again」という曲で、美しく素朴なバラードだった。フリッツがオーケストラの編曲は既に済ませていたので、私が覚えて舞台で歌うだけの状態になっていた。私はその歌をプレビューで歌った。今でも特別な思い出として私の胸の奥にしまってある。

『キャメロット』は1960年12月３日の日曜日にマジェスティック劇場で初日を迎えた。私たちは満身創痍でこの街に来て、初日の舞台で持てる力をすべて出し切った。モスはもう退院して自宅療用中だったが、劇場には来られなかった。

劇評はまずまずだったが、熱狂的というほどではなかった。思うに、も

し『キャメロット』が『マイ・フェア・レディ』の前に世に出ていたら、それなりの成功を収めただろう。『キャメロット』は他の多くの作品のように、あの大ヒットと比較されるという宿命を負ってしまったと、私はそう思っている。

『キャメロット』はどうすれば良くなるか、という批評家の意見は様々だった。ある者は「もっと大きな視点で描くべき」と言い、ある者は「悲劇的な終わり方をなくすべき」と言った。多くの人は、第1幕と第2幕があまりに違う点が気に入らず、戸惑ったようだった。批評家の言うこともある程度は理解できたが、直前まで改善を重ねていたにもかかわらず、このミュージカルの素晴らしさを伝えられなかったと思うと、私たちは悲しくなった。しかし観客からは否定的な反応は一切なかった。

初日のあと、アランが舞台裏に来て私たちに約束した。モスは回復し、彼とフリッツは休養を取る、そして3カ月以内に3人とも戻ってきて手直しを始める、と言った。私たちは彼を信じた。見捨てられたと思わないようにしようと心に決めた。それに前売り券の売れ行きは好調なのだから、先は明るい。

第４６章

ティムは新年の直前に島に帰るまで、クリスマスの間は私たちのアパートに泊まった。トニーは大量のデザイン画や仕事の資料を別室に移し、書斎はティムに明け渡した。ティムを一家のお客として迎えるのは本当に楽しかった。子どものように靴下をのぞいてプレゼントを確かめ、そしてどんなプレゼントにも涙でヒゲを濡らして喜んだ。

彼は雑誌『ヴォーグ』に、ミュージカルについて、そしてアメリカについてどう思うか、またなぜアメリカに来たのかというエッセイを寄稿することになっていた。その中で彼は、『キャメロット』には脚色する必要があったことを理解している、ここまで非常な努力でミュージカルを作り上げた全員に優しくありたい、アメリカ人のことを前から知りたいと思っていた、と書いていた。

それまで私は彼が物を書く気になっているところを見たことがなかった。彼は考えながら、部屋の中をせわしなく歩き回り、考えがまとまるまでペンを握ることはない。そしてひとたび書き始めると、言葉が溢れ出て、あとは手直しがほとんど必要ないのだった。

ある日、私は書斎のドアを少し開けて中をのぞいた。ティムは机に向かい、鼻に眼鏡をのせて一心不乱に何か書いていた。

「お茶でもどうかと思って、ティム」と私はそっと声をかけた。

彼は頭を上げなかった。

「出て行け！」と怖い声で言った。

私は慌ててドアを閉め、それ以降は彼が書き物をしている間は２度と邪魔しなかった。

ティムは劇場に来るのが大好きだった。客席の一番端に座って、舞台の上だけではなく、舞台袖の向こうも見ようとしていた。彼はリチャードをたいそう気に入り、「うまそうなハム」と呼んだ。俳優としての彼を鋭く

分析し、評価し、それを詩にしたほどだ。そして私がのけ者にされたと感じないように、私にも詩を書いてくれた。最初はヘリック（訳注：17世紀のイギリスの詩人、ロバート・ヘリック）の「愛しいジュリアがシルクを纏って歩くとき……」という詩を面白おかしくもじって、その中の言葉を私の膝と鼻に置き換えて書こうとしていたようだが、私の気持ちを軽んじたり傷つけたりしないように別の詩を書いた。

　それはこういう美しい詩で、私はとても嬉しかった。

　　　ヘレネよ、世界を破滅に導く美しいヘレネ、泣いたのだろう
　　　たくさんの長い夜を　たった一人で。
　　　毎晩のように
　　　男たちが死に、彼女は泣く　それでもパリスは離さない
　　　麗しのヘレネを。

　　　ジュリー、何千という船がお前の心臓に向かっている
　　　悲劇の女王、喜劇役者、道化であるお前は
　　　トロイを守ろうとしている　破壊から
　　　その塔がひとつたりとも崩れないように。

『キャメロット』は毎晩、上演時間が長すぎたので、私たちは皆疲れ切っていたが、リチャードやロディやロバートと共演するのは楽しかった。リチャードは『マイ・フェア・レディ』のレックスのように熟練の役者だったので、彼を見ているだけで毎晩学びがあった。私たちの関係は穏やかだった。

『キャメロット』の第1幕第1場面は必ず観客に受けた。アーサーは会ったこともない女性と結婚させられるので不機嫌で、その女性がまさに今、キャメロットに向かっているという場面で幕を開ける。彼は木に登って一行を見つけるが、そこからグィネヴィア姫が逃げ出すのを目撃する。姫もまた、自分の人生を経験しないうちに結婚することが嫌だったのだ。アー

サーはこの女性に惹きつけられ、そしてふたりは出会う。彼はキャメロットの素晴らしさを歌で伝えるが、そのとき、騎士が彼を探しに来て、アーサーの身元が分かってしまう。アーサーは自分がどのように岩からエクスカリバーという剣を引き抜き、王になったのかを話す。この長い語りは饒舌で、アランの脚本は原作の雰囲気をうまく伝えている。

アーサーはグィネヴィアを従者たちのもとに帰そうと申し出る。しかしグィネヴィアはアーサーが歌った「キャメロット」の言葉を引用してこの場所に残る方を選ぶ。こうしてふたりは未来に向けて歩き出す。

ある日、リチャードは私に「今夜は私の語りの最中で観客を泣かせてやるぞ」と言った。本当に観客は彼の魔法にかかり、針が落ちても聞こえるような緊張感に包まれた。またあるときには、彼はこの語りを喜劇調に展開し、観客は彼の狙いどおりに笑った。彼は演技を自在にコントロールすることができて、観客はその全てに魅了された。二日酔いだった時でさえ、何であれ彼の演技の引き出しからは素晴らしいものが出てきた。

リチャードが大酒飲みだということはよく知られている。舞台の前に飲むことはほとんどなかったが、ごくたまに例外もあった。あるとき、木曜の夜、彼は飲み明かして一睡もしなかった。金曜日、舞台がはねたあとで彼は再び一晩中飲んだ。どうにか土曜のマチネには間に合うように帰ってきたが、マチネが終わって、夜の部が始まる前にもさらに飲んだ。そして夜の回では、剣を持ち上げることさえできなくなっていた。

彼がよろめいて時折膝がガクッと崩れるので、私たちは心配した。しかし彼はアーサーを、自分の肩にかかる世界の重さに耐えられない、絶望した王のように演じた。観客の中で、彼がそう演じていると信じなかった人はいなかったと思う。

グーレはリチャードの演技に感銘を受け、自分の役にシェイクスピア的な要素を盛り込んだり、ある部分を膨らませたりして、彼のやり方を真似し始めた。リチャードは私に「いま気づいたんだがね、ボブは私の演技をしているよ。こっちはガラッと変えなきゃな」と言った。すべてがこのとおりというわけではなかったが、面白い出来事だった。

実を言えば、あのミュージカルの騎士役は誰でも皆、リチャードの演技を見て、より堂々と気高く演じるようになったと思う。

　ボビー・グーレの歌声は最高で、顔もハンサムだったので、典型的なマチネのアイドルだった。私は毎晩舞台の上に座って、彼が「別れられないふたり」を私のために歌うのを聞いていた。彼の衣装は真っ青なレオタードとタイツ、そしてブーツという出で立ちで、私は自分の役に集中しなくてはと分かっていたのに、「まあ、すごい。彼ったらすごい美脚だわ！」と考えていた。

*

　アランの約束した３カ月が過ぎようという頃になって、フリッツと愛しのモスが私たちの舞台に戻ってきた。ふたりに会えて私たちがどんなに安心したことか、モスが観客席にいると分かって、私たちがどんなに一生懸命、最高の演技をしようとしたことか。

　モスは仕上がりにはまだ手を入れる必要があると認めつつ、「だが少なくとも高い志を感じる」と言った。「それに上質だ」

　夜の公演を続けながら、昼間はリハーサルをすることになった。皆にとって余計に働くことを意味したが、私たちは『キャメロット』を良くするためなら何だってした。歌が２曲カットされ、うちひとつは私の曲だった。「Then You May Take Me To the Fair」という、やや重厚な曲でグィネヴィアが騎士たちと合唱する歌だった。どうやってもうまくいったと思えたことがなかったので助かった。アランも脚本を書き直した。モスは全部で45分をカットし、最終的には２時間をちょっと超えるくらいの上演時間になった。私の知る限り、ミュージカルの中で、ブロードウェイで公開されたあとで、これほど大きな変更があった作品は他にはない。

　『マイ・フェア・レディ』の５周年ということで、エド・サリバンが彼の有名番組の１時間枠をラーナーとローの特集にすると決めた。ラーナーとローの他の作品の曲が歌われたあとで、リチャードと私が『キャメロット』からの抜粋を17分間演じ、その日の放映は終わった。奇しくもそれは舞台

で新しい変更を加えた頃だったので、その日テレビで放映された演技には、新鮮な変化がはっきりと見てとれた。翌日、劇場の前から一区画を囲むように、チケットを買う人の行列ができた。売り上げはぐっと伸び、『キャメロット』はついに大ヒットとなった。私たちがずっと耐え忍んで頑張ってきたことが、ついに報われた！

『キャメロット』は全体的にずっと良くなったが、それでも私は本来あるべき完成形には及ばないという気がしていた。出演者が変更点を練習したあとで飲みに集まると、誰ともなしに「私があそこでこうしたら良くなるかな？ それともこの台詞をもっと強く言うと……？」と始まる。作品の可能性をあれほどまでに信じているカンパニーは、後にも先にもなかった。リチャードを筆頭に、私たちは皆、この作品を熱烈に愛していた。そしてもちろん、私たちをこんなにも夢中にさせた本の作者であるティムには感謝してもしきれない。

＊

リチャードは毎晩の舞台が終わると、ファンの大群にもみくちゃにされていた。彼が楽屋口から出てくると、いつも悲鳴が上がった。私たちの隣のゴールデン・シアターでは、マイク・ニコルズとエレイン・メイが出演していて、マイクとリチャードは裏口で合流して一緒に飲みに行くことがあった。あるとき、出待ちをしていたファンがふたりを発見し、みんなリチャードめがけて突進した。ある若い女性が興奮状態でマイクに向かって叫んだ。「きゃーっ、最高、愛してる！ 愛してる！ ……ってあなた誰？」

公演中には笑える瞬間がたくさんあった。私が最初に舞台に登場するシーンは優雅だった。淡い青色のドレスの上に真っ赤なシフォンのケープを羽織り、頭には小さなティアラをのせている。グィネヴィアは従者から逃げているので、私はステージに勢いよく走り出る。舞台袖のスペースは狭く、どこかに衣装を引っ掛けたらすぐに破けてしまうので気をつけなければならなかった。また舞台中央に走り出るまで何かを踏んづけたりしないよう、舞台上をよく見る必要があった。私がステージを駆け抜けると、

赤いシフォンのケープが後ろになびき、鮮やかな蛾のように見える。

　走り終わって歌い始めるときに声が出るかどうかなど、心配したことは１度もなかった。しかしある晩、私が舞台に走り出て、優雅に登場のシーンを決めたあとで、歌うために口を開けて大きく息を吸い込んだとき、何かを吸い込んでしまった。それが喉にひっついた状態で私は歌い始めたが、咳がしたくてたまらず、涙目になった。なんとか１曲歌いきることができて良かった。

　また舞台にはペリノア王の飼っているホリッドという犬が登場する。これは２匹のオールド・イングリッシュ・シープドッグが交互に演じていた。ロバート・クートがこの犬を従えて役になりきっているところは最高だった！　ところが犬のうち、１匹の方がもう１匹よりも頭が良かったので、そちらの犬ばかりが使われ、もう１匹は代役のような感じだった。よく使われる犬はストレスから神経症になってしまい、しょっちゅうお腹を壊した。クーターはこのことでよく私をからかった。幕が上がる直前に私の控え室にやって来て、「知っておいた方が良いと思うんだけど……ホリッドがまた下痢だよ！」とささやく。

　私たちの中世風の衣装は、長い袖、ケープ、トレーンなどゆったりした布地を上から羽織ることが多かった。ホリッドが舞台上でフンをしてしまうと、リチャードやクーターやグーレは、長いマントを腕で持ち上げながら、わざわざ危険地帯の近くを歩き回る。こういう悪ふざけに私の笑いが止まらなくなるのを知っていて、わざとやっているのだ。ある夜、ホリッドは私が「５月は元気いっぱいの月」を歌う直前にフンをすると決めたようだった。コーラスの少年たちが私と腕を組んで左右に揺れ、花輪をかけた乙女たちが輪を回しながら楽しそうに踊っている。私はこれから歌う歌詞を意識しないわけにはいかなかった。５月……それは「誰も何も我慢しない」月。私はこの歌詞を歌い終えることができなかった。少年たちは私の手を離しそうになり、私たちはみんな大笑いした。ホリッドは本当に天才的なタイミングの犬だった。

　ボビー・グーレもかなり悪戯好きだった。ランスロットとグィネヴィア

は劇中、キスを交わすことはない。しかしある夜、彼は私を引き寄せて熱烈なキスをしながら、自分の舐めていたドロップを私の口に流し込んだのだ。口が裂けそうなほどニヤニヤ笑っていた。私は怒り狂った。登場人物としてすべきことではないことを、あまりにプロ意識に欠けることを、観客の前でやられた。舞台から下がった途端、私は彼を追いかけ、通路から地下に追い詰め、「何するのよ！」と力いっぱいパンチした。彼は打たれている間じゅう、楽しそうだった。実を言えば私も楽しかった。

ロディはいつでも愛すべき存在だった。自分のアパートで大きなソワレ（夜会）を開くのが好きで、いつもピアノを欲しがっていた。そこでシビル・バートンが、内輪のイブニング・パーティを企画した。参加費は25ドルで、それを素敵なアップライト・ピアノを買う大金の足しになるように計らったのだ。私たちはみんな早く着いた。ジュディ・ガーランド、ノエル・カワード、リチャードとシビル、トニーと私、グーレ、タミー・グライムズ、アンソニー・パーキンス、その他、ロディを愛するたくさんの人が集まった。ロディはびっくりしていた。

その晩のためにピアニストが呼ばれていて、私たちはみんな何かしら歌った。私たちはおいしい食べ物やワインでお腹がいっぱいになって床の上に座っていたのだが、ふとジュディ・ガーランドが立ち上がって歌い出した。私はその瞬間を永遠に忘れることができない。舞台でも何でもない場所で、彼女には圧倒的な存在感があった。

彼女が歌い終わると、誰かが次はノエル・カワードの番、と促した。彼は最初は気乗りしていなかったが、「つい最近、新しいミュージカル『Sail Away』の曲を仕上げました」と言ってピアノの前に座り、最新作のミュージカルの歌を歌った。

トニーと私はジュディー・ガーランドが４月にカーネギー・ホールで行った伝説のコンサートのチケットを手に入れることができた。彼女は私たちの望むすべて、いやそれ以上だった。多くの歌がネルソン・リドルの編曲で、特に彼のバージョンの「降っても晴れても」をジュディが歌い終わった瞬間、私は思わず立ち上がって拍手喝采した。見回すと、観客は総立ち

だった。その夜の最後に、彼女はステージの端に座って静かに「虹の彼方に」を歌った。歴史の1ページに刻まれるコンサートだった。

　その年の夏、家族が遊びに来た。最初は父とウィン、それから叔母と母だった。私はみんなと街を観光したり、ミュージカルのチケットを取ってあげたり、一緒にマンハッタン島のクルーズに出かけたりした。

　ある夜、あまりに暑くてニューヨーク一帯が停電した。私たちのアパートのエレベーターは使えなくなり、私は劇場に行くために17階分を足で下りて、やっとタクシーに乗り込んだ。公演が終わったらまた17階を上がらなければならない。劇場には非常用電源があったものの、それで賄える照明は僅かで、私たちはほぼ真っ暗闇で演技をした。エアコンも効かなかったので、中世の衣装を着ている私たちは舞台に立って最初の5分で汗びっしょりになってしまった。それでも根性のある観客たちは途中で席を立つことなく、パンフレットであおぎながら、最後まで舞台を見た。

　私とトニーはヨーク・アベニューの自分たちのアパートによく人を呼んだ。ある夜、リチャードと仲間たちはひどく酔っ払って、私の知らないうちに、キッチンで誰が一番遠くまでおしっこを飛ばせるかという競争をした。翌朝、私がキッチンに入ると、床と天井がビールと人の尿で水浸しだった。私はそのあとでリチャードに「あなたって人は最低よ。クソガキね」と言ったことを覚えている。

　ありがたいことに、リリー・マエがこの地獄の片付けを手伝ってくれた。彼女は大柄の元気な女性で、安息日のためにおしゃれをするのが好きだった。ある日、私とトニーは、彼女の教会に一緒に行かないかと誘われた。バプティスト・ゴスペル教会でアップタウンの方にあったのだが、そこで過ごした時間は、私たちの人生最良の日曜の午後だったと思う。牧師が感動的な説教をして、信者は牧師の言葉を繰り返し叫び、聖歌隊が歌い始めると、教会が揺れた。

　公演が始まって9カ月が経つ頃、リチャードの態度が突然おかしくなっ

た。そのときまで、私たちはうまくいっていた。気楽な友人、舞台上の喜びを共有し、互いを励ます、そんな関係だった。私たちは家族ぐるみで付き合っていたので、私と彼との間に少しでも気まずいことは何もなかった。

　ところがある夜、彼は舞台で今までにない態度を取った。私が触れると、そんなことをされるのが嫌でたまらない様子で体を震わせたのだ。私は吹き飛ばされるほど驚いた。なんというか、慌ててブレーキをかけ、そして演技を続けながら彼のおかしな態度を観察し、何が問題なのか見極めようとした。家で大げんかをしたのか？　酔っているのか？　退屈しないように新しい演技をしているのか？　単に機嫌が悪いだけ？　だが彼の行動がとても計算高く意図的なものだと分かると、猛烈に腹が立った。そして深く傷ついた。彼が私を毛嫌いしていることは明らかで、私は観客の前で貶められ、恥をかいたと思った。こんな状況にどう対処して良いのかまるで分からなかった。そのときの私には面と向かって彼と対決する勇気がなかった。そもそも何に立ち向かえば良いのか分からなかった。舞台の幕が下りると、私は自分の楽屋に向かい、彼とは一言も話さなかった。

　俳優が共演するとき、舞台とそこに込められたメッセージこそが何よりも大事なのだという、暗黙の了解がある。幕が上がれば個人的な事情は脇に置く。『マイ・フェア・レディ』の最初のうちは、私はレックスとの間にあまり信頼感がなかったと思う。しかし公演から何カ月か経つと、互いを尊敬し、ふたりの仕事は、バーナード・ショーの世界を素晴らしいミュージカルで表現するためにどうすることがベストなのか考える、という関係性に変化した。

　最初にリチャードがおかしくなった夜、私はトニーには何も言わなかった。もしかするとリチャードは機嫌が悪かっただけなのかもしれない。しかし次の日も彼が同じような態度を取ったので、私の怒りは氷のように冷たくなった。そしてトニーに話すと、彼は劇場に見に来てそのおかしな現象を確かめた。トニーがリチャードに話してみようかと言うので、私は慌てた。「絶対にそんなことしないで！　私と彼の問題よ。自分でなんとかしなきゃ」

トニーが言うには、それから1週間くらいは、『キャメロット』の私たち
は舞台でピリピリして見えたそうだ。ここに至って私は、こんな馬鹿なこ
とを早くやめさせなかった自分を責めた。リチャードに一体どういうつも
りなのか、聞くべきだったのだ。しかし同時に気になっていることがあり、
それは次のマチネが始まる前に、彼が私の楽屋をノックしたときに確信に
変わった。彼は満面の笑みを浮かべて優しそうで、私からハグをしてもら
いたがり、調子はどうだいと言おうとしていた。そのとき私には分かった。
彼はおかしな態度で私をどん底に突き落とし、次に優しくすれば意のまま
になると思っていたのだ。カンパニーの中で彼の甘い誘惑に屈しなかった
女性は私だけだったと思う——今度は私の番だ。
「失せやがれ！」私は自分でも驚くような鋭さで言った。
　彼はまだ口元に笑みを浮かべて、しばらく私のまわりをウロウロしてい
たが、私が本気だと気づいたのか出て行った。この反撃はあまり事態の改
善に役立たず、それから2回は惨めな気持ちのまま共演を続けた。しかし
3回目の公演のあと、カーテンコールで彼は私と手を繋いでお辞儀をしな
がら、厚かましくも「君が好きなのは誰？」と聞いてきた。私は彼の図々
しさに虚を突かれ、「あなたよ、多分」というような馬鹿なことを言ってし
まった。最後に幕が下りると、彼は両手を上げて「分かった！　私が悪かっ
た」と言った。そして私のお尻をつねったので、私も彼のお尻をつねった。
それ以降、私たちは険悪になることはなかった。

　9月、リチャードとロディが舞台を去った。ふたりともエリザベス・テ
イラーとレックス・ハリソンの出演する『クレオパトラ』の撮影でローマ
に向かった。『キャメロット』の最後の数カ月の公演は、彼らなしだったの
で大変だった。
　レックス、リチャード、ロディがローマ時代の衣装を着て、映画のセッ
トで撮った写真が送られてきた。それぞれの写真に馬鹿馬鹿しい一言が添
えてあり、とても心温まるプレゼントだった。きっと優しいロディの発案
だったのだろうと思っている。

『キャメロット』のアーサーを引き継いだのはウィリアム・スクワイヤーという才能あるうまい役者だった。しかしリチャード・バートンのカリスマと魅力に肩を並べるのは、なんともハードルが高かった。

1961年の12月21日、モスが再び心臓発作を起こした。前回、2度目の心臓発作を起こしてからほぼ1年が経っていた。とても大きな発作だったらしい。彼とキティはパームスプリングスにいて、歯の痛み——これはいつも心臓発作の前触れだった——に用心しているところだった。彼は病院に向かう道中で発作を起こし、そのまま亡くなってしまった。

ただただ、悲しかった。たったの57歳だったのだ。

私がカリフォルニアに行く前、モスは劇場に何度か来て、ある夜、私の楽屋に入ってくると、『レディ・イン・ザ・ダーク』の脚本を渡してくれた。これを新しく舞台で製作する予定なのだが、私に興味があるかと聞いた。私は読んでみると答えた。この話は少し古くさいのでは、と思った私はなんて愚かだったのだろう。ガートルード・ローレンスはこの作品の主演で成功したが、私は怖かったのだ。モスが私からまだ何かを引き出せるとは思えなかった。同時に、彼に声をかけてもらったことはとても名誉だとも思った。彼が亡くなったとき、その台本はまだ私の手元にあったので、キティに返した方が良いか尋ねた。彼女はこう答えた。「いいえ、あなたが持っていて。持っていてほしいの」

第４７章

トニーと私は悲しく静かな新年を迎えた。ニューヨークにいる寂しいイギリス人の知り合いを何人かクリスマスに招待した。ひとりはポール・スコフィールドという素晴らしい役者で、ブロードウェイで公演中の『我が命つきるとも』で、トマス・モア卿の役を好演している人だった。

ポールはとても恥ずかしがり屋で物静かな人だったのだが、クリスマスの午前11時頃に我が家に来るように、という誘いを受けて、律儀にぴったり11時に玄関の呼び鈴を鳴らした。私はシャワーを浴び終えて準備はできていたものの、ガウン姿で出た。私がドアを開けた瞬間、ポールは蒼白になった。うろたえて「夜の11時のことでしたか？　とんでもない勘違いを……」と謝った。私は間違ってなどいないと安心させ、中に入ってもらった。

1962年は始まりこそ静かだったが、ずいぶん盛りだくさんの年となった。

話は1960年の初めの頃に戻るが、ルー・ウィルソンが「君に会ってもらいたい若い女の子がブロードウェイにいるんだ。名前はキャロル・バーネット。『昔々、マットレスの上で』という舞台に出ていてね、素晴らしいんだ。君のために彼女の舞台のチケットを取るよ」と言ったことがあった。

私はなぜルーがそこまで言うのか分からなかった。もしかすると、彼の中ではすでに、具体的ではないにせよ、私たちふたりのプランを考えてあったのかもしれない。とにかく私は彼の熱意に負け、しばらくしてキャロルのショーを見た。たちまち彼女のすべてが、彼女の雰囲気も芸もすべてが大好きになった。彼女の演技は完全なオリジナルで、とんでもなく面白かった。

そのあとでルーと彼の友人のボブ・バナーというプロデューサーが私たちを夕食に連れて行ってくれたのだが、可哀想に、男性陣はその席で全く口を挟めなかった。彼らは椅子の背にもたれ、曖昧な笑みを浮かべて、私

とキャロルのおしゃべりが止まらない様子を眺めているしかなかった。私はキャロルとは初めて会った幼なじみのような、不思議な絆を感じた。

　私たちは出身地こそ違ったが、子どもの頃の環境がどこか似ている。お互いの考えていることや、感じていること、思考回路が電気のように通じた。私たちが双子のようだとはよく言われるが、本当に前世ではそうだったのかもしれない。最近は思うようには会えないのが残念だ。お互いに忙しすぎたり、遠距離だったりする。しかしひとたび会えば、すぐに昔に戻り、おしゃべりが止まらなくなる。

　初めて夕食を一緒に食べたあと、数カ月は彼女に会わなかった。しかし『キャメロット』の練習が終わってニューヨークで公演が始まると、『ギャリー・ムーア・ショー』という、キャロルがレギュラー出演している週一のバラエティ番組の出演依頼をもらった。プロデューサーはルーの友人であるボブ・バナーと、ジョー・ハミルトンという背の高いひょろっとした男性だった。ジョーは愛すべきやんちゃ者で、シニカルで友情に厚く、どんな服装のときもなぜか真っ赤な靴下を履いていた。彼とキャロルは付き合っていて、のちに結婚した。

　私は出演依頼に興味をかき立てられ、しかし一体自分がこの番組で何ができるのか見当もつかなかった。何をしたら？　するとケン・ウェルチというこの番組の音楽を担当している才能溢れる紳士に、私がいつもやりたいと思いつつ実現していない事はあるかと聞かれた。憧れは？　他愛のない夢は？　そこで私は半分冗談で「いつもウエスタンをやりたいと思っていました。イギリス人保安官がどうにかしてカウガールになるの。まあ、もちろんやったことはないんですが」と答えた。

　ほどなく彼は、キャロルと私がフランク・レッサーのミュージカル『一番幸福な男』から、「大きな "D"」という曲を歌うアイデアを考えつき、私たちは試しにやってみた。最高に楽しかった。キャロルが怖れ知らずで、何でもとりあえずやってみようという姿勢だったので、私も自分の壁を取り払って、彼女の横で伸びのびと演じ、アーニー・フラットという振付師と一緒に、この底抜けに愉快な曲を作り上げた。私たちは突拍子もないカ

ウボーイのズボンを履いて、大きなカウボーイハットを被り、農場の中を元気いっぱいに走り回った。すると視聴者の反応がとても良く、『ギャリー・ムーア・ショー』の中でも人気だったと聞かされた。キャロルはのちに、スタジオ収録の観客が立ち上がって拍手したのを初めて見た、と言われたそうだ。

　数カ月後、再び私は『ギャリー・ムーア・ショー』に呼ばれた。全部で4回出演し、うち3回は1961年で、最後は1962年の初めだった。1962年の2月、それとは別に、私は『ラーナーとローのブロードウェイ』という番組に出演した。ボビー・グーレ、スタンリー・ホロウェイ、モーリス・シュバリエも出演し、リチャード・バートンはわざわざローマから飛んで来て、『キャメロット』の第1幕の荘厳な玉座の間のシーンを演じた。素敵な瞬間で、大成功したテレビ放送だった。

　その頃、機転の利くルー・ウィルソンの頭はフル回転していた。CBSにある程度の影響力があった彼は（彼らは『マイ・フェア・レディ』と『キャメロット』の出資者だった）、ボブ・バナーとともに壮大な計画を考えていた。キャロルと私があのカーネギー・ホールでコンサートをして、その様子をテレビで生中継するという企画だった。由緒正しいクラシックのホールに、ふたりの若い喜劇役者を立たせるとは、なんとも不適切だと思われたが、誰もひるまなかった。ケン・ウェルチが再び製作を担当した。『ギャリー・ムーア・ショー』のほとんどの製作メンバーも加わり、アーニー・フラットもその中のひとりだった。ジョー・ハミルトンが共同プロデューサーで、演出も担った。

　キャロルと私がよく知るマイク・ニコルズという人物がいる。トニーと私はよく彼のアパートに行って、日曜の午後をのんびり一緒に過ごしたものだった。私たちはスモーク・サーモンとベーグルを持って行き、マイクはブルズショットという、ブイヨンとウォッカを混ぜた強いカクテルを作る。私たちは床に足を投げ出し、マイクはソファに寝っ転がる。みんなでその頃とても人気だったマリア・カラスのレコードを聞いたり、演劇論を戦わせたり、日曜版を読んだりした。

キャロルと私はダメ元でマイクに、ショーに追加したい寸劇を、特に私たちが曲と曲の合間に着替えているときに観客を退屈させない出し物を考えてもらえないだろうか、と頼んだ。マイクは承知してくれたが、自分はあまりに名前を知られているので、クレジットにはペンネームを使いたいと言った。イゴール・ペシコヴスキーという名前にしたが、実はこれが彼の本名だった。

　予期せぬ幸運が重なり、すべてのピースがぴたりとはまった。エセル・マーマンとメアリー・マーティンがかつてテレビの特別番組でコンビを組んだことがあり、それが大成功したので、キャロルと私は自分たちを「Bチーム」と名乗った。エセルとメアリーにあやかって。

　私は『キャメロット』から1週間休みをもらうことにしたが、ジョン・グレン大佐（訳注：アメリカの宇宙飛行士）が観に来る回だけは出演した。彼の栄誉をたたえ、カンパニーのオリジナル・キャストで上演することが大切だと思ったので、その回だけ私は舞台に戻ったのだ。

　1962年3月5日、私たちは本番の前日に『ジュリーとキャロルのカーネギー・ホール・コンサート』のリハーサルをして、翌日の昼に衣装を着たリサーハルを収録して何かあったときのために備え、その日の夕方に大観衆の前で本番を迎えた。

　最初に登場する直前、覚えているのは、私が舞台の袖に立ち、反対側の袖にキャロルが立っていて、お互いに目を合わせた瞬間のことだ。ふたりとも緊張していて、でも楽しみで、ゲートに入った競走馬のように飛び出したくてうずうずしていた。互いの目を見つめて微笑み、頷いて、何があっても相手を隣で支えると無言で伝え合い、投げキッスを交わして舞台に歩み出た。

　自己紹介的な楽曲「Together」を歌い終えると、『サウンド・オブ・ミュージック』をもじった「スイスのプラット・ファミリー（訳注：トラップ一家の逆さ読み）」を歌った。私は母親役、キャロルは20人兄妹のうちの唯一の女の子、末っ子のシンシアを演じた。ダンサーたちも素晴らしく、演じていて本当に楽しい演目だった。この作品がのちに映画化されるときに、自分がマリ

ア役になるとは、このときは知るよしもなかった。

　他にも風刺的な歌と踊りがあり、ロシアの「モイセエフ」という民族舞踊団とかけて私たちは「ノージエフ」と名乗り、面白おかしく踊った。また、ひとりずつソロを歌い、それから12分もある長い往年のヒット曲のメドレーを一緒に歌った。最後は、私たちのテーマソング「大きな "D"」を再び歌い、即興で引き延ばし、私たちの阿吽の呼吸を披露して、舞台は幕を閉じた。

　その日は大雨が降っていて、10年後に私たちが第2弾の公演をしたときも、さらにその10年後の第3弾公演でも雨が降っていたので、雨は私たちの幸運の徴だとキャロルは言った。3回の公演はどれも大成功で、台本の大部分はケン・ウェルチと彼の妻ミッツィーが書いており、ふたりは今でも私の大事な友人だ。

　どこに行ってもキャロルと私は次のショーはいつやるのかと聞かれた。私たちの友情は何年経っても変わらず、いっそう深いものになっていった。初めて一緒に仕事をしたときは、「誰と付き合ってるの？」「結婚生活はどう？」という話しかしなかった。次に会ったときは、「ごめん、学校の保護者会に行かないと」「子どもを歯医者に連れていくわ」というものに変わり、最後に共演したときは、「関節が痛いわよね？」や「メタムシル（訳注：便秘解消サプリ）飲んでる？」だった。

　私たちはこのシリーズを、『ジュリーとキャロルのロンドン・パラディウム公演』『ジュリーとキャロルのパリ公演』『ジュリーとキャロルのクレムリン公演』『ジュリーとキャロルの中国万里の長城公演』と続けたかったが、お金がかかりすぎることが分かった。もしもう1度ふたりで共演できるなら、そのときは『ジュリーとキャロル　YMCAのプールサイド公演』にしようと心に決めている。

　カーネギー・ホールの公演から2週間半後、私は妊娠しているという天にも昇る知らせを受けた。私が最初に話したのはキャロルだった。その前に、妊娠検査を試すと彼女に打ち明けていたからだ。

「まあ、ジュールス！」と彼女は言い、「私はCBSで収録中だけど、何か分かったらすぐ電話して。私が出られなかったら伝言を残してね」と約束させた。

　当時、妊娠検査にはネズミを使った。妊婦の尿を注射されると、可哀想にネズミは死に、それで妊娠が分かるという仕組みだった。

　私は妊娠が確定したので、キャロルに電話をしたが、あいにくリハーサル中だった。オペレーターが何か伝言はあるかと聞くので、私は「ミス・バーネットに、ミス・アンドリュースから電話があったと伝えて下さい」と言った。そしてこう付け加えた。「用件は、"ネズミが死んだ"です」

　このメッセージはキャロルだけに知らされると思っていた。だがどうやらこのオペレーターはCBSの館内放送を使い、私のメッセージはスタジオじゅうに響いたそうだ。「ミス・バーネット、ミス・バーネット……お電話です。ミス・アンドリュースから"ネズミが死んだ"とのことです」

　『ジュリーとキャロル』の舞台の中で、「プラット・ファミリー」を歌った最後に、キャロルが「うっかり」私のお腹をパンチして私がつんのめるという振り付けがあった。

　「あなたが妊娠してると知ってたら、指一本触れなかったわ！」とキャロルは叫び声を上げた。そしてすぐに言い足した。「だけどきっと、あれで赤ちゃんが授かったのね！」

　私はもちろん、この嬉しいニュースを同じ日にトニーに伝えた。大声で世界中に叫びたかった。トニーは『ローマで起った奇妙な出来事』の舞台美術と衣装をデザインしていた。このミュージカルの出演者はみんな大物だった。ゼロ・モステル、デビッド・バーンズ、ジャック・ギルフォード、ジョン・キャラダイン。トニーは劇場でリハーサル中だったので、私は急いでその劇場に行ったが、劇場に入って最初に会ったのは、客席の通路を歩いてきたスティーブン・ソンドハイムだった。私は彼にこのニュースをぶちまけてしまった。トニーはのちのち、先にスティーブに言うなんて、とよく私を責めたが、そのあとですぐに笑うので本当は気にしていなかったのだろうと思う。

第48章

カーネギー・ホールの公演のために『キャメロット』から数公演は抜けたが、私の契約期間はまだ5週間ほど残っていた。そんなとき、ウォルト・ディズニーがミュージカルを見に来て、そのあとで私の楽屋を訪ねて挨拶しても良いか、と言っていると聞かされた。とても嬉しくて、なんて丁寧な人だろうと思った。

楽屋に来たウォルトは、落ち着いた雰囲気の、親しみやすい人だった。挨拶がひととおり終わったあとで、彼は私とトニーに、P・L・トラバース作の『メリー・ポピンズ』を原作に生身の人間とアニメーションを合体させた映画を作ろうとしている、と切り出した。私は本の題名は聞いたことがあったが、読んだことはなかった。

ウォルトは少しだけ説明し、スタッフはすでにスタジオで製作準備に入っていると話した。そして、イギリス人家庭教師のメリー役に興味はないか、キャメロットが終わったらハリウッドに来て、それまでにできている歌を聞き、セットを見てみないか、と聞いてきた。

どうやらプロデューサーのひとりであり、脚本も手がけるビル・ウォルシュという人物が私をウォルトに推してくれたようだった。ウォルトはミュージカルの私を見て判断すれば良いと言われ、終演後、その場で私にオファーをしようと思ったらしかった。この突然の展開に私は驚いてしまい、しかし自分が妊娠しているのでその映画に出るのは無理だと伝えなければならなかった。

ウォルトは優しく、製作チームが実際に撮影をできるようになるのは、私の赤ちゃんが生まれたあとだろうと説明した。そしてトニーに向き直り、「ところでこちらの青年はどんなお仕事をしているのかな」と聞いた。トニーは舞台美術と衣装をデザインしていると答えた。

「それならカリフォルニアに来るとき、君の作品集を持ってきて下さい」

とウォルトは言った。

　私の『キャメロット』の最終公演は1962年4月14日の土曜日だった。義父母がニューヨークにいたので、その夜は公演を観に来た。

　私は心を込めたお別れパーティを開いた。この18カ月の公演期間、私は体調を崩して休むということをしなかったので、自分には過酷なブロードウェイを生き抜く力があると自信がついた。扁桃腺を取ったので炎症に苦しむことはなくなり、健康体でいるという感覚を初めて味わった。

　私は翌週、相棒のキャロルと『ジュリーとキャロルのカーネギー・ホール・コンサート』をコロンビア・レコードから出すために、真夜中に収録をした。それからワシントンに飛んで、トニーと一緒になり、『ローマで起った奇妙な出来事』を観た。それはなんと楽しいミュージカルだったことか！　この作品は今でも私の6大お気に入りミュージカル——『ウエスト・サイド・ストーリー』『回転木馬』『ガイズ・アンド・ドールズ』『ジプシー』、そしてもちろん『マイ・フェア・レディ』——に入る。とはいえ、この6つの他にもたくさんのお気に入りがあるのだが。

　トニーのデザインは色の洪水だった。劇中に半透明の鮮やかな赤いカーテンが出てくるのだが、これが彼の署名的なデザインと言えた。焼けたようなオレンジ色、赤、珊瑚色などが特にトニーが好んでよく使った色だった。また群青色、アクアマリンなど海の色も好きだった。色の組み合わせという点において、彼を超える人はいないと思う。それに彼ほどいとも簡単に美しいデザイン画を描く人もいないだろう。

　大変なことを涼しい顔でこなし、その裏にある熱意と努力を感じさせない、という希有な才能を持つ人たちが世の中には存在する。アステア（訳注：俳優のフレッド・アステア）がそうだった。ルビンシュタイン（訳注：ピアニストのアルトゥール・ルビンシュタイン）、バリシニコフ（訳注：ダンサーのミハイル・バリシニコフ）、セゴビア（訳注：ギタリストのアンドレス・セゴビア）、画家や作家や詩人にもそういう人はいる。まだまだスタミナやエネルギーが有り余っているような印象を与える人だ。それは誰もが求める至高の才能と言えるだろう。

『ローマで起った奇妙な出来事』は５月８日にブロードウェイで初日を迎え、高評価を得た。その２日後、私たちの３回目の結婚記念日に、計画していたとおり、トニーと私はカリフォリニアに飛んでウォルトと会うことになった。

　私たちはまたビバリーヒルズ・ホテルに泊まって、着いた初日は静かなお祝いの食事をした。翌日はバーバンクにあるディズニー・スタジオまで車で連れて行ってもらった。ウォルトは嬉しそうに私たちをもてなした。ディズニー・スタジオの食堂は当時、おいしいと評判だったので、私たちはそこでランチを食べた。芝生の上にいる人たちは卓球をし、敷地内には緑がいっぱいで、道には可愛い標識がついていた。

　ウォルトは、アニメーション・ビルの端にとても大きな仕事部屋を構えていた。外部からは入れない廊下の壁には、映画のタイトルが刻印されたたくさんのプレートがかかっていた。あちこちにトロフィーが置かれ、しかも彼がこれまで手がけた全作品の興行収入が、大きなボードに書かれていた。その数字を見て私たちは腰を抜かしそうになった。

　ウォルトは仕事中毒で、誰よりもずっと早く朝の６時にはスタジオに着く。アニメーション・ビルの中を歩き回り、従業員の机に広げてあるデザインを見て、進行具合を確かめる。何人たりともウォルトの鷹の目を逃れることはできないのだった。

　最初の日はとにかく人と会い、スタジオに案内され、『メリー・ポピンズ』の絵コンテを見た。絵コンテには映画の中のすべてのシーンが描かれており、仕事部屋の壁を取り囲むようにピンで留めてあった。お陰で、ウォルトがこの作品で表現しようとしていることが、非常に明確に伝わってきた。

　その次の日は土曜日で、ウォルトは私たちを競馬場に連れて行った。彼はハリウッド・パークという競馬場に出資しており、トニーと私を誘ってくれて、彼の小柄な奥さん、リリアンも一緒にボックス席に座った。これほど良い思いをさせてもらったことはなかった。

　その日は「リトル・ウォルト」という馬が出走する予定だと聞かされた。ウォルトはその頃ちょうど、初孫が自分にちなんで名付けられたので、大

穴だったこの馬にかなりの大金を賭けた。トニーと私はあまりお金を持っていなかったが、喜んで一緒に賭ける姿勢を見せるべきだと思い、有り金をすべてはたいた。手を握りしめ、祈るようにレースを見守り……なんとその馬は快勝して、私たちはみんな大儲けした！

　日曜は母の日で、ウォルトは私たちをディズニーランドに連れて行った。その場所はオープン以来すごい評判でいつも混み合っていた。

　初めてディズニーランドに行くのはもちろん心を奪われる体験だったが、隣にウォルトがいて案内してもらうというのは、さらにすごいことだった。彼とリリアンはメイン・ストリートの広場を見渡すことのできるアパートを持っていた。それはビクトリア時代の完璧な縮小版の複製で、寝室、キッチン、書斎などがきっちり同じ縮尺で再現され、房飾りのついたベルベットの愛らしいランプが、部屋の中によく考えられて置かれていた。こうしたかったのはリリアンのようで、ウォルトはそのことで彼女をからかった。ときどき、特別な祝典やパーティのあるときは、そこに家族が集まり、昔はそこに泊まったこともあるらしい。他にその部屋を使う人はなく、ディズニーの隠れ家だった。

　ウォルトは私たちをゴルフカートに乗せてディズニーランドの中を案内した。みんな彼に気づき、手を振ったり走り寄って袖に触れたりした。「あなたに神のご加護がありますように！」とか「大好きよ、ウォルト！」と声をかけてくる。いまで言うロック・スターのような人気が彼にはあった。実際、彼は世界でもっともよく知られ、愛されている人物だと思う。この世界のどこにディズニーを知らない人がいるだろうか。

　ウォルトは私たちをほぼすべてのアトラクションに乗せた。海底二万里で潜水艦に乗る体験は強烈だった。このアトラクションは残念ながら1998年になくなってしまったが、2007年に「ファインディング・ニモ」として蘇った。私たちはトゥモローランドとファンタジーランドを通り、ジャングル・ボート・クルーズとティキ・ルームを楽しんだ。食事は、特別なゲストのための「クラブ33」というプライベートなレストランで食べた。そしてウォルトは私たちを彼の最新のアトラクション、ロビンソン・クルーソー

のツリーハウスに案内した。

それは巨大な木だったが、一から人工的に作ってあった。ウォルトは葉っぱが何枚、花がいくつあるのか誇らしげに話した。子どもたちがあちこちにぶら下がり、梯子を登ったり、橋を渡ったり、小さな部屋を探検したりしている。

ウォルトは目を輝かせて言った。「……木を作ることができるのは神様だけだと言われてるけどね！」

そのあとで私たちはディズニー家の自宅に招待された。庭にはウォルトの子どもや孫のために、ミニチュアの蒸気機関車があった。小さな線路が花壇を突っ切って敷いてあり、機関車がエンジンをシューッといわせながら走り、ウォルトは大喜びでそこにまたがっている……そんな光景を見るのは楽しかった。彼はいつでも子どものように心から喜びを表現した。

ディズニーランドの翌日、私たちはスタジオに戻り、ロバートとリチャード・シャーマン兄弟が作曲した『メリー・ポピンズ』の素晴らしい歌を聴いた。リチャードがピアノを弾いていたのだが、私はその曲がボードヴィルの飛び跳ねるメロディのような雰囲気だと気づき、小さい頃の感覚が瞬時に戻ってきた。

「まあ、この歌い方を知ってるわ！」と思った。そして、あの終わりなき巡業の日々と大変な経験が、ちっとも無駄ではなかったと分かった。

ウォルトに言われたとおり、トニーは作品集をハリウッドに持ってきていた。ウォルトはそれをひと目見るなり、その場でトニーに仕事を与えた。チェリーツリー・レーン（訳注：主人公の一家が住む通り）の背景と、バンクス家（訳注：メリー・ポピンズが世話する一家）の内装と、衣装全般の製作だった。この衣装でトニーはオスカー候補になった。

ウォルトには人の才能を見誤らない、という才能があった。そして私は彼の美徳に「品性」という言葉も付け加えたい。彼の巨大な組織の中で、雑用係に至るまで、私が出会った人はみんな優しく、熱心で、心が広かった。ディズニーの矜持はスタジオで働くすべての人を触発し、その質の高さについていけない人は長続きしないのだった。

私は呼吸を忘れそうになるほどのめくるめく体験を終え、ウォルトにあ
りがたくお礼を言った。映画の役を引き受けたのは当然のことだった。

第49章

5月の終わり、私たちはロンドンの我が家に戻った。アシスタントのアレクサはその前の年の秋にアメリカを発っており、シャイを連れてイギリスの獣医のところに行った。隔離期間を終えたら、再び妊娠させる予定だった。私たちはイギリスに戻って3週間後、今度はオールダニ島に飛んで、私たちの小さなコテージで最高の、そして夢のような休暇を過ごした。小屋を買って1年が過ぎたが、それが自分たちのものという実感があまり湧かなかったので、私の妊娠期間中をその場所で過ごすというのは最高のアイデアに思えた。

ときどきは、私は本土に戻って産科の定期検診を受けたり、生まれてくる子どもの乳母を面接したりしたが、その後2ヵ月間のほとんどは島で過ごし、掃除、ペンキ塗り、家具や必需品を買う、など小屋を整えることに費やした。

オールダニはとても小さいので、木はあまり生えておらず、吹きすさぶ風にナイフで身を切られるように感じる。最初の3日間を乗り切れば、新鮮で洗われたような気分になり、活力がみなぎる。私は自分史上最も健康になった。幸せな妊娠期間だった。

父は私たちが島に着くより前に来て、私たちのために小屋の塗装をチェックし、タオル掛けのレールを設置する、私たちのベッドが上に乗った途端に壊れないか確認する、など多少の手入れをしてくれた。

島について最初の日、私たちは食料品をどっさり買い込み、ほかにもバスマット、クリネックス、トイレットペーパー、パラフィン、エプロン、保存容器、ハンガー、食器棚シートなどを買った。私はティムとトニーのために、ベーコン入り目玉焼きとトマトとトーストのブランチを作った。まだ荷ほどきもしないうちに、私たちはティムと、そしていつも彼と一緒の無法者アイリッシュ・セッター、ジェニーとともに車で島を回った。私た

ちの可愛いシャイはジェニーとは正反対のお行儀の良い子だった。ティムの小屋の前で車を停めて、彼が自分の庭の小さな屋外ステージの横に建てた、石造りのアーチに皆で見とれた。私の栄誉をたたえて作ったのだそうで、凱旋門を模しており、てっぺんのコンクリートには「ディーバ・ジュリア」という文字が刻まれていた。

　それから私たちは改装したばかりの清潔な我が家に戻ったのだが、プロパンガスが使えないことが分かった。修理業者があれこれ試している間、爆発するのではないかと私はずっと怯えていた。そして日曜のために作ろうとしていたロースト・ラムを小屋の年代物のオーブンで焼くには、9時間はかかるだろうと軽くパニックになった。実際、それくらいかかった。

　オールダニは昔ながらの場所で、時も流れを止めているかのようだった。毎朝、牛乳配達人が、泡立つ新鮮な牛乳をブリキ缶に入れて各戸に配る。もしもっと欲しければ、そういうメモを置いておく。私たちの小屋には電話がなかったので、電話をしたいときはティムの小屋のものを使うか、空港まで行く必要があった。週に1回、生活物資を届けるために来るボートは濃霧や荒波のためしょっちゅう延期になり、必要なものが手に入りづらいということもあった。それにあの夏は島は渇水に苦しんでおり、夜10時から朝7時までは断水した。しかし私たちはそんな不都合など全く気にならなかった。

　王立工兵連隊（訳注：イギリス陸軍の工兵部隊）が島に来て、港に造船台を設置することになり、梯子をかけたり壊れた階段を直したりしていた。連隊のブラスバンドがティムの小屋の隣にあるコノート・スクエアで毎日昼に演奏をしたので、島の人、特に子どもは大喜びで広場に集まった。彼らの演奏はひどかった。コール・ポーターやガーシュイン、アーヴィング・バーリンの演奏は拷問のようだった。そしてある日、彼らは『マイ・フェア・レディ』を何曲か演奏したのだ。なんとも可笑しかったし、ブロードウェイから遠く離れた小さな島でこの曲を聞くことになるとは、シュールな体験だった。私はアランに「これはすごく名誉なことよ！」と手紙を書かなくては、と思った。

私たちはモーリス・マイナーという小さな車をレンタルしていた。トニーは空軍の兵役時代に「この若者は危険察知能力が皆無です」という通達を出され、「注意散漫で無謀につき」どんな乗り物も運転させないように、と言われていた。そんなわけで私は運転手になり、トニーを乗せて島じゅうを運転した。荒野を突っ切り、絶壁を登り、未舗装のガタガタ道を揺れながら、ヘアピンカーブを３、４度切り返したりした。１度など泥にはまって、引っ張ってもらわなくてはいけなかった。

　トニーと私は静かなビーチで日光浴した。私は大きくなったお腹を空に突き出し、この空気と太陽が、どうにかしてお腹の子に届きますように、と願った。私の胸は豊かになり、ブラジャーのサイズはいつも憧れていた大きさになった。

　トニーはその頃、２冊の本のカバーデザインをしており、小屋の小さなダイニング・テーブルで仕事をした。そして素描やスケッチの紙が小屋じゅうに積み重ねられるようになった。時間のあるとき、私たちはJ・Dサリンジャーを読んで、切り紙をしたり、おかしな鍵編み模様のイラストを描いたりした。

　ティムは来客をもてなすのが好きだったが、準備となると、最後の瞬間まで何もしないのだった。ただ小屋の中を不機嫌に歩き回り、誰がここを片付けてくれるんだ、と思っている。優しいメイジーはどうしたことか、来ない。そこで私はゴム手袋と真新しいエプロンで武装し、ティムの小屋まで歩いて行き、掃き掃除、拭き掃除、磨き掃除をした。そして小さなキッチンと階下のトイレも綺麗にした。何もかもが絶望的にホコリまみれだった。

　私たちもひっきりなしに来客があった。父、ウィン、ジョニー、セリア、母、叔母、ドナルドとクリス、そしてウォルトン家の全員、私の昔からの相棒スー・バーカー、そしてスディ、ここに書ききれない人もたくさんいた。スディはロンドンで仕事をしているスベトラーナに見せようと、島の至る所で写真や動画のフィルムを撮り続けていて、可笑しかった。島の目抜き通りに彼の声が響き渡る。買い物に入った全部の店で撮影して、迷惑をか

けた人に謝っているのだ。島を案内しようとすると、写真のために数秒おきに止まらないといけない。スディが叫ぶ。「ジュリス！　車から出なよ！　良い写真が撮れるよ──こっちに話しかけて！　手を振って！　そう、いいよ！」

スティーブン・ソンドハイムも島に来て、週末だけ過ごしたことがあった。とても楽しかったのだが、私は彼にはオールダニがあまりに寂しくて、寒くて湿気がありすぎるのではないかと心配していた。だが彼はきっぱりと、島の気候は陰気な自分の性格に合っている、これ以上幸せだったことはない、と言った。

８月、父が来たのでオールダニのお祭りに参加して、二人三脚や輪投げの様子を見物した。

夏はあっという間に過ぎた。ティムは再び飲み始めて、理不尽な態度を取り、ひどい言葉を投げつけることが増えた。ある夜、彼はトニーと私を島のおしゃれなレストランに連れて行った。自分は汚い格好のままで「犬お断り」の部屋にジェニーを伴うと言い張った。私たちはシャイを車で待たせているというのに。彼はウェイターにも非常に失礼な態度を取り、ずっと不機嫌なので、私はついに彼にいい加減にしろと怒った。彼はむっとしてデザートの前に席を立って、私たちに勘定を押しつけ、シャイを駐車場の車が通る場所に残し、車で帰ってしまった。私たちはタクシーを拾った。

トニーはいつも彼の悪行に甘く、許してしまうのだが、私は今度という今度はティムがやり過ぎたと思った。妊娠も後期に入っていたし、心が広いわけでもなかった。私は残りの休暇中、ティムから距離を置くようになった。あとで仲直りをしたものの、以前のようには２度と戻らなかったので、そのことをひどく後悔している。

トニーと私は本土に戻った。そしてナショナル・チャイルドバース・トラスト（訳注：出産と育児に関する慈善団体）に参加し、私は分娩時のラマーズ法を習った。トニーはその日に備えてどうすべきかを学んだ。私たちは産後数週間を助けてくれる、とても優秀な新生児乳母を雇った。ヴェル・マ

コーネルというニュージーランド出身の人だった。私たちは赤ちゃん用の産着と寝具を買い、母からは昔ながらの美しい乳母車をもらった。トニーはゲストルームに散らばっていたデザイン画をどけて、狭いアパートのベッドの下やカーテンの後ろといった隙間に詰め込んだ。そしてゲストルームを赤ちゃんの部屋にして、乳母用のベッドと赤ちゃんのための可愛いベビーベッドを置いた。

　自分たちのアパートにはもうスペースがないので、私たちは人と会うときにはスベトラーナとスディのハンズ・クレセントのアパートに行った。互いの友人のゾーイ・ドミニクや、渡英したばかりでロンドンの花形になったルドルフ・ヌレエフ（訳注：バレエダンサー）もよくふたりのアパートにいた。ある夜、彼が大きなロシア風のコートを着ていたので、私はその袖の中に自分の腕も通してみた。私たちがひとつのコートを一緒に着ているその瞬間を、ゾーイが写真に撮った。

　スディはD・W・ウィニコットの妊娠、出産、新生児についての素晴らしい本をくれた。それによれば、すべては自分の直感に従えということだった。私は本を隅々まで読み、勇気をもらい、大事だと思えるところはトニーにも読んでもらった。またスポック博士の本も熟読した。

　私はだんだん心配になり、食べ過ぎて体が重たくなり、醜くなったような気分になった。そこでハロッズに行き、もうあと数週間後には予定日が来て、昔の服が着られるようになるにもかかわらず（それにしてもゆったりめの服だろうが）、美しいオレンジ色のシャンタン生地のマタニティ・ドレスを買った。これでずいぶん虚栄心が満たされた。

　それから4週間が経ったが、まだ赤ちゃんはこの世に出てくる準備ができていないようだった。私はロンドン・クリニックに行き、誘発剤を使うことになった。トニーはベッドの脇に座り、陣痛に苦しむ私の背中をさすったが、私はそんな彼にガタガタ騒ぐなと怒鳴った。

　あとになるまで、私はスベトラーナが病院に来て一晩中待合室にいたことを知らなかった。彼女は私の邪魔になりたくなくて部屋に入るのを拒んだそうだ。私はいよいよ分娩室に運ばれるというストレッチャーの上で、

彼女が隣にいるのを一瞬だけ感じた。優しく「頑張ってね、ジュリス」と声をかけられて彼女がそこにいてくれたと分かり、泣きたいくらい嬉しかった。

エマ・キャサリン・ウォルトンは1962年11月27日の午前1時数分前に生まれた。

翌朝、私が病院の回復室にいると電話が鳴った。きっと家族からだと思って、朦朧としながら受話器を取った。電話の向こうでは「もしもし？P・L・トラバースですが」という声がした。

「あら、まあ、ミス・トラバース！」と私は口ごもりながら、なんとか話をしようと気力を振り絞った。「お話できて大変光栄……」

「あら、じゃあ話して！」と彼女はぶっきらぼうに言った。

「ええと、その、いまちょうど赤ちゃんを産んだところで、ちょっと疲れていて……」

「あのね、ちょっと」と彼女は途中で口を挟んだ。「あなた、メリー・ポピンズをやるんでしょ？」

「はい、ミス・トラバース」

「なんだかあなたでは可愛すぎると思うけど、鼻はいいわね！」

のちに、私は彼女とお茶をして友人になった。彼女は映画のことを知りたがったので、私はトニーとロサンゼルスに行ったあとも、連絡を取り続けた。そのうち彼女の存在はディズニーにとって目の上のたんこぶになり、ウォルトははっきりと、「あなたに映画をどう作るか指図する権利はない」と言わなければならなかった。

エマが生まれた3日後に、トニーは『ポピンズ』の製作のために、アメリカに行くことになっていた。彼が行った直後に偶然スディが病室に来て、大泣きしている私を見た。

「ああ、ジュリス」と彼は諭すように言った。「君はマタニティ・ブルーなんだよ。可哀想に、ジュリー」

「でも、あの人は行ってしまったんだもの」と私は泣き続けた。たった一人見捨てられたように感じて、扱い方もわからない新生児の命の全責任を

負っているということが、重く肩にのしかかっていた。

エマと私は病院に2週間入院した（その頃はそれが普通だった）。私たちにはすぐに絆で結ばれ、彼女の世話をしていると、母親であることの喜びで体がはちきれそうだった。しかしこの時期、ロンドンではひどい霧が発生し、高齢者が犠牲になった。病院はドアを閉め窓を目張りしたが、それでも黄色い嫌な空気が忍び込み、病室に一筋の跡を残した。私は可愛い娘が霧のせいでひどく苦しんだらどうしようと怖くなったが、幸いそんなことにはならなかった。そしてそれがロンドン最後の「ピースーパー（濃霧）」となった。

トニーと私は赤ちゃんの名前を決めかねていた。候補としては、セアラ、ジョアンナ、エミリー、エマ、スーザンがあった。ある夜、アイルランド出身の看護師が赤ちゃんを抱いて病室に入ってくると、「エマ、さあ、おっぱいの時間ですよ」と言った。

「どうしてエマだと分かったんですか？」と私は驚いて聞いた。

「だって、新聞に候補が出ていましたでしょう？　だから私はいつもエマって呼んでるんです」

それならこの子はエマなんだ——ぴったりだ。

母が訪ねてきた。そして叔母と父、ウィン、大叔母の何人かまで新しい家族の一員をひと目見ようと、ロンドンまで来た。たくさんの愛に包まれた穏やかな時間だった。チャーリー・タッカーも来た。アランと他のアメリカの友人たちが電報を送ってくれて、カードをくれた。キャロル・バーネットはエマのゴッドマザーになり、スベトラーナもゴッドマザーだった。ルー・ウィルソンはゴッドファーザーになった。

トニーはハリウッドにいる間は毎日電話をしてきて、私とエマがイートン・スクエアの小さなアパートに戻った2日後に帰ってきた。

ヴェル・マコーネルという乳母は実に優秀で、私は本当に感謝している。痩せ型で背が高く、黒髪だったので、彼女自身もまたメリー・ポピンズのようだった。彼女は2週間、私たちと一緒に暮らしていたが、その後彼女が帰ってしまうと、たったひとりでエマの世話をできるだろうかと心配に

なった。

　トニーと私はエマが寝ている間、ベビーベッドの脇に立ち、新米の両親がやる典型的なこと——赤ん坊が息をしているか確かめる——をした。私は毎日大変な苦労をしてアパートの2階から巨大な乳母車を運び、エマを連れて散歩に行った。そしてイートン・スクエアの小さな公園で、冬の日差しを一緒に浴びた。

　クリスマスの直前、エマと私は初めて一緒の写真をゾーイに撮ってもらった。そのときの写真が40年以上ものちに、エマと私が書く本の表紙を飾るとは、誰が想像し得ただろうか？

　私たちは優しい乳母を雇った。オールダニ出身のウェンディという若い女の子で、両親は島でホテルを経営していた。私たちのアパートはすぐに狭すぎることが分かった。唯一のお風呂場は私とトニーとエマとウェンディで共用していたのだが、バスタブの中にV字の洗濯スタンドを立て、エマの服をそこで乾かしていた。洗面台の下には布オムツ（当時は使い捨てではなかった！）がうずたかく積み上げられていた。玄関には例の巨大な乳母車があり、そしてもちろんトニーのイラスト類は家のあちこちに散らばっていた。

　いきなりすべてが耐えがたくなって、私は自分のプライバシーをなんとしても確保したいと強く思った。そこでお風呂場のドアに鍵をかけた。一瞬のちにトニーがドアノブを回して中に入ろうとした。

「どうして鍵なんか？」と彼は傷ついた声で聞いた。

「どこにもひとりになれる場所がないからよ！」

　それから間もなく、私たちはウィンブルドン・コモンの外れに、広々とした天井の高いアパートを見つけて買った。残念ながら、私たちはそのアパートに引っ越すことはなかったのだが。人生は私たちに別の道を用意していた。

　スベトラーナとスディはその頃、私たちがアメリカに発つ前、よく遊びに来た。スディは私とエマにとても優しかった。

「ジュリー」彼は言う。「赤ちゃんに毎日、自由に手足を動かす時間をあげ

なきゃだめだよ。服は着せずにね。肌を大気に触れさせること、自分が何者か知ることが大事なんだ」

　そこで私は毎晩、リビングの温かな暖炉の近くのソファーにバスタオルを広げて、裸のエマを寝かせた。彼女がそれを好きなのは一目瞭然で、手足を天井に突き上げてバタバタ動かし、嬉しそうに喉を鳴らし、元気に体操していた。もちろんシャイにも彼女は大切な家族の一員だということをいつも伝え続けた。

　トニーと私は、毎晩お腹を空かせる赤ん坊に付き合って、死ぬほど疲れ切ってしまった。こんなことをもう1年もやっているような気分になり、私は切羽詰まってある日、母に電話した。

　「ママ」と私は電話口で泣いた。「あの子が朝まで寝てくれるように、なるべく遅く授乳するんだけど、全然ダメなの」

　4人の子育てをした母は、私のやっていることはまるで逆効果なのだと優しく教えてくれた。「夜遅く授乳するってことは、それまでに赤ちゃんを寝かせすぎているのよ」と母は言う。「何があっても4時間おきに起こして何か飲ませるの。そうすれば定期的に寝るようになるから」

　言われたとおりにすると、本当にそうなった！

　1963年2月24日、私たちが挙式した教会でエマの洗礼式を行った。キーピング牧師が執り行い、エマはとてもお利口さんだった。洗礼式のあと、ささやかなパーティをムーズで開き、ウォルトン家、ウェルズ家、アンドリュース家の皆が集まった。その3日後、私たちはハリウッドに飛んだ。

　トニーとウェンディ、エマ、私はファーストクラスの機首の方の席に座った。機内には壁に固定された赤ん坊用のベッドがあり、エマはそこで快適に寝ていた。

　ディズニー・スタジオはトルカ・レイクという場所に家具付きの家を私たちに用意していたが、私はまだその家を見たことはなかった。ブロードウェイに初めて来たときのように、私は全く新しい世界に足を踏み入れようとしていた。その先の数年間、私の人生が何度も思わぬ方向に行ったり、

天地がひっくり返ったりするとは、このときはまだ知らなかった。そのとき分かっていたのは、すべてが平和で幸せで、自分が世界で最も祝福されている人間だということだった。トニーと私は一緒に働くことができて、美しい娘もいる、この子は私たちの愛の結晶だ。そしてウォルト・ディズニーは優しく才能溢れる手で私たちに手招きしている。

　私は今……家に帰ろうとしている。

謝　辞

　この回想録を書き始めたとき、どれだけの人がこの再発見の旅を助けて
くれるのか分かりませんでした。手を差し伸べてくれたすべての方々に感
謝しています。

　娘のエマがいなければ、この回想録は存在しません。私はとても長い時
間軸を設定したのですが、娘はそこから私にインタビューをして録音し、
リサーチをして、すべての情報を整理し、私が書き始める準備を整えてく
れました。また娘は素晴らしい編集手腕を発揮し、私にアドバイスをして、
直感に従う大切さを教えてくれたのです。彼女の励まし、熱意、そして私
の若いときの出来事に対する興味は、尽きることがありませんでした。彼
女自身も仕事を持つ母親でありながら、この企画とがっぷり四つに組み、
忍耐強く、優しく、最後までずっと広い心で接してくれました。娘は人生
最高の贈り物です。

　ハイペリオンブックスのボブ・ミラーとエレン・アーチャーに深く感謝
しています。10年前、ボブは私に回想録を書かないかと勧めて以来、私の
ことをずっと信じてくれています。私が「日々の些末な物事」に追われて
締め切りをことごとく破り、もう前受金を返したいと言ったときでさえ―
―やんわりと拒みましたね。

　頼りになるニューヨークのハイペリオンブックスの編集者レスリー・
ウェルズ、そしてイギリスのワイデンフェルト・アンド・ニコルソンのイオ
ン・トルーインには、この本をあるべき完成形に導いてもらい、本当にお
世話になりました。

　私の長年の友人でありアシスタントであるフランシーン・テイラーは、
疲れ知らずで私の言葉をメモに取り、私の家族への録音を文字に起こし、
昼夜を問わない私の「あとひとつ、入れさせて」という要望に耐えてくれ
ました。

　イギリスのボードヴィルと私の出演した舞台に関して多くのリサーチを
した親愛なるジム・ブレナンに心からの感謝を。

　アシスタントであり友人のロサンゼルスのクリスティン・ジャーディン
に深い感謝を。私たちのカリフォルニアの家には彼女の分身がいるかのよ
うでした。そしてジュリー・アンドリュース・コレクションのエディトリ
アル・アソシエイトのカーメイン・ガルシア、イライザ・ランドの絶え間な
い尽力に感謝を。

　トニー・ウォルトンと彼の妻ジェン（私を好意的に"私たちの元妻"と
呼んでくれる）はアドバイスをくれ、手紙や写真を提供して協力してくれ
ました。特にトニーの姉のジェン・ゴズニーが、私とトニーが若かった頃
の思い出の品々を保管していたことは、この本にとって何と幸運だったこ
とでしょう。また彼女には記録調査のベテランであるピーター・デロジェ
モンを紹介してもらい、お陰で貴重な、ときには驚くような情報にたどり
着くことができました。

　さらに会ったことのないジャイルス・ブレアリーに感謝を。私の母方の
祖父に関する記録が、私が回想録を書き始めるというまさにその日に届い
たのは、この人のお陰なのです。

　私は幸運にも父テッド・ウェルズ、その妻ウィン、そして母の友人のグ
ラディス・バーカーが存命中にインタビューすることができましたが、彼
らの記憶はとても貴重でした。

　また今は亡きジョーン叔母は生い立ちの部分をたくさん書き溜めており、
私はありがたくその原稿を使わせてもらいました。

　弟妹たち、ジョン、ドナルド、クリストファー、セリア（シャド）は家族
の記憶について話し合う時間をたくさん作ってくれました。私たち全員に
とって、それは感情をかき乱される時間となり、しかし最終的には深い理
解に至ったこの経験を、私はこれからもずっと大切にするでしょう。

　親愛なる友人のキャロル・バーネット、シビル・クリストファー、ゾーイ・
ドミニク、キャサリン・アシュモアにもらった愛と助けに感謝を。

　特別な感謝を私のマネージャー、スティーブ・サウアーに。この企画を

信じ、つつがなく進むようまわりを調整し、特にすべてをまとめる段になって大わらわの最後の数カ月間は大奮闘でしたね。

ロジャース＆ハマースタインの作品についてリサーチをしたテッド・チャピンに感謝を。

プロダクション・エディターであるデビッド・ロット、そしてプロダクション・マネージャーのリンダ・レーアは、私の本を校正し、より良いものにしてくれました。マーケティングと広告担当のベス・ゲバード、ジェイン・コミンス、ジェシカ・ウィーナー、ベッツィ・シュピーゲルマンに感謝を。２次的著作物の利用権を担当したジル・サンソンにも感謝を。写真のリサーチに膨大な時間を費やしたルース・マンデルの名前も出さなければなりません。フリッツ・メッチュは素晴らしいブックデザインでこの本を世に送り出してくれました。本の出版に携わったハイペリオンのすべての製作スタッフに心よりお礼申し上げます。

エマ以外にも私たちの４人の子ども、ジェニファー、ジェフリー、エイミー、ジョアンナや孫たちが、この母親に耐えてくれたことに深く心を打たれました。私のあなたたちへの愛はいつでも変わりませんが、執筆中は心ここにあらずという状態だったでしょうに、耐えてくれてありがとう。

またエマの夫のスティーブ・ハミルトンはこの間、妻のエマと義母である私に忍耐強く接してくれました。

最後に、38年寄り添っている最愛の夫、この家族の本物の作家であるブラッキーへ。この仕事に対する私の使命感と意義を、そしてこの仕事が私の時間の大部分を奪っていることを、完璧に理解してくれてありがとう。いつもそこにいて、私の砦になってくれるあなたに感謝しています。

JA
2007年、サグハーバー

訳者あとがき

星　薫子

　ジュリー・アンドリュースの自伝はいかがでしたか？

　この本を手に取って下さった読者のなかには、女優としての彼女の姿に慣れ親しんでいる方も多いでしょう。邦訳が少ないので日本ではあまり知られていませんが、ジュリー・アンドリュースは4冊の児童書を執筆し、娘との共著を15冊以上出版している作家です。この自伝を通じて彼女の作家、詩人という顔をお届けできることを翻訳者として大変嬉しく思います。

　原作を読んでまず驚いたのは、彼女の記憶力！　幼少期の度重なる転居や疎開にもかかわらず、すべての家の間取りを克明に覚えていて、5歳からの記憶は繋がっているそうです。子どもの頃に舞台で共演した役者の人物描写には、「物憂いピエロの顔の真ん中に大きな悲しい目がある」など、子どもならではの感性が表れ、リサーチ（このリサーチには大変な労力と時間が費やされたことが窺えます）から書き起こしただけではないことは明らかです。1940〜50年代のボードヴィルの情景が彼女の筆致で鮮やかに蘇るシーンは、自伝という枠を超えて、時代考証の貴重な資料になっているとさえ言えるでしょう（見知らぬ固有名詞の連続で、翻訳作業はなかなか困難でした）。

　後年、ジュリーは『マイ・フェア・レディ』『キャメロット』の一場面がテレビで放映された以外に、当時のブロードウェイの映像が残っていないと悔やんでいますが、この自伝がその隙間を埋めています。舞台を作り上げる工程、トライアル公演での試行錯誤、初日の観客の反応……読み進めて

いくうちに、読者はブロードウェイ時代のジュリー・アンドリュースをありありと思い描くことができるのです。

　私はジュリー・アンドリュースをリアルタイムでは知らない世代です。物語はテムズ川の源流から始まり、ジュリーの３代前の祖先が登場し……時空を超えた大きな物語に飛び込んだようで、少し途方に暮れました。家系図やファーストネーム表は原作にはなく、自分の理解のために作りました。しかし何と言っても、小さなジュリーと冒険をしながら、ハリウッドに渡ってこれからスターダムを駆け上る、というところまでを一緒に体験できた時間は贅沢なものでした。読者の皆さんとこの思いを共有できたのならば、訳者としての役割を果たせたのではないかと思います。この自伝には『ホームワーク』という続編があり、大スターとなった彼女がハリウッドで再婚し、ベトナムから養子を迎え、大家族の母親として奮闘する姿が描かれます。来日コンサートで日本各地を巡ったときの秘話や楽しい思い出も登場しますので、お楽しみに。

　最後になりましたが、素晴らしい機会を与えて下さった五月書房新社の皆さんに感謝しています。また今回は、古いアメリカやイギリスの舞台関連の用語についてアドバイスを下さった日本舞台美術家協会の伊藤雅子さん、土岐研一さん、鈴木健介さん、針生康さんの４名には大変お世話になりました。心より御礼申し上げます。

『Home』日本語版に寄せて

純名里沙

ここに『THE SOUND OF MUSIC』の楽譜があります。

開くと、「里沙さんへ、愛を──、そして素晴らしいインタビューをありがとう」という言葉と共に、ジュリー・アンドリュースさんのサインが書かれています。

私は、オーケストラと共演する時や、少し不安な現場のときに、この楽譜をお守りの様にして楽屋へ持って行っては、「少しでもジュリーさんの様に軽やかに、楽しく歌えます様に」と願って来ました。

優雅でウイットに富んだトークや台詞から歌へのつなぎ目の自然さ、観客一人ひとりに愛を届けられる大きさと、あたたかさ。

そう、ジュリーさんの歌は、ミュージカルを愛する私にとって、いつまでも、この上ないお手本なのです。

かつて私は、NHKの番組でジュリーさんに英語でインタビューするという夢の様な幸運に恵まれました。

2台のTVカメラを配した部屋で、高鳴る気持ちとともにお迎えした憧れのジュリーさんは、気品に溢れ、眩しいほど美しく、その笑顔にいつしか私の緊張も解れていったのを鮮明に覚えています。

いくつかの質問を経て、最後に「ショービジネスの世界で、一番大切にしていることはなんですか？」と尋ねると、間髪容れず帰って来た言葉が

「Do your homework！」。

　いつ、何が来ても良いように日頃から練習（宿題）を欠かさずすること。
　まさに、舞台人として痛感する言葉で、その後もこの言葉が頭から離れ
たことはありません。
　プロの舞台人として、本番がないときでも、毎日の発声やストレッチ、
筋トレなどの体づくりは本当に大切です。ですが、それを続けることは時
として難しく、私も挫けそうになります。
　ジュリーさんの言葉は、そんな私を奮い立たせてくれる魔法なのです。

　そしてこの『Home』。
　読み進めるうちにさらにジュリーさんを身近に感じ、改めて尊敬し、あ
の時の言葉の重みをまた、知るのでした。
　この本は私にとって、新たな北極星として輝き続けるでしょう。
　ジュリーさん、勇気と、愛をありがとう。

　大好きなジュリーさんへ。

（女優、歌手）

ジュリー・アンドリュースとその時代

解説『ホーム　A Memoir of My Early Years』

❦

五月書房新社　編集長　杉原修

　本書は2008年、ジュリー・アンドリュースによる自叙伝『Home：A Memoir of My Early Years』の日本語版である。発売と同時に米ウォールストリート・ジャーナル紙などで、ノンフィクション部門第1位を独走、米 Amazon.com 売上ランキングでも上位に食い込むなどベストセラーを続けた。『サウンド・オブ・ミュージック』や『メリー・ポピンズ』から相当の年月が経つが、その人気が不動のものであることを印象づけた。

　改めて70年以上に渡る彼女のキャリアを振り返ると、『メリー・ポピンズ』でアカデミー賞を受賞して以来、エミー賞、グラミー賞、ゴールデングローブ賞等を受賞。言うまでもなく世界中のファンから愛され、無数の賞を受賞しその功績を称えられている。そして現在は英国エリザベス女王により大英帝国勲章を授けられ、デイム（DBE）に叙されている。受賞理由は「舞台芸術への貢献」である。まさにこの称号に最もふさわしい人物がジュリー・アンドリュースだと思うのは私だけではあるまい。

　第2次大戦後間もなく歌手として活動を始め、これほど長い期間、スターとして世界の一線で活躍している人物はもはや他に存在しない。ハリウッド映画の黄金時代を飾り、舞台、ミュージカル、映画、TVなどエンターテインメント業界の歴史を作り続けた、いわば最後の大物女優とも言える。

　本書の日本語版編集にあたって、彼女のレコード、CD、雑誌、写真集、動画などを約2年かけて改めて視聴したのだが、その量の多さに圧倒され、未だに網羅しきれていない。いうまでもないが、彼女の歌のレパートリー

は広く、そしてクオリティが高い。小声でささやくようなイギリス民謡から、圧倒的な声量を必要とするミュージカル・ナンバーまで、どの歌を聴いても感動をおぼえる。大げさに言えば、その歌を聴くものの心をグイグイと揺さぶるのだ。彼女の出世作『メリー・ポピンズ』の中で「２ペンスを鳩に」と言う曲がある。聖ポール寺院で鳩のエサを売るお婆さんが出てくる名シーンだ。ウォルト・ディズニーは試写会でこの曲を聞き、暗がりの中で静かに肩を震わせて泣いていたそうである。

　本書を読まれた読者ならもうお気づきと思うが、ジュリー・アンドリュースの歌唱は一朝一夕に身についたものではない。10歳前後から人前で歌っていたと本人は言う。その歌のレッスン・シーンも本書では克明に描かれている。後に「４オクターブの声域」と言われることになるのだが、これは幼少期からの丁寧で着実なトレーニングの繰り返しの賜物である。本当はガラス細工のような繊細で壊れやすい声帯なのだが、それも努力と工夫でカバーしていく。そしてそのような知恵と力を与えてくれる様々な人物達との出会い。これらのことが必然的なタイミングで訪れたことも、彼女の持つ運命の力なのかも知れない。

１．赤ん坊時代から幼少期

　本書のタイトルとなる「Home」。これは赤ん坊だったジュリーが初めて口にした言葉。まずはこの由来がジュリー・アンドリュースによって語り始められる。

　ジュリーが生まれた1935年という年はヨーロッパが揺れ始めた年でもある。

　第１次世界大戦が終わり束の間の平和な時代。この年、ヒトラーはヴェルサイユ条約を破棄、ドイツは再軍備を開始、国際連盟を脱退する。この後、世界は第２次世界大戦へと向かう。この頃のイギリス人はキナ臭さを感じ

つつも、まさかドイツと戦争になるとは本気で考えていなかったとも言われる。アガサ・クリスティが推理小説を書き始めたのもこの頃である。

ジュリーは、まさしくその2つの大戦の谷間に生まれ、幼少期を過ごす。そんな時期でも彼女が見たロンドン郊外の生活は、自然が美しく、近所の人々とホームパーティなどを楽しむ余裕がまだある。ここではそんなささやかな庶民の生活が描かれている。

2．戦時下のロンドン

とうとうイギリスはフランスと共に、ドイツと戦争になってしまう。第2次世界大戦の始まりである。この時、ジュリーは5歳くらい。ここでは有名なロンドン大空襲、防空壕、戦時下での庶民の生活が描かれている。驚くのは私が母から聞いた日本の戦時下の生活と、酷似していることである（私事で恐縮だが、私の母とジュリーさんは同じ年である）。

この戦時下の生活が実に克明で、色彩豊かに描かれている。幼き日のジュリーは飄々と逞しく生きているのだが、激しい空襲が続くロンドンで、もし万が一の事態に遭遇していたなら、その後のエンターテインメント業界の歴史は変わっていたであろう。つくづく平和のありがたさを感じる。

この時代に関しては、アウシュビッツ、日本への原爆投下などにも言及することを忘れていない。後にジュリー・アンドリュースはベトナムの戦災孤児を養子として引き取り、家族の一員として立派に育て上げる。平和を希求する強い母としての一面を垣間見せているのかも知れない。そして時代は終戦を迎える。

３．大きな決断〜その１

　本書の見所の一つが、ジュリーは人生の中で大きな決断を下さなければ
ならない時が何度かやって来ることにある。おそらく人生で初のその時は、
日々の暮らしの中からやってきた。

　ジュリーの美声、音楽の才能を見いだし、教育を授けたのは母親の再婚
相手である。つまり継父。ところがこの継父が酔って暴れたり、様々なト
ラブルをおこすなかなかのクセ者。引きずられるように、やがて母親も酒
にすがる生活に陥ってしまう。当然、家計は火の車。ジュリーは大好きな
母親とこんな毎日になるとは、さぞや辛かったのではあるまいか。しかし
彼女は並の女の子ではない。力強く立ち上がり、大きな決断を下す。「この
家の生活費は私が稼ぐ。一家の稼ぎ手の中心は自分である」と。

４．大きな決断〜その２

　12歳で英国ロイヤル・ファミリーの前で歌うなど、当時から有名な天才
ソプラノ少女として注目を集めてきたのだが、その本領を発揮するのはア
メリカ・ブロードウェイである。『マイ・フェア・レディ』の初演を制作す
る頃。本書の最高の読みどころである。

　ヒギンズ教授役のレックス・ハリソンが、初演初日の幕を開けることに
ビビり始めるのである。何だかんだと理由をつけ、とうとう劇場は開演数
時間前にチケットの払い戻しを始める。ラジオでは初日の中止を告げる放
送が流れ始め、スタッフ、役者たちは帰り支度を始める。

　ここでジュリー・アンドリュースは大きな決断を下す。

「この初日の幕は絶対に開ける！」

　彼女の気迫に圧倒される形で、初日の幕は開いた。それは同時に伝説の
幕が開いた瞬間でもあった。これまで世界中数万回に及ぶ『マイ・フェア・

レディ』が上演され、多くの女優がイライザを演じているが、この初日が開かなければこの伝説が始まったかどうか分からない。まさにジュリーがこの伝説の幕を開けた。

5．そして

本書ではブロードウェイのトップスターとして活躍。華やかな成功、幼なじみとの結婚、出産を経て、ウォルト・ディズニーから『メリー・ポピンズ』のオファーを受けるシーンへと続く。その先にはさらに輝かしいキャリア、そして波瀾万丈の人生が待ち受けているのだが、ここからは続編へと続く。

　ジュリー・アンドリュースは1935年10月1日生まれなので、本書（日本語版）が出版された時点で満87才である。女性の年齢を公言するのは礼を失するが、歴史に名を刻む大女優なので御容赦頂きたい。本書の続篇『HomeWork』（日本語版）が2023年の誕生日に合わせて発売されるので、その日が88歳、日本では米寿となる。今年もその日には元気で気品あふれる姿をファンの前に見せてくれるであろう。

●著者

Julie Andrews（ジュリー・アンドリュース）

1935 年 10 月 1 日生まれ。
イギリス出身の女優、歌手、作家。
ハリウッド黄金時代を象徴する最後の大物女優、伝説
的なブロードウエイ・ミュージカルの女王。
70 年以上にわたるキャリアを通じて、アカデミー賞、
エミー賞、グラミー賞、ゴールデングローブ賞などの
数多くの賞を受賞。
その舞台芸術への貢献により、2000 年には英国エリ
ザベス女王により大英帝国勲章を授けられ、デイム
（DBE）に叙された。
代表作はミュージカル『マイ・フェア・レディ』、映
画『メリー・ポピンズ』『サウンド・オブ・ミュージ
ック』等。

●訳者

星薫子（ほし・にほこ）

通信社勤務、雑誌編集、コピーライティングを経て、
現在は翻訳家として活動中。
訳書に『三階―あの日テルアビブのアパートで起きた
こと』（2022年、五月書房新社）。

ホーム

A Memoir of My Early Years

本体価格………三〇〇〇円

発行日………二〇二三年六月一六日　初版第一刷発行

著　者………ジュリー・アンドリュース

訳　者………星　薫子

編集人………杉原　修

発行人………柴田理加子

発行所………株式会社 五月書房新社

東京都世田谷区代田一—二二—六

郵便番号　一五五—〇〇三三

電　話　〇三（六四五三）四四〇五

ＦＡＸ　〇三（六四五三）四四〇六

ＵＲＬ　www.gssinc.jp

編集／組版………株式会社三月社

装　幀………フィル・ローズ／今東淳雄

写　真………ロバート・ベルトン／© マイケル・アルノー

印刷／製本………モリモト印刷 株式会社

ISBN978-4-909542-48-9 C0098